ARNE A. AMBROS

EINFÜHRUNG IN DIE
MODERNE ARABISCHE SCHRIFTSPRACHE

ARNE A. AMBROS

Einführung
in die
moderne arabische
Schriftsprache

MAX HUEBER VERLAG

ISBN 3-19-00.5029-5
2. Auflage 1975
© 1969 Max Hueber Verlag München
Umschlaggestaltung: Wolfgang A. Taube, München
Satz: Akadémiai Nyomda, Budapest
Druck: Ernst Kieser KG, Augsburg
Printed in Germany

INHALTSÜBERSICHT

Vorbemerkung: Die folgende Inhaltsübersicht, die sich vor allem an den Lehrer und an den wiederholend-zurückblickenden Schüler wendet, tritt auch an die Stelle eines Sachregisters. Den Überschriften der (durchnumerierten) Punkte der einzelnen Abschnitte folgt zwischen Klammern eine Anführung des dort behandelten Lehrstoffes, sofern die Überschrift diesen nicht klar umgrenzt. In dieser Lehrstoff-Angabe stehen Fachausdrücke, die in dem betreffenden Punkt eingeführt werden, in Anführungszeichen. Arabische Wörter, die dort vorkommen, sind nur in arabischer Schrift angeführt. Zuweilen werden in den Lehrstoff-Angaben auch Termini technici gebraucht, die erst an späterer Stelle eingeführt werden.

Verben (Begriff und Einteilung der schwachen Verben. „Defektive Verben".) 234 3. Konkave Verben (Alle Formen mit Ausnahme der passiven finiten Formen und der Infinitive.) 236 4. Assimilationen beim VIII. Stamm (Verben mit ز ط ص ض و als erstem Radikal im VIII. Stamm.) 239

mit modalem Nebensinn. Beschreibung von Zuständen mittels der
Partizipien. Passives Partizip intransitiver Verben.) 286

11

VORWORT

Das vorliegende Buch beruht auf den Erfahrungen, die der Verfasser während seiner Lehrtätigkeit an der Orient-Akademie der Hammer-Purgstall-Gesellschaft in Wien sammeln konnte. Das Ziel des dort abgehaltenen Lehrganges ist es, die Schüler so weit in die moderne arabische Schriftsprache einzuführen, daß sie in den Stand gesetzt werden, nicht nur fachliche und literarische Texte zu verstehen, sondern auch sich selbst schriftlich und mündlich auszudrücken. Die Zeiten, da eine schier unüberbrückbare Kluft zwischen einer nur sehr wenigen bekannten und fast ausschließlich literarischen Zwecken dienenden Schriftsprache und den Landesdialekten der einzelnen arabischen Länder bestand, sind ja nun glücklicherweise vorüber. Die den Erfordernissen eines modernen Staates und den überaus vielfältigen Aspekten der sprachlichen Kommunikation unter seinen Bürgern angepaßte moderne Hochsprache ist gemeinsamer Besitz zumindest der Absolventen der höheren Schulen, deren Anteil in allen arabischen Ländern in stetem Wachsen begriffen ist, geworden.

In seiner Anlage möchte das Werk ein echtes Lehrbuch, nicht eine systematische Darstellung der Grammatik sein. Die Anordnung des Lehrstoffes, die dem mit der Materie Vertrauten in mancher Einzelheit ungewohnt erscheinen wird, soll ausschließlich diesem Prinzip dienen, worüber eine Durchmusterung der Inhaltsübersicht ausführlichen Aufschluß gibt. Hier sei nur beispielsweise darauf hingewiesen, daß eine Besprechung der Grundbedeutungen der abgeleiteten Verbstämme (der für praktische Zwecke ja viel weniger Wichtigkeit zukommt, als die herkömmliche Darstellung es erscheinen läßt) erst sehr spät erfolgt, nachdem die Formenbildung des Verbs bereits durchbesprochen worden ist, ferner darauf, daß die wichtigsten Verbformen (auch von schwachen Verben) sehr früh eingeführt werden und daß der Besprechung der Zahlwörter sehr breiter Raum, verteilt über mehrere Abschnitte, zugebilligt worden ist.

In seinem Umfang enthält das Buch die gesamte Formenlehre und die Grundbegriffe der Satzlehre, soweit diese zur Bildung einfacher Sätze notwendig erscheinen. Daß man in einem Buche, dessen Umfang begrenzt ist und sich an Anfänger im ersten Jahr der Befassung mit dem Arabischen wendet, manches vermissen wird, ist nur natürlich.

Stets wurde versucht, den Grundsatz zu befolgen, lieber weniger zu bringen, dies dafür aber möglichst unmißverständlich und ausführlich zu erläutern und mit vielen Beispielen zu veranschaulichen, als Vollständigkeit auf Kosten der Ausführlichkeit anzustreben. Dies gilt insbesondere für die Abschnitte über Satzlehre, wo eine systematische Darstellung viel mehr Einschränkungen und Zusätze verlangt hätte, als dem Anfänger, der auch so schwer genug zu kämpfen hat, zuzumuten sinnvoll sein kann.

Einen besonderen Zug erhält der Lehrgang durch den Verzicht auf die Setzung der arabischen Vokalzeichen. Diese werden zwar zunächst in der Schriftlehre eingeführt, später aber nur in Ausnahmefällen verwendet. Damit wird der Lernende gezwungen, gleich von Beginn an die Hauptschwierigkeit des arabischen Schriftsystems zu erkennen und diese stetig meistern zu lernen. Geschrieben und gedruckt wird ja — von Sonderfällen abgesehen — stets ohne Vokalzeichen. Ist man aber einmal daran gewöhnt, nur vokalisierte Texte zu lesen, dann ist, wie die Erfahrung lehrt, der Übergang zum korrekten Lesen und Verstehen unvokalisierter Texte für viele kaum mehr zu bewältigen, weil die Übung fehlt, unter den zahlreichen von der vokallosen Schreibung grundsätzlich zugelassenen Lesemöglichkeiten die vom Sinnzusammenhang erforderte, einzig richtige zu erkennen.

Der Verzicht auf Vokalzeichen bringt andererseits die Notwendigkeit weitgehender Verwendung der Umschrift mit sich. In den Übungen zu jedem Abschnitt ist aber reichlich Gelegenheit, die unvokalisierte Schreibung ohne Hilfe einer begleitenden Umschrift einzuüben.

Das hier über die Verwendung der Vokalzeichen Gesagte gilt nur für die »Vokalzeichen im engeren Sinne« (Fatḥa-, Kasra-, Ḍamma-, Sukūn-, Waṣla-Zeichen). Das Verdopplungszeichen Tašdīd wurde dagegen zunächst beibehalten und fällt erst nach dem zweiten Drittel des Lehrganges. (Es wird fakultativ auch später noch gesetzt.) Hamza- und Madda-Zeichen schließlich wurden durchgehend belassen.

Ein weiterer besonderer Zug des Lehrganges liegt im Aufgeben der kurzvokalischen Deklinationsendungen nach dem ersten Drittel des Buches, soweit sie nicht bei der Anfügung von Possessivsuffixen ins Wortinnere rücken. Dies entspricht bekanntlich dem üblichen Verfahren beim mündlichen Gebrauch der Hochsprache, sieht man von bestimmten formellen Anlässen ihres Gebrauches ab, und stellt eine wesentliche Erleichterung beim Sprechenlernen dar. Andererseits muß das Deklinationssystem zunächst einmal gründlich studiert und eingeübt werden, will man sich nicht den Zugang zum klaren Verständnis vieler grammatischer Erscheinungen verriegeln, die auch im Schriftbild zur Geltung kommen.

Selbstverständlich kann der Lehrer aber auch die weitere Beibehaltung dieser Endungen verlangen, da das arabische Schriftbild natürlich stets beide Lesungen (mit und ohne Deklinationsendungen) zuläßt. Daß andererseits die kurzvokalischen Modus-Endungen des Imperfekts (wie überhaupt kurzvokalische Verbendungen) beibehalten werden, mag inkonsequent erscheinen, empfahl sich aber aus mancherlei didaktischen Erwägungen.

Hier ist daran zu erinnern, daß allgemein für die Behandlung der kurzvokalischen Endungen von Flexions- und Einzelformen keine verbindlichen Regeln bestehen, sondern daß sich nur bestimmte Sprechgewohnheiten konstatieren lassen, aus denen in diesem Lehrgang eine bestimmte Auswahl, die sich aus didaktischen Gründen zu empfehlen schien, getroffen wurde.

Zur Darstellung der Grammatik sei erwähnt, daß die übliche Terminologie der allgemeinen und der arabischen Grammatik verwendet wurde. In einigen wenigen Punkten weicht dieses Buch freilich vom Gewohnten ab, was einer kurzen Rechtfertigung bedürftig erscheint. In der Lautlehre wird strikt zwischen dem Hamz als arabischem Sprachlaut und dem Hamza bzw. Hamza-Zeichen als Hilfszeichen der arabischen Schrift unterschieden. Die Umschrift des arabischen Alphabets ist die in der deutschen Arabistik gebrauchte, mit Ausnahme der Verwendung der Umschriftzeichen ȝ und ç anstelle der üblichen ' und ', um die betreffenden Laute unmißverständlich als gleichberechtigte Mitglieder des Konsonanten-Inventars deutlich zu machen, während bei der üblichen Bezeichnungsweise der Anfänger verführt wird, ihnen eine Sonderstellung zuzuschreiben und so in seiner klaren Erfassung der Formenbildung (etwa der hamzierten Verben) behindert wird. (Dementsprechend wird der Hamz auch am Wortbeginn bezeichnet.) Ebenfalls um die Übersichtlichkeit der Formenbildung zu wahren, werden die Diphthonge mit ay, aw statt wie üblich mit ai, au umschrieben.

Durchwegs wird die übliche lateinisch-griechische Terminologie der Grammatik gebraucht. Um aber jede Gefahr eines Mißverständnisses auszuschalten, wird jeder Terminus bei seinem ersten Vorkommen von seiner deutschen Entsprechung begleitet bzw. kurz erklärt. Nur wenige Male sind dort, wo es zur präzisen Formulierung grammatischer Regeln unerläßlich schien, neue Bezeichnungen eingeführt worden. Aus gleichartigen Erwägungen sind auch alle Sätze, die nicht mit einer finiten Verbform beginnen (und nicht nur Sätze ohne Verbform) als »Nominalsätze« bezeichnet und den »Verbalsätzen« gegenübergestellt worden. Ungewohnt wird auch die zunächst gebrauchte Bezeichnung »Präsens« sein, die erst später, nach Einführung der übrigen Modi des Imperfekts, durch »Indikativ« ersetzt wird. Ebenfalls ungewohnt wird die Verwendung von L, M, N, (S) anstelle von f, ', l, (l) zur symbolischen Bezeichnung der drei bzw. vier Radikale erscheinen. Dies hat aber den für den Anfänger, dem der »abstrakte« Charakter der arabischen Formenbildung ohnehin genug Schwierigkeiten zu bereiten pflegt, nicht unerheblichen Vorteil, daß damit durchwegs akustisch und optisch leicht einprägsame Gebilde entstehen.

Bei der Behandlung der Genitiv-Verbindung wird jedes Nomen regens (nicht nur vor einem determinierten Nomen rectum) als determiniert aufgefaßt und dementsprechend übersetzt. Dies ist jedenfalls mit dem formalmorphologischen Aspekt konsistent. Eine endgültige semantische Analyse der Genitiv-Verbindung, an der noch manches aufzuklären bleibt, ist damit nicht präjudiziert. (Man bedenke etwa, daß auch im Deutschen »das Buch eines Schülers« für »ein Buch eines Schülers« eintreten kann, ohne daß das Buch dabei als näher bestimmt vorgestellt werden müßte.) Jedenfalls ist aber klar darauf hingewiesen, daß dort, wo einer arabischen Genitiv-Verbindung ein deutsches zusammengesetztes Substantiv entspricht, der Determinationsgrad des Nomen rectum die deutsche Übersetzung bestimmt.

Was die Thematik der Übungssätze betrifft, so ist dabei besondere Rücksicht auf die Ausdrucksbedürfnisse des öffentlichen Lebens und der akademischen Berufe genommen worden. Dies bestimmte auch die Auswahl des Wortschatzes, in dem sich vergleichsweise vieles aus Politik, Administration, Rechtsprechung, Handel, Heilkunde, Hochschulwesen u.dgl. findet. Damit soll nicht nur eine Vorbereitung auf die Zeitungslektüre geschaffen werden, sondern es soll auch jenen geholfen werden, die aus beruflichen Gründen mit der arabischen Welt in Kontakt zu treten beabsichtigen. Andererseits fehlen dafür Wörter für manche Begriffe des täglichen Lebens, des Haushalts usw., die sonst zum elementaren Wortschatz der Sprachlehrbücher für Anfänger gehören. Dabei war in Rechnung zu stellen, daß die diesbezügliche Kommunikation — etwa beim Einkauf auf dem Markt — ohnedies im betreffenden Landesdialekt abgewickelt werden muß.

Bedenkt man, daß schon in die Darstellung der Sprachlehre sehr viele Übungssätze eingestreut sind, dann wird man die Übungen, die am Ende jedes Abschnittes folgen, zur Einübung des Lehrstoffes reichlich bemessen finden. Manche Übungen, die durch ein Zeichen + kenntlich gemacht sind, dienen zur zusätzlichen Einübung der Grammatik und können allenfalls übergangen werden. (Diese Übungen sind im Schlüssel nicht aufgelöst).

Bei der sprachlichen Formulierung der Übungssätze wurden stets die Gegebenheiten des in modernen Texten tatsächlich zu konstatierenden Sprachgebrauchs berücksichtigt. Dies zu bedenken wird vor allem der arabische Lehrer gebeten, der über eine hohe Bildung auch im klassischen Arabisch verfügt und der beanstanden könnte, daß sich ein bestimmter Satz in eleganterer oder ansprechenderer Weise formulieren ließe.

Ein Wörterverzeichnis, das sehr umfangreich hätte ausfallen müssen, verbot sich leider in Hinblick auf den begrenzten Umfang des Werkes, der auch so den ursprünglich festgesetzten Rahmen überschreiten mußte. Aus denselben Gründen mußte auch darauf verzichtet werden, neben die aus Einzelsätzen bestehenden Übungen zusammenhängende Lesestücke zu stellen. Es besteht jedoch die Absicht, als Erweiterung des vorliegenden Lehrbuches ein Lesebuch zusammenzustellen, das bereits im letzten Drittel des Lehrganges ergänzend neben diesen treten und weiter als seine Fortführung dienen soll.

Da das Werk als Lehrbuch für Anfänger, nicht als Nachschlagewerk gedacht ist, schien es ratsamer, anstelle eines Sachregisters eine ausführliche Inhaltsübersicht zu geben, aus der der Lehrstoff der einzelnen Abschnitte klar ersichtlich ist. Der Lehrer kann so die behandelten grammatischen Erscheinungen im Zusammenhang ihrer methodischen Anordnung überblicken.

Mit Nachdruck soll betont werden, daß das vorliegende Werk so angelegt ist, daß es auch zum Selbststudium dienen kann. Die Darstellung ist so breit und ausführlich, daß grundsätzlich keine weiteren

Erklärungen zum Verständnis des Lehrstoffes notwendig sind. Im Kurs verwendet, kann das Buch somit dem Lehrer kostbare Zeit ersparen helfen, die er zur Erläuterung von Einzelheiten, zur mündlichen Übung und zu allfälligen Ergänzungen hinzugewinnt.

Eine weitere Hilfe bedeutet die Schallplatte (Hueber-Nr. 2.5029), auf der die Übungswörter des Abschnittes »Die Laute des Arabischen« zu hören sind. In Hinblick auf das Vorliegen der Schallplatte konnte in jenem Abschnitt auf eine umständliche Beschreibung der Bildungsweise der arabischen Sprachlaute verzichtet werden. Auch die Schallplatte kann natürlich für solche, die ohne fremde Hilfe studieren, nicht mehr als einen vorläufigen Notbehelf bedeuten.

Mit großer Freude erfülle ich schließlich die Pflicht, all jenen meinen Dank zu sagen, die zum Zustandekommen dieses Buches einen Beitrag geleistet haben. Da ihre große Zahl eine namentliche Erwähnung unmöglich macht, bitte ich sie, zu verzeihen, wenn nur zwei für alle genannt werden können: Frau Professor Alice Haas, der ich zahlreiche wertvolle Ratschläge zur methodisch-didaktischen Ausgestaltung verdanke, und Herr Dr. Boulaid Doudou, der die Mühe nicht gescheut hat, das gesamte Manuskript durchzusehen, und der so die idiomatische Zuverlässigkeit des arabischen Teils gewährleistet. Mein besonderer Dank geht an den Max Hueber Verlag, dessen Unternehmungsgeist das Erscheinen dieses Buches ermöglicht hat.

Vorwort zur zweiten Auflage

Die der ersten Auflage zuteil gewordene überaus freundliche Aufnahme hat es als gerechtfertigt erscheinen lassen, die sachlichen Abänderungen auf ein Mindestmaß zu beschränken. Die typographischen Versehen, die in der ersten Auflage leider stehen geblieben waren, wurden jedoch (hoffentlich zur Gänze!) ausgemerzt. Das im obigen Vorwort erwähnte „Lesebuch" muß noch zurückgestellt bleiben; dafür konnte dem Mangel an einem Wörterverzeichnis Abhilfe geschaffen werden: wir weisen auf das im Max Hueber Verlag als separate Veröffentlichung erscheinende Glossar „Arabischer Mindestwortschatz" (Hueber-Nr. 5098) hin, in welchem das gesamte Wortmaterial unseres Lehrbuches (mit einigen Ergänzungen) enthalten ist.

Arne A. Ambros

DIE LAUTE DES ARABISCHEN

Die arabische Sprache baut ihre Wörter aus 34 Lauten auf, von denen 6 *Vokale* (Selbstlaute) und 28 *Konsonanten* (Mitlaute) sind. Die Aussprache der Vokale und der meisten der Konsonanten bereitet dem Deutschsprechenden keine Schwierigkeit, da die betreffenden Laute auch im Deutschen vorhanden oder uns doch aus gebräuchlichen Fremdwörtern vertraut sind. Daneben steht jedoch eine Reihe von Konsonanten, die dem Arabischen eigentümlich sind und dieser Sprache ihren „charakteristisch arabischen" Klang verleihen. Diese lassen sich von Nicht-Arabern nur mit einiger Mühe erlernen. Eine befriedigend-richtige Aussprache läßt sich hier nur durch akustische Unterweisung, nicht durch eine noch so ausführliche Beschreibung erzielen. Wir können uns demgemäß mit einer kurzen Skizze der Bildungsweise dieser „schwierigen" (und auch der übrigen) Laute begnügen und verweisen im übrigen auf die Schallplatte, die diesen ersten Abschnitt unseres Buches begleitet und auf der Sie alle Beispielwörter (in den numerierten Zeilen) gesprochen hören. Die Beispielwörter stehen hier ohne klassische Fallendung. (Diese Bemerkung wird erst in der Sprachlehre klar werden.) Die Wörter sind am Ende dieses Abschnitts übersetzt, sie gehören jedoch nicht zum Lernstoff und werden in der Sprachlehre nicht als bekannt vorausgesetzt.
1) Nach ihrer *Qualität* unterscheidet man nur *drei* verschiedene *Vokale*, deren jeder in *zwei Quantitäten:* kurz und lang vorkommt. Die *drei kurzen Vokale* sind:

a wie in dt. „hat", i wie in dt. „mit", u wie in dt. „muß"

Die *drei langen Vokale* sind:

ā wie in dt. „nah", ī wie in dt. „nie", ū wie in dt. „du"

Länge und Kürze der Vokale sind genau zu beachten, da sie für die Wortbedeutung wesentlich bestimmend sein können. Die Länge bezeichnen wir durch übergesetzten Strich, die Kürze wird nicht besonders bezeichnet.
Zu allen Vokalen treffen wir mancherlei lautliche Varianten. So kann *a* nach ä und o „hinüberklingen", *i* nach e, ö und ü, und *u* nach o.

(Entsprechend auch bei den langen Vokalen.) Diese Varianten sind zum Teil lokal bedingt, da die Aussprache in den arabischen Ländern nicht völlig einheitlich ist. Zum anderen beeinflussen die dem Vokal benachbarten Konsonanten dessen Färbung. Werden die Konsonanten richtig artikuliert, dann ergibt sich diese Färbung der begleitenden Vokale von selbst. In unserer Umschrift brauchen wir somit auf die Varianten in der Aussprache der Vokale nicht besonders hinzuweisen.

2) Jeder Konsonant kann *verdoppelt* werden. Auf die Verdopplung ist sorgfältig zu achten, da an ihr die Wortbedeutung hängen kann. Hier ist eine Warnung am Platze: Im Deutschen steht vor verdoppeltem Konsonanten stets ein kurzer Vokal, weshalb wir in Fremdsprachen leicht in den Fehler verfallen, umgekehrt nach kurzem Vokal den folgenden Konsonanten zu verdoppeln. Dies ist im Arabischen unbedingt zu vermeiden.

3) Die *Betonung* zwei- und mehrsilbiger Wörter wird hier durch ein Akzent-Zeichen (ˉ) über dem betonten Vokal bezeichnet. Die Betonungsregeln werden erst weiter unten aufgeführt.

4) Die Konsonanten **l m n f k t d b** werden wesentlich so wie im Deutschen gesprochen. Bei d und b ist darauf zu achten, daß (wie z.B. auch im Englischen) auch am Wortende die „weiche" (stimmhafte) Aussprache beibehalten werden muß. Es dürfen dort d und b nicht wie im Deutschen zu t und p verhärtet (stimmlos) werden. Der Konsonant s wird stets stimmlos (zischend) wie in dt. „ist", „hast" gesprochen, niemals stimmhaft (summend) wie in dt. „Hase", „Rose". Darauf muß besonders geachtet werden, wenn arabisches s vor Vokal steht, da wir dann versucht sind, es nach unserer Sprachgewohnheit stimmhaft auszusprechen. Der Konsonant r wird wie in dt. „rein" der Bühnenaussprache, also mit der Zungenspitze gerollt gesprochen.

1. ā–a: lā bāb dār nam man ka lában kátaba kátaba malám madár
2. ī–i: lī fīl tīn min sir bi tibn kabír
3. ū–u: fū nūr būm múdun kútub sukút nufús kútiba
4. b: sábab tasbíb sábbaba dabbába rabb
5. d: midád tasdíd múdda mádda máddada mumáddad
6. t: tūt fatát tabtít kattán sítta
7. l: dalíl kul kull tall kállala

8. m: málik tamám masmúm nammám kam kamm
9. n: nās sána sánna fannán mamnún
10. f: lifáfa talfíf muláffaf raff
11. k: kalb katkút fakk fákkara
12. s: sáfar rásama rássama dasísa dassás
13. r: mur murr dárasa dárrasa marra masrúr sárrara mukárrar

5) Der Konsonant š wird wie unser *sch* in dt. „schön" gesprochen.
Der Konsonant z ist unser stimmhaftes (summendes) *s* in dt.
„Rose", „Hase" und darf nicht mit (arab.) s verwechselt werden.
Der Konsonant ǧ wird wie *g* in engl. „general" oder ital. „gelato"
gesprochen, stellt also eine Verbindung von d und stimmhaftem sch
dar.

14. š: šams míšmiš kášafa kaššáf raššáša
15. z: zirr báriz bizáza bazzáz
16. ǧ: ǧábal ǧazíra zuǧáǧa šáǧara saǧǧáda

6) Mit dem Umschriftzeichen ꜣ bezeichnen wir den Konsonanten
Hamz, einen leisen Knacklaut, wie er im Deutschen vor jedem silben-
anlautenden Vokal gebildet wird. Um auf ihn aufmerksam zu werden,
flüstern Sie scheinbar vokalisch anlautende Wörter wie „ab", „auf",
„in" usw. Da der Hamz nicht geflüstert werden kann, wird er jetzt
deutlich hörbar. Legen Sie die Fingerspitzen an den Kehlkopf, dann
verspüren Sie vor dem Einsetzen des Vokals einen leichten Ruck, der
die Artikulation des Hamz begleitet.
Im Deutschen treffen wir den Hamz nur vor Vokalen am Silbenbeginn.
Dort stellt er sich nach unserer Artikulationsgewohnheit von selbst
ein und wird schriftlich nicht besonders bezeichnet. (Sonst müßten
wir ja z.B. „ꜣich ꜣesse ꜣaber ꜣauch ꜣein ꜣei" schreiben!) Im Arabischen ist der Hamz dagegen ein den anderen Konsonanten gleich-
wertig an die Seite gestellter Laut, der in allen möglichen Stellungen
vorkommen und sogar verdoppelt werden kann.

17. ꜣ: ꜣab ꜣān ꜣibn ꜣumm suꜣál raꜣís ruꜣús sáꜣala bádaꜣa
18. ꜣ: ǧaráꜣid tafáꜣul másꜣala ꜣásꜣalu masꜣúl saꜣꜣál
19. ꜣ: yáꜣkulu náꜣmuru raꜣs biꜣr buꜣs lúꜣluꜣa
20. ꜣ: māꜣ masáꜣ ruꜣasáꜣ baríꜣ radíꜣ sūꜣ málǧaꜣ láǧiꜣ ǧuzꜣ badꜣ

7) Der Konsonant **h** wird wie unser *h* in dt. „Hase" gesprochen. Es muß in allen Stellungen (auch vor Konsonant und am Wortende) deutlich vernehmbar sein. Der Konsonant **ḥ** wird wie *ch* in dt. „Buch", „Bach", „doch" gesprochen. ḥ ist also stets „rauh", niemals wie in dt. „ich", „echt" auszusprechen.

21. h: háram hilál naḥr duhn tahdíd ʒihdáʒ tīh šibh sáhhala tafáhhum
22. ḥ: ḥamr ḫídma ḫalífa ʒaḫ ʒuḫt buḫl ʒiḫráǧ ʒistiḫdám sáḫḫana muʒáḫḫar

8) Der Konsonant **y** wird wie unser *j* in dt. „jung" gesprochen. Der Konsonant **w** wird wie *w* in engl. „well", „water", also mit beiden Lippen (nicht mit Unterlippe und oberen Schneidezähnen wie deutsches „w"!) gebildet. Zusammen mit vorhergehendem kurzem *a* werden *y* und *w* vor Konsonant (bzw. am Wortende) wie die deutschen *Diphthonge* (Zwielaute) *ai* (*ei*) und *au* in „Mai", „Wein" und „Haus" gesprochen.

23. y: yad yūd šäy nasy sayyára sáyyiʒ nabíy rasmíy
24. w: wálad wazír ʒanwár ʒamwál badw ʒáwwal bawwáb
25. ay: bayt sayf ruǧáyl šayʒ
26. aw: nawm lawn ḫawf dáwla máwsim

9) Der Konsonant **ḏ** wird ähnlich dem *th* in engl. „this", „that" gebildet: ein stimmhafter Lispellaut, bei dessen Bildung die Zungenspitze an die Kante der oberen Schneidezähne gelegt wird. Der Konsonant **ṯ** wird ähnlich dem *th* in engl. „think", „thick" gesprochen. Es wird also wie ḏ gebildet, ist aber stimmlos.

27. ḏ: ḏáhab ḏárra ḏakáʒ laḏíd yáḏhabu kaḏḏáb muláḏḏaḏ
28. ṯ: ṯáman taʒr ʒiṯm ʒaṯáṯ ṯárṯara muʒáṯṯaṯ

10) Der Konsonant **ġ** wird ähnlich dem *r* in dt. „Burg", „Gurgel" nach der gewöhnlich gehörten Aussprache (nicht Bühnen-Aussprache) gesprochen, ist also ein am Hintergaumen (und nicht mit der Zungenspitze!) gebildetes, gurgelndes *r*. Arabisches ġ muß vom arabischen *r* sorgfältig unterschieden werden. Der Konsonant **q** ist ein sehr hartes, am Hintergaumen gebildetes *g*.

29. ġ: ġába ġāl ġul šuġl baġl baġġál **mušáġġal**
30. r–g: faráġ ráġba ġaríb ġurúb yárġabu máġrib
31. q: qála qíma qúwa qalb qirš quds ṭaqīl daqíqa
32. q: naql sáriq barq šurúq riqq díqqa dáqqaqa

11) Die Konsonanten ṣ ẓ ḍ ṭ sind vier dem Arabischen eigentümliche Laute, die als *emphatisch* (nachdrücklich) bezeichnet werden.
Sie ähneln den entsprechenden unpunktierten Lauten, werden aber
kraftvoller artikuliert: der rückwärtige Teil der Zunge wird gegen den
Gaumen angehoben; dadurch wird die Zunge nach unten durchgebo-
gen und der Resonanzraum des Mundes vergrößert, und der Laut erhält ein dumpferen Klang.

33. ṣ: ṣála ṣúra ṣīníy ṣabr baṣíṣ raṣáṣ maḫ̣ṣúṣ niṣf qíṣṣa muḫáṣṣaṣ
34. ẓ: ẓáhir ẓill ẓuhr náẓar naẓíf múẓlim naẓẓára munáẓẓaf
35. ḍ: ḍayf ḍárib ḍawʒ ḍawḍáʒ muḍírr marfúḍ raḍḍ fíḍḍa
36. ṭ: ṭáqa ṭīn ṭūl baṭn sawṭ ḍabṭ maḫṭúṭ bátṭa ḫaṭṭáṭ

12) Der Konsonant ḥ ist ein sehr scharfer Hauchlaut, der aber nicht
„rauh", d.h. dem ḫ ähnlich sein darf.

37. ḥ: ḥāl ḥíla kuḥúl ráḥa yáḥmilu yádḥaku táḥta ṣaḥíḥ falláḥ
    ʒíḥki
38. ḫ: rīḫ rūḫ fáriḫ fáraḫ šarḫ madḫ milḫ ṣíḫḫa muṣáḫḫaḫ laḫúḫ
    ʒilḫáḫ

13) Mit dem Umschriftzeichen ç bezeichnen wir einen stimmhaften
Knarrlaut. Dieser Konsonant, der von Nicht-Arabern meist nur mit
großer Mühe erlernt werden kann, kann als Dauerlaut oder als Ex-
plosiv-Laut gesprochen werden.

39. ç: çáda çid çūd çabd çímma çúdda sáça ṣuçúba muçín
40. ç: šáçra šiçr šaçb lúçba yásçulu malçún ʒisráç, saríç šáriç
41. ç: faççál mutaláççib ʒašíçça tašáççuç madfúç mamnúç ṣiráç
42. ç–ʒ: ʒáçmalu ʒáçlamu ʒiçlán ʒaçdáʒ ráʒiç duçáʒ

14) Zum Konsonanten l findet sich (in einem einzigen Wort) eine
„dunkel" ausgeprochene Variante, die wir mit ḷ bezeichnen.

43. ḷ: ʒaḷḷáh waḷḷáh çabdaḷḷáh

15) Es folgen Gegenüberstellungen zum Vergleich ähnlich klingender Konsonanten (keine sinnvollen Wörter):

44. s–z: sāsā zāzā sāzā zāsā
45. z–ḏ: ḏāḏā ḏāzā zāḏā
46. r–ġ: rārā ġāġā rāġā ġārā
47. k–q: kākā qāqā kāqā qākā
48. h–ḫ: hāhā ḫāḫā ḫāhā hāḫā
49. s–ṣ: sāsā ṣāṣā ṣāsā sāṣā
50. d–ḍ: dādā ḍāḍā ḍādā dāḍā
51. z–ẓ: zāzā ẓāẓā ẓāzā zāẓā
52. t–ṭ: tātā ṭāṭā ṭātā tāṭā
53. ʒ–ç: ʒāʒā çāçā ʒāçā çāʒā

16) Neben der oben angegebenen Aussprache der Konsonanten finden sich mehrere *lokale Varianten,* von denen wir die wichtigsten bzw. auffälligsten anführen: Statt ǧ wird in Ägypten durchwegs *g* wie in dt. „gut" gesprochen, in Syrien wird ǧ ohne d-Vorschlag, nur wie stimmhaftes *sch* (wie g in franz. „général" oder j in franz. „journal") gesprochen. Statt *q* wird verbreitet (z.B. im Irak) g oder (z.B. im Sudan) ġ gesprochen. Verbreitet wird auch (z.B. in Tunesien, im Irak) ḍ durchwegs wie ẓ gesprochen. Andere Varianten (wie die in den Städten Ägyptens und Syriens verbreitete Aussprache des q als ʒ) sollten sich beim mündlichen Gebrauch der Hochsprache nicht finden.

17) Mit der *Betonung* arabischer Wörter werden wir uns in der Sprachlehre noch genauer befassen. In der Hauptsache gelten folgende Regeln:

a) Enthält ein Wort keinen langen Vokal, dann wird der erste Vokal betont.

54. fáhima báqara kátabat

b) Enthält ein Wort (nur) einen langen Vokal, dann wird dieser betont, es sei denn, er steht unmittelbar am Wortende. Dort gilt er für die Betonung als kurz.

55. qárib qaríb risála musáfir suhúla
56. húnā ráġā fáhimū qífū çídī ʒúktubī

c) Enthält ein Wort zwei oder mehr lange Vokale, dann wird der dem Wortende nähere bzw. nächste von diesen betont. (Ein langer Vokal unmittelbar am Wortende kommt wiederum nicht in Betracht.)

57. mafātíḥ musāfirúna miṣrīyát qálā qúmū

d) Für die Betonung gilt ein Vokal auch dann als lang, wenn er selbst kurz ist, ihm aber zwei Konsonanten folgen.

58. katábtu ȝakálnā sāfártum yukárriru muṣáwwir

18) Über den *Bau arabischer Wörter* halten wir zunächst nur Folgendes fest: a) Jedes Wort beginnt mit genau einem Konsonanten. Ein Vokal oder mehrere Konsonanten am Wortanfang sind unmöglich. (Vergessen Sie nicht, daß der Hamz ȝ, mit dem viele Wörter beginnen, zu den Konsonanten zählt!) b) Im Wortinnern und am Wortende können nicht mehr als zwei Konsonanten vokallos zusammenstoßen. (Gruppen wie -str-, -ltr-, -tst- usw. sind somit ausgeschlossen.)

Übersetzung der Beispielwörter

1. Nein. Tür. Haus. Schlafe! Wer? Wie. Milch. Er schrieb. Er korrespondierte. Tadel. Thema.
2. Für mich. Elefant. Feigen. Von. Fahre! In. Stroh. Groß.
3. Mund. Licht. Eulen. Städte. Bücher. Schweigen. Seelen. Es wurde geschrieben.
4. Ursache. Begründung. Er begründete. Panzerwagen. Herr.
5. Tinte. Bezahlung. Zeitspanne. Materie. Er dehnte aus. Ausgedehnt.
6. Beeren. Mädchen. Zuerkennung. Leinen. Sechs.
7. Führer. Iß! Gesamtheit. Hügel. Er krönte.
8. König. Vollkommen. Vergiftet. Verleumder. Wieviel? Quantum.
9. Leute. Jahr. Er schliff. Künstler. Dankbar.
10. Umhüllung. Wicklung. Eingewickelt. Regal.
11. Hund. Küken. Kiefer. Er dachte.
12. Reise. Er zeichnete. Er trug ein. Intrige. Intrigant.
13. Befiehl! Bitter. Er lernte. Er lehrte. Er ging vorüber. Erfreut. Er erfreute. Wiederholt.
14. Sonne. Marillen. Er enthüllte. Pfadfinder. Maschinengewehr.

15. Knopf. Hervorragend. Stoffhandel. Stoffhändler.
16. Berg. Insel. Flasche. Baum. Teppich.
17. Vater. Augenblick. Sohn. Mutter. Frage. Präsident. Köpfe. Er fragte. Er begann.
18. Zeitungen. Optimismus. Problem. Ich frage. Gefragt. Neugierig.
19. Er ißt. Wir befehlen. Kopf. Brunnen. Unheil. Perle.
20. Wasser. Abend. Präsidenten. Unschuldig. Schlecht. Böses. Asyl. Flüchtling. Teil. Beginn.
21. Pyramide. Halbmond. Fluß. Fett. Drohung. Schenkung. Labyrinth. Gleichheit. Er erleichterte. Verständnis.
22. Wein. Dienst. Kalif. Bruder. Schwester. Geiz. Herausschaffung. Verwendung. Er erwärmte. Verspätet.
23. Hand. Jod. Tee. Vergessen. Auto. Schlecht. Prophet. Offiziell.
24. Knabe. Minister. Lichter. Besitztümer. Beduinen. Erster. Pförtner.
25. Haus. Schwert. Männchen. Sache.
26. Schlaf. Farbe. Furcht. Staat. Saison.
27. Gold. Atom. Intelligenz. Köstlich. Er geht. Lügner. Ergötzt.
28. Wert. Blutrache. Schuld. Möbel. Er schwatzte. Möbliert.
29. Wald. Türschloß. Dämon. Geschäft. Maultier. Maultiertreiber. Beschäftigt.
30. Freizeit. Wunsch. Fremd. Sonnenuntergang. Er wünscht. Westen.
31. Er sagte. Wert. Kraft. Herz. Haifisch. Heiligtum. Schwer. Minute.
32. Transport. Dieb. Blitz. Sonnenaufgang. Sklaverei. Präzision. Er stellte fest.
33. Saal. Bild. Chinese. Geduld. Lichtstrahl. Blei. Speziell. Hälfte. Geschichte. Zugeteilt.
34. Offenbar. Schatten. Mittag. Blick. Sauber. Finster. Brille. Gereinigt.
35. Gast. Schlagend. Licht. Lärm. Schädlich. Abgelehnt. Quetschwunde. Silber.
36. Energie. Lehm. Länge. Bauch. Peitsche. Genauigkeit. Manuskript. Ente. Kalligraph.
37. Zustand. List. Alkohol. Ruhe. Er trägt. Er lacht. Unter. Richtig. Bauer. Sprich!
38. Wind. Geist. Froh. Freude. Erklärung. Lob. Salz. Gesundheit. Korrigiert. Beharrlich. Nachdruck.

39. Gewohnheit. Fest. Holz. Sklave. Turban. Werkzeug Stunde. Schwierigkeit. Helfer.

40. Haar. Gedicht. Volk. Spielzeug. Er hustet. Verflucht. Eile. Schnell. Straße.

41. Wirksam. Spielerisch. Strahlen. Strahlung. Bezahlt. Verboten. Kampf.

42. Ich arbeite. Ich weiß. Bekanntmachung. Feinde. Herrlich. Anrufung (Gottes).

43. Gott. Bei Gott! Abdallah (männl. Name: „Diener Gottes")

54. Er verstand. Kuh. Sie schrieb.

55. Schiff. Nah. Brief. Reisender. Leichtigkeit.

56. Hier. Er bat. Sie verstanden. Bleibt stehen! Versprich (fem.)! Schreib (fem.)!

57. Schlüssel. Reisende. Ägypterinnen. Die beiden sagten. Steht auf!

58. Ich schrieb. Wir aßen. Ihr fuhrt. Er wiederholt. Photograph.

DIE ARABISCHE SCHRIFT

1. Grundtatsachen

Die von den Arabern zur Schreibung ihrer Sprache ausschließlich gebrauchte, sogenannte *Arabische Schrift* weist von unserer Lateinschrift die folgenden grundsätzlich wichtigen Unterschiede auf:

1) Die Arabische Schrift ist eine *Konsonantenschrift.* Die 28 Buchstaben des arabischen Alphabets sind in eindeutiger Weise den 28 Konsonanten der arabischen Sprache zugeordnet.

2) Drei der Buchstaben dienen — neben ihrer Grundbedeutung als Konsonanten — auch zur Bezeichnung der drei *langen Vokale.* Die drei *kurzen Vokale* bleiben *unbezeichnet.*

3) Die *Schriftrichtung* geht von rechts nach links. Die Zeile beginnt somit an ihrem rechten Ende; die beschriebene Seite beginnt oben rechts und endet unten links; das Buch beginnt auf der Seite, die nach unseren Begriffen die letzte ist.

4) Die Arabische Schrift ist eine *kursive* (fortlaufende) Schrift. Die Buchstaben eines Wortes werden — wie in unserer Schreibschrift, aber anders als in unserer Druck- und Blockschrift — miteinander verbunden. Ein Aufbau von Wörtern aus unverbunden nebeneinander gesetzten Buchstaben ist nicht möglich.

5) Unterschiedliche Groß- und Kleinbuchstaben sind nicht vorhanden. Es findet sich somit *keine Großschreibung* bestimmter Wörter, weder am Satzanfang noch bei Eigennamen noch sonstwo. Auch ist ein *Abtrennen* von Wörtern am Zeilenende nicht möglich.

6) Neben die Buchstabenzeichen tritt eine Anzahl von *Hilfszeichen* zur Bezeichnung der Vokale u.a., die über bzw. unter die Buchstaben gesetzt werden. Diese Hilfszeichen zählen nicht zum arabischen Alphabet. Ihnen ist gemeinsam, daß ihr Gebrauch nicht verpflichtend ist. Vielmehr können sie unter Umständen — wie genau zu besprechen sein wird — auch entfallen.

Aus der Tatsache, daß die Buchstaben bei der Schreibung von Wörtern miteinander verbunden werden müssen, folgt, daß jeder Buchstabe in drei Positionen im Wort zu stehen kommen kann: an den Wortanfang, in die Wortmitte, an das Wortende. Schließlich kann jeder Buchstabe auch isoliert stehen. Bei den meisten Buchstaben hängt nun die Buchstabenform von der Stellung des Buchstaben ab. Wir müssen also allgemein bei jedem Buchstaben *vier mögliche Formen* unterscheiden:

die *isolierte* Form des Buchstaben,
die *Anfangsform*, bei der der Buchstabe nur nach links verbunden wird,
die *Mittelform*, bei der der Buchstabe nach links und rechts verbunden wird,
die *Endform*, bei der der Buchstabe nur nach rechts verbunden wird.

Sechs der insgesamt 28 Buchstaben können allerdings nur nach rechts hin verbunden werden. Bei diesen finden wir nur eine isolierte und eine Endform. Kommt einer dieser sechs Buchstaben an den Wortanfang oder in die Wortmitte zu stehen, dann muß nach ihm der Schriftzug unterbrochen werden und neu einsetzen, so als begänne ein neues Wort.

Das bisher Gesagte gilt für alle Abarten der Arabischen Schrift, deren es — wie ja auch bei der Lateinschrift — mehrere gibt. Die in diesem Buch weiterhin ausschließlich benutzte ist die Nashīy–Schrift, die im Druck allgemein vorherrscht, aber auch bei sorgfältiger, nicht eiliger Schreibung mit der Hand gebraucht wird. Zur schnellen Handschrift gebrauchen die Araber eine abgekürzte Form, die sogennante Ruqça–Schrift, mit der der Anfänger sich nicht zu befassen braucht. Zu dekorativen Zwecken werden noch weitere Schrifttypen verwendet, wie die Tuluṭ–Schrift und die Kūfische Schrift.

2. Das Alphabet

In der folgenden Tabelle finden Sie die arabischen Buchstaben in ihrer alphabetischen Reihenfolge. In der ersten Spalte steht der Buchstabenname in arabischer Schrift und in Umschrift. (Die arabische Schreibung ist vorerst nicht zu beachten und soll erst nach Durchnahme der Schriftlehre studiert werden.) Die zweite Spalte (deren vier Teilspalten von rechts nach links zu lesen sind!) enthält die möglichen Formen der Buchstaben. In der dritten Spalte finden Sie die Umschrift der Buchstaben, also die Zuordnung zu den uns schon aus der

Lautlehre her bekannten Konsonanten. (Die Umschrift-Angabe beim ersten und bei den letzten beiden Buchstaben wird erst weiter unten klar werden.)

Buchstabenname	Buchstabenform				Umschrift
	Endform	Mittelform	Anfangsform	isolierte Form	
ألف [ʒalif]	ا		،	ا	ā, (mit Hamza:) 3
باء [bāʒ]	ب	ب	ب	ب	b
تاء [tāʒ]	ت	ت	ت	ت	t
ثاء [t̯āʒ]	ث	ث	ث	ث	t̯
جيم [ǧīm]	ج	ج	ج	ج	ǧ
حاء [ḥāʒ]	ح	ح	ح	ح	ḥ
خاء [ḫāʒ]	خ	خ	خ	خ	ḫ
دال [dāl]	د			د	d
ذال [d̯āl]	ذ			ذ	d̯
راء [rāʒ]	ر			ر	r
زاء [zāʒ]	ز			ز	z
سين [sīn]	س	س	س	س	s
شين [šīn]	ش	ش	ش	ش	š
صاد [ṣād]	ص	ص	ص	ص	ṣ
ضاد [ḍād]	ض	ض	ض	ض	ḍ
طاء [ṭāʒ]	ط	ط	ط	ط	ṭ
ظاء [ẓāʒ]	ظ	ظ	ظ	ظ	ẓ
عين [çayn]	ع	ﻌ	ﻋ	ع	ç
غين [ġayn]	غ	ﻐ	ﻏ	غ	ġ
فاء [fāʒ]	ف	ﻔ	ﻓ	ف	f
قاف [qāf]	ق	ﻘ	ﻗ	ق	q
كاف [kāf]	ك	ﻜ	ﻛ	ك	k
لام [lām]	ل	ﻠ	ﻟ	ل	l
ميم [mīm]	م	ﻤ	ﻣ	م	m
نون [nūn]	ن	ﻨ	ﻧ	ن	n
هاء [hāʒ]	ه	ﻬ	ﻫ	ه	h
واو [wāw]	و			و	w, ū, (mit Hamza:) 3
ياء [yāʒ]	ي	ﻴ	ﻳ	ى	y, ī, (mit Hamza:) 3

Schon beim ersten Durchlesen fällt auf, daß sich mehrmals im Alphabet Buchstaben voneinander nicht im Linienzug, sondern nur durch einen oder mehrere über- bzw. untergesetzte Punkte unterscheiden. Man spricht von *diakritischen* (unterscheidenden) Punkten. Dies ist einerseits eine willkommene Hilfe beim Schreibenlernen, da die Zahl der wesentlich verschiedenen Buchstaben so stark verringert wird, andererseits ist große Vorsicht vor Verwechslungen geboten! In Handschrift ist es üblich, zwei Punkte über oder unter einem Buchstaben durch den sie verbindenden kurzen Strich zu ersetzen und statt dreier Punkte eine diese verbindende Zackenlinie zu schreiben: ڜ, ڌ statt ﺵ, ﺕ usw.

Neben den angeführten Buchstabenformen sind noch manche *Ligaturen* (Verbindungen von zwei oder drei Buchstaben zu neuen Gebilden) möglich. Solche Ligaturen werden im modernen Druck (aus Gründen der Setzökonomie) nicht häufig gebraucht. Beim Lesen lassen sie sich meist ohne besondere Erklärung verstehen. In unserem Buch machen wir keinen Gebrauch von Ligaturen und verzichten darauf, diese im einzelnen anzuführen. (Eine besondere Ligatur, die Verbindung lām-ʒalif, wird unten besprochen.)

Anmerkungen: 1. Als Name des Buchstaben ز wird auch زاى (zāy) gebraucht. 2. In den arabischen Ländern Nordwestafrikas werden für qāf verbreitet die Formen des fāʒ (im obigen Alphabet) gebraucht: ڧ = q. Der Buchstabe fāʒ hat dort einen Punkt unter sich: ڢ = f.

3. Schrifttafel

Zur Einübung der arabischen Schriftzeichen verwendet man zweckmäßig Schreibmaterial, das nur möglichst geringen Widerstand bietet: völlig glattes Papier und einen weichen Stift. Am besten eignen sich zu den ersten Schreibübungen die sogenannten Filzschreibstifte, wie sie in Papierwarenhandlungen erhältlich sind. Auch weiche Blei- bzw. Buntstifte sind brauchbar. Verwenden Sie aber keinen harten Stift bzw. Feder! (Die Schrift sieht nur dann gefällig aus, wenn die Strichdicke im Verhältnis zur Buchstabengröße nicht zu fein ist.) Nach Einübung der Schrift sollen Sie natürlich zu ihrem gewohnten Schreibgerät übergehen.

In der folgenden Schrifttafel sind alle Buchstabenformen in Handschrift zum Nachschreiben wiedergegeben. Die dünne waagrechte Linie, die die Formen durchzieht, bedeutet die Zeile. Am Beginn dieser Linie zeigt ein senkrechter Strich die Höhe des Buchstaben ȝalif, der die „Grundgröße" der Schrift bildet. Sie beobachten, daß sich die meisten Formen der (sorgfältigen) Handschrift von den entsprechenden Druckschriftformen nicht unterscheiden. Beachten Sie aber besonders die Mittel- und Endform von ج, ح und خ. (Am Ende der Schriftlehre finden Sie die Ligatur lām-ȝalif vorweggenommen, die erst weiter unten besprochen wird.)

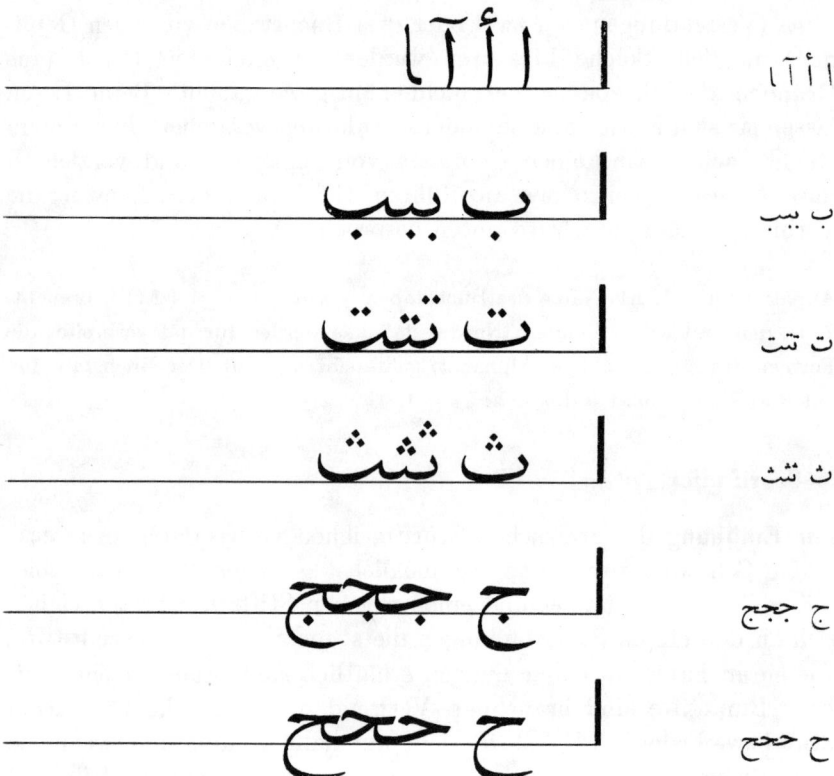

خ خخخ	خ خخخ
د د	د د
ذ ذ ذ	ذ ذ
ر ر	ر ر
ز ز ز	ز ز
س سسس	س سس
ش ششش	ش ششش
ص صصص	ص صص
ض ضضض	ض ضض
ط طططط	ط ططط

ظ ظظظ	ظ ظظظ
ع ععع	ع ععع
غ غغغ	غ غغغ
ف ففف	ف ففف
ق ققق	ق ققق
ك ككك	ك ككك
ل للل	ل للل
م ممم	م ممم
ن ننن	ن ننن
ه ههه	ه ههه

34

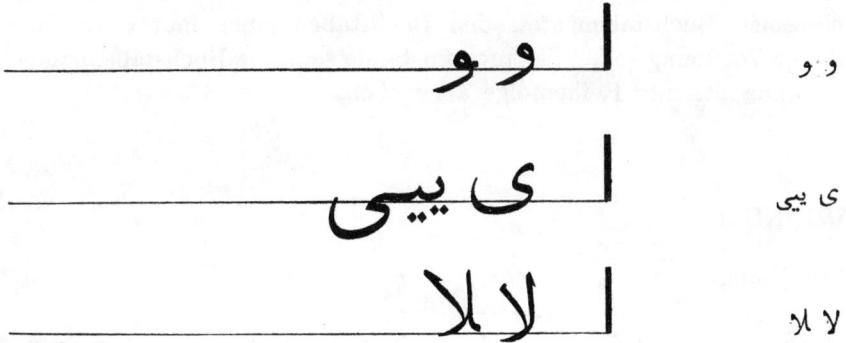

4. Bezeichnung der kurzen Vokale

Ein auf einen Konsonanten folgender kurzer Vokal wird schriftlich
bezeichnet, indem ein sogenanntes *Vokalzeichen* dem entsprechenden
Buchstaben beigefügt wird:

Kurzem a entspricht das Fatḥa-Zeichen, ein kurzer Schrägstrich
über dem Buchstaben: بَ = ba, نَ = na, رَ = ra, وَ = wa.

Kurzem i entspricht das Kasra-Zeichen, ein kurzer Schrägstrich
unter dem Buchstaben: بِ = bi, نِ = ni, رِ = ri, وِ = wi.

Kurzem u entspricht das Damma-Zeichen, ein Häkchen von Bei-
strich-Gestalt *über* dem Buchstaben: بُ = bu, نُ = nu, رُ = ru,
وُ = wu.

Die folgende Übung 1 zur Schriftlehre zerfällt wie die weiteren Übungen in eine Lese- und eine Schreibübung. Übertragen Sie zuerst die
Leseübung in Umschrift und kontrollieren Sie anhand des Schlüssels.
Übertragen Sie sodann die Schreibübung in arabische Schrift und
kontrollieren Sie wiederum. Nicht früher als am folgenden Tage wiederholen Sie die Übung, wobei Sie den Schlüssel zur Ausgangsbasis
nehmen und somit die ursprüngliche Leseübung zur Schreibübung
und umgekehrt machen. Nehmen Sie nie mehr als eine Übung pro
Tag durch!

Bevor Sie Übung 1 durcharbeiten, sollen Sie die Liste der isolierten
Buchstabenformen sooft abschreiben, bis Sie dazu allein (ohne im

Buch nachzusehen) imstande sind. Sprechen Sie beim Schreiben der einzelnen Buchstaben stets den Buchstabennamen laut mit. Nach dieser Vorübung sollen Sie auch imstande sein, die Buchstabennamen in alphabetischer Reihenfolge anzugeben.

ÜBUNG 1

Leseübung:

ى ش سِ ظَ زِ طِ تُ دُ ذِ زَ ثَ تِ نَ خُ جْ غِ عِ فِ فَ فُ حَ حِ

غ مَ لِ عُ ثُ طُ تَ دِ ذَ ضِ كُ قِ لَ صَ لِ خِ هُ

Schreibübung:

ta ti tu ši šu ša ṭa ḍi mu hi ya qa ku lu ṭi ẓi ṯu ḫa ḥu hi ġu ǧi ġa zi ḏu yi ça ṣa ḍi ṭa ḏa ṯi ḫu qi ka.

5. Bezeichnung der langen Vokale

Folgt auf einen Konsonanten langes ā, langes ī, langes ū, dann läßt man dem Buchstaben, der den Konsonanten darstellt, den Buchstaben ا [ʒalif], ى [yāʒ], و [wāw] nachfolgen. Zusätzlich erhält der Buchstabe, der den Konsonanten darstellt, auch noch das entsprechende Vokalzeichen beigefügt:

$$دَا = dā, دِى = dī, دُو = dū, سَـا = sā, سِـى = sī, سُـو = sū.$$

Bei der Schreibung der Silbe lā treffen wir die Verbindung lām-ʒalif. Wann immer die beiden Buchstaben ل und ا aufeinander folgen, entsteht nicht (wie zu erwarten wäre): لا, sondern die Ligatur لا, die außer dieser isolierten Form — gemäß dem Vorkommen des Buchstaben ʒalif — nur noch eine Endform (jedoch keine Anfangs- und Mittelform) aufweist: ﻼ.

36

ÜBUNG 2

Leseübung:

حِي حُو حَا فُو فَا فِي عِي غَا جُو خُو نَا نِي تَا زَا ذِي دُو تُو طِي زِي ظَا

سِي شُو يُو هَا خِي مِي لَا صَا قِي كُو ضِي ذَا دِي تَا طُو ثُو عَا لِي مَا غُو

Schreibübung:

tā tī tū šī šū šā ṭā ḍi mū hī yā qā kū lū ṭi ẓī ṭū ḫā ḥū hī ġū ǧī ḡā zi ḏū yī çā ṣā ḍi ṭā ḏā ṭi ḫū qī kā.

6. Weitere Übungen

Um einen verdoppelten Konsonanten schriftlich darzustellen, wird der entsprechende Buchstabe nur einmal geschrieben, erhält aber das Tašdīd- oder Verdopplungszeichen übergesetzt:

سَرَّ = sarra, عَدَّ = çadda, عُدُّ = çuddu, فِرِّ = firri, رَبِّ = rabbi

Fatḥa und Ḍamma werden, wie ersichtlich ist, über das Tašdīd-Zeichen gesetzt. Kasra kann auch unter dieses Zeichen (statt unter den Buchstaben) gesetzt werden:

فِرِّ = firri, رَبِّ = rabbi.

Folgt auf einen Konsonanten eines Wortes kein Vokal, dann erhält der entsprechende Buchstabe das kreisförmige Sukūn-Zeichen ˚ übergesetzt:

قَدْ = qad, كُلْ = kul, قِفْ = qif, قُلْتُ = qultu, نِمْتَ = nimta, عِدْنَ = çidna.

Zu beachten ist, daß die Buchstaben ى und و kein Sukūn erhalten, wenn sie die langen Vokale ī und ū darstellen. Stehen ى und و jedoch in ihrer (ursprünglichen) konsonantischen Bedeutung y und w, dann müssen sie selbstverständlich Sukūn erhalten, falls ihnen kein Vokal folgt:

فِي = fī, فُو = fū, aber: فَيْ = fay, فَوْ = faw.

In den folgenden Übungen finden Sie hauptsächlich geographische und andere Eigennamen, Lehnwörter aus europäischen Sprachen im Arabischen und arabische Wörter, die wir als Lehn- oder Fremdwörter im Deutschen kennen. Alle diese Wörter stehen hier ohne klassische Endung (wie früher in der Lautlehre) und der letzte Buchstabe erhält kein Sukūn, obwohl ihm kein Vokal folgt. Wir schreiben z.B.: بَار [bār] „Bar", nicht: بَارْ.

ÜBUNG 3

Leseübung:

نَار نُور وَرَن دِين دَين دِير دَرْ دُود يُود بَاب فَاس بِنْت سَيْف سَفَر رَبّ جَبَل

نَجْد كَرَز مَلِك مِتْر فِلِم مِيل بَنْك سُكَّر حَسَن حَلَب شَال سُوق خَان شَيْخ

صِفْر حِمْص نَفْط ضَيْف عَدَن عُمَان عُمَر هَرَم تِيه ثَوْر غَاز

Schreibübung:

[nāy] Flöte, [nasr] Adler, [ǧamal] Kamel, [zink] Zink, [qand] Kandiszucker, [lādan] Ladanum (eine Harzart), [bāṣ] Bus, [bayḍ] Eier, [çabd] Sklave, [šāh] Schah, [tibġ] Tabak, [burǧ] Turm, Burg, [rīḥ] Wind, [ṭunn] Tonne (Gewichtsmaß), [ṭalq] Talk.

ÜBUNG 4

Leseübung:

دِيوَان دِينَار سَرَاى رَادِيُو نِيسَان سُنُونُو بِيرُوت بَارِيس لُبْنَان لَنْدَن تُونِس

تِيفُوس لِيبِيَا دَجَاج زَيْتُون بَازَار رُومَا سَمُوم نِمْسَا وَزِير فَزَّان كُحُول فَلاَّح

حَشِيش قَالِب قَنَال صَفِير صَاحِب طَنْطَا بَطَاطِس جَامِع هِلَال غَزَال

Schreibübung:

[sūriyā] Syrien, [barlīn] Berlin, [kirīt] Kreta, [kūbā] Kuba, [sīnamā]
Kino [ḥusayn] Hussein, [šarīf] edel, [bāšā] Pascha, [salām] Friede,
Heil, Gruß, [sīlān] Ceylon, [ġirām] Gramm, [būr saçīd] Port Said.

ÜBUNG 5

Leseübung:

بُسْتَان فَرَنْسَا فَيْلَسُوف فَنْلَنْدَا بَتْرُول فُسْتَان تِلِفِزْيُون كِرِكُوك مَمْلُوك جِيُولُوجِيَا

فِرِنْك مَحْمُود مُحَمَّد مِشْمِش دِمَشْق دَرْوِيش لَازُورْد بَقْشِيش بُرْتُقَال طَرَابْلُس

فَلَسْطِين سُلْطَان طَرْبُوش قُبْطَان رَمَضَان وَهْرَان حَضْرَمُوت عَنْبَر بَاوُلُوجِيَا

عُثْمَان حَافِظ بَغْدَاد غُورِيلَا

Schreibübung:

[ṭamāṭim] Tomaten, [simsim] Sesam, [masǧid] (insbes. kleinere)
Moschee, [turkiyā] Türkei, [zumurrud] Smaragd, [zanǧabār] Sansi-
bar, [marrākiš] Marrakesch, [manṣūr] siegreich, [šayṭān] Teufel,
[baçlabakk] Baalbekk, [zaçfarān] Safran, [dirham] Drachme, [ǧa-
hannam] Hölle, [ẓahrān] Dhahran (Stadt in Saudi-Arabien), [ǧuġ-
rāfiyā] Geographie, [munġūliyā] Mongolei, [hīdrūǧīn] Wasserstoff
(Hydrogenium).

Das Verdopplungszeichen wird auch gebraucht, um die Lautfolgen
īy und ūw zu schreiben: hier bräuchten wir ja zweimal den Buchstaben
ی bzw. و (einmal für den langen Vokal ī bzw. ū, ein zweites Mal für
den Konsonanten y bzw. w) und dieser wird nun nur einmal gesetzt,
aber mit Tašdīd versehen: نَبِيّ [nabīy] „Prophet" (nicht نَبِيِی !),
قُوَّات [qūwāt] „Kräfte" (nicht قُوَوَات !).
Bei manchen Wörtern wird langes ā am Wortende durch den Buchstaben ی und nicht durch ا bezeichnet: مُوسِيقَى [mūsīqā] „Musik",
دِفْلَى [diflā] „Oleander".

39

ÜBUNG 6

Leseübung:

بَدَوِى بَرْبَرِى نُوبِى صَرْبِى عَلِى هِنْدِى دِيمِقْرَاطِى حَلْوَى لَيْلَى مُوسَى

Schreibübung:

[bayrūtīy] Beiruter, [ḫākīy] Khaki, [çarabīy] Araber, [çaskarīy] Soldat, [nimsāwīy] Österreicher, [rūsīy] Russe, [yūnānīy] Grieche (Ionier).

7. Das Hamza-Zeichen und seine Träger

Den Buchstaben ӡalif haben wir bisher nur zur Darstellung des langen ā gebraucht. Wie alle anderen Buchstaben ist jedoch auch ӡalif zunächst und wesentlich einem der Konsonanten zugeordnet: in diesem Fall dem Konsonanten Hamz, dem Stimmabsatz- oder Knacklaut ӡ. Durch seine Verwendung als langes ā wurde jedoch der Buchstabe ӡalif „entwertet" und hat die Fähigkeit verloren, für sich allein den Hamz zu bezeichnen. Soll vielmehr ӡalif nicht wie bisher langes ā, sondern den Konsonanten ӡ darstellen, dann muß dies durch ein besonderes Hilfszeichen, das Hamza-Zeichen, bezeichnet werden. Dieses Hamza-Zeichen hat die Gestalt des Buchstabens çayn in seiner Anfangsform, jedoch verkleinert: ‏ﺍ‎ = ӡ.

أَب [ӡab] Vater, أُمّ [ӡumm] Mutter, أُورُبَّا [ӡūrubbā] Europa

Folgt auf den Hamz i oder ī, dann muß das Hamza-Zeichen unter das ӡalif gesetzt werden:

إِبْن [ӡibn] Sohn, إِيرَان [[ӡīrān] Iran

Die Lautfolge ӡā wird nicht wie es zu erwarten wäre: اأ geschrieben. Man faßt hier Hamza-Zeichen, Fatḥa-Zeichen und das zweite ӡalif (für langes ā) in ein besonderes Hilfszeichen, das Madda-Zeichen zusammen und schreibt: آ = ӡā

آن [ӡān] Augenblick, آب [ӡāb] August, آمَال [ӡāmāl] Hoffnungen

In der folgenden Übung steht vor einigen Wörtern der bestimmte

Artikel, den wir genauer erst in der Sprachlehre besprechen werden. Er hat die Form اَل [ʒal] und wird stets mit dem folgenden Wort zusammengeschrieben:

اَلْعِرَاق [ʒal-çirāq] der Irak, اَلْهِنْد [ʒal-hind] Indien

Beginnt das Wort mit ʒ, dann ergibt sich bei Vorsetzen des Artikels schriftlich die Verbindung lām-ʒalif:

اَلْأُرْدُنّ [ʒal-ʒurdunn] der Jordan, Jordanien,

اَلْأَلْب [ʒal-ʒalb] die Alpen

ÜBUNG 7

Leseübung:

امْرِيكا اَلْمانْيا ارز احمد اخ اخت اِسْطنبول اطلس اِمْبراطور اِيطالْيا القاضى

اِثِينا اذان ارثوذكِسى اِسْبانِيا اوبرا اَمِير آدم آس الفرات الإسلام البلقان

القوقاز الجبر الاقصر الخرطوم اليونان العزى

Schreibübung:

[ʒusturāliyā] Australien, [ʒūruġwāy] Uruguay, [ʒimām] Imam (Vorbeter), [ʒizmīr] Smyrna, [ʒarīḥā] Jericho, [ʒal-baḥrayn] Bahrein (Inselgruppe im Arabischen Golf), [ʒal-maksīk] Mexiko, [ʒal-mawṣil] Mosul, [ʒal ʒazhar] Al-Azhar-Universität (in Kairo), [ʒibrāhīm] Ibrahim (Abraham), [ʒal-maġrib] der Maġreb (Nordwestafrika), [ʒirlandā] Irland, [ʒāsiyā] Asien, [ʒaswān] Assuan, [ʒiyūn] Ion.

Obwohl das Hamza-Zeichen zunächst nur andeuten soll, daß der Buchstabe ʒalif in seiner ursprünglichen Bedeutung, nämlich als Hamz, zu lesen ist, wird es im weiteren als der eigentliche schriftliche Repräsentant des Konsonanten ʒ angesehen, während das ʒalif in ا und إ zu einem „Hilfsbuchstaben" verblaßt. Dieser dient nur dazu, das Hamza-Zeichen (das ja nicht als Buchstabe gilt) zu tragen, d. h.

es in der Schrift zu verankern. Dementsprechend nennt man ʒalif
in dieser Funktion den *Trägerbuchstaben des Hamza-Zeichens* oder
kurz den *Hamza-Träger.*

Aus Gründen, auf die wir nicht einzugehen brauchen, werden nun aber
außer ʒalif auch noch andere Hamza-Träger gebraucht: auch die
Buchstaben wāw und yāʒ können das Hamza-Zeichen übergesetzt
erhalten. Sie verlieren dann ihren Lautwert w und y und bezeichnen
– in Verein mit dem Hamza-Zeichen, das sie tragen – wiederum den
Konsonanten ʒ. Schließlich wird aber das Hamza-Zeichen in manchen
Wörtern auch ohne Trägerbuchstaben auf die Zeile gesetzt geschrieben.

Dem Umschrift-Zeichen ʒ können in arabischer Schrift somit vier
Schreibungen entsprechen: 1) ﺍ oder ﺍ „Hamza auf bzw. unter dem
Träger ʒalif", 2) ﺅ „Hamza auf dem Träger wāw", 3) ﺉ „Hamza auf
dem Träger yāʒ", 4) ﺀ „Hamza ohne Träger auf der Zeile".

رؤوس [ruʒūs] Köpfe, تفاؤل [tafāʒul] Optimismus, نائم [nāʒim] Schläfer,
سئل [suʒila] er wurde gefragt, ماء [māʒ] Wasser, مساء [masāʒ] Abend

Wir sehen, daß der Buchstabe yāʒ in seiner Anfangs- und Mittelform
keine Punkte erhält, wenn er als Hamza-Träger Verwendung findet.
Welche Schreibung des Hamz in einem bestimmten Wort gewählt
wird, ist natürlich nicht willkürlich, sondern bestimmt sich nach den
Regeln der sogenannten *Hamza-Orthographie,* die die Wahl des Trä-
gers von seiner Stellung im Wort (insbes. von den benachbarten Vokalen) abhängig machen. Diese Regeln werden wir erst im Laufe der
Sprachlehre vollständig durchbesprechen. Hier erwähnen wir nur
einige besonders wichtige Fälle:

a) Ist der Hamz der *erste Konsonant* eines Wortes, dann steht durchwegs der Träger ʒalif.

b) Ist der Hamz ein *mittlerer Konsonant* eines Wortes, dann steht
neben (vor oder nach) dem a-Vokal der Träger ʒalif, neben dem u-Vokal der Träger wāw, neben dem i-Vokal der Träger yāʒ. (Auf Länge
oder Kürze des Vokal kommt es hiebei nicht an.) Steht ʒ zwischen
zwei verschiedenartigen Vokalen, dann erweist sich (zur Bestimmung
des Hamza-Trägers) i stärker als u und a, und u stärker als a.

c) Ist der Hamz der *letzte Konsonant* eines Wortes, dann gelten in der
Hauptsache die Regeln unter b), jedoch ist zu beachten, daß *nach*

langem Vokal am Wortende das Hamza-Zeichen ohne Träger auf die Zeile gesetzt wird.

Anmerkung: In manchen arabischen Ländern (z.B. in Syrien und Saudi-Arabien, nicht aber in Ägypten) erhält der Buchstabe yāʒ auch in seiner isolierten Form und in seiner Endform zwei Punkte, jedoch nur, wenn er y oder ī bezeichnet, nicht wenn er für langes ā steht oder als Hamza-Träger dient. Dort schreibt man also z.B.: ناي [nāy] „Flöte", في [fī] „in", jedoch (wie überall): موسى [mūsā] „Moses", نائم [nāʒim] „Schläfer".

ÜBUNG 8

Leseübung:

رَأْس نَار ذِنْب بِئْر رَئِيس الجَزائِر فُؤَاد سُؤَال مُؤَذِّن لُؤْلُؤ القُرآن كَرْبَلاء

صَحْرَاء الفِيزيَاء الكِيمِيَاء صَنْعَاء سُوء بَرِيء

8. Gebrauch der Hilfszeichen

Wir haben bisher in der Schriftlehre gesehen, daß neben die 28 Buchstaben des Alphabets eine Anzahl von Hilfszeichen tritt. (Wir haben sieben kennengelernt; zwei weitere werden wir erst im Zusammenhang der Sprachlehre antreffen.) Die Hilfszeichen lassen sich in zwei Gruppen einteilen:

1) Die beiden Hilfszeichen, die auf den Konsonanten Hamz hinweisen: das Hamza-Zeichen (mit oder ohne Trägerbuchstaben) und das Madda-Zeichen.

2) Hilfszeichen, die auf die Vokale des Wortes hinweisen (sog. „Vokalzeichen" im engeren Sinn: Fatḥa, Kasra, Ḍamma, Sukūn) bzw. die Konsonantenverdoppelung ausdrücken (Tašdīd).

Im Gebrauch der beiden Gruppen findet sich nun ein wichtiger Unterschied: die Zeichen der ersten Gruppe sind fest mit dem Wort verbunden und dürfen nicht fortgelassen werden; die Vokalzeichen der zweiten Gruppe werden dagegen im allgemeinen nicht geschrieben. Dies bedeutet, daß darauf verzichtet wird, die *kurzen* Vokale schriftlich zum Ausdruck zu bringen.

Die Vokalzeichen stehen beispielsweise beim Korantext, in Ausgaben der klassischen Dichtung, in Fibeln für den Elementarschulunterricht, in Wörterbüchern. Die ganz überwältigende Mehrzahl aller (handschriftlichen, gedruckten oder sonstwie erstellten) Texte — insbesondere nahezu alle Bücher, alle Zeitungen und Zeitschriften, alle private, amtliche und kommerzielle Korrespondenz usw. — verzichtet durchgehend auf die Verwendung der Vokalzeichen. Da wir es uns in diesem Buch zum Ziel setzen, zu einem Verständnis des modernen Arabisch (und nicht der klassischen arabischen Literatur) zu gelangen, folgen wir im weiteren diesem Vorgehen: wir gebrauchen die Vokalzeichen Fatḥa, Kasra, Ḍamma und Sukūn grundsätzlich nicht.

Natürlich müssen wir dann die Aussprache jedes Wortes bei seinem ersten Vorkommen in Umschrift angeben, denn fehlen die Vokalzeichen, dann kann ein unbekanntes Wort nicht gelesen werden. Das arabische Schriftbild *erinnert* bloß den Leser an ein Wort, dessen volle Lautgestalt er aber aus seinem Gedächtnis reproduzieren muß. Lesen kann man im allgemeinen nur ein arabisches Wort, das man *bereits kennt*. Machen wir uns dies durch einen Vergleich aus dem Deutschen klar! Würde unsere Schrift nur die Konsonanten wiedergeben, dann könnte man etwa auf folgenden Satz stoßen: „gstrn bn ch mt mnm Brdr ns Kn gggngn" Unschwer ergänzen Sie dies beim Lesen zu: „gestern bin ich mit meinem Bruder ins Kino gegangen" Ein Ausländer jedoch, der zwar die Lateinschrift, nicht aber die deutsche Sprache kennt, könnte die erstere Schreibung nicht lesen. Ähnlich ist nun die Situation beim Arabischen, freilich doch wesentlich einfacher als etwa beim Deutschen, denn im Arabischen verschwinden ja nur drei Laute (die drei kurzen Vokale) aus dem Schriftbild. Die langen Vokale bleiben durch die Buchstaben ا, و und ي bezeichnet. (Allerdings kann ohne Vokalzeichen nicht entschieden werden, ob و und ي die Konsonanten w und y oder die Langvokale ū und ī darstellen!) Hinzu kommt noch, daß bereits die *Form* des Wortes, soweit sie schriftlich in den Konsonanten und langen Vokalen zum Ausdruck kommt, die nicht angeschriebenen kurzen Vokale in sehr vielen Fällen eindeutig bestimmt.

Was nun die Zeichen der ersten Gruppe betrifft, so sollten diese – wie schon erwähnt — stets gesetzt werden. Bei Hamza- und Madda-Zeichen ist dies auch meistens der Fall, und wir werden diese beiden

Zeichen im weiteren stets setzen, wo sie zu setzen sind. (Das Hamza-
Zeichen wird allerdings — in Handschrift und Druck — auch häufig
fortgelassen, wenn es den Träger ӡalif hat. Dieser bleibt dann allein
zurück: اب [ӡab], ايران [ӡīrān] statt أب، ايران usw.) Dagegen wird das
Tašdīd-Zeichen fast ebenso verbreitet unterdrückt wie die Vokalzeichen. Dem tragen wir Rechnung, indem wir es zwar bis Abschnitt 20
der Sprachlehre konsequent verwenden, danach aber in bestimmtem
Umfang darauf verzichten. (Siehe dazu Vorbemerkung zu Abschnitt
21.)

In den bisherigen Übungen haben wir die Wörter mit Vokalzeichen
versehen, um sie ohne zusätzliche Angaben lesbar zu machen. In
der folgenden Übung finden Sie eine Auswahl aus diesen Wörtern,
nun ohne Vokalzeichen geschrieben. Im Schlüssel ist die Vokalisierung
angegeben, doch sollten nach einer sorgfältigen Durcharbeitung der
vorangegangenen Übungen hier keine Schwierigkeiten auftreten.
Die Übung hier soll den wesentlichen Grundsatz einprägen helfen:
Arabisch lesen heißt schon bekannte Wörter oder Wortformen wieder-
erkennen.

ÜBUNG 9

ديوان إيران دينار سوريا سراى آسيا راديو بيروت تونس بترول فرنسا تليفزيون
أمريكا بازار ألمانيا زنجبار محمّد مرّاكش دمشق ألفرات ألبلقان ألمكسيك
طماطم إسطنبول سلطان قبطان فلسطين أطلس إيطاليا ألقاضى ألعراق إبراهيم
درهم ألهند أبينا عثمان غوريلا بغداد موسيقى إسبانيا إيرلندا ألجزائر ألفيزياء
عمّان فلّاح فزّان أوربّا

9. Zahlzeichen und Interpunktion

Die Ziffern haben in Druckschrift die folgenden Formen:

0 1 2 3 4 5 6 7 8 9
٠ ١ ٢ ٣ ٤ ٥ ٦ ٧ ٨ ٩

In Handschrift wird jedoch mit ٢ die Ziffer 3 bezeichnet, die 2 hat
dort die Form ٢. In Zahlen werden die Ziffern wie von uns angeord-

net, also entgegen der arabischen Schreibrichtung: ١٩٦٨ = 1968. Werden mehrere Zahlen zusammengesetzt, dann erfolgt deren Anordnung jedoch von rechts nach links. Daher ist z.B. ١٤/٥٣٤ umzuschreiben mit: 534/64.

Für die Interpunktion (Satzzeichensetzung) bestehen keine verbindlichen Regeln. Grundsätzlich werden Satzzeichen viel sparsamer verwendet als im Deutschen. (Die Interpunktion überhaupt ist eine neuere Entlehnung aus Europa. Davor kannten die Araber nur Zeichen zur Markierung des Satz- und Versendes.) Die hauptsächlich gebrauchten Satzzeichen sind: Punkt (.), Doppelpunkt (:), Beistrich (، oder ›), Fragezeichen (؟), Rufzeichen (!). Beistrich und Rufzeichen werden nur selten gesetzt, aber auch das Fragezeichen unterbleibt manchmal.

Die runden Klammern stehen meist zur Hervorhebung eines Wortes aus dem Text, wo wir Anführungszeichen gebrauchen. Anführungszeichen („...") sind vorhanden, werden aber (auch für die direkte Rede) nur selten verwendet.

Anmerkung: Das Satzzeichen „Punkt" wird *auf* die Zeile gesetzt, die Ziffer „Punkt" (die unserer Null entspricht) *über* die Zeile.

10. Ergänzungen zur Laut- und Schriftlehre

Zur Schreibung des *Persischen* in arabischer Schrift werden vier *zusätzliche Buchstaben* für vier dem Arabischen fremde Konsonanten gebraucht: پ = p, چ = (wie tsch in dt. „Matsch"), ژ = ž (wie j in franz. „journal"), گ = g. In alphabetischer Reihenfolge werden diese nach ب, ج, ز bzw. ك eingeordnet. Diese vier Buchstaben werden auch von den Arabern zur Schreibung von Fremdwörtern gebraucht. (Allerdings selten, s. unten.)

Grundsätzlich ist die arabische Schriftsprache fremdwortfeindlich. Prinzipiell werden eindringende Fremdwörter nur dann toleriert, wenn sie in Lautbestand und Bau auch arabisch sein könnten oder sich dem Arabischen anpassen lassen. Diese Arabisierung ist mit den älteren Lehnwörtern (aus dem Lateinischen, Altgriechischen, Persischen usw.) auch geschehen. Die große Masse der mit der modernen Zivilisation einströmenden Fremdwörter aus europäischen Sprachen (hauptsächlich aus dem Englischen, Französischen und Italienischen) kann dagegen nicht mehr (oder nicht so schnell) assimiliert werden, und hier finden wir dementsprechend eine Reihe *fremder Laute* in arabischen Wörtern. Zur *Lautgestalt und Schreibung der Fremdwörter* ist hauptsächlich das Folgende zu merken:

a) Die Langvokale ē und ō werden (wie ī und ū) mit ى bzw. و bezeichnet. In der Aussprache kann ō häufig durch ū ersetzt werden: شِك [šēk] „Scheck", كاريه [kabārēh] „Kabarett", هولندا [hōlandā, hūlandā] „Holland", كيلو [kīlō, kīlū] „Kilo".

b) Der Konsonant g wird mit ج bezeichnet, häufig jedoch als k oder ġ übernommen, und dann natürlich mit ك bzw. غ geschrieben: جنيه [ginēh] „Pfund (engl. guinea)", جالون [gālōn] „Gallone", كراج [karāǧ] „Garage", جرام [grām] oder غرام [ġirām] „Gramm", غوريلا [ġūrīlā, ġōrīlā] „Gorilla".

c) Der Konsonant p wird in der Regel als b übernommen und mit ب geschrieben: برتغال [burtuġāl] „Portugal", بلاستيك [blāstīk] „Plastik", نسلين [bansīlīn] „Penicillin".

d) Der Konsonant v (wie w in dt. „Wasser") wird meist als f übernommen: فيلا [fīlā] „Villa", فيتامين [fītāmīn] „Vitamin", فيتو [fētō] „Veto". Von vielen Gebildeten wird bei solchen Wörtern die Aussprache v beibehalten. Diese kann durch drei Punkte (statt eines) am Buchstaben fāз bezeichnet werden: ڤينّا oder ڤينا [vīyannā] „Wien". Wir merken hier an, daß es für Schreibung und Aussprache von nicht-arabischen Wörtern keine verbindliche bzw. amtliche Form gibt. Insbesondere gibt es für das Arabische kein Gegenstück zu unserem „Duden".

ABSCHNITT EINS

1. Einige einfache Sätze

Zur Bildung einiger einfacher Sätze lernen wir zuerst die *Personalpronomen* (persönliche Fürwörter) *im Singular* (Einzahl) kennen.

ich ist أنا [ʒánā]. (Achtung auf die Betonung: ʒánā, nicht: ʒaná !)
du entsprechen zwei arabische Formen: [ʒánta] richtet sich an einen Mann, [ʒánti] an eine Frau. In arabischer Schrift fallen beide Formen, die sich voneinander ja nur im kurzen Endvokal unterscheiden, in أنت zusammen. Der Sinnzusammenhang schließt einen Zweifel an der Lesung von أنت fast stets aus. Gegebenenfalls kann man jedoch natürlich durch Setzung eines Vokalzeichens Eindeutigkeit erzielen: أنتَ [ʒanta] „du" (ein Mann), أنتِ [ʒanti] „du" (eine Frau).
er ist هو (húwa), *sie* ist هى (híya).

Das Arabische kennt nur zwei grammatische Geschlechter: *maskulin* (männlich) und *feminin* (weiblich). Ein neutrales (sächliches) Geschlecht ist nicht vorhanden. Dementsprechend gibt es auch kein neutrales Pronomen „es". (Unserem „es" in unpersönlichen Ausdrücken wie „es ist bekannt" u.ä. entspricht im Arabischen meist die maskuline Form هو.)
Sehen wir uns nun einige maskuline *Substantive* (Hauptwörter) an:

طالب [ṭálibun] ein Student,   معلّم [muçállimun] ein Lehrer,
عربى [çarabíyun] ein Araber,   ألمانى [ʒalmāníyun] ein Deutscher.

Wir sehen, daß es keinen unbestimmten Artikel „ein" gibt. Statt dessen wird eine besondere Endung gebraucht, um die Unbestimmtheit zu bezeichnen: die Endung -*un*, auf die die obenstehenden Beispielwörter auslauten. In arabischer Schrift bleibt diese Endung unausgedrückt: man schreibt طالب, nicht etwa طالبن. Man weiß eben, daß ein unbestimmtes Substantiv die Endung -*un* erhält und verzichtet darauf, dies schriftlich noch besonders zu bezeichnen.
Es besteht allerdings auch eine Möglichkeit, die Endung -*un* schriftlich wiederzugeben. Dazu setzt man zwei einander entgegengerichtete Damma-Zeichen über den letzten Buchstaben des Wortes. Von dieser

Möglichkeit macht man jedoch nur bei durchvokalisierten Wörtern Gebrauch:

طَالِبٌ مُعَلِّمٌ عَرَبِیٌّ اَلْمَانِیٌّ

Ebenso wenig wie man für gewöhnlich die Vokalzeichen setzt, benutzt man auch das Doppel-Ḍamma zur Wiedergabe der Endung -un. Betrachten wir weiter einige feminine Substantive:

طالبة [ṭálibatun] eine Studentin, معلّمة [muçállimatun] eine Lehrerin
عربیّة [çarabíyatun] eine Araberin, اَلْمانیّة [ʒalmāníyatun] eine Deutsche.

Die charakteristische *Endung femininer Substantive* ist -at, woran wiederum -un tritt, um die Unbestimmtheit zu bezeichnen. In arabischer Schrift wird der Konsonant *t* in dieser Endung -at nicht mit dem Buchstaben ت bezeichnet. Vielmehr findet hier (und nur hier) ein besonderer Buchstabe Verwendung, dessen Form die des Buchstaben hāʒ mit zwei übergesetzten Punkten ist: ة. Dieser Buchstabe trägt den Namen tāʒ marbūṭa („verbundenes tāʒ"). Er gilt nicht als besonderer Buchstabe des Alphabets, sondern nur als Sonderfall des hāʒ. Seiner Funktion entsprechend kann ة nur am Wortende stehen. Über das *Geschlecht der Substantive* merken wir uns zunächst nur, daß alle Substantive mit Endung -at (ة) feminin, die übrigen maskulin sind. (Mit den Ausnahmen von dieser Grundregel werden wir uns später befassen.)
Wenn wir durchvokalisieren, dann kommt wieder das Doppel-Ḍamma über ة zu stehen:

طَالِبَةٌ مُعَلِّمَةٌ عَرَبِیَّةٌ اَلْمَانِیَّةٌ

Wir können nun folgende Sätze bilden:

أنا طالب. [ʒanā ṭālibun] ich bin ein Student
أنا طالبة. [ʒanā ṭālibatun] ich bin eine Studentin
أنت معلّم. [ʒanta muçallimun] du bist ein Lehrer, Sie sind ein Lehrer
أنت معلّمة [ʒanti muçallimatun] du bist eine Lehrerin, Sie sind eine Lehrerin
هو عربیّ. [huwa çarabíyun] er ist ein Araber
هی اَلْمانیّة. [hiya ʒalmāníyatun] sie ist eine Deutsche

49

Daraus lassen sich zwei wichtige Sachverhalte ablesen:

1) Unser Hilfszeitwort „sein" bleibt in der Gegenwart ohne arabische Entsprechung. Der Araber sagt einfach: „ich ein Student" usw.

2) Die Anrede mit أَنتَ richtet sich nicht nur an Verwandte oder Freunde wie unser „du", sondern dient ganz allgemein zum Verkehr unter Gleichgestellten. Unserem „Sie" entspricht also meist arabisch أَنتَ. In allen Übungssätzen können Sie أَنتَ sowohl mit „du" wie mit „Sie" übersetzen, wenn der Zusammenhang nicht eine der beiden Formen eindeutig erfordert. Im Schlüssel zu den Übungen und in den Beispielsätzen der Sprachlehre wählen wir meist die einfachere Wiedergabe mit „du". Über verschiedene Formen der höflichen Anrede im formellen Verkehr werden wir später noch sprechen. (Vgl. S. 374.)

2. Einfache Sätze mit dem hinweisenden „das"

Zum Hinweis auf maskuline Substantive dient das *Demonstrativpronomen* (hinweisende Fürwort) هذا [háḏā]:

هذا كتاب. [háḏā kitābun] das ist ein Buch

هذا بيت. [háḏā baytun] das ist ein Haus.

(Beachten Sie, daß das deutsche Wort „das" auch als bestimmter Artikel für neutrale Substantive dient: „das Kind". Damit hat arabisch هذا nichts zu tun.)

Bei der Schreibung von هذا fällt uns auf, daß das erste der beiden langen ā hier gegen die allgemeine Regel nicht mit einem ʒalif bezeichnet wird. Wir treffen hier zum ersten Mal eine sogenannte *defektive Schreibung*, d. h. die Nicht-Bezeichnung eines langen Vokals in arabischer Schrift. Solche defektiven Schreibungen finden wir nur bei sehr wenigen (allerdings sehr gebräuchlichen) Wörtern.

Das Wort هذا weist nur auf Wörter hin, die im Arabischen maskulin sind. Für feminine Substantive gebraucht man eine andere Form:

هذه [háḏihī]. (Beide Langvokale bleiben unbezeichnet!)

هذه جريدة [háḏihī ǧarídatun] das ist eine Zeitung

هذه سيّارة [háḏihī sayyáratun] das ist ein Auto.

Beachten Sie genau, daß wir im Deutschen stets „das" zum Hinweis gebrauchen, im Arabischen jedoch zwischen zwei Formen, هذا und هذه,

zu wählen haben, je nach dem Geschlecht des arabischen Substantivs, auf das wir hinweisen wollen.

Noch eine Bemerkung zur Schreibung: Versieht man defektiv geschriebene Wörter, in denen langes ā nicht durch ӡalif bezeichnet wird, mit Vokalzeichen, dann wird das entsprechende Fatḥa-Zeichen senkrecht statt schräg gesetzt, um die Länge des Vokals anzudeuten: هٰذَا und هٰذِه. (Für defektiv geschriebenes langes ī erfolgt nichts dergleichen.) „und" ist arabisch وَ (wa-). Es wird mit dem folgenden Wort zusammengeschrieben:

كِتَابٌ وَجَرِيدَة [kitābun wa-ǧarīdatun] ein Buch und eine Zeitung,

هُنَا وَهُنَاك [húnā wa-hunáka] hier und dort

3. Einfache Fragesätze

Wichtige Fragewörter sind مَن [man] „wer?", مَا [mā] „was?", أَيْن [ӡáyna] „wo?". Wir können damit einfache Ergänzungsfragen bilden:

مَن أَنتَ؟ [man ӡanta] wer bist du? bzw. wer sind Sie?

مَن هِيَ؟ [man hiya] wer ist sie?

مَا هَذَا؟ [mā hāḏā] was ist das?

أَيْن هُوَ؟ [ӡayna huwa] wo ist er?

WORTLISTE 1

نِمْسَاوِى [nimsāwíyun] ein Österreicher

نِمْسَاوِيَة [nimsāwíyatun] eine Österreicherin

أَجْنَبِى [ӡaǧnabíyun] ein Ausländer

أَجْنَبِيَّة [ӡaǧnabíyatun] eine Ausländerin

طَبِيب [ṭabíbun] ein Arzt

طَبِيبَة [ṭabíbatun] eine Ärztin

مِصْرِى [miṣríyun] ein Ägypter

مِصْرِيَّة [miṣríyatun] eine Ägypterin

سُويسْرِى [suwísríyun] ein Schweizer

سُويسْرِيَّة [suwīsríyatun] eine Schweizerin

تَاجِر [táǧirun] ein Kaufmann

سَائِح [sáӡiḥun] ein Tourist

سَائِحَة [sáӡiḥatun] eine Touristin

مُوظَّف [muwáẓẓafun] ein Angestellter, ein Beamter

مُوظَّفَة [muwáẓẓafatun] eine Angestellte, eine Beamte

عَامِل [çámilun] ein Arbeiter

كُرسِى [kursíyun] ein Stuhl

طَاوِلَة [ṭáwulatun] ein Tisch

دَفتَر [dáftarun] ein Heft

قَلَم [qálamun] eine Feder

شنطة [šánṭatun] eine Tasche (Hand-
oder Aktentasche)

رسالة [risálatun] ein Brief

مجلّة [maǧállatun] eine Zeitschrift,
ein Magazin

فندق [fúnduqun] ein Hotel

مطعم [máṭ‛amun] ein Restaurant

مسرح [másraḥun] ein Theater

ÜBUNG 1.1

١ – أنا أجنبيّ. أنت ألمانيّ. أنت نمساويّة. هو مصريّ. هى سويسريّة.

٢ – أنا تاجر وهى سائحة. أنت موظّف وأنت طبيبة. هى ألمانيّة وهو نمساويّ.

٣ – من أنت؟ أنا ألمانيّ. أنا سائح. ومن هي؟ هي سويسريّة. هي طالبة.

٤ – من هو؟ هو مصريّ. هو عامل. ومن هي؟ هي مصريّة. هي موظّفة.

٥ – ما هذا؟ هذا دفتر. هذا قلم. هذه شنطة. هذه رسالة. هذا مطعم وهذا
مسرح. ٦ – أين دفتر وقلم؟ أين سيّارة؟ أين فندق؟ أين طبيب؟ أين كرسيّ؟
أين طاولة؟ ٧ – أين شنطة؟ هنا شنطة. أين مطعم؟ هناك مطعم. أين مجلّة؟
هنا مجلّة وكتاب.

ÜBUNG 1.2

1. Ich bin eine Angestellte. Ich bin Touristin. Ich bin eine Deutsche.
2. Ich bin Kaufmann. Ich bin Österreicher. Ich bin Tourist. 3. Er ist
ein Arbeiter. Sie ist eine Ärztin. Er ist Ägypter und sie ist Österreicherin. 4. Sie sind ein Kaufmann. Du bist ein Student und du bist eine
Studentin. 5. Was ist das? Das ist ein Stuhl und das ist ein Tisch. Das
ist eine Zeitung und das ist eine Zeitschrift. 6. Das ist ein Brief. Das
ist ein Heft und das ist eine Feder. 7. Wer sind Sie? Ich bin Ausländer.
Wer ist er? Er ist Arzt. 8. Wo ist ein Hotel? Wo ist eine Zeitung?
Wo sind Sie? Wo bin ich? 9. Dort ist ein Restaurant. Hier ist ein
Brief und hier ist ein Buch. 10. Dort ist ein Theater. Hier sind ein
Tisch und ein Stuhl.

ABSCHNITT ZWEI

In diesem Abschnitt überlegen wir uns, wie wir die Sätze von Abschnitt 1 in den *Plural* (Mehrzahl) übertragen können.

1. Plural der Personalpronomen

wir ist نحن [náḥnu].

ihr entsprechen zwei Formen: أنتم [ʒántum] richtet sich an Männer (oder an Männer und Frauen), أنتنّ [ʒantúnna] wird an Frauen gerichtet gebraucht. Beide Formen können natürlich auch unserem „Sie" entsprechen, wenn dies an mehrere Personen gerichtet wird:

أين أنتم؟ [ʒayna ʒantum] „wo seid ihr?" oder „wo sind Sie?"

sie ist هم [hum], wenn Männer (oder Männer und Frauen), هنّ [hunna], wenn Frauen gemeint sind.

Wir stellen uns die Formen der Personalpronomen in Singular (Einzahl) und Plural nun nochmals übersichtlich zusammen.

PERSONALPRONOMEN

	Singular	Plural
Erste Person	أنا [ʒáná] ich	نحن [naḥnu] wir
Zweite Person	أنت [ʒanta] du (m.)	أنتم [ʒantum] ihr (m.)
	أنت [ʒanti] du (f.)	أنتنّ [ʒantunna] ihr (f.)
Dritte Person	هو [huwa] er	هم [hum] sie (m.)
	هى [hiya] sie	هنّ [hunna] sie (f.)

Die Abkürzungen m. und f. für maskulin und feminin werden wir noch häufig benutzen. Vergessen Sie nicht, daß alle Formen der zweiten Person auch unserem „Sie" entsprechen können.

2. Plural der Substantive

Einer näheren Erklärung schicken wir die Pluralformen einiger Substantive als Stichproben voraus:

A. موظفون [muwaẓẓafúna] „Angestellte, Beamte" ist der Plural von موظف.

B. معلّمات [muçallimátun] „Lehrerinnen" ist der Plural von معلّمة.

C. بيوت [buyútun] „Häuser" ist der Plural von بيت.

أقلام [ʒaqlámun] „Federn" ist der Plural von قلم.

دفاتر [dafátiru] „Hefte" ist der Plural von دفتر.

كراسيّ [karāsíyu] „Stühle" ist der Plural von كرسيّ.

Die arabische Sprache gebraucht drei Mittel, um den Mehrzahlbegriff bei Substantiven zum Ausdruck zu bringen. Die erste Möglichkeit (Beispiel A) besteht im Anfügen der Pluralendung -úna nach vorherigem Abstreichen der Endung -un. Da von diesem Mittel fast ausschließlich bei maskulinen Substantiven Gebrauch gemacht wird, bezeichnet man diesen mit der Endung -úna gebildeten Plural mit der nicht glücklichen, aber eingebürgerten Übersetzung des Fachausdrucks der arabischen Grammatiker als den *gesunden männlichen Plural*. Von den uns aus Abschnitt 1 bekannten Substantiven haben die folgenden diesen Plural:

ألمانيّ Plural الألمانيّون [ʒalmānīyúna] Deutsche. معلّم, Pl. معلّمون [muçallimúna] Lehrer. نمساويّ, Pl. نمساويّون [nimsāwīyúna] Österreicher. سويسريّ, Pl. سويسريّون [suwīsrīyúna] Schweizer. مصريّ, Pl. مصريّون [miṣrīyúna] Ägypter.

Die zweite Möglichkeit (Beispiel B) besteht im Anfügen der Pluralendung -át, woran wieder -un zum Ausdruck der Unbestimmtheit tritt, so daß die Endung -átun entsteht. Diese Endung wird bei vielen femininen Substantiven gebraucht, bei denen dann im Plural -átun anstelle des Singularausganges -atun steht. Der Unterschied zwischen Singular und Plural liegt dann nur in der Länge des ā und in der Betonung, auf die folglich genau zu achten ist:

سيّارة [sayyáratun] ein Auto, Pl. سيّارات [sayyārátun] Autos.

Die Pluralform mit der Endung -átun wird als *gesunder weiblicher Plural* bezeichnet. Er wird (außer von den zwei schon genannten) von den folgenden uns bekannten femininen Substantiven gebildet:

طالبة, Pl. طالبات [ṭālibátun] Studentinnen. طبيبة, Pl. طبيبات [ṭabībátun] Ärztinnen. طاولة, Pl. طاولات [ṭāwulátun] Tische. مجلّة, Pl. مجلّات [ma-

ǧallátun] Zeitschriften. سائحة, Pl. سائحات [sāʒihátun] Touristinnen.
أجنبيّة, Pl. أجنبيّات [ʒaǧnabīyātun] Ausländerinnen.

Ebenso von allen weiteren femininen Substantiven, die im Singular auf ـيّة [-īyatun] enden.

Besonders zu beachten ist, daß die Pluralendung -ātun nicht etwa nur bei femininen Substantiven, die in der Einzahl auf ة enden, gebraucht wird. Auch viele maskuline Substantive erhalten sie: حساب [ḥisābun] „eine Rechnung" lautet im Plural حسابات [ḥisābátun] „Rechnungen". Wir kommen zur dritten Möglichkeit der Pluralbildung, der *Brechung* der Singularform zu einem *gebrochenen Plural* (Beispiele oben unter C). Während bei den beiden gesunden Pluralen der Mehrzahlbegriff durch Anfügen bestimmter Endungen Ausdruck findet — was uns von den europäischen Sprachen her gewohnt scheint —, beruht der sehr eigentümliche und für das Arabische charakteristische gebrochene Plural auf einer drastischen Änderung der in der Singularform vorhandenen Vokale, während deren Konsonanten erhalten bleiben. Betrachten wir ein Beispiel genauer. Im Wort [baytun] finden wir als „Gerüst" oder „Skelett" die drei Konsonanten b-y-t. Der erste dieser drei hat kurzes *a* nach sich, der zweite ist vokallos, auf den dritten folgt die (nicht individuell charakteristische) Endung -un. Im gebrochenen Plural [buyūtun] folgt dem ersten Konsonanten kurzes *u*, dem zweiten langes *ū*, dem dritten wiederum die Endung -un. Wir ersehen aus den Beispielen unter C auch, daß nicht alle gebrochenen Plurale unbestimmt die Endung -un erhalten. Bei den letzten beiden Beispielen finden wir die Endung -u.

Naheliegend ist die Frage nach etwaigen Gesetzmäßigkeiten bei der Pluralbrechung. Sehen wir dazu die gebrochenen Plurale aller uns schon bekannten Substantive durch:

a) طالب , Pl. طلّاب [ṭullábun] Studenten.
   سائح , Pl. سوّاح [suwwáḥun] Touristen.
   عامل , Pl. عمّال [ʕummálun] Arbeiter.
   تاجر , Pl. تجّار [tuǧǧárun] Kaufleute.

b) أجنبيّ , P.l آجانب [ʒaǧánibu] Ausländer.
   فندق , Pl. فنادق [fanádiqu] Hotels.
   مطعم , Pl. مطاعم [maṭáʕimu] Restaurants.
   رسالة , Pl. رسائل [rasáʒilu] Briefe.

مَسْرَح , Pl. مَسَارِح [masáriḥu] Theater.

جَرِيدَة , Pl. جَرَائِد [ǧaráʒidu] Zeitungen.

c) كِتَاب , Pl. كُتُب [kútubun] Bücher.

شَنْطَة , Pl. شُنَط [šúnaṭun] Taschen.

عَرَبِيّ , Pl. أَعْرَاب [ʒaçrābun] Araber.

طَبِيب , Pl. أَطِبَّاء [ʒaṭibbáʒu] Ärzte.

Unter a) finden wir gebrochene Plurale mit der Vokalfolge u-ā und
Verdopplung des mittleren der drei Konsonanten, unter b) Plurale
mit der Vokalfolge a-ā-i. Unter c) haben wir Beispiele anderer Vokal-
folgen, zu denen wir vorläufig erst ein Beispiel kennen: u-u, a-ā, u-a,
a-i-ā. Man kann nun die verschiedenen Möglichkeiten der Pluralbrechung durch ihre Vokalfolge charakterisieren und z.B. sagen, daß
طَالِب und عَامِل den gleichen gebrochenen Plural haben: jenen mit der
Folge u-ā. Damit werden wir uns jedoch erst später genauer befassen,
sobald wir über einen größeren Wortschatz und damit über mehr
Beispiele zur Brechung verfügen.

Viel näher als eine allgemeine Klassifizierung und Untersuchung der
gebrochenen Plurale liegt dem Lernenden natürlich die einfache Frage: wie kann man zu einer gegebenen Singularform den Plural ermit-
teln? Die Antwort darauf muß leider sehr kurz ausfallen: Allgemein
ist dies gar nicht möglich. Von Sonderfällen abgesehen läßt sich einem
bestimmten, gegebenen Substantiv im Singular weder ansehen, ob
der Plural gesund männlich, gesund weiblich oder gebrochen ist,
noch − falls er gebrochen ist − welche Vokalfolge er enthält, zu welchem
Brechungstyp er gehört. Praktisch bedeutet dies, daß zu jedem neuen
Substantiv die Mehrzahl besonders hinzugelernt werden muß. Leider
stoßen wir gleich zu Beginn unserer Sprachlehre auf eine Hauptschwierigkeit der arabischen Grammatik: die Pluralbildung der Substantive, was sich freilich nicht umgehen läßt.

Zur unbestimmten Endung der Wörter im gebrochenen Plural (-un
oder -u) läßt sich sagen, daß diese für jeden Pluraltyp charakteristisch ist und nicht etwa zu jedem Substantiv besonders zu merken
ist. Wir halten vorläufig fest, daß gebrochene Plurale mit nur zwei
Vokalen die Endung -un erhalten [buyūtun, kutubun, ṭullābun, ʒaq-
lāmun] usw., gebrochene Plurale mit drei Vokalen die Endung -u
[dafātiru, karāsīyu, ʒaṭibbāʒu] usw.

Schließlich merken wir an, daß die gesunden (männlichen und weiblichen) Plurale häufig auch als *äußere Plurale,* die gebrochenen als *innere Plurale* bezeichnet werden.

3. Plural des Demonstrativpronomens

Im Deutschen dient „das" auch zum Hinweis auf Plurale: „das sind Bücher". Arabisch finden wir eine besondere Pluralform هؤلاء [hāʒulāʒi], die gemeinsamer Plural zu هذا und هذه ist. Achten Sie auf die defektive Schreibung des langen ā und die Hamza-Schreibung in هؤلاء. Das Pronomen هؤلاء darf nur zum Hinweis auf Personen dienen:

هؤلاء طلاب. [hāʒulāʒi ṭullābun] das sind Studenten

هؤلاء طالبات. [hāʒulāʒi ṭālibātun] das sind Studentinnen

Dagegen gebraucht man zum Hinweis auf Plurale von „Nicht-Personen" dieselbe Form هذه wie für feminine Singulare:

هذه جرائد وهذه مجلات. [hāḏihī ǧarāʒidu wa-hāḏihī maǧallātun] das sind Zeitungen und das sind Zeitschriften

Grund dafür ist der *allgemeine Grundsatz,* daß *Plurale von Nicht-Personen* durchwegs nicht eigentlich als Mehrzahl, sondern *als feminine Singulare gelten* und auf ihre „grammatische Umgebung" (auf Pronomen, Verbformen usw., die sich auf solche Plurale beziehen) auch so wirken, und zwar ganz einerlei, ob diese Plurale gesund oder gebrochen sind und ob der zugehörige Singular maskulin oder feminin ist. Dieser Grundsatz wird aus späteren Anwendungen noch klarer werden.

4. Die arabische Entsprechung des Verbs „haben"

Während wir im Deutschen ein Verb (Zeitwort) „haben" verwenden, um ein Besitzverhältnis auszudrücken, greift das Arabische zu – für unser Sprachgefühl „umschreibenden" – Ausdrücken mit Präpositionen (Vorwörtern). Statt „ich habe ein Buch" finden wir im Arabischen: „bei mir, mit mir, für mich ist ein Buch". Wir beschränken uns zunächst auf die Umschreibung mit „bei". Diese Präposition ist arabisch عند [ç̣inda]. Um nun die einzelnen Personen auszudrücken, werden an عند bestimmte Suffixe angefügt. Man spricht von *Personalsuffixen* an der Präposition. Wir finden folgende Reihe:

عندی	[çínd-ī]	bei mir
عندك	[çínda-ka]	bei dir (Mann)
عندك	[çínda-ki]	bei dir (Frau)
عنده	[çínda-hū]	bei ihm
عندها	[çínda-hā]	bei ihr
عندنا	[çínda-nā]	bei uns
عندكم	[çínda-kum]	bei euch (Männern)
عندكنّ	[çinda-kúnna]	bei euch (Frauen)
عندهم	[çínda-hum]	bei ihnen (Männern)
عندهنّ	[çinda-húnna]	bei ihnen (Frauen)

Vergleichen Sie die Reihe der Personalsuffixe mit der Liste der Personalpronomen am Beginn dieses Abschnitts! Besonders ist zu beachten:

1) Das Suffix der ersten Person Singular, -ī, verdrängt den Auslaut -a der Präposition: [çind-ī], nicht: [çinda-ī]!

2) Das lange ū im Suffix der dritten Person maskulin Singular wird defektiv geschrieben.

3) Die Suffixe -ka und -ki der zweiten Person Singular fallen in arabischer Schrift zusammen. In den Übungen ist die maskuline Form -ka zu lesen, wenn nicht ein beigefügtes Kasra-Zeichen oder der Zusammenhang die feminine Form -ki festlegt.

Wir können nun folgende Sätze bilden:

عندی جريدة وعندك كتاب. [çínd-ī ğarīdatun wa-çínda-ka kitābun] ,,ich habe eine Zeitung und du hast ein Buch", wörtlich: ,,bei mir (ist) eine Zeitung und bei ihm (ist) ein Buch"

عنده سيّارة. [çínda-hū sayyāratun] er hat ein Auto (wörtlich?)

عندنا رسائل. [çínda-nā rasāʒilu] wir haben Briefe

Die Wiedergabe von Sätzen mit substantivischem Subjekt (Satzgegenstand) wie ,,ein Student hat ein Buch" werden wir erst später besprechen. (Vgl. S. 89.)

WORTLISTE 2

فَلّاح [fallā́hun] ein Bauer
Pl. فَلّاحون [fallāhū́na]

فَلّاحة [fallā́hatun] eine Bäuerin
Pl. فَلّاحات [fallāhā́tun]

جُنْدِيّ [ǧundī́yun] ein Soldat
Pl. جُنود [ǧunū́dun]

شُرْطِيّ [šurṭī́yun] ein Polizist
Pl. شُرْطِيّون (šurṭīyū́na]

سوريّ [sūrī́yun] ein Syrer
Pl. سوريّون [sūrīyū́na]

عِراقيّ [ʿirāqī́yun] ein Iraker
Pl. عِراقيّون [ʿirāqīyū́na]

خَريطة [harī́ṭatun] eine Landkarte
Pl. خَرائط [harā́ʒiṭu]

قاموس [qāmū́sun] ein Wörterbuch
Pl. قواميس [qawāmī́su]

صورة [ṣū́ratun] ein Bild, ein
Photo
Pl. صور [ṣúwarun]

رسم [rásmun] eine Zeichnung
Pl. رسوم [rusū́mun]

دَرّاجة [darrā́ǧatun] ein Fahrrad
Pl. دَرّاجات [darrāǧā́tun]

ÜBUNG 2.1

١ – نحن أَلْمانيّون. أَنْتُم تِجّار. هم أَجانب. أَنْتُنّ طالبات. هنّ سائحات.
٢ – مَن أَنْتُم؟ نحن فَلّاحون. ومَن أَنْتُنّ؟ نحن فَلّاحات. ٣ – مَن هم؟ هم
جنود. ومَن هنّ؟ هنّ أَجنبيّات. ٤ – مَن هؤلاء؟ هؤلاء شُرطيّون وهؤلاء
عمّال وهؤلاء موظّفون. ٥ – هذه جرائد وهذه دفاتر. هذه كُتُب وهذه مجلّات.
هذه صور وهذه رسوم.٦ – ما عندَك؟ عندى دفتر وقاموس. وما عندكِ؟ عندى
خريطة. ٧ – عندنا سيّارة. عندهم قواميس. عندكم درّاجات. عندها رسالة.
٨ – عندكنّ شنط. عندهنّ خرائط. عندها أَقلام ودفاتر.

ÜBUNG 2.2

1. Wir sind Iraker. Ihr seid Bauern. Ihr seid Österreicherinnen. 2.
Sie sind Ägypter. Sie sind Schweizerinnen. 3. Das sind Syrer und das
sind Iraker. Das sind Angestellte und das sind Arbeiter. 4. Das sind
Kaufleute. Das sind Photos. Das sind Touristen. Das sind Autos.
5. Er hat ein Fahrrad. Ich habe ein Auto. Wir haben Tische und Stühle. 6. Sie hat ein Lexikon. Sie (m.) haben Landkarten. Sie (f.) haben

Federn. 7. Was hast du (m.)? Ich habe ein Photo. Und was hast du
(f.)? Ich habe ein Buch. 8. Ihr (m.) habt Autos. Ihr (f.) habt Zeitschriften und Bücher.

ÜBUNG 2.3 +

Verwandeln Sie alle Sätze der Übungen 1.1 und 1.2 in den Plural.

ABSCHNITT DREI

1. Bestimmter Artikel

In den beiden ersten Abschnitten haben wir es durchwegs mit unbe-
stimmten Substantiven zu tun gehabt: „ein Buch", „Bücher". Zur
Bezeichnung bestimmter Substantive wird ein besonderer bestimmter
Artikel gebraucht. Sehen Sie zunächst einige Beispiele durch:

UNBESTIMMT	BESTIMMT
كتاب [kitābun] ein Buch	ألكتاب [ȝal-kitābu] das Buch
جريدة [ȝarīdatun] eine Zeitung	الجريدة [ȝal-ȝarīdatu] die Zeitung
كتب [kutubun] Bücher	ألكتب [ȝal-kutubu] die Bücher
جرائد [ȝarāȝidu] Zeitungen	الجرائد [ȝal-ȝarāȝidu] die Zeitungen
معلمون [muçallimūna] Lehrer	المعلمون [ȝal-muçallimūna] die Lehrer
مجلات [maȝallātun] Zeitschriften	المجلات [ȝal-maȝallātu] die Zeit- schriften

Der bestimmte Artikel (im weiteren kurz: Artikel genannt) lautet also
für alle Substantive — maskulin und feminin, Singular und Plural –
gleich: أل [ȝal-]. Er wird mit dem Substantiv, das er bestimmt, zusammengeschrieben.

Aus den Beispielen ersehen wir auch, daß Substantive mit dem Artikel zum Teil andere Endungen erhalten als unbestimmte. Damit verhält es sich sehr einfach:

a) Lautet die unbestimmte Endung -un (dies ist der Fall bei allen
Singularen, gesunden weiblichen Pluralen und einem Teil der gebrochenen Plurale), dann wird daraus die bestimmte Endung -u, wenn
wir den Artikel vorsetzen.

b) Die gesunden männlichen Plurale und der andere Teil der gebrochenen Plurale erhalten unbestimmt und bestimmt dieselbe Endung: -ūna bzw. -u.

2. Sonnenbuchstaben und Mondbuchstaben

Wenn die Form des Artikels auch nicht von Geschlecht und Zahl des Substantivs abhängt, so unterliegt sie doch anderen Wandlungen. Wieder zuerst einige Beispiele:

اَلسَّيَّارَة [ʒas-sayyāratu] das Auto,

اَلشُّرطِى [ʒaš-šurṭīyu] der Polizist,

اَلطَّاوِلَة [ʒaṭ-ṭāwulatu] der Tisch,

اَلصُّورة [ʒaṣ-ṣūratu] das Bild, das Photo,

اَلتَّاجِر [ʒat-tāǧiru] der Kaufmann,

اَلرَّسم [ʒar-rasmu] die Zeichnung.

Der Artikel lautet also nicht durchwegs [ʒal-]. Beginnt das Substantiv, dem der Artikel vorgesetzt wird, z.B. mit den Konsonanten s, ṣ, š, t, ṭ, r, dann gleicht sich das l des Artikels diesem Anlaut-Konsonanten an und die Form des Artikels ist nunmehr: [ʒas-], [ʒaṣ-], [ʒaš-], [ʒat-], [ʒaṭ-], [ʒar-]. Wir sprechen von der *Assimilation* (Angleichung) des Artikels.

In arabischer Schrift wird der Buchstabe lām auch bei Assimilation belassen, obwohl ihm in der Aussprache dann nichts entspricht. Der anlautende Buchstabe des Substantivs erhält jedoch das Verdopplungszeichen.

Werden Vokalzeichen geschrieben, dann erhält bei Assimilation der Buchstabe lām kein Sukūn-Zeichen:

اَلسَّيَّارَةُ oder اَلتَّاجِرُ aber natürlich اَلْكِتَابُ oder اَلْجَرِيدَةُ

An welche Konsonanten wird nun der Artikel assimiliert? Genau an die Hälfte aller Konsonanten, und zwar an die folgenden vierzehn:

s š z ṣ ẓ t d ṭ ḏ t ḍ r n l   „*Sonnenbuchstaben*"

Der Name der Sonnenbuchstaben rührt von dem bei den arabischen Grammatikern gebrauchten Musterwort für die Assimilation, dem Substantiv اَلشَّمس [ʒaš-šamsu] „die Sonne", her. Die übrigen vierzehn

61

Buchstaben, besser gesagt: Konsonanten, an die der Artikel nicht assimiliert wird, heißen Mondbuchstaben, nach dem Musterwort القمر [ʒal-qamaru] „der Mond":

ʒ b ǧ ḥ ḫ ᶜ ġ f q k m h w y „*Mondbuchstaben*"

Daß auch 1 zu den Sonnenbuchstaben rechnet, obwohl hier Auslaut des Artikels und Anlaut des Substantivs von vornherein übereinstimmen, ist Übereinkunft. Jedenfalls wird auch hier das Tašdīd-Zeichen gesetzt: أللّغة [ʒal-luġatu] „die Sprache", Pl. أللّغات [ʒal-luġātu].

3. Artikel im Satzinneren

Die Form des Artikels unterliegt neben der Assimilation noch einem weiteren Wandel, der aber erst dann bemerkbar wird, wenn der Artikel ins Satzinnere rückt, ihm also ein anderes Wort vorausgeht. Zuerst einige Beispiele:

ألجريدة والكتاب. [ʒal-ǧarīdatu wa_l-kitābu] die Zeitung und das Buch

ألقلم والدّفتر. [ʒal-qalamu wa_d-daftaru] die Feder und das Heft

هو المعلّم ونحن الطّلّاب. [huwa_l-muᶜallimu wa-naḥnu_ṭ-ṭullābu] er ist der Lehrer und wir sind die Studenten

Jetzt, da dem Artikel ein anderes Wort vorausgeht, lautet seine Form nicht mehr [ʒal-], sondern verkürzt nur noch [l-], bzw., wenn noch die Assimilation hinzukommt, [d-], [ṭ-] usw. Im Satzinneren vor Sonnenbuchstaben besteht der Artikel also nur in der Verdoppelung des Substantiv-Anlautes.

Strikt zu beachten ist, daß in der Aussprache der verkürzte Artikel mit dem ihm vorausgehenden Wort unbedingt als Einheit zu sprechen ist, ohne Pause oder Absetzen vor dem Artikel. Die obenstehenden Beispiele sind also zu lesen: [walkitábu], [waddáftaru], [wanáḫnuṭ-ṭullábu]. In unserer Umschrift bezeichnen wir den engen Anschluß mit dem Verbindungsstrich unter der Zeile.

Im arabischen Schriftbild wirkt sich die Verkürzung des Artikels im Satzinneren nur durch das Entfallen des Hamza-Zeichens über dem ʒalif des Artikels aus. (Wir erinnern an den Grundsatz, daß jedem Konsonanten ʒ der Aussprache ein Hamza-Zeichen der Schrift entsprechen muß, und umgekehrt. Hier nun ist der Konsonant ʒ ver-

schwunden.) Der Buchstabe ӡalif, an sich nur der Träger des Hamza-
Zeichens, bleibt aber erhalten!
Wir stellen uns die möglichen Formen des Artikels nun zusammen-
fassend in einer Übersicht zusammen:

FORMEN DES ARTIKELS

	vor Mondbuchstaben	vor Sonnenbuchstaben
am Satzanfang	أَلقَمَر [ӡal-qamaru] der Mond	أَلشّـمس [ӡaš-šamsu] die Sonne
im Satzinneren	والقَمَر [wa_l-qamaru] und der Mond	والشّـمس [wa_š-šamsu] und die Sonne

In unseren bisherigen Beispielen ging dem zu verkürzenden Artikel
im Satzinneren als Auslaut des vorausgehenden Wortes ein kurzer
Vokal voraus. Ist der Auslaut des vorausgehenden Wortes ein langer
Vokal, dann wird der Artikel ebenfalls verkürzt, der lange Vokal aber
wird zusätzlich noch gekürzt. In arabischer Schrift kommt diese Kürzung nicht zum Ausdruck. Einige Beispiele:

عندىالكتاب. [çindi_l-kitābu] ich habe das Buch, nicht: [çindī_l-kitābu]!

عندنا الكتب. [çinda-na_l-kutubu] (sprich: [çíndanalkútubu] wir haben
die Bücher, nicht: [çinda-nā_l-kutubu])!

Schließlich bleibt der Fall, daß das Wort, das dem Artikel vorausgeht,
nicht auf Vokal, sondern auf einen Konsonanten endigt. Dann muß
„in Verbindung", d.h. vor dem verkürzten Artikel, zur Erleichterung
der Aussprache ein „Hilfsvokal" angefügt werden. Dieser ist allgemein ein kurzes i:

كتاب أو جريدة. [kitābun ӡaw ğarīdatun] ein Buch oder eine Zeitung,
aber:

ألكتاب أو الجريدة. [ӡal-kitābu ӡawi_l-ğarīdatu] das Buch oder die Zeitung.

An den Auslaut -um der Personalpronomen und -suffixe tritt jedoch
als Hilfsvokal kurzes u:

أنتم الطّلّاب وهم المعلّمون. [ʒantumu_ṭ-ṭullābu wa-humu_l-muçallimūna]
ihr seid die Studenten und sie sind die Lehrer

عندكم الكتب. [çinda-kumu_l-kutubu] ihr habt die Bücher

Werden Vokalzeichen geschrieben, dann muß im Satzinneren über das
ʒalif des Artikels ein besonderes Zeichen der Form ʿ gesetzt werden,
das den Namen Waṣla-Zeichen (d.h. Verbindungszeichen) trägt:

عِنْدَكُمُ ٱلْكَتَبُ. oder أَنْتُمُ ٱلطَّلَّابُ وَهُمُ ٱلْمُعَلِّمُونَ

4. Einige Verbformen

Wir wenden uns der *Konjugation der Verben* (der Abwandlung der
Zeitwörter) zu. Einen Infinitiv (Nennform) gibt es zwar auch im Arabischen (darüber später), es ist jedoch üblich, die Verben nicht im
Infinitiv, sondern in der Form der dritten Person maskulin des Singulars anzuführen und die Konjugation mit dieser Form zu beginnen:

يكتب [yáktubu] er schreibt, يشرب [yášrabu] er trinkt,

يحمل [yáḥmilu] er trägt.

Daneben finden wir eine besondere feminine Form der dritten Person,
die mit ta- anstatt des maskulinen ya- beginnt:

تكتب [táktubu] sie schreibt, تشرب [tášrabu] sie trinkt,

تحمل [táḥmilu] sie trägt.

Die Form der ersten Person beginnt mit ʒa-:

أكتب [ʒáktubu] ich schreibe, أشرب [ʒášrabu] ich trinke,

أحمل [ʒáḥmilu] ich trage.

Grundsätzlich braucht man nicht wie im Deutschen vor die Verbformen noch die Personalpronomen zu setzen, da die Formen selbst
die verschiedenen Personen klar zum Ausdruck bringen. Wenn freilich
ein besonderer Nachdruck auf dem Subjekt liegt, *muß* das Pronomen
vor die Verbform gesetzt werden:

هو يكتب *er* schreibt, هى تشرب *sie* trinkt, أنا أحمل *ich* trage.

Auch wenn kein besonderer Nachdruck bezweckt wird, kann das Pronomen stehen. Wir geben noch einige Verben, zu denen Sie als Übung
die beiden weiteren Formen bilden sollen:

يسمع [yásmaᶜu] er hört,   يفهم [yáfhamu] er versteht,

يسأل [yásȝalu] er fragt,   يعرف [yáᶜrifu] er kennt,

يكذب [yákḏibu] er lügt,   يشكر [yáškuru] er dankt,

يشرح [yášraḥu] er erklärt,

يدرس [yádrusu] er lernt,

يخرج [yáḫruǧu] er geht fort.

Sehen wir uns schließlich einige kurze Sätze mit Verbformen an:

الطّالب يكتب. [ȝaṭ-ṭālibu yaktubu] oder:

يكتب الطّالب. [yaktubu_ṭ-ṭālibu] der Student schreibt

الطّالبة تفهم. [ȝaṭ-ṭālibatu tafhamu] oder:

تفهم الطّالبة. [tafhamu_ṭ-ṭālibatu] die Studentin versteht

Wir sehen, daß wir die Sätze sowohl mit dem (substantivischen) Subjekt wie auch mit der Verbform beginnen können. Beide Wortstellungen sind möglich. Sätze, die mit dem Subjekt beginnen, werden als *Nominalsätze*, solche, an deren Anfang die Verbform steht, als *Verbalsätze* bezeichnet. Danach sind الطّالب يكتب und الطّالبة تفهم Nominalsätze, dagegen يكتب الطّالب und تفهم الطّالبة Verbalsätze.

WORTLISTE 3

Vorbemerkung: In den Wortlisten geben wir weiter die Substantive in der unbestimmten Form. Die bestimmte Form mit dem Artikel können Sie nach den Regeln dieses Abschnitts stets eindeutig bilden. In der Übersetzung lassen wir ab jetzt den deutschen unbestimmten Artikel „ein, eine" fort. Gesunde Plurale schreiben wir nicht mehr aus, sondern bezeichnen sie nur durch den Zusatz (Pl. ون) bzw. (Pl. ات).

نقود [nuqúdun] Geld (Dieses Wort ist ein gebrochener Plural.)

تذكرة [táḏkiratun] Fahrkarte, Eintrittskarte
Pl. تذاكر [taḏákiru]

ترجمان [turǧumánun] Dolmetsch
Pl. تراجمة [tarágimatun]

سيّد [sáyyidun] Herr
Pl. سادة [sádatun]

سيّدة [sáyyidatun] Dame (Pl. ات)

رجل [ráǧulun] Mann
Pl. رجال [riǧálun]

آنسة [ȝánisatun] Fräulein, Mädchen (Pl. ات)

<table>
<tr><td>دليل [dalîlun] Fremdenführer
Pl. أدلّاء [ʒadillâʒu]
ورق [wáraqun] Papier (als Material)</td><td>ورقة [wáraqatun] ein Blatt Papier
Pl. أوراق [ʒawráqun]</td></tr>
</table>

Amerkung: Daß die gebrochenen Plurale تراجمة und سادة auf ة enden, bedeutet nicht etwa, daß diese feminin sind. Die Endung ة findet sich auch bei manchen Typen der gebrochenen Plurale und hat dort mit dem Geschlecht der Substantive nichts zu tun.

ÜBUNG 3.1

١ – ألرّسوم والصّور. ألطّاولات والكراسيّ. ألجرائد والمجلّات. ألسّوّاح والتّجّار. ألسّيّارات والدّراجات. ٢ – ألدّفتر والقاموس. ألأقلام والكتب. ألطّلّاب والطّالبات. ألمصريّون والعراقيّون. ألتّاجر والشّرطيّ. ٣ – عنده الخريطة. عندى النّقود. عندك الرّسالة. عندك الأوراق. عندها القاموس. عندهم التّذاكر ٤ – من السّيّد؟ هو المعلّم. ومن السّيّدة؟ هى المعلّمة. ومن السّادة؟ هم الموظّفون. ٥ – أنا التّرجمان. أنا الطّبيبة. أنت الدّليل. أنت المعلّمة. هم الأطبّاء. هنّ الأجنبيّات. ٦ – ألدّليل مصرىّ والتّرجمان سورىّ. ألطّبيبة نمساويّة. ألسّوّاح ألمانيّون. ٧ – أنا أسمع. أنا أدرس. أنا أخرج. أنا أسأل. أنا أفهم. أنا أشكر. ٨ – هى تدرس. هى تسمع. هى تكذب. هى تشرح. هى تخرج. هو يشرح وهى تفهم. ٩ – ألدّليل يشرح. ألمعلم يشرح. ألرّجل يكذب. ألعامل يشرب. ألسّائحة تسأل. ألسّيّدة تكتب. ١٠ – يخرج السّيّد. تسأل الآنسة. تفهم السّيّدة. يخرج الموظّف.

ÜBUNG 3.2

1. Die Arbeiter sind Iraker. Die Ärzte sind Syrer. Die Soldaten sind Ägypter. 2. Die Lehrer sind Deutsche und die Studenten sind Schweizer. Die Führer sind Österreicher. 3. Wo sind die Briefe und wo ist

das Papier? Wo sind die Landkarten und die Hefte? 4. Wir haben das Geld. Ich habe die Zeitungen und die Bücher. Sie hat die Tasche. 5. Ich lerne. Ich frage. Ich gehe fort. Ich höre. Ich danke. Ich erkläre. 6. (Bilden Sie Nominalsätze:) Die Studentin lernt. Der Bauer dankt. Das Mädchen lügt. Die Lehrerin erklärt. Der Arzt geht weg. Der Kaufmann fragt. Die Dame schreibt.

ÜBUNG 3.3 +

Verwandeln Sie in Übung 3.1, Satz 1–6, alle Singularformen (auch die Pronomen und Suffixe!) in den Plural, und umgekehrt alle Pluralformen in den Singular.

ABSCHNITT VIER

1. Gegenwart der Verben

Im vorigen Abschnitt 3 haben wir die Besprechung der Konjugation der Gegenwart mit den Formen der dritten und ersten Person Singular begonnen. Bei der zweiten Person werden wieder eine maskuline und eine feminine Form unterschieden. Die maskuline Form stimmt mit der dritten Person feminin überein:

تَكْتُب [táktubu] du (ein Mann) schreibst, تَشْرب [tášrabu] du (ein Mann) trinkst

Die feminine Form der zweiten Person hat die Endung -ina:

تَكْتِين [taktubína] du (eine Frau) schreibst, تَشْرِين [tašrabína] du (eine Frau) trinkst

Auch im Plural gibt es in der dritten und zweiten Person je eine maskuline und eine feminine Form. Die beiden maskulinen Formen erhalten wir, indem wir an die entsprechenden Singularformen die Endung -ūna anfügen:

يَكْتُبون [yaktubúna] sie (Männer) schreiben,
تَكْتُبون [taktubúna] ihr (Männer) schreibt,
يَشْربون [yašrabúna] sie (Männer) trinken,
تَشْربون [tašrabúna] ihr (Männer) trinkt

67

Die femininen Pluralformen erhalten wir aus den maskulinen durch Verkürzung der Endung *-ūna* zu *-na:*

يَكْتُبْنَ [yaktúbna] sie (Frauen) schreiben, تَكْتُبْنَ [taktúbna] ihr (Frauen) schreibt

Die erste Person Plural endlich beginnt mit *na-*, wobei an نَحْنُ zu denken ist:

نَكْتُبُ [náktubu] wir schreiben, نَشْرَبُ [nášrabu] wir trinken

Es folgt eine Übersicht über die Konjugation der Gegenwart in allen zehn möglichen Formen:

يَكْتُبُ [yáktubu] er schreibt	يَكْتُبُونَ [yaktubúna] sie (m.) schreiben
تَكْتُبُ [táktubu] sie schreibt	يَكْتُبْنَ [yaktúbna] sie (f.) schreiben
تَكْتُبُ [táktubu] du (m.) schreibst	تَكْتُبُونَ [taktubúna] ihr (m.) schreibt
تَكْتُبِينَ [taktubína] du (f.) schreibst	تَكْتُبْنَ [taktúbna] ihr (f.) schreibt
أَكْتُبُ [ʒáktubu] ich schreibe	نَكْتُبُ [náktubu] wir schreiben

Konjugieren Sie nun als Übung mindestens drei Verben in allen Formen der Gegenwart. Beachten Sie genau die Betonungsverschiebungen zwischen den Formen. Bedenken Sie auch, daß alle Formen der zweiten Person auch unserer Sie-Form („Sie schreiben") entsprechen können.

Überblicken wir nun die gesamte Konjugation des Präsens (der Gegenwart), dann stellen wir fest, daß dabei verschiedene Präfixe (Vorsilben): *ya-, ta-, ʒa-, na-*, und verschiedene Endungen: *-u, -ína, -úna, -na*, an einen Verbstamm (-ktub-, -šrab- usw.) antreten. Dieser Verbstamm zwischen Präfix und Endung trägt die Bedeutung des Verbs und bleibt die gesamte Konjugation hindurch unverändert. Der Verbstamm hat bei den Verben, die wir bisher kennengelernt haben, durchwegs die gleiche Form: auf zwei Konsonanten folgt ein kurzer Vokal (a, i oder u), auf diesen ein dritter Konsonant. Man bezeichnet die drei Konsonanten, an denen die Verbbedeutung hängt, als die drei *Radikale* (Wurzelkonsonanten) des betreffenden Verbs. Der kurze Vokal im Stamm wird als *Präsensvokal* bezeichnet. Mit diesen Bezeichnungen können wir beispielsweise sagen, das Verb [yaktubu] habe als 1. Radikal *k*, als 2. Radikal *t* und als 3. Radikal *b*, und sein

Präsensvokal sei *u*. Beim Verb [yaḥmilu] sind die drei Radikale *ḥ, m, l* und der Präsensvokal ist *i*.

Wir können nun eine zweite Übersicht über die Konjugation des Präsens geben, bei der wir uns auf kein bestimmtes Verb festlegen, sondern nur Präfixe und Endungen anschreiben:

KONJUGATION DES PRÄSENS

	Singular		Plural	
3. Person maskulin	ya-	-u	ya-	-ūna
3. Person feminin	ta-	-u	ya-	-na
2. Person maskulin	ta-	-u	ta-	-ūna
2. Person feminin	ta-	-ina	ta-	-na
1. Person	ʒa-	-u	na-	-u

2. Verben mit Hamz

Verben, unter deren Radikalen der Hamz vorkommt, zeigen einige Besonderheiten.

a) Der erste Radikal des Verbs ist der Hamz.

Dies ist der Fall z. B. bei أَكُلْ [yaʒkulu] er ißt, أَخُذْ [yaʒḫuḏu] er nimmt. Mit einer Ausnahme erfolgt die Konjugation völlig regelmäßig, der Trägerbuchstabe des Hamza-Zeichens ist stets ʒalif. Nur in der 1. Person Singular wirkt sich ein Lautgesetz aus, das verbietet, daß eine Silbe, die mit ʒ beginnt, auch mit ʒ endet. Die zu erwartende Form wäre: [ʒaʒkulu], enthielte jedoch die unmögliche Silbe ʒaʒ. In solchen Fällen wird der silbenschließende Hamz beseitigt, der Vokal dafür gelängt: aus ʒaʒ wird ʒā und die tatsächliche Form ist somit آكُلْ [ʒākulu] „ich esse". Ebenso: آخُذْ [ʒāḫuḏu] „ich nehme".

b) Der zweite Radikal des Verbs ist der Hamz.

Dies ist z. B. bei يَسْأَل [yasʒalu] „er fragt" der Fall. Die Abwandlung ist völlig regelmäßig.

c) Der dritte Radikal des Verbs ist der Hamz.

Dies finden wir z. B. bei يَقْرَأ [yaqraʒu] „er liest", يَبْدَأ [yabdaʒu] „er beginnt". In Umschrift wird völlig regelmäßig konjugiert. In arabischer Schrift ist aber auf den Wechsel des Hamza-Trägerbuchstabens zu achten. Wir geben die Konjugation von يَقْرَأ:

يَقرَأ [yaqraʒu]   يَقرَؤُون [yaqraʒūna]
تَقرَأ [taqraʒu]   يَقرَأن [yaqraʒna]
تَقرَأ [taqraʒu]   تَقرَؤُون [taqraʒūna]
تَقرَئِين [taqraʒīna]   تَقرَأن [taqraʒna]
أَقرَأ [ʒaqraʒu]   نَقرَأ [naqraʒu]

Die Übersetzung bleibt als Übung. Konjugieren Sie auch بَدَأ schriftlich durch!

3. Kongruenz in Nominal- und Verbalsätzen

Wir haben bereits besprochen, daß z. B. der deutsche Satz „der Student schreibt" in zwei Wortstellungen ins Arabische übertragen werden kann; als Verbalsatz: يَكتُب الطَّالِب oder als Nominalsatz: الطَّالِب يَكتُب.
Wenn wir dies in den Plural verwandeln, erleben wir eine Überraschung. „die Studenten schreiben" lautet als Nominalsatz, wie zu
erwarten: الطُّلَّاب يَكتُبون [ʒaṭ-ṭullābu yaktubūna]. Als Verbalsatz erhalten wir aber nicht etwa: يَكتُبون الطُّلَّاب, sondern vielmehr:
يَكتُب الطُّلَّاب [yaktubu_ṭ-ṭullābu]. Im Verbalsatz bleibt das Verb stets
im Singular, gleichgültig, ob danach das Subjekt im Singular oder im
Plural folgt. Im Nominalsatz richtet sich dagegen das Verb in der Zahl
nach dem Subjekt, dem es nachfolgt. Im Geschlecht stimmen Verb
und Subjekt dagegen in beiden Satztypen überein. Dazu noch einige
Beispiele:

Deutsch	Nominalsatz	Verbalsatz
die Männer essen	الرِّجال يَأكُلون.	يَأكُل الرِّجال.
	[ʒar-riʒālu yaʒkulūna]	[yaʒkulu_r-riʒālu]
die Studentinnen lesen	الطَّالِبات يَقرَأن.	تَقرَأ الطَّالِبات.
	[ʒaṭ-ṭālibātu yaqraʒna]	[taqraʒu_ṭ-ṭālibātu]

Die Art der Übereinstimmung zwischen Satzteilen in Geschlecht,
Zahl usw. wird als deren *Kongruenz* bezeichnet. Wir können folgende
Kongruenzregel aussprechen:
*Im Verbalsatz stimmt das Verb mit dem Subjekt nur im Geschlecht
überein, bleibt jedoch stets im Singular. Im Nominalsatz stimmt das
Verb mit dem Subjekt sowohl im Geschlecht als auch in der Zahl überein.*

4. Substantive im Akkusativ Singular

Bisher haben wir Substantive nur als Subjekte von Sätzen gebraucht, wo sie im *Nominativ* (im 1. Fall) stehen. Sollen Substantive als Objekt (Satzergänzung) dienen, dann stehen sie im Arabischen stets in einem weiteren Fall, dem *Akkusativ*. Der arabische Akkusativ entspricht häufig dem 4. Fall des Deutschen. Wir beginnen mit Beispielen:

أقرأُ كتابا. [ʒaqraʒu kitāban] ich lese ein Buch

أسأل معلّما. [ʒasʒalu muçalliman] ich frage einen Lehrer

أدرس لغة. [ʒadrusu luġatan] ich lerne eine Sprache

أعرف طبيبا. [ʒaçrifu ṭabīban] ich kenne einen Arzt

أقرأُ الكتابَ. [ʒaqraʒu_l-kitāba] ich lese das Buch

أسأل المعلّمَ. [ʒasʒalu_l-muçallima] ich frage den Lehrer

أدرس اللّغةَ. [ʒadrusu_l-luġata] ich lerne die Sprache

أعرف الطّبيبَ. [ʒaçrifu_ṭ-ṭabība] ich kenne den Arzt

Wir sehen, daß sich die Akkusativ-Form des Substantivs von der Nominativ-Form durch ihre Endung unterscheidet:

a) Die unbestimmte Nominativ-Endung *-un* wird im Akkusativ durch *-an* ersetzt.

b) Die bestimmte Nominativ-Endung *-u* wird im Akkusativ durch *-a* ersetzt.

In arabischer Schrift beobachten wir, daß die unbestimmte Akkusativ-Endung *-an* durch den Buchstaben ʒalif repräsentiert wird, der hier also nicht für langes *ā* steht. Nach der Endung ة wird allerdings kein ʒalif angefügt:

سيّدا [sayyidan] einen Herrn, aber: طاولة [ṭāwulatan] einen Tisch

Werden Vokalzeichen gesetzt, dann dienen zwei übereinander gesetzte Fatha-Zeichen zur Schreibung der Endung *-an*:

كِتَابًا oder كِتَابًا [kitāban], سَيِّدًا oder سَيِّدًا [sayyidan], جَرِيدَةً [ǧarīdatan]

Die Akkusativ-Form des Plurals werden wir im nächsten Abschnitt kennenlernen.

Anmerkung: Der Buchstabe ȝalif zur Bezeichnung der Endung -an unterbleibt außer nach ؛ auch dann, wenn ȝalif an sich schon der letzte Buchstabe des Wortes ist. Z.B. ist „Wasser" ماء [māȝun] und der Akkusativ lautet: أشرب ماء [ȝašrabu māȝan] „ich trinke Wasser", nicht: ماءا !

5. Sätze mit Akkusativ-Objekten

Das Akkusativ-Objekt steht in Nominalsätzen und Verbalsätzen stets an dritter Stelle im Satz. Im Nominalsatz ist die Wortfolge dann: Subjekt – Verb–Objekt.

السّائح يسأل شرطيّا. [ȝas-sāȝiḥu yasȝalu šurṭīyan] „der Tourist fragt einen Polizisten"

الطّالب يقرأ الكتاب. [ȝaṭ-ṭālibu yaqraȝu_l-kitāba] „der Student liest das Buch"

Im Verbalsatz lautet die Wortfolge: Verb – Subjekt – Objekt.

تفهم الآنسة اللّغة. [tafhamu_l-ȝānisatu_l-luġata] „das Fräulein versteht die Sprache"

يقرأ السّيّد جريدة. [yaqraȝu_s-sayyidu ġarīdatan] „der Herr liest eine Zeitung"

Abweichungen von dieser Wortfolge sind möglich, aber selten. Da sich die Akkusativ-Form in arabischer Schrift meist von der Nominativ-Form nicht unterscheidet, kann es bei Einzelsätzen – außerhalb eines Sinnzusammenhanges – mitunter zu Mehrdeutigkeiten kommen. Den Satz يسأل الطّالب kann man auffassen als: [yasȝalu_ṭ-ṭālibu] „der Student fragt" (wir haben dann einen Verbalsatz ohne Objekt vor uns), oder auch als: [yasȝalu_ṭ-ṭāliba] „er fragt den Studenten". Solche Mehrdeutigkeiten müssen Sie bei den folgenden Übungen stets im Auge behalten.

Einen Dativ (3. Fall) kennt das Arabische nicht. Hat ein deutsches Verb Dativ-Objekt bei sich, wie z. B. „ich danke dem Beamten", dann kann die arabische Entsprechung dieses Verbs ein Akkusativ-Objekt verlangen, wie es hier der Fall ist: أشكر الموظّف [ȝaškuru_l-mu-waẓẓafa], oder den Gebrauch verschiedener Präpositionen erfordern. Darüber wird später zu sprechen sein.

WORTLISTE 4

برقيّة [barqíyatun] Telegramm (Pl. ات]

قصّة [qíṣṣatun] Geschichte, Erzählung

Pl. قصص [qíṣaṣun]

مفتاح [miftáḥun] Schlüssel

Pl. مفاتيح [mafātīḥu]

يفتح [yaftaḥu] er öffnet

يلبس [yalbasu] er zieht an, er trägt (ein Kleidungsstück)

بدلة [bádlatun] Anzug

Pl. بدلات [badalátun] (mit zusätzlich eingeschobenem kurzem a !)

نافذة [náfiḏatun] Fenster

Pl. نوافذ [nawáfiḏu]

معطف [míꜥṭafun] Mantel

Pl. معاطف [maꜥáṭifu]

فستان [fustánun] Kleid

Pl. فساتين [fasātínu]

يركب [yarkabu] er reitet

حصان [ḥiṣánun] Pferd, Hengst

Pl. أحصنة [ʒáḥṣinatun]

جمل [ǧámalun] Kamel

Pl. جمال [ǧimálun]

يدخل [yadḫulu] er tritt ein, betritt

باب [bābun] Tür, Tor

Pl. أبواب [ʒabwábun]

صديق [ṣadíqun] Freund

Pl. أصدقاء [ʒaṣdiqáʒu]

ضيف [ḍayfun] Gast

Pl. ضيوف [ḍuyúfun]

يحضر [yaḥḍuru] er ist anwesend, er trifft ein

يضحك [yaḍḥaku] er lacht

زميل [zamílun] Kollege

Pl. زملاء [zumaláʒu]

زميلة [zamílatun] Kollegin (Pl. ات)

قهوة [qáhwatun] Kaffee

كلمة [kálimatun] Wort (Pl. ات)

سؤال [suʒálun] Frage

Pl. أسئلة [ʒásʒilatun]

غرفة [ǧurfatun] Zimmer

Pl. غرف [ǧurafun]

ÜBUNG 4.1

١ – هم يسألون. هنّ يأكلن. أنتم تسمعون. أنتنّ تفهمن. نحن نخرج.
٢ – أقرأ الرّسالة. يقرأ البرقيّة. نقرأ القصّة. هي تقرأ رسالة. يقرؤون جريدة.
نقرأ مجلّة. ٣ – يأخذ الشّنطة. نأخذ المفتاح. يأخذون القاموس. تأخذين
الخريطة. ٤ – نفتح الباب. أفتح النّافذة. ألبس بدلة. هي تلبس معطفا. أنت
تلبس المعطف. ٥ – تلبس فستانا. أركب الحصان. يركب جملا. ندخل بيتا.
أدخل البيت. ٦ – ألسّيّدات يحضرن. ألطّالبات يقرأن. ألأجنبيّات يسألن.

73

ألفلاّحة تضحك. ألزّميلة تحضر. ٧ – ألضّيوف يأكلون ويشربون. ألزّملاء
يضحكون. ألفلاّحون يكذبون. ٨ – ألأجنبيّ يفهم السّؤال. ألجنود يدخلون بيتا.
ألشّرطيّ يدخل الغرفة. ألزّميلة تشرب القهوة. ٩ – يشرب الأصدقاء القهوة.
يسأل الشّرطيّون عاملا. تفهم الطّالبات الكلمة. ١٠ – تسأل السّائحات شرطيّا.
تقرأ الآنسة البرقيّة. يفتح الرّجل النّافذة.

ÜBUNG 4.2

1. Ich lese ein Buch. Ich trage einen Anzug. Ich verstehe das Wort.
2. Wir nehmen den Schlüssel. Wir schreiben einen Brief. Wir lachen.
3. Du verstehst die Frage. Du (f.) kennst die Kollegin. 4. Er trägt
einen Anzug und sie trägt ein Kleid. 5. Ihr betretet das Zimmer. Ihr
(f.) kennt das Hotel. 6. Ich frage den Lehrer und du (f.) fragst die
Lehrerin. Wir fragen einen Bauern. Bilden Sie Nominalsätze: 7. Der
Arzt reitet auf einem Pferd. Die Dame zieht einen Mantel an. 8. Die
Gäste betreten das Restaurant. Die Kolleginnen trinken den Kaffee.
Bilden Sie Verbalsätze: 9. Ein Arbeiter geht fort. Der Lehrer schreibt
ein Buch. Die Studenten lachen. 10. Die Damen danken dem Führer.
Die Kollegen danken dem Beamten.

Anmerkung: Bei dieser Übung 4.2 und allen folgenden deutsch-arabischen
Übersetzungen sollen alle Formen als maskulin aufgefaßt und übersetzt werden,
sofern der Sinn dies gestattet und nicht durch den Zusatz (f.) das Gegenteil
verlangt wird.

ÜBUNG 4.3 +

Verwandeln Sie in Übung 4.1 die Nominalsätze unter 6–8 in Verbalsätze und die Verbalsätze unter 9–10 in Nominalsätze.

ABSCHNITT FÜNF

1. Substantive im Akkusativ Plural

Die Endungen der Akkusativ-Form *gebrochener Plurale* können wir
an folgenden Beispielen ablesen:

أنا أقرأ كتبا وجرائد [ʒanā ʒaqraʒu kutuban wa-ǧarāʒida] ich lese Bücher und Zeitungen

أنا أقرأ الكتب والجرائد [ʒanā ʒaqraʒu_l-kutuba wa_l-ǧarāʒida] ich lese die Bücher und die Zeitungen

نحن نسأل طلابا وزملاء [naḥnu nasʒalu ṭullāban wa-zumalāʒa] wir fragen Studenten und Kollegen

نحن نسأل الطلاب والزملاء [naḥnu nasʒalu_ṭ-ṭullāba wa_z-zumalāʒa] wir fragen die Studenten und die Kollegen

Beim gebrochenen Plural haben wir zwei Endungstypen zu unterscheiden. Der erste Typ endet im unbestimmten Nominativ auf *-un* (es sind dies die Plurale, die *zwei* Vokale enthalten). Im unbestimmten Akkusativ wird daraus die Endung *-an*. Der zweite Typ endet im unbestimmten Nominativ auf *-u* (Plurale, die *drei* Vokale enthalten), woraus im unbestimmten Akkusativ die Endung *-a* wird. Die Endung *-an* wird wieder (wie im Singular) durch Anfügung eines ʒalif bezeichnet, die Endung *-a* nicht. Sind gebrochene Plurale mit dem Artikel bestimmt, dann enden beide Typen im Nominativ auf *-u*, woraus im Akkusativ *-a* wird.

Im *gesunden weiblichen Plural* endet die Akkusativ-Form auf *-in*, wenn sie unbestimmt ist, und auf *-i*, wenn sie durch Vorsetzen des Artikels bestimmt wird.

هى تقرأ مجلات وبرقيات [hiya taqraʒu maǧallātin wa-barqīyātin] sie liest Zeitschriften und Telegramme

هى تقرأ المجلات والبرقيات [hiya taqraʒu_l-maǧallāti wa_l-barqīyāti] sie liest die Zeitschriften und die Telegramme

Werden Vokalzeichen gesetzt, dann bezeichnet man die Endung *-in* durch zwei Kasra-Zeichen unter dem letzten Buchstaben des Wortes:

مَجَلّاتٍ [maǧallātin], بَرْقِيّاتٍ [barqīyātin]

Im *gesunden männlichen Plural* enden in der Akkusativ-Form unbestimmte und bestimmte Substantive gleichermaßen auf *-īna*.

هو يعرف موظفين [huwa yaʕrifu muwazzafīna] er kennt Beamte

هو يعرف الموظفين [huwa yaʕrifu_l-muwazzafīna] er kennt die Beamten

Stellen wir uns nun die Endungen der Nominativ- und Akkusativ-Form in Singular und Plural zusammen.

75

FORMEN DES NOMINATIVS UND AKKUSATIVS

	unbestimmter Nominativ	bestimmter Nominativ	unbestimmter Akkusativ	bestimmter Akkusativ
Singular (ohne Endung ة)	كتاب [kitābun]	الكتاب [ʾal-kitābu]	كتابا [kitāban]	الكتاب [ʾal-kitāba]
Singular (mit Endung ة)	جريدة [ġarīdatun]	الجريدة [ʾal-ġarīdatu]	جريدة [ġarīdatan]	الجريدة [ʾal-ġarīdata]
Gebrochener Plural (1. Typ)	كتب [kutubun]	الكتب [ʾal-kutubu]	كتبا [kutuban]	الكتب [ʾal-kutuba]
Gebrochener Plural (2. Typ)	جرائد [ġarāǧidu]	الجرائد [ʾal-ġarāǧidu]	جرائد [ġarāǧida]	الجرائد [ʾal-ġarāǧida]
Gesunder weiblicher Plural	طالبات [ṭālibātun]	الطالبات [ʾaṭ-ṭālibātu]	طالبات [ṭālibātin]	الطالبات [ʾaṭ-ṭālibāti]
Gesunder männlicher Plural	فلاحون [fallāḥūna]	الفلاحون [ʾal-fallāḥūna]	فلاحين [fallāḥīna]	الفلاحين [ʾal-fallāḥīna]

2. Adverbieller Akkusativ

Die Akkusativ-Form von Substantiven dient im Arabischen nicht nur dazu, die Substantive als Objekte von Verben kenntlich zu machen. Sie wird auch gebraucht, um aus Substantiven *Adverbien* (Umstandswörter) machen. Sehr viele Adverbien des Arabischen sind Substantive im (meist unbestimmten) Akkusativ. Ein Akkusativ, der nicht das Objekt eines Verbs, sondern ein Adverb bezeichnet, wird als *adverbieller Akkusativ* bezeichnet.

Setzen wir z. B. die Substantive صباح [ṣabāḥun] „Morgen", ظهر [ẓuhrun] „Mittag", مساء [masāӡun] „Abend" in den unbestimmten Akkusativ, dann erhalten wir die Adverbien صباحا [ṣabāḥan] „morgens", ظهرا [ẓuhran] „mittags", مساء [masāӡan] (ohne ӡalif! Vgl. Anmerkung am Ende von Punkt 4 des Abschnitts 4.). Von يوم [yawmun] „Tag", Pl. أيّام [ӡayyāmun], wird das Adverb اليوم [ӡal-yawma] „heute" (wörtl.: den Tag) gebildet. Ohne das zugrundeliegende Substantiv zu erläutern führen wir noch folgende Adverbien an: دائما [dāӡiman] „immer", أيضا [ӡaydan] „auch", مرارا [mirāran] „oft". Zu erwähnen ist, daß das Doppel-Fatḥa zur Bezeichnung der Endung -*an* auch in Texten, die sonst keine Vokalzeichen schreiben, sehr häufig gesetzt wird, wenn diese Endung -*an* den adverbiellen Akkusativ bedeutet: مساء, ظهراً, صباحاً usw.

3. Weiteres über die Pluralbildung

a) Die Pluralendung -ātun wird nicht stets an den unveränderten Singular angefügt. Wir finden auch einige *unregelmäßige gesunde weibliche Plurale.* Die wichtigsten sind: أمّ [ӡummun] „Mutter", Pl. أمّهات [ӡummahātun]. أخت [ӡuḫtun] „Schwester", Pl. أخوات [ӡaḫawātun]. بنت [bintun] „Tochter, Mädchen", Pl. بنات [banātun]. سنة [sanatun] „Jahr", Pl. سنوات [sanawātun].

Häufig finden sich auch gesunde weibliche Plurale, die gegenüber der Singularform mit einem kurzen Vokal erweitert sind: بدلة (badlatun) „Anzug", Pl. بدلات [badalātun]. سفرة [safratun] „Reise", Pl. سفرات [safarātun].

b) Viele Substantive haben *mehr als einen möglichen Plural:* mehrere verschiedene gebrochene Plurale oder den gesunden Plural neben einem (oder mehr) gebrochenen. Meist ist damit kein Bedeutungsunter-schied verbunden: طالب [ṭālibun] „Student" bildet Pl. طلّاب [ṭullābun] und طلبة [ṭalabatun], آنسة [ʒānisatun] „Fräulein" bildet Pl. آنسات [ʒānisātun] und أوانس [ʒawānisu], مدير [mudīrun] „Direktor" bildet مدرون [mudīrūna] und مدراء [mudarāʒu]. In solchen Fällen geben wir im weite-ren (in Sprachlehre und Wortlisten) nur *einen* möglichen Plural an. Es kann aber auch sein, daß ein Substantiv verschiedene Bedeutungen vereinigt, deren jede einen besonderen Plural zeigt: so ist أمر [ʒamrun] „Sache, Angelegenheit" und „Befehl", und die Plurale lauten أمور [ʒumūrun] „Sachen, Angelegenheiten", aber أوامر [ʒawāmiru] „Be-fehle".

c) Neben den gebrochenen und gesunden Pluralen besteht eine wei-tere, vergleichsweise seltene Möglichkeit, den Pluralbegriff auszu-drücken (die keinen besonderen Namen trägt). Sie besteht im Anfügen der Endung ة: Von مارّ [mārrun] „Passant" lautet der Pl. مارّة [mārra-tun], von بحّار [baḥḥārun] „Seemann" Pl. بحّارة [baḥḥāratun]. Diese Mehrzahl sieht also so aus, wie die feminine Form des betreffenden Wortes lauten müßte, wenn sie in Gebrauch wäre.

4. Geschlecht der Substantive

Daß alle Substantive mit der Endung ة feminin, alle übrigen masku-lin sein sollen, stimmt nur „in erster Näherung". Genauer gilt das Folgende über das Geschlecht der Substantive:

a) Feminin sind alle Substantive mit Endung ة mit Ausnahme der-jenigen, die männliche Personen bezeichnen. So ist etwa خليفة [ḫalīfa-tun] „Kalif", Pl. خلفاء [ḫulafāʒu], natürlich maskulin.

b) Feminin sind auch alle Bezeichnungen weiblicher Personen, auch wenn sie nicht auf ة enden. So etwa die oben unter Punkt 3 a) erwähn-ten Wörter أمّ ،أخت und بنت.

c) Feminin sind ferner alle Namen von Ländern und Städten. Mehrere dieser Namen können allerdings auch maskulin gebraucht werden.

d) Feminin sind eine Reihe von Substantiven ohne Endung ة und ohne sonstiges hervorhebendes Merkmal wie شمس [šamsun] „Sonne", حرب [ḥarbun] „Krieg", Pl. حروب [ḥurūbun]. Solche Substantive bezeichnen wir bei ihrem ersten Vorkommen durch den Zusatz (f.).

Manche Substantive können maskulin oder feminin gebraucht werden, wie z. B. das Wort سوق [sūqun] „Markt", Pl. أسواق [ʒaswāqun].
„Das ist ein Markt" kann also هذا سوق oder هذه سوق lauten.

5. Weitere Verben im Präsens

Die Grundform der Konjugation des Verbs, die 3. Person maskulin
des Singulars, zeigt bei allen Verben, die wir bisher kennen, das gleiche Bild: sie enthält zwischen dem Präfix *ya-* und der Endung *-u*
einen Verbstamm aus drei Konsonanten (den Radikalen), zwischen
deren zweitem und drittem ein kurzer Vokal steht [ya-ktub-u, ya-
šrab-u, ya-ḥmil-u]. Von allen Verben, die sich nach diesem Muster
richten, sagt man, sie seien *im I. Stamm* oder *im Grundstamm*. Daneben finden wir aber noch eine Reihe weiterer, sogenannter *abgelei-
teter Stämme*, deren Grundform von anderem Bau ist.

يصلح [yuṣálliḥu] „er repariert",

يعلّم [yuçállimu] „er lehrt" sind Verben im II. Stamm.

يساعد [yusáçidu] „er hilft",

يقابل [yuqábilu] „er trifft" sind Verben im III. Stamm.

يرسل [yúrsilu] „er schickt",

يغلق [yúǵliqu] „er schließt" sind Verben im IV. Stamm.

Auch bei diesen abgeleiteten Stämmen steht ein Stamm zwischen
einem Präfix und einer Endung. Das Präfix hat aber den Vokal *u*,
nicht *a* wie beim Grundstamm. Im Stamm selbst finden wir wieder
drei Radikale: beim II. Stamm ist der mittlere Radikal verdoppelt
und steht zwischen den Vokalen *a* und *i*, beim III. Stamm steht der
mittlere Radikal zwischen langem ā und kurzem *i*, beim IV. Stamm
sieht der Stamm selbst wie der des Grundstamms aus (hat aber stets
den Vokal *i*, nie *a* oder *u*) und wird erst durch den Vokal *u* im Präfix
vom Grundstamm unterschieden.
Die weitere Konjugation erfolgt völlig analog zu der des I. Stammes,
nur ist genau auf das *u* in den Präfixen zu achten! Wir geben die Abwandlung je eines Verbs in den neuen Stämmen an, die Sie selbst übersetzen sollen. Konjugieren Sie danach das zweite angegebene Verb
der drei Stämme und übersetzen Sie jede Form sorgfältig.

	II. Stamm	III. Stamm	IV. Stamm
Singular			
3. Pers.			
mask.	يُصَلِّح [yuṣálliḥu]	يُسَاعِد [yusáçidu]	يُرْسِل [yúrsilu]
fem.	تُصَلِّح [tuṣálliḥu]	تُسَاعِد [tusáçidu]	تُرْسِل [túrsilu]
2. Pers.			
mask.	تُصَلِّح [tuṣálliḥu]	تُسَاعِد [tusáçidu]	تُرْسِل [túrsilu]
fem.	تُصَلِّحِين [tuṣalliḥína]	تُسَاعِدِين [tusáçidína]	تُرْسِلِين [tursilína]
1. Pers.	أُصَلِّح [ʒuṣálliḥu]	أُسَاعِد [ʒusáçidu]	أُرْسِل [ʒúrsilu]
Plural			
3. Pers.			
mask.	يُصَلِّحُون [yuṣalliḥúna]	يُسَاعِدُون [yusáçidúna]	يُرْسِلُون [yursilúna]
fem.	يُصَلِّحْن [yuṣallíḥna]	يُسَاعِدْن [yusáçídna]	يُرْسِلْن [yursílna]
2. Pers.			
mask.	تُصَلِّحُون [tuṣalliḥúna]	تُسَاعِدُون [tusáçidúna]	تُرْسِلُون [tursilúna]
fem.	تُصَلِّحْن [tuṣallíḥna]	تُسَاعِدْن [tusáçídna]	تُرْسِلْن [tursílna]
1. Pers.	نُصَلِّح [nuṣálliḥu]	نُسَاعِد [nusáçidu]	نُرْسِل [núrsilu]

Anmerkung: Das Verb سَاعَد verlangt ein Akkusativ-Objekt: أُسَاعِد صَدِيقًا [ʒusáçidu ṣadíqan], während seine deutsche Entsprechung ein Objekt im Dativ hat: „ich helfe einem Freund".

6. Personalsuffixe am Verb

Die uns bekannten Personalpronomen أَنَا, هُو usw. stehen im Nominativ und werden nur als Subjekt im Satz verwendet. Um einen Satz wie „er fragt mich" wiederzugeben, in dem das Pronomen das Akkusativ-Objekt ist, werden an die arabischen Verbformen dieselben Suffixe angefügt, die wir schon in Abschnitt 2, Punkt 4, an die Präposition عِنْد angehängt haben. Mit einer Ausnahme: das Suffix der 1. Person Singular lautet an einer Verbform نِـ [-nī], nicht ـي [-ī] wie an عِنْد.

يَسْأَلُنِى [yasʒalu-nī] er fragt mich سَأَلْنَا [yasʒalu-nā] er fragt uns

يَسْأَلُكَ [yasʒalu-ka] er fragt dich (m.) يَسْأَلُكُمْ [yasʒalu-kum] er fragt euch (m.)

يَسْأَلُكِ [yasʒalu-ki] er fragt dich (f.) يَسْأَلُكُنَّ [yasʒalu-kunna] er fragt euch (f.)

يَسْأَلُهُ [yasʒalu-hū] er fragt ihn يَسْأَلُهُمْ [yasʒalu-hum] er fragt sie (m.)

يَسْأَلُهَا [yasʒalu-hā] er fragt sie يَسْأَلُهُنَّ [yasʒalu-hunna] er fragt sie (f.)

Es folgen noch einige weitere Beispiele zur Anfügung von Personal-suffixen an Verbformen:

أَفْهَمُكَ [ʒafhamu-ka] ich verstehe dich (m.), أَعْرِفُهُ [ʒaçrifu-hū] ich kenne ihn,

يَفْهَمُونَنِى [yafhamūna-nī] sie verstehen mich, نَعْرِفُهَا [naçrifu-hā] wir kennen sie

أَشْكُرُكِ [ʒaškuru-ki] ich danke dir (f.), يُسَاعِدُهُمْ [yusāçidu-hum] er hilft

ihnen (m.)

تَسْمَعِينَهُ [tasmaçīna-hū] du (f.) hörst ihn, نُسَاعِدُكَ [nusāçidu-ka] wir helfen

dir (m.)

Wie ersichtlich, können die Suffixe auch deutschen Dativen „dir", „ihnen" usw. entsprechen, wenn das deutsche Verb ein Dativ-Objekt verlangt.

Beim Gebrauch der Suffixe der 3. Person ist genau auf das Folgende zu achten: *Plurale von Nicht-Personen* gelten (wie wir schon in Abschnitt 2, Punkt 3 hervorgehoben haben) trotz des Mehrzahlbegriffs, den sie doch ausdrücken, für die arabische Grammatik *als femininer Singular*. Das bringt mit sich, daß solche Plurale nicht durch -hum oder -hunna ersetzt werden können, wenn sie als Objekt von Verben auftreten. Diese Suffixe sind vielmehr für männliche bzw. weibliche *Personen* reserviert. Plurale von Nicht-Personen werden durch das Suffix des femininen Singulars, das Suffix -*hā*, vertreten. Zur Illustration einige Beispiele: Die Sätze

أَكْتُبُ رَسَائِلَ [ʒaktubu rasāʒila] ich schreibe Briefe

يُصَلِّحُ السَّيَّارَاتِ [yuṣalliḥu_s-sayyārāti] er repariert die Autos

يَرْكَبُونَ الأَحْصِنَةَ [yarkabūna_l-ʒaḥṣinata] sie reiten die Pferde

يَعْرِفُ المُعَلِّمِينَ [yaçrifu_l-muçallimīna] er kennt die Lehrer

أُسَاعِدُ الزَّمِيلَاتِ [ʒusāçidu_z-zamīlāti] ich helfe den Kolleginnen

werden, wenn wir das substantivische Objekt durch Pronomen ersetzen, zu:

أَكْتُبُها [ʒaktubu-hā] ich schreibe sie

يُصَلِّحُها [yuṣalliḥu-hā] er repariert sie

يَرْكَبُونَها [yarkabūna-hā] sie reiten sie

يَعْرِفُهُم [yaçrifu-hum] er kennt sie

أُسَاعِدُهُنَّ [ʒusāçidu-hunna] ich helfe ihnen

Anmerkung: Fügt man an ein Verb, dessen letzter Radikal ʒ ist, ein Suffix an, dann wandelt sich der Hamza-Träger von ʒalif zu wāw: يَقْرَأُ [yaqraʒu], aber يَقْرَؤُه [yaqraʒu-hū] er schreibt ihn (es).

WORTLISTE 5

Vorbemerkung: Die deutsche Bedeutung der Verben geben wir von nun an stets im Infinitiv, obwohl dies nicht die genaue Entsprechung der gegenüberstehenden arabischen Form ist, denn arabische Verben geben wir weiter in der 3. Person mask. Singular an. Die römische Zahl bezeichnet den Verbstamm.

يُنَظِّف II [yunáẓẓifu] reinigen, putzen

يُكَرِّر II [yukárriru] wiederholen

يُشَاهِد III [yušáhidu] ansehen, anschauen

يُعْجِب IV [yúçǧibu] gefallen

يُعْجِبُنِي [yuçǧibu-nī] er (es) gefällt mir

مِيكَانِيكِيّ [mīkānīkīyun] Mechaniker (Pl. ون)

مُحَرِّك [muḥarrikun] Motor (Pl. ات)

شَرِكَة [šárikatun, oder: šírkatun] Firma (Pl. ات)

يُصَدِّر II [yuṣáddiru] ausführen, exportieren

مَنْتُوج [mantúǧun] Erzeugnis, Produkt (Pl. ات)

أَلْعَرَبِيَّة [ʒal-çarabíyatu] die arabische Sprache, Arabisch

طَرْد [ṭardun] Paket

Pl. طُرُود [ṭurúdun]

سَاعَة [sáçatun] Stunde, Uhr (Pl. ات)

خَدَّامَة [ḫaddámatun] Dienstmädchen, Hausgehilfin (Pl. ات)

طِفْل [ṭiflun] (kleines) Kind (bis etwa 7 Jahre)

Pl. أَطْفَال [ʒaṭfálun]

أُسْتَاذ [ʒustádun] Professor

Pl. أَسَاتِذَة [ʒasátiḏatun]

هَرَم [háramun] Pyramide

Pl. أَهْرَام [ʒahrámun]

فِلْم [filmun] Film

Pl. أَفْلَام [ʒaflámun]

مَدِينَة [madínatun] Stadt

Pl. مُدُن (múdunun)

يُغَادِر III [yuǧádiru] verlassen

جَوَاب [ǧawábun] Antwort

Pl. أَجْوِبَة [ʒáǧwibatun]

يُدْهِش IV [yúdhišu] in Erstaunen setzen, überraschen

خبر [ḫábarun] Nachricht, Neu-
igkeit
Pl. أخبار [3aḫbárun]
يحزن IV [yúḥzinu] kränken, betrüben
يخبر IV [yúḫbiru] benachrichtigen,
verständigen
يصوّر II [yuṣáwwiru] photographieren

شقّة [šiqqatun] Wohnung, Appar-
tement
Pl. شقق [šíqaqun]
خضر [ḫúḍarun] (gebroch. Pl. !)
Gemüse
فواكه [fawákihu] (gebroch. Pl. !)
Obst
شاى [šáyun] Tee
يجلب I [yáǧlibu] bringen, holen

ÜBUNG 5.1

١ – ألمدير يقرأ البرقيّات. ألميكانيكيّون يصلّحون المحرّكات. ألشّركة تصدر المنتوجات. ٢ – ألأستاذ يعلّم العربيّة. أنا آخذ النّقود. هو يغلق النّوافذ. هم يرسلون طرودا. ٣ – أليوم تنظّف الخدّامة الغرف. الرّسم يعجب الأطفال. ألأهرام تعجب السّوّاح. ٤ – أنا أقابل صديقا. نحن نشاهد فلما. أساعد زميلا. نحن نغادر المدينة. ٥ – هى ترسل برقيّة. أنت تغلق الباب. هى تخبر المدير. ألخبر يدهش السّادة. ٦ – ألأخبار تحزن الأصدقاء. ألمدينة تعجب الأجانب. ألخدّامة تنظّف البدلات. ٧ – أنا أكرّر السّؤال. أنا أخبر المدراء. أنا أصلّح السّاعة. هو ينظّف المعاطف. نحن نصوّر المسرح.

ÜBUNG 5.2

١ – يفهمنى. يعلّمنى. يساعدنا. يعجبنا. يحزننى. يدهشنى. يصوّرنا. يخبرونى يسألوننا. ٢ – أصوّركِ. أشكركَ. أقابلكِ. فهمكَ. نخبركم. نساعدكنّ. نشكركم. ٣ – هذا شاى وأنا أشربه. هذه فواكه ونحن نأكلها. هذه جرائد ونحن نقرؤها. هذا كتاب وأنا آخذه. ٤ – هذه شقّة ونحن ندخلها. هذه أسئلة وأنا أفهمها. هذه ساعات وهو يصلّحها. ٥ – هؤلاء شرطيّون ونحن نسألهم. هؤلاء أطفال وهم نصوّرهم. هؤلاء مصريّات وهم تعرفهنّ. ٦ – أنا أكتب رسائل والمدير يقرؤها. أنا أجلب الطّرود والموظّف يأخذها. هى تجلب المعاطف ونحن نلبسها.

83

ÜBUNG 5.3

1. Die Kollegen helfen mir und ich danke ihnen. Der Ausländer versteht die Fragen. Das überrascht mich. Der Mechaniker repariert ein Auto und ich helfe ihm. 2. Der Lehrer liest eine Geschichte und wir verstehen sie. Ich betrete die Wohnung und hole die Pakete und die Papiere. 3. Sie schicken Briefe und Telegramme und wir lesen sie. 4. Die Wohnung gefällt uns. Die Kleider gefallen ihnen (f.). Die Antworten überraschen mich. Die Nachrichten betrüben ihn. 5. Das sind Landkarten, und ich nehme sie. Das sind Ausländer, und ich frage sie. 6. Ich danke ihr. Er dankt mir. Sie dankt uns. Wir danken ihm. 7. Ich kenne dich (f.) und du kennst mich. Sie kennen dich und du kennst sie. 8. Er gefällt ihr und sie gefällt ihm. Das gefällt uns.

ÜBUNG 5.4 +

Ersetzen Sie in allen Sätzen der Übung 5.1 die substantivischen Objekte durch die entsprechenden Personalsuffixe an den Verbformen.

ABSCHNITT SECHS

1. Genitiv-Form der Substantive

Außer in Nominativ und Akkusativ können die arabischen Substantive noch in einen weiteren Fall gesetzt werden: den Genitiv. Im Genitiv steht ein Substantiv, wenn es den Besitzer bezeichnet — entsprechend dem deutschen Genitiv oder 2. Fall: „das Buch des Lehrers" – oder wenn es nach einer Präposition steht. In diesem Abschnitt beschränken wir uns auf die zweite Möglichkeit.

Alle arabischen Präpositionen verlangen das Substantiv nach sich in der Genitiv-Form. Einige der wichtigsten sind فى [fī] „in", إلى [ʒílā] „zu, in, nach (zur Bezeichnung der Richtung)", على [çálā] „auf", من [min] „von", مع [maça] „mit", عند [çinda] „bei". Die Endungen der Genitiv-Form von Substantiven im Singular entnehmen wir folgenden Beispielen:

فى كتاب [fī kitābin] in einem Buch,

على طاولة [çálā ṭāwulatin] auf einem Tisch,

فى الكتاب [fi_l-kitābi] in dem Buch,
مع المدير [maça_l-mudīri] mit dem Direktor,
إلى مدينة [ʒílā madīnatin] in eine Stadt,
من صديق [min ṣadīqin] von einem Freund,
إلى البيت [ʒila_l-bayti] in das Haus,
عند المعلّمة [çinda_l-muçallimati] bei der Lehrerin

Die *Genitiv-Endung unbestimmter Singulare* lautet also *-in* gegenüber
-un im Nominativ, *-an* im Akkusativ. Mit dem Artikel *bestimmte*
Substantive erhalten im Genitiv die Endung *-i*, während sie im Nominativ *-u* und im Akkusativ *-a* erhalten. Beachten Sie die (in arabischer
Schrift nicht merkliche) Kürzung der langen Endvokale von فى, إلى
und على vor dem gekürzten Artikel, entsprechend der in Abschnitt
3, Punkt 3, angeführten Regel.
Die *Genitiv-Form gebrochener Plurale* finden Sie in folgenden Beispielen:

فى كتب [fī kutubin] in Büchern,
فى الكتب [fi_l-kutubi] in den Büchern,
مع زملاء [maça zumalāʒa] mit Kollegen,
من طلّاب [min ṭullābin] von Studenten,
فى جرائد [fī ğarāʒida] in Zeitungen,
فى الجرائد [fi_l-ğarāʒidi] in den Zeitungen,
مع الزملاء [maça_z-zumalāʒi] mit den Kollegen,
من الطّلاب [mina_ṭ-ṭullābi] von den Studenten.

Unbestimmt erhält also der 1. Typ des gebrochenen Plurals (unbestimmter Nominativ auf *-un)* im Genitiv die Endung *-in*, der 2. Typ
(unbestimmter Nominativ auf *-u)* im Genitiv die Endung *-a*. (Ferner
sehen wir, daß die Präposition [min] vor verkürztem Artikel die Form
[mina_] erhält.)
Die *Genitiv-Form der beiden gesunden Plurale* ist mit der Akkusativ-
Form dieser Plurale identisch, wie Sie an folgenden Beispielen sehen:

مع فلّاحين وفلّاحات [maça fallāḥīna wa-fallāḥātin] mit Bauern und
Bäuerinnen,
مع الفلّاحين والفلّاحات [maça_l-fallāḥīna wa_l-fallāḥāti] mit den Bauern
und den Bäuerinnen

2. Präpositionen

Weitere wichtige Präpositionen sind أمام [ʒamāma] „vor" (räumlich), خلف [ḫalfa] „hinter", فوق [fawqa] „über", تحت [taḥta] „unter", بين [bayna] „zwischen", قبل [qabla] „vor" (zeitlich), بعد [baʕda] „nach" (zeitlich).

أمام بيت [ʒamāma baytin] vor einem Haus, أمام الباب [ʒamāma_l-bābi] vor der Tür,

خلف الفندق [ḫalfa_l-funduqi] hinter dem Hotel, خلف البيوت [ḫalfa_l-buyūti] hinter den Häusern,

فوق المدينة [fawqa_l-madīnati] über der Stadt, تحت الأوراق [taḥta_l-ʒawrāqi] unter den Papieren,

بين المطعم والمسرح [bayna_l-maṭʕami wa_l-masraḥi] zwischen dem Restaurant und dem Theater,

قبل سنة [qabla sanatin] vor einem Jahr, قبل الحرب [qabla_l-ḥarbi] vor dem Krieg,

بعد السفرة [baʕda_s-safrati] nach der Reise, بعد ساعة [baʕda sāʕatin] nach einer Stunde.

Die Präposition بـ [bi-] bedeutet einerseits „in" (gleichbedeutend mit في), andrerseits „mit, mittels" (nicht: „mit = in Begleitung von", dies ist مع). Grundsätzlich werden Partikel, die in arabischer Schrift aus nur einem Buchstaben bestehen, mit dem folgenden Wort zusammengeschrieben. So auch بـ:

أنا أكتب بالقلم. [ʒanā ʒaktubu bi_l-qalami] ich schreibe mit der Feder

أنا أفتح الباب بالمفتاح. [ʒanā ʒaftaḥu_l-bāba bi_l-miftāḥi] ich öffne die Tür mit dem Schlüssel

نحن نسافر بالسيّارة. [naḥnu nusāfiru bi_s-sayyārati] wir fahren mit dem Auto

Die Präposition لـ [li-] bedeutet „für". Im Deutschen entspricht ihr oft der Gebrauch des Dativs (ohne Präposition):

المعلّم يشرح الكلمة لطالب وطالبة. [ʒal-muʕallimu yašraḥu_l-kalimata li-ṭālibin wa-ṭālibatin] der Lehrer erklärt das Wort einem Studenten und einer Studentin (wörtl.: für einen Studenten und eine Studentin)

Tritt ل vor ein mit dem Artikel versehenes Substantiv, dann entfällt
der Buchstabe ʒalif des Artikels (was bei ب nicht der Fall ist):

للصّـديق [li_ṣ-ṣadīqi] für den Freund, dem Freund
للأصـدقاء [li_l-ʒaṣdiqāʒi] für die Freunde, den Freunden

3. Präpositionen mit Personalsuffixen

Soll von einer Präposition nicht ein Substantiv, sondern ein Personalpronomen abhängen, dann wird das entsprechende Personalsuffix
angehängt, wie wir schon in Abschnitt 2, Punkt 4, besprochen haben.
Ebenso wie an das dort angeführte عـند läßt sich die Reihe der Suffixe
an alle Präpositionen anfügen. Eine regelmäßige Reihe sieht wie
folgt aus:

PERSONALSUFFIXE AN EINER PRÄPOSITION

معى [máç-ī] mit mir	معنا [máça-nā] mit uns
معك [máça-ka] mit dir (m.)	معكم [máça-kum] mit euch (m.)
معك [máça-ki] mit dir (f.)	معكنّ [maça-kúnna] mit euch (f.)
معه [máça-hū] mit ihm	معهم [máça-hum] mit ihnen (m.)
معها [máça-hā] mit ihr	معهنّ [maça-húnna] mit ihnen (f.)

In gleicher Weise fügt man die Suffixe an alle auf -a endenden
Präpositionen an. Bei den übrigen sind einige zusätzliche Bemerkungen
notwendig:
a) Tritt das Suffix -ī an einen Wortauslaut auf langen Vokal an, dann
wandelt es sich zu -ya. Das gleiche geschieht, wenn das Suffix an einen
Wortauslaut -ay antreten soll.
b) Tritt das Suffix -hū an einen Wortauslaut auf langes -ā oder langes -ū an, dann wird es zu -hu. In arabischer Schrift ist diese Kürzung
nicht bemerkbar, da ja -hū defektiv geschrieben wird.
Tritt -hū an einen Wortauslaut -ī oder -ay, dann wandelt es sich zu -hi
(mit kurzem i!).
Tritt -hū an einen Wortauslaut -i, dann wandelt es sich zu -hī mit
langem, defektiv geschriebenem ī.

c) Treten die Suffixe -*hum* und -*hunna* an einen Wortauslaut -*i*, -*ī* oder -*ay*, dann wandeln sie sich zu -*him* und -*hinna*.

Die obenstehenden Regeln über die *Nebenformen einiger Suffixe* beziehen sich nicht nur auf die Anfügung dieser *Suffixe an Präpositionen*, sondern *auch an Verbformen* und *an Substantive*, wie wir noch zu besprechen haben.

Wenden wir die Regeln auf Präpositionen an, dann ergeben sich folgende Formen:

1. Suffixe an في : فيَّ [fī-ya] in mir, فيك [fī-ka], فيك [fī-ki], فيه [fī-hi], فيها [fī-hā], فينا [fī-nā], فيكم [fī-kum], فيكنَّ [fī-kunna], فيهم [fī-him], فيهنَّ [fī-hinna].

2. Suffixe an ب : بي [bī], بك [bi-ka], بك [bi-ki], به [bí-hī], بها [bí-hā]. بنا [bí-nā], بكم [bi-kum], بكنَّ [bi-kunna], بهم [bi-him], بهنَّ [bi-hinna].

3. Suffixe an ل : Hier ist noch zu beachten, daß ل nur vor Substantiven [li-], vor Suffixen aber [la-] lautet: لي [lī], لك [la-ka], لك [la-ki], له [lá-hū] لها [lá-hā], لنا [lá-nā], لكم [la-kum], لكنَّ [la-kunna], لهم [la-hum], لهنَّ [la-hunna].

4. Suffixe an إلى: Hier wandelt sich der Auslaut der Präposition, wenn ein Suffix antritt, von -ā zu -ay und wir erhalten: إليَّ [ʒiláy-ya], إليك [ʒiláy-ka], إليك [ʒilay-ki], إليه [ʒilay-hi], إليها [ʒilay-hā], إلينا [ʒilay-nā], إليكم [ʒilay-kum], إليكنَّ [ʒilay-kunna], إليهم [ʒilay-him], إليهنَّ [ʒilay-hinna].

Das Gleiche beobachten wir bei على und bei لدى [ládā] „bei": على [çaláy-ya], لدىَّ [ladáy-ya] usw.

5. Suffixe an من: Zu Beachten ist die Verdoppelung bei der 1. Person: منِّى [minn-ī] statt [min-ī], منك [min-ka], منك [min-ki], منه [min-hu], منها [min-hā], منّا [min-nā], منكم [min-kum], منكنَّ [min-kunna], منهم [min-hum] (nicht: min-him, da der Vokal i ja nicht unmittelbar vor dem Suffix steht!), منهنَّ [min-hunna].

Übersetzen Sie zur Übung alle obenstehenden Formen genau durch und überlegen Sie sich, ob bzw. welche Regeln aus a) bis c) Anwendung finden!

4. Ausdrücke für den Begriff „haben"

Da wir nun die Genitiv-Form der Substantive kennen, sind wir imstande, auch deutsche Sätze mit „haben" und einem substantivischen Subjekt arabisch wiederzugeben. (Vgl. Schlußsatz von Abschnitt 2, Punkt 4.)

عند السّيّد ساعة. [çinda_s-sayyidi sāçatun] der Herr hat eine Uhr
(wörtl.: bei dem Herrn (ist) eine Uhr)

عند الأطفال معاطف. [çinda_l-ʒatfāli maçātifu] die Kinder haben Mäntel

Statt عند kann auch ل unserem „haben" entsprechen:

لى بيت. [lī baytun] ich habe ein Haus (wörtl.: für mich (ist) ein Haus)

له معلّم. [la-hū muçallimun] er hat einen Lehrer (wörtlich?)

للبيت باب. [li_l-bayti bābun] das Haus hat ein Tor (wörtlich?)

Die „Umschreibung" mit ل wird meist dann gebraucht, wenn es sich um einen dauernden, insbesondere unbeweglichen Besitz handelt (erstes Beispiel), wenn der „Besitz" von Personen ausgedrückt wird (zweites Beispiel), oder wenn es sich nicht um ein echtes Besitzverhältnis, sondern nur um eine Zuordnung oder Zugehörigkeit handelt (drittes Beispiel: dem Haus „gehört" das Tor ja nicht in dem gleichen Sinne wie mir meine Uhr).

Auch die Präposition لدى kann, gleichbedeutend mit عند, unserem „haben" entsprechen:

لدينا خرائط. [laday-nā ḫarāʒiṭu] wir haben (wörtl.: bei uns sind) Landkarten

Schließlich wir die Präposition مع verwendet, um den Begriff des Bei-sich-habens auszudrücken:

معى نقود. [maçī nuqūdun] ich habe Geld bei mir (wörtl.: mit mir ist Geld)

معها مجلّة. [maça-hā maǧallatun] sie hat eine Zeitschrift bei sich

مع الطّلّاب قواميس. [maça_ṭ-ṭullābi qawāmīsu] die Studenten haben Wörterbücher bei sich

مع السّائح خريطة. [maça_s-sāʒiḥi ḫarīṭatun] der Tourist hat eine Landkarte bei sich

Zusammenfassend haben wir also:

bei mir ist ..., für mich ist ..., mit mir ist ... = ich habe ...

Vergessen Sie nicht, daß in allen diesen Ausdrücken (gemäß ihrer wörtlichen Bedeutung) der „Besitz" im Nominativ stehen muß, während wir im Deutschen nach dem Verb „haben" ein Objekt im Akkusativ setzen:

لى معلّم [lī muçallimun, nicht: muçalliman!] ich habe *einen* Lehrer

5. Rektion der Verben

Der Gebrauch eines arabischen Verbs unterscheidet sich nicht selten von dem seiner deutschen Entsprechung. Wir haben bereits gesehen, daß die Verben شكر und ساعد nach sich ein Objekt im Akkusativ verlangen, während ihre deutschen Äquivalente „danken" und „helfen" ein Dativ-Objekt haben. Häufig verlangt ein arabisches Verb auch die Verbindung mit einer bestimmten Präposition, während seine deutsche Entsprechung entweder ein Dativ- oder Akkusativ-Objekt oder eine Präposition ganz anderer Bedeutung erheischen kann:

يفرح بالخبر. [yafraḥu bi_l-ḫabari] er freut sich *über* die Nachricht

يرغب فى جريدة. [yarġabu fī ǧarīdatin] er wünscht *eine* Zeitung

ينصحنى بالسفرة. [yanṣaḥu-nī bi_s-safrati] er rät mir *zu* der Reise

Die Art der Verwendung eines Verbs im Satz heißt die *Rektion* dieses Verbs. Wir sehen, daß sich die Rektion eines arabischen Verbs von der seiner deutschen Entsprechung oft unterscheidet. Regeln lassen sich dafür nicht aufstellen, dem Verb selbst läßt sich die Rektion nicht entnehmen: sie muß jeweils besonders hinzugelernt werden. Am einfachsten geschieht dies, wenn Sie ein neues Verb nicht isoliert als Vokabel, sondern in einem kurzen Satz lernen. Dann wird die Rektion dieses Verbs sofort mit dem Verb selbst mitgelernt. Im weiteren lassen wir in unseren Wortlisten jedem Verb einen kurzen Satz nachfolgen, aus dem seine Rektion ersichtlich wird. Dies unterlassen wir nur, wenn sowohl das arabische Verb als auch seine deutsche Entsprechung ein Akkusativ-Objekt nach sich haben.

6. Verneinungen

Die Gegenwart eines Verbs wird mit Hilfe der Negation لا [lā] „nicht" verneint, die unmittelbar *vor* die Verbform gesetzt wird.

‏أَلطّالِبُ لا يَفهم السّؤال. [ʒaṭ-ṭālibu lā yafhamu_s-suʒāla] der Student versteht die Frage nicht

‏أنا لا أعرِف المدير. [ʒanā lā ʒaçrifu_l-mudīra] ich kenne den Direktor nicht

‏لا يَفهمنا. [lā yafhamu-nā] er versteht uns nicht

Deutsches „kein" wird in ein verneintes Verb und ein unbestimmtes Substantiv aufgelöst:

‏لا آخُذ كِتابا [lā ʒāḫuḏu kitāban] ich nehme kein Buch (wörtl.: ich nehme nicht ein Buch)

‏هم لا يَقرؤون جرائد [hum lā yaqraʒūna ǧarāʒida] sie lesen keine Zeitungen

‏أَلآنِسة لا تَكتُب رسالة [ʒal-ʒānisatu lā taktubu risālatan] das Fräulein schreibt keinen Brief

Wie die arabischen Entsprechungen von „nicht sein" und „nicht haben" lauten, werden wir erst im nächsten Abschnitt besprechen.

7. Fragesätze

Ergänzungsfragen mit مَن „wer?", ما „was?", أين „wo?" haben wir schon in Abschnitt 1, Punkt 3, kennengelernt. Das Fragewort مَن dient auch zur Frage nach dem Akkusativ-Objekt: مَن [man] auch: „wen?"

‏مَن يَسأل المعلّم؟ [man yasʒalu_l-muçallimu] wen fragt der Lehrer?

„was?" vor Verbformen ist ماذا [máḏā]:

‏ماذا يَكتُب الطّالِب؟ [māḏā yaktubu_ṭ-ṭālibu] was schreibt der Student?

‏ماذا تَشرب؟ [māḏā tašrabu] was trinkst du?

Entscheidungsfragen (auf die nur mit „ja" oder „nein" geantwortet werden kann) werden im Arabischen mit einer besonderen Fragepartikel هل [hal] eingeleitet, die im Deutschen unübersetzt bleibt, da wir die Entscheidungsfrage allein durch die Wortstellung kenntlich machen:

هل يكتب المدير؟ [hal yaktubu_l-mudīru] „schreibt der Direktor?"

هل تفهم السؤال؟ [hal tafhamu_s-suʒāla] „verstehst du die Frage?"

هل تعرفين الطبيبة؟ [hal taçrifīna_ṭ-ṭabībata] „kennst du (f.) die Ärztin?"

هل تعجبك المدينة؟ [hal tuçǧibu-ka_l-madīnatu] „gefällt dir die Stadt?

هل عندك سيّارة؟ [hal çinda-ka sayyāratun] „hast du ein Auto?"

هل له بيت؟ [hal lá-hū baytun] „hat er ein Haus?"

هل معكم نقود؟ [hal maça-kum nuqūdun] „habt ihr Geld bei euch?

هل السيّد طبيب؟ [hali_s-sayyidu ṭabībun] „ist der Herr Arzt?"

هل الترجمان مصريّ؟ [hali_t-turǧumānu miṣrīyun] „ist der Dolmetsch Ägypter?"

هل هو ألمانيّ؟ [hal huwa ʒalmānīyun] „ist er Deutscher?"

هل أنت طالب؟ [hal ʒanta ṭālibun] „bist du ein Student?"

Gleichbedeutend mit هل , aber seltener wird eine zweite Fragepartikel gebraucht: أ [ʒa-], die mit dem folgenden Wort zusammengeschrieben wird:

أتسمعه؟ [ʒa-tasmaçu-hū] hörst du ihn (es)?

أتعرف السيّدة المسرح؟ [ʒa-taçrifu_s-sayyidatu_l-masraḥa] kennt die Dame das Theater?

Vor Verneinungen wie لا ist aber grundsätzlich nur أ zu gebrauchen:

ألا تعرف الكلمة؟ [ʒa-lā taçrifu_l-kalimata] kennst du das Wort
nicht?

ألا تفهمه؟ [ʒa-lā tafhamu-hū] verstehst du es nicht?

ألا تفرح الآنسة بالخبر؟ [ʒa-lā tafraḥu_l-ʒānisatu bi_l-ḫabari] freut sich
das Mädchen nicht über die Nachricht?

WORTLISTE 6

يجلس I [yaǧlisu] sich setzen, sitzen

يسافر III [yusāfiru] reisen, fahren

محطّة [maḥáṭṭatun] Bahnhof
(Pl. ات)

طائرة [ṭáʒiratun] Flugzeug (Pl.
ات)

مكتب [máktabun] Büro
Pl. مكاتب [makātibu]

متحف [mátḥafun] Museum
Pl. متاحف [matāḥifu]

ينهب I [yaḏhabu] gehen

مصرف [máṣrifun] Bank (Geldinstitut)

Pl. مصارف [maṣārifu]
حفلة [ḥaflatun] Feier, Party, Vorstellung (im Theater, Kino)
Pl. حفلات [ḥafalātun]
سكّين [sikkínun] (f.) Messer
Pl. سكاكين [sakākínu]
شوكة [šáwkatun] Gabel (Pl. ات)
ملعقة [mílçaqatun] Löffel
Pl. ملاعق [malāçiqu]
يصرف I [yaṣrifu] ausgeben (Geld)
مأكولات [maʒkūlātun] Speisen, Lebensmittel
مشروبات [mašrūbātun] Getränke
الخارج [ʒal-ḫāriǧu] das Ausland
العراق [ʒal-çirāqu] der Irak
طربوش [ṭarbūšun] Fes, Tarbusch
Pl. طرابيش [ṭarābíšu]
بل [bal] sondern
قبّعة [qúbbaçatun] Hut (Pl. ات)
ضابط [ḍābiṭun] Offizier

Pl. ضبّاط [ḍubbāṭun]
لبنانيّ [lubnānīyun] Libanese (Pl. ون)
لبنانيّة [lubnānīyatun] Libanesin (Pl. ات)
الجزائر [ʒal-ǧazāʒiru] Algier
جامع [ǧāmiçun] (große) Moschee (in der das Freitagsgebet abgehalten wird)
Pl. جوامع [ǧawāmiçu]
مأذنة [máʒdanatun] Minarett
Pl. مآذن [maʒādinu]
القاهرة [ʒal-qāhiratu] Kairo
وقت [waqtun] Zeit
Pl. أوقات [ʒawqātun]
الإسكندريّة [ʒal-ʒiskandaríyatu] Alexandrien
لا [lā] (auch:) nein
كلّا [kállā] nein (nachdrücklich verstärkt)
نعم [naçam] ja

ÜBUNG 6.1

١ - تحت الكرسّى. في السّوق. من المحطّة. للزّميلة. بالمفاتيح. للموظّفين. فى المدن. ٢ - بطائرة. أمام مكتب. بعد يوم. قبل سنوات. لآنسة. فى مجلّات. إلى متحف. ٣ - فى مسارح. إلى فنادق . فى الفنادق. إلى المسارح. من مصارف. من المصارف. ٤ - أذهب مع زميل إلى مصرف. نذهب مع الأصدقاء إلى المسرح. بعد الحفلة نخرج من المسرح. ٥ - أنا آكل بالسّكّين والشّوكة والملعقة. أليوم نأكل فى المطعم. هى تصرف النّقود على مأكولات ومشروبات. ٦ - ألمدير يسافر بالسّيّارة إلى الخارج. ألسّيّدة تسافر بالطّائرة إلى العراق. ألضّيف يجلس إلى الطّاولة.

ÜBUNG 6.2

١ – معكم. له. فيها. منهم. عليّ. لى. فيه. لنا. علينا. معكِ. خلفنا. فوقى. إليّ. منّا. منها. ٢ – أمامى. إلينا. تحته. معهنّ. منه. أمامك. إليه. عليهم. لديكِ. به. منّى. لديكم. خلفك. ٣ – معى نقود. مع الطّلاب كتبٌ ودفاترٌ. هل التّذكرةُ معكَ؟ نعم. هي معى. ٤ – للجامع مأذنة. للسّواح دليل من القاهرة. لى صديق في الإسكندريّة. هل لكم أصدقاء فى الجزائر؟ ٥ – هل عندك وقت؟ نعم. عندى وقت. هل لدى الزّميل سيّارة؟ نعم. لديه سيّارة.

ÜBUNG 6.3

١ – ألسّادة لا يفرحون بالأمر. ألرّجل لا يلبس طربوشا بل قُبّعة. أليوم لا أسافر إلى القاهرة. ٢ – هل تعرفون الضّابط؟ كلّا. لا نعرفه. هل تعرفين المتحف؟ هل تسافر بالطّائرة؟ ٣ – أيذهب الشّرطىّ معكم؟ لا. هو لا يذهب معنا. ألا تعرف المتحف والمسرح؟ ٤ – هل الضّباط لبنانيّون؟ نعم. هم لبنانيّون. هل السّيّدة لبنانيّة؟ نعم. هى لبنانيّة.

ÜBUNG 6.4

1. Das Mädchen liest keine Zeitung, sondern eine Zeitschrift. Das Mädchen ist eine Deutsche und die Zeitschrift ist in (= ب) arabischer Sprache. 2. Die Soldaten reiten nicht Pferde, sondern Kamele. 3. Hast du eine Schwester? Ja, ich habe eine Schwester. 4. Gehst du (f.) mit uns ins Theater? Hast du (f.) Zeit? 5. Der Lehrer fragt den Studenten. Wer fragt den Studenten? Fragt ihn nicht der Lehrer? Wen fragt der Lehrer? Fragt er nicht den Studenten? Fragt der Student den Lehrer? 6. Das Flugzeug hat einen Motor. Die Stadt hat einen Bahnhof. Wir haben Freunde. 7. Abends essen wir nicht zu Hause (= im Haus), sondern im Restaurant. 8. Hast du das Photo bei dir? Ja, ich habe es bei mir. Hast du auch ein Wörterbuch mit? 9. Was bringst du ihm? Wer bringt es ihr? Wem (= für wen) bringt er es? 10. Der Mann schickt dem Freund ein Telegramm. Was schickt er ihm? Wem schickt er es? Wer schickt es ihm? Schickt er es ihm? Schickt er ihm nicht auch ein Paket?

ÜBUNG 6.5 +

Ersetzen Sie in Übung 6.1 alle von Präpositionen abhängigen Substantive durch die entsprechenden Personalsuffixe an den Präpositionen.

ABSCHNITT SIEBEN

1. Genitiv zum Ausdruck des Besitzverhältnisses

Nach der Besprechung der Endungen der Genitiv-Form und des Gebrauchs des Genitivs nach Präpositionen wenden wir uns der zweiten Verwendungsart dieses Falles zu. Zuerst einige Beispiele:

بَيت رَجل [baytu raǧulin] *das* Haus *eines* Mannes

بَيت الرَّجل [baytu_r-raǧuli] *das* Haus *des* Mannes

سؤَال طَالب [suǯālu ṭālibin] die Frage eines Studenten

سؤَال الطَّالب [suǯālu_ṭ-ṭālibi] die Frage des Studenten

Ausdrücke wie die vorstehenden heißen *Genitiv-Verbindung.* Von ihren deutschen Entsprechungen besteht ein *äußerst wichtiger Unterschied:* das Substantiv, dem ein Genitiv folgt, der „Besitz" also, erhält im Arabischen keinen Artikel und dennoch die bestimmten Endungen. Der nachfolgende Genitiv, der „Besitzer", *determiniert* (bestimmt) das Substantiv, an das er anschließt, den „Besitz", ebenso wie es der Artikel tut. Der „Besitz" erhält die *determinierten Endungen,* die wir bisher nur an Substantiven mit Artikel beobachtet haben. Da nun im Arabischen der *Grundsatz* gilt, daß ein Substantiv *nicht auf mehr als eine Weise determiniert* werden darf, kann das Substantiv, dem ein Genitiv folgt, den Artikel nicht erhalten. Dies würde nämlich eine zweite Determinierung bedeuten, die eben ausgeschlossen ist. In der deutschen Entsprechung einer arabischen Genitiv-Verbindung muß aber der „Besitz" stets den bestimmten Artikel erhalten.

Studieren Sie nun sorgfältig die weiteren Beispiele, mit denen wir das eben Gesagte veranschaulichen. Beachten Sie, daß – im Gegensatz zum „Besitz" – der „Besitzer" sowohl determiniert wie indeterminiert (unbestimmt) sein kann.

كِتَابُ الْمُعَلِّم [kitābu_l-muçallimi] das Buch des Lehrers

بِنَاتُ التَّاجِر [banātu_t-tāǧiri] die Töchter des Kaufmanns

سَيَّارَةُ أَجْنَبِيٍّ [sayyāratu ʒaǧnabīyin] der Wagen eines Ausländers

فُسْتَانُ سَيِّدَة [fustānu sayyidatin] das Kleid einer Dame

مَسَارِحُ الْقَاهِرَة [masāriḥu_l-qāhirati] die Theater von Kairo

رَسَائِلُ الْأَصْدِقَاء [rasāʒilu_l-ʒaṣdiqāʒi] die Briefe der Freunde

رَسَائِلُ أَصْدِقَاء [rasāʒilu ʒaṣdiqāʒa] die Briefe von Freunden

أَسْئِلَةُ طُلَّاب [ʒasʒilatu ṭullābin] die Fragen von Studenten

Wenn nun aber die Anfügung eines Genitiv stets determinierend wirkt, wie können wir dann etwa die deutsche Genitiv-Verbindung „*ein* Buch des Studenten" wiedergeben? Hier dürfen wir arabisch keine echte Genitiv-Verbindung bilden. Wir müssen vielmehr zu einer Umschreibung greifen und den Besitzer (statt ihn im Genitiv anzufügen) mit der Präposition ل einleiten:

> كِتَابٌ لِلطَّالِب [kitābun li_ṭ-ṭālibi] ein Buch des Studenten (wörtl.: ein Buch für den Studenten)

Wir haben die Genitiv-Verbindung durch Einschalten von ل „gesprengt", der „Besitz" bleibt indeterminiert. Übersetzen Sie, um den Bau der Ausdrücke genau zu verstehen, die weiteren Beispiele auch wörtlich!

> بَدْلَةٌ لِلسَّيِّد [badlatun li_s-sayyidi] ein Anzug des Herrn
> بَدْلَةٌ لِسَيِّد [badlatun li-sayyidin] ein Anzug eines Herrn
> مَتْحَفٌ لِلْمَدِينَة [matḥafun li_l-madīnati] ein Museum der Stadt
> كُتُبٌ لِأَسَاتِذَة [kutubun li-ʒasātiḏatin] Bücher von Professoren
> مُوَظَّفُونَ لِشَرِكَة [muwaẓẓafūna li-šarikatin] Angestellte einer Firma

Soll der „Besitz" indeterminiert bleiben, dann wird sehr häufig auch eine andere Formulierung gewählt, die für unser Sprachgefühl ein wenig umständlicher als die mit ل erscheint:

> كِتَابٌ مِنْ كُتُبِ الطَّالِب [kitābun min kutubi_ṭ-ṭālibi] ein Buch des Studenten (wörtl.: ein Buch von den Büchern des Studenten)
> بَدْلَةٌ مِنْ بَدَلَاتِ السَّيِّد [badlatun min badalāti_s-sayyidi] ein Anzug des Herrn (wörtl.?)

96

فندق من فنادق المدينة [funduqun min fanādiqi_l-madīnati] ein Hotel der Stadt (wörtl. ?)

Wir führen noch zwei nützliche Fachausdrücke ein: der erste Teil einer Genitiv-Verbindung (der „Besitz") wird als *Nomen regens,* der zweite Teil (der „Besitzer") als *Nomen rectum* bezeichnet. Wir können dann das bisher Gesagte kurz so zusammenfassen:
Das Nomen rectum einer arabischen Genitiv-Verbindung kann determiniert oder indeterminiert sein. In jedem Fall wirkt es determinierend auf das Nomen regens, das demnach die determinierten Endungen (jedoch nicht den Artikel!) erhält.
In den bisherigen Beispielen stand das Nomen regens im Nominativ. Es kann aber natürlich auch Objekt eines Verbs sein oder von einer Präposition abhängen. Dann steht es in der Akkusativ- bzw. Genitiv-Form und erhält die entsprechenden (determinierten!) Endungen:

أقرأ برقيّة المدير ورسالة الصّديق [ʒaqraʒu barqīyata_l-mudīri wa-risālata_ṣ-ṣadīqi] ich lese das Telegramm des Direktors und den Brief des Freundes

من شقّة الزّميل إلى مكتب التّاجر [min šiqqati_z-zamīli ʒilā maktabi_t-tāǧiri] von der Wohnung des Kollegen in das Büro des Kaufmanns

2. Gesunde männliche Plurale als Nomen regens

Stehen gesunde männliche Plurale als Nomen regens, folgt ihnen also ein Genitiv, dann werden ihre Endungen *-ūna* und *-īna* zu *-ū* und *-ī* reduziert:

موظّفو وزارة [muwaẓẓafū wizāratin] die Beamten eines Ministeriums
معلّمو مدرسة [muʕallimū madrasatin] die Lehrer einer Schule
موظّفو الوزارة [muwaẓẓafu_l-wizārati] die Beamten des Ministeriums
مع معلّمي المدرسة [maʕa muʕallimi_l-madrasati] mit den Lehrern der Schule
لموظّفي الوزارة [li-muwaẓẓafi_l-wizārati] für die Beamten des Ministeriums

(NB. وزارات [wizārātun] Ministerien, مدارس [madārisu] Schulen.)

3. Weitere Verben im Grundstamm

Nicht bei allen Verben im I. Stamm hat die Grundform der Konjugation die Gestalt, die wir in Abschnitt 4, Punkt 1, beobachtet haben. Im Grundstamm stehen auch z. B. die Verben يجد [yáǧidu] „finden", يقول [yaqúlu] „sagen".

a) ASSIMILIERTE VERBEN

In [ya-ǧid-u] finden wir einen Verbstamm, der einen kurzen Vokal zwischen nur zwei Radikalen enthält. Solche Verben werden *assimiliert* genannt. Die weitere Abwandlung entspricht genau der von يحمل [yaḥmil-u] „tragen":

يجد [yáǧidu] er findet	يجدون [yaǧidúna] sie (m.) finden
تجد [táǧidu] sie findet	يجدن [yaǧídna] sie (f.) finden
تجد [táǧidu] du (m.) findest	تجدون [taǧidúna] ihr (m.) findet
تجدين [taǧidína] du (f.) findest	تجدن [taǧídna] ihr (f.) findet
أجد [ʒáǧidu] ich finde	نجد [náǧidu] wir finden

Andere assimilierte Verben sind يضع [yaḍaçu] „legen, stellen", يصل [yaṣilu] „ankommen". Zur Übung durchkonjugieren!

b) KONKAVE VERBEN

In [ya-qūl-u] beobachten wir als Verbstamm einen *langen* Vokal zwischen nur zwei Radikalen. Die Konjugation ist regelmäßig, mit Ausnahme der beiden femininen Pluralformen: dort wird der lange Vokal des Stammes gekürzt.

يقول [yaqúlu] er sagt	يقولون [yaqūlúna] sie (m.) sagen
تقول [taqúlu] sie sagt	يقلن [yaqúlna] (!) sie (f.) sagen
تقول [taqúlu] du (m.) sagst	تقولون [taqūlúna] ihr (m.) sagt
تقولين [taqūlína] du (f.) sagst	تقلن [taqúlna] (!) ihr (f.) sagt
أقول [ʒaqúlu] ich sage	نقول [naqúlu] wir sagen

Andere konkave Verben sind يَزُور [yazúru] „besuchen", يَعِيش [yaçíšu] „leben", يَبِيع [yabíçu] „verkaufen", يَنَام [yanámu] „schlafen", يَخَاف [yaḫáfu] „sich fürchten". Konjugieren Sie alle diese Verben durch! Beachten Sie dabei, daß auch langes *ī* und *ā* gekürzt werden: يَبِيشون [yaçīšūna], يَنَامون [yanāmūna], aber يَعِشن [yaçišna], يَنَمن [yanamna]. Die Bezeichnungen „assimiliert" (angeglichen) und „konkav" (aus-gehöhlt) werden wir erst später verstehen lernen, desgleichen den Grund dafür, daß wir diese neuen Verbtypen als im Grundstamm stehend ansehen (und nicht etwa neue Verbstämme einführen). Zur Rektion einiger der neuen Verben sind folgende Beispiele notwendig:

أَضَعه هنا. [yaḍaçu-hū hunā] er legt es hierher (wörtl.: hier)

أَضَع المفتاح فى الجيب [ʒaḍaçu_l-miftáḫa fi_l-ǧaybi] ich stecke den Schlüs-sel in die Tasche (nicht: إلى هنا bzw. إلى الجيب, denn das Verb ضَع bezeichnet einen Ort, nicht eine Richtung!) (NB. جيوب [ǧuyūbun] Taschen (eines Kleidungsstücks).)

يصل إلى الدينة [yaṣilu ʒila_l-madīnati] er kommt in der Stadt an, er erreicht die Stadt

يخاف من الدير [yaḫāfu mina_l-mudīri] er fürchtet sich vor dem Direktor

4. „nicht sein"

Da unser Hilfsverb „sein" im Arabischen ohne Entsprechung bleibt, kann hier nicht wie beim Präsens andrer Verben mit ﻻ verneint werden. Wir finden ein besonderes Verb der Bedeutung „nicht sein", dessen Konjugation von der der bisher gelernten Verben abweicht:

VERB (LAYSA) „NICHT SEIN"

لَيس [láysa] er ist nicht	لَيسوا [láysū] sie (m.) sind nicht
لَيست [láysat] sie ist nicht	لَسن [lásna] sie (f.) sind nicht
لَست [lásta] du (m.) bist nicht	لَستم [lástum] ihr (m.) seid nicht
لَست [lásti] du (f.) bist nicht	لَستنّ [lastúnna] ihr (f.) seid nicht
لَست [lástu] ich bin nicht	لَسنا [lásnā] wir sind nicht

Die Formen der zweiten Person erinnern an die entsprechenden Personalpronomen. Der Buchstabe ӡalif in لِسُوا ist eine orthographische Besonderheit und für die Aussprache ohne Bedeutung. Beachten Sie, daß drei der Singularformen in arabischer Schrift zusammenfallen.

الرَّجل ليس عاملا [ӡar-raǧulu laysa çāmilan] der Mann ist kein (wörtl.: nicht ein) Arbeiter

المعلّمة ليست [ӡal-muçallimatu laysat ӡalmānīyatan] die Lehrerin الألمانِيَّة ist keine Deutsche

الرَّجال ليسوا جنودا [ӡar-riǧālu laysū ǧunūdan] die Männer sind keine Soldaten

لست طالبا [lastu ṭāliban] ich bin kein Student

لسنا فلاحين [lasnā fallāḥīna] wir sind keine Bauern

Wir beobachten die sonderbare Erscheinung, daß das auf لِس folgende *Prädikatsnomen* (wer oder was man nicht ist) *im Akkusativ* steht, nicht im Nominativ, wie es im Deutschen der Fall ist.

5. „nicht haben"

Das Verb لِس wird auch gebraucht, um die Ausdrücke für „haben" (siehe Abschnitt 6, Punkt 4) zu negieren:

ليس للدّرّاجة محرّك [laysa li_d-darrāǧati muḥarrikun] das Fahrrad hat keinen Motor (wörtl.: nicht ist für das Fahrrad ein Motor)

ليس له بيت [laysa la-hū baytun] er hat kein Haus (wörtl.?)

ليس معى قاموس [laysa maç-ī qāmūsun] ich habe kein Wörterbuch bei mir (wörtl.: nicht ist mit mir ein Wörterbuch)

ليس لديه وقت [laysa laday-hi waqtun] er hat keine Zeit (wörtl.?)

Hiebei ist zu beachten, daß der „Besitz" im Nominativ, nicht im Akkusativ steht: er ist ja Subjekt, nicht Prädikatsnomen des Verbs لِس.

Anstatt لِس werden auch häufig die Verbformen يوجد [yūǧadu] „er befindet sich", توجد [tūǧadu] „sie befindet sich" verwendet, die mit لا negiert werden. (يوجد und توجد sind passive Formen des Verbs وجد „finden" und bedeuten wörtlich: „er (bzw. sie) wird gefunden".)

لا يوجد معى قلم [lā yūǧadu maҫ-ī qalamun] ich habe keine Feder bei mir (wörtl.: nicht befindet sich mit mir eine Feder)

لايوجد لديه كتاب [lā yūǧadu laday-hi kitābun] er hat kein Buch

Aus den Beispielen wird ersichtlich, daß mit ليس und يوجد لا zumeist Verbalsätze gebildet werden, das Verb also zu Beginn des Satzes steht. Darauf folgt dann ein Präpositionalausdruck, und auf diesen erst das Subjekt. Bei derartiger Wortstellung — d. h. wenn im Verbalsatz zwischen Verb und Subjekt andere Wörter eingeschoben sind — ist es nun möglich, die maskuline Verbform auch dann zu setzen, wenn das Subjekt feminin (bzw. ein Plural von Nicht-Personen) ist, entgegen der Kongruenzregel von Abschnitt 4, Punkt 3.

ليس لديه سيّارة [laysa laday-hi sayyāratun] er hat kein Auto

ليس عند الزّملاء تذاكر [laysa ҫinda_z-zumalāʒi taḏākiru] die Kollegen haben keine Fahrkarten

لا يوجد معه خريطة [lā yūǧadu maҫa-hū ḫarīṭatun] er hat keine Landkarte bei sich

لا يوجد عند الطّلاب كتب [lā yūǧadu ҫinda_ṭ-ṭullābi kutubun] die Studenten haben keine Bücher

Anmerkung: Die Verbformen يوجد und توجد können natürlich auch nicht-negiert gebraucht werden

هل يوجد هنا ترجمان؟ [hal yūǧadu hunā turǧumānun] befindet sich hier ein Dolmetsch, gibt es hier einen Dolmetsch?

فى المدينة توجد مسارح ومتاحف [fi-l-madīnati tūǧadu masāriḥu wa-matāḥifu] in der Stadt befinden sich (gibt es) Theater und Museen

6. Verbindungsvokale

Was wir in Abschnitt 3, Punkt 3, am Artikel im Satzinneren beobachtet haben, ist nicht auf diesen beschränkt, sondern eine Erscheinung, die weite Gebiete der arabischen Formenbildung und des Wortschatzes durchzieht. Allgemein gesprochen handelt es sich um Folgendes: ein Wort oder eine Form beginnt, wenn sie am Satzanfang oder isoliert (im Wörterbuch usw.) steht, mit dem Hamz ʒ und einem kurzen Vokal, worauf dann zwei Konsonanten folgen. Rückt dieses Wort

bzw. diese Form ins Satzinnere, dann entfällt der Hamz und der kurze
Vokal und die solcherart verkürzte Wortform wird mit dem vorausgehenden Wort verbunden. Ein ursprünglich langer Endvokal dieses
vorausgehenden Wortes wird dabei gekürzt (in arabischer Schrift
nicht merklich), an einen Endkonsonanten wird „in Verbindung" ein
kurzer Hilfsvokal angefügt. Dies alles haben wir am Artikel schon
beobachtet (Artikel und Substantiv gelten als ein einziges Wort):

اَلْمُدِير [ʒal-mudīru] der Direktor, aber:

هو المدير [huwa_l-mudīru] er ist der Direktor

إلى المدير [ʒila_l-mudīri] zu dem Direktor

من المدير؟ [mani_l-mudīru] wer ist der Direktor?

Ganz dasselbe geschieht z. B. mit dem Anlaut der Substantive إسم
[ʒismun] „Name", إبن [ʒibnun] „Sohn", إبنة [ʒibnatun] „Tochter",
إمرأة [ʒimraʒatun] „Frau":

إبن وابنة [ʒibnun wa_bnatun] ein Sohn und eine Tochter

هى امرأة [hiya_mraʒatun] sie ist eine Frau

ما اسم المعلّم؟ [ma_smu_l-muçallimi] wie heißt der Lehrer? (wörtl.:
was ist der N. des L.?)

اَلِابْن والابنة [ʒali_bnu wa_li_bnatu] der Sohn und die Tochter

إلى ابن الصّديق [ʒila_bni_ṣ-ṣadīqi] zu dem Sohn des Freundes

Beachten Sie insbesondere den Entfall des Hamza-Zeichens im Satzinneren: إبن aber وابن usw.

Man sagt von Wörtern oder Formen, deren Anlaut im Satzinneren verschwindet, sie begännen mit *Verbindungsvokal*. Die Substantive إسم,
إبن usw. beginnen also mit Verbindungsvokal. In arabischer Schrift
nennt man das ʒalif, mit dem solche Wörter beginnen und dessen
Hamza-Zeichen im Satzinneren verschwindet, ʒalif-waṣla (وصلة [waṣ-
latun] „Verbindung") oder Verbindungs-ʒalif.

Vor einem Mißverständnis muß gewarnt werden: nicht etwa alle Wörter, die mit „Hamz – Kurzvokal – zwei Konsonanten" beginnen, haben Verbindungsvokal, sondern nur ganz bestimmte Wörter und
grammatische Formen, die wir im Laufe der Sprachlehre kennenlernen werden. Das Substantiv أجنبى [ʒaǧnabīyun] „Ausländer" oder
die Verbform أكتب [ʒaktubu] „ich schreibe" beginnen auch mit der
genannten Kombination, haben aber keinen Verbindungsvokal:

وَأَجْنَبِيّ [wa-ʒaǧnabīyun], وَأَكْتُبُ [wa-ʒaktubu], nicht etwa: [wa_ǧnabīyun], [wa_ktubu]!

Zu den genannten Wörtern ist zu ergänzen: أَسْماء [ʒasmāʒun] „Namen" (ohne Verbindungsvokal !), أَبْناء [ʒabnāʒun] „Söhne" (ohne Verbindungsvokal !), بَنات [banātun] „Töchter" (wie von بِنْت), نِساء [nisāʒun] „Frauen" (hier wird der Plural von einem anderen Stamm gebildet). Das Wort إِمْرَأَة ist noch insofern unregelmäßig, als es mit Artikel الْمَرْأَة [ʒal-marʒatu] „die Frau" lautet.

WORTLISTE 7

سِعْر [siçrun] Preis
 Pl. أَسْعار [ʒasçārun]
خُبْز [ḫubzun] Brot
 Pl. أَخْباز [ʒaḫbāzun]
مَصْنَع [maṣnaçun] Fabrik, Werk
 Pl. مَصانِع [maṣāniçu]
مَدْخَل [madḫalun] Eingang
 Pl. مَداخِل [madāḫilu]
حَكومة [ḥukūmatun] Regierung
 (Pl. ات)
حَديقة [ḥadīqatun] Park, (größerer) Garten
 Pl. حَدائِق [ḥadāʒiqu]
عُنْوان [çunwānun] Adresse
 Pl. عَناوِين [çanāwīnu]
رَئِيس [raʒīsun] Präsident, Chef
 Pl. رُؤَساء [ruʒasāʒu]
دِراسة [dirāsatun] Studium (Pl. ات)
وُصول [wuṣūlun] Ankunft
سَفَر [sáfarun] Abreise
وَزير [wazīrun] Minister
 Pl. وُزَراء [wuzarāʒu]
أُسْبوع [ʒusbūçun] Woche
 Pl. أَسابيع [ʒasābíçu]

قِطار [qiṭārun] Eisenbahnzug (Pl. ات)
عاصِمة [çāṣimatun] Hauptstadt
 Pl. عَواصِم [çawāṣimu]
يَقِف I [yaqifu] stehen, stehen bleiben, halten
لِماذا؟ [li-māḏā] warum?
يَصِف I [yaṣifu] beschreiben, verschreiben
طَريق [ṭarīqun] (mask. oder fem.) Weg
 Pl. طُرُق [ṭuruqun]
دَواء [dawāʒun] Heilmittel, Medikament
 Pl. أَدْوِية [ʒadwiyatun]
يَسوق I [yasūqu] lenken, steuern
زِنْجِيّ [zinǧīyun] Neger
 Pl. زُنوج [zunūǧun]
مَتى؟ [mátā] wann?
تاريخ [tārīḫun] Datum
 Pl. تَواريخ [tawārīḫu]
نَتيجة [natīǧatun] Ergebnis, Resultat
 Pl. نَتائِج [natāʒiǧu]
عَمَل [çámalun] Arbeit
 Pl. أَعْمال [ʒaçmālun]

ÜBUNG 7.1

١ – سعر الخبز. عمّال المصنع. مدخل المحطّة. موظفو الحكومة. حديقة المدينة. نتيجة العمل. ٢ – بيت صديق. عنوان طبيب. قبّعة سيّد. محرك سيّارة. صورة طفل. عمل رجل. ٣ – رسالة الصّديق. رسالة صديق. رسائل الأصدقاء. ٤ – أنا أعرف مدير المصنع. هى تقرأ برقيّة الرئيس. هو يغلق نوافذ الغرفة. هل تعرفون نتائج الأعمال؟ ٥ – فى غرف الشّقّة. عند مدخل المصرف. قبل وصول الرئيس. بعد سفر الوزير. تاريخ الوصول. ٦ – إلى سوق المدينة. بعد دراسة اللّغة. لموظّفى الحكومة. مع ميكانيكيّى الشّركة. ٧ – هذا قلم للطّالبة وهذا دفتر للطّالب. هذا قاموس لطالب وهذه كتب لطالبة. ٨ – عامل من عمّال المصنع. طالب من طلّاب المدرسة. فى يوم من أيّام الأسبوع.

ÜBUNG 7.2

١ – أنا أضع الرّسائل على الطّاولة. هو يضع الأوراق فى الجيب. أين تضع المفتاح؟ هل تضعه هناك؟ ٢ – ألقطار يصل إلى العاصمة. نحن نصل فى القطار إلى محطّة المدينة. ألرجال يقفون أمام مدخل المصرف. ٣ – لماذا يقف القطار؟ لماذا تقفين هنا؟ ألطّبيب يصف له دواء. لا نجد الطّريق إلى بيت المدير. ٤ – أنا أقول لك عنوان الطّبيب. ماذا تقول له؟ أقول له الخبر. من يسوق السّيّارة؟ يسوقها زنجىّ. ٥ – متى تزورنى؟ أزورك اليوم. أليوم تزور ابن الأستاذ. ألتّاجر يبيع المنتوجات. هل تبيع السّيّارة؟ ٦ – أنا أعيش فى العاصمة. أين تعيشون؟ هل يعيش السّادة هنا؟ ألموظّفة تخاف من الرئيس. لماذا تخاف منه؟ هل يخاف الأطفال من المرأة؟

ÜBUNG 7.3

١ – ليس الرجل فلّاحا. ليست المرأة خدّامة. أليس المعلّم عربيّا؟ أليست الطّالبات ألمانيّات؟ ٢ – ألأجانب ليسوا سوّاحا. ألنّساء لسن

فلآحات. لست الأستاذ. ألست طالبا؟ ألست طالبة؟ ٣ - ليس لي بيت. ليس لنا
مكتب في العاصمة. ليس لهم أصدقاء. ليس عند الطّلّاب قواميس. ٤ - أليس لديك
وقت للعمل؟ أليس لديكم نقود؟ ألا يوجد معك تذكرة؟ ألا يوجد مع الزّميل
خريطة المدينة؟

ÜBUNG 7.4

1. Sie senden die Photokopien (= Photos) der Papiere an den Direktor der Firma. 2. Kennst du die Hauptstadt des Irak? Ja, ich kenne
sie. 3. Wie heißt die Tochter des Chefs? Wann kommt sie hier an? Ist
sie nicht Ärztin? 4. Ich schreibe ihnen das Datum der Ankunft. Er
schreibt mir die Adresse des Dolmetschs. 5. Warum benachrichtigst
du (f.) ihn nicht? Warum schickst du (f.) ihm nicht einen Brief oder
ein Telegramm? 6. Wann bringt er mir die Schlüssel der Wohnung?
Warum bringt er sie mir nicht heute? 7. Wie (= was) ist die Adresse
des Ministers? Kennst du sie nicht? 8. Die Antwort des Studenten.
Die Antwort eines Studenten. Eine Antwort des Studenten. Eine
Antwort eines Studenten. 9. Ich bin kein Mechaniker. Wir sind keine
Ägypter. Bist du nicht der Sohn eines Arztes? Seid ihr nicht die Söhne
des Professors? 10. Ich habe keine Zeit. Hast du (f.) keine Uhr bei
dir? Wir haben keine Autos. 11. Ich fürchte mich nicht davor (= vor
ihm). Die Mädchen fürchten sich vor ihm. 12. Wo lebt ihr (f.) und wo
lebt sie? Wir leben in Kairo und sie lebt in Algier.

ÜBUNG 7.5 +

Verneinen Sie die Sätze in Übung 6.2, Satz 3–5, Übung 1.1, Satz 1–2,
Übung 2.1, Satz 1.

ABSCHNITT ACHT

1. Geminierte Verben

Ein weiterer Verbtyp im Grundstamm ist der der *geminierten Verben*:
يَسُرّ [yasurru] „erfreuen". Im Stamm von (ya-surr-u) finden wir drei
Radikale, deren zweiter und dritter gleich sind. Der Präsensvokal

steht vor diesen beiden gleichen Radikalen. In der Konjugation des Präsens stechen die beiden femininen Pluralformen heraus: diese lauten so, als wäre die Grundform: [yasruru], nicht [yasurru].

يَسُرّ [yasúrru] er erfreut   يَسُرّونَ [yasurrúna] sie (m.) erfreuen

تَسُرّ [tasúrru] sie erfreut   يَسْرُرْنَ [yasrúrna] (!) sie (f.) erfreuen

تَسُرّ [tasúrru] du (f.) erfreust   تَسُرّونَ [tasurrúna] ihr (m.) erfreut

تَسُرّينَ [tasurrína] du (m.) erfreust   تَسْرُرْنَ [tasrúrna] (!) ihr (m.) erfreut

أَسُرّ [ʒasúrru] ich erfreue   نَسُرّ [nasúrru] wir erfreuen

Der Name der geminierten („verdoppelten") Verben rührt davon her, daß der zweite Radikal gleichsam verdoppelt erscheint, da er mit dem dritten zusammenfällt. Konjugieren Sie zur Übung noch das Verb عَدّ [yaçuddu] „zählen".

2. Weiteres über die Genitiv-Verbindung

a) MEHRFACHE GENITIV-VERBINDUNG

Das Nomen rectum einer Genitiv-Verbindung kann natürlich seinerseits einen Genitiv angefügt erhalten:

مِفتاح باب البيت [miftāḥu bābi_l-bayti] der Schlüssel des Tores des Hauses. Hierin ist مِفتاح determiniert, weil ihm der Genitiv باب folgt, dieser seinerseits ist durch den Genitiv البيت determiniert. Das Substantiv باب ist gleichzeitig Nomen rectum der Verbindung مِفتاح باب und Nomen regens der Verbindung باب البيت. Wir kommen so zu *mehrfachen Genitiv-Verbindungen*, in denen jeder Teil durch den jeweils folgenden determiniert ist. Nur das letzte Glied der Kette kann auch indeterminiert sein. Dazu noch andere Beispiele:

عنوان مدير المصنع [çunwānu mudīri_l-maṣnaçi] die Adresse des Direktors der Fabrik

مُحرّك سيّارة موظّف [muḥarriku sayyārati muwaẓẓafin] der Motor des Wagens eines Angestellten

تاريخ وصول أخت الزميل [tārīḫu wuṣūli ʒuḫti_z-zamīli] das Datum der Ankunft der Schwester des Kollegen

b) ENTSPRECHUNGEN DEUTSCHER ZUSAMMENGESETZTER SUBSTANTIVE

Das Arabische verfügt nicht über das Mittel der Zusammensetzung von Substantiven, von dem die deutsche Sprache so reichlichen Gebrauch macht („Haustor", „Stadtplan" usw.). Als arabische Entsprechung finden wir häufig eine Genitiv-Verbindung. Hiebei ist nun genau zu beachten, daß der solcherart ausgedrückte Begriff als indeterminiert (bzw. determiniert) gilt, wenn das Nomen rectum indeterminiert (bzw. determiniert) ist. Die deutsche Entsprechung hat dann den unbestimmten (bzw. bestimmten) Artikel.

باب بيت [bābu baytin] ein Haustor

سيّارة نقل [sayyāratu naqlin] ein Lastkraftwagen

طاولة كتابة [ṭāwulatu kitābatin] ein Schreibtisch

غرفة نوم [ġurfatu nawmin] ein Schlafzimmer

باب البيت [bābu_l-bayti] das Haustor

سيّارة النقل [sayyāratu_n-naqli] der Lastwagen

طاولة الكتابة [ṭāwulatu_l-kitābati] der Schreibtisch

غرفة النوم [ġurfatu_n-nawmi] das Schlafzimmer

(NB. نقل [naqlun] „Transport", كتابة [kitābatun] „Tätigkeit des Schreibens', نوم [nawmun] „Schlaf".
Übersetzen Sie die Beispiele auch wörtlich!
In den Plural übertragen wir bei solchen Verbindungen, indem wir sinngemäß nur das Nomen regens oder beide Teile in den Plural setzen:

غرف نوم [ġurafu nawmin] Schlafzimmer,

أبواب بيوت [ȝabwābu buyūtin] Haustore,

غرف النوم [ġurafu_n-nawmi] die Schlafzimmer,

أبواب البيوت [ȝabwābu_l-buyūti] die Haustore

3. Personalsuffixe am Substantiv

Die Reihe der Personalsuffixe haben wir bisher nur an Verbformen und an Präpositionen angefügt. An ersteren bedeuten sie den Akkusativ des Personalpronomens: يسألك [yasȝalu-ka] „er fragt dich", an letzteren dessen Genitiv (da ja alle arabischen Präpositionen einen

Genitiv verlangen): مَعَك [maça-ka] „mit dir". Schließlich können die Suffixe auch an Substantive angehängt werden. Auch dort bedeuten sie den Genitiv des Pronomens, im Deutschen entsprechen ihnen die *Possessivpronomen* (besitzanzeigende Fürwörter): كِتَابَك [kitābu-ka] „dein Buch". Da es sich hier sinngemäß um eine Genitiv-Verbindung handelt (deren Nomen rectum das Suffix ist), steht das Substantiv mit der determinierten Endung. Die Suffixe am Substantiv werden auch als *Possessivsuffixe* bezeichnet.

POSSESSIVSUFFIXE

بَيْتِى [báyt-ī] mein Haus		بَيْتنَا [báytu-nā] unser Haus	
بَيْتَك [báytu-ka] dein (m.) Haus		بَيْتكُم [báytu-kum] euer (m.) Haus	
بَيْتَك [báytu-ki] dein (f.) Haus		بَيْتكُنَّ [baytu-kúnna] euer (f.) Haus	
بَيْته [báytu-hū] sein Haus		بَيْتهم [báytu-hum] ihr (m.) Haus	
بَيْتها [báytu-hā] ihr Haus		بَيْتهنّ [baytu-húnna] ihr (f.) Haus	

Die Suffixe der zweiten Person können natürlich auch unserem „Ihr" der Sie-Anrede entsprechen. In der ersten Person Singular finden wir das Suffix -*ī* wie an Präpositionen, während an Verbformen die Form -*nī* steht. Das Suffix -*ī* schluckt kurze Vokale auf: [baytu-ī] → [bayt-ī], ebenso wie [maça-ī] → [maç-ī]. Dazu noch einige Beispiele:

قَلمِى [qalam-ī] meine Feder,   أُخْتَك [ʒuḫtu-ka] deine (m.) Schwester (angesprochen ist ein Mann),   إِبْنَك [ʒibnu-ki] dein (f.) Sohn (angesprochen ist eine Frau),

كَبه [kutubu-hū] seine Bücher,   جرَائدها [ğarāʒidu-hā] ihre Zeitungen,

سَاعاتنا [sāçātu-nā] unsere Uhren,   معلّمكم [muçallimu-kum] euer (m.) Lehrer,

عملكّن [çamalu-kunna] eure (f.) Arbeit,   مكتبهم [maktabu-hum] ihr (m.) Büro,

رسَائلهنّ [rasāʒilu-hunna] ihre (f.) Briefe.

Treten Suffixe an Substantive auf ة, dann verwandelt sich ة in gewöhnliches ت:

شقّتي [šiqqat-ī] meine Wohnung, برقيّته [barqīyatu-hū] sein Telegramm.
Die bisherigen Beispiele waren Substantive im Nominativ. Im Akkusativ und Genitiv haben wir beispielsweise:

نسأل معلّمنا [nasʒalu muçallima-nā] wir fragen unseren Lehrer
أعرف مكتبكم [ʒaçrifu maktaba-kum] ich kenne euer Büro
فى مدرستك [fī madrasati-ka] in deiner Schule
من بيتها [min bayti-hā] aus ihrem Haus
رسالة صديقنا [risālatu ṣadīqi-nā] der Brief unseres Freundes

Das Suffix -ī schluckt alle kurzen Vokale:
زميلي [zamīl-ī] (aus: zamīlu-ī, oder: zamīla-ī, oder: zamīli-ī) mein
Kollege, meinen Kollegen, meines Kollegen
Wird ein Substantiv mit den Suffixen -hū, -hum, -hunna in den Genitiv gesetzt, dann verwandelt die nun vor den Suffixen stehende
Endung -i diese in -hī, -him, -hinna, entsprechend den Regeln b) und
c) in Abschnitt 6, Punkt 3:

كتابه [kitābu-hū] sein Buch, aber: فى كتابه [fī kitābi-hī] in seinem Buch
كتبهم [kutubu-hum] ihre (Pl. m.) Bücher, aber: فى كتبهم [fī kutubi-
him] in ihren Büchern

Werden die *Possessivsuffixe* an den *gesunden männlichen Plural* angefügt, dann werden — wie vor folgendem Genitiv, siehe Abschnitt 7,
Punkt 2 – dessen Endungen -*ūna*, -*īna* zu -*ū*, -*ī* verkürzt:

معلّموك [muçallimū-ka] deine Lehrer, مع معلّميك [maça muçallimī-ka]
mit deinen Lehrern

Das Suffix der 1. Person Singular lautet (Regel a.) in Abschnitt 6,
Punkt 3 !) -*ya* statt -*i*. Vor diesem Suffix -*ya* wird nun die verkürzte
Endung -*ū* des Nominativs zu -*ī*, so daß hier, also im gesunden männ-
lichen Plural mit dem Possessivsuffix der 1. Person Singular, alle drei
Fälle gleichlauten:

معلّمى [muçallimī-ya, statt: muçallimū-ya] meine Lehrer (Nomin.)
[muçallimī-ya] meine Lehrer (Akkus.), meiner Lehrer (Genit.)

Schließlich erfordert der Fall, daß die Possessivsuffixe an Substantive
auf ا [-āʒun, oder: -āʒu] antreten, besondere Sorgfalt. Nur am Wort-

ende wird das Hamza-Zeichen nach langem *ā* trägerlos auf die Zeile gesetzt. Rückt es durch Anfügen von Suffixen ins Wortinnere, dann gelten dort andere Regeln der Hamza-Orthographie. Im Nominativ steht ʒ neben *u* und der Träger ist *wāw:*

دواء [dawāʒun] Medikament,

دواؤك [dawāʒu-ka] dein Medikament,

زملاء [zumalāʒu] Kollegen, *aber:*

زملاؤنا [zumalāʒu-nā] unsere Kollegen

Im Akkusativ steht ʒ zwischen *ā* und *a*. In dieser Umgebung erhält das Hamza-Zeichen wiederum keinen Träger:

دواءك [dawāʒa-ka], zملاءنا [zumalāʒa-nā].

Im Genitiv steht ʒ neben *i* und der Hamza-Träger ist *yāʒ:*

دوائك [dawāʒi-ka], زملائك [zumalāʒi-ka].

Mit dem Suffix der 1. Person Singular schreiben wir: دوائي [dawāʒ-ī], زملائي [zumalāʒ-ī].

4. Zusammenfassung der Personalsuffixe

Nachdem wir den Gebrauch der Personal- bzw. Possessivsuffixe an Präpositionen, Verbformen und Substantiven zu Ende besprochen haben, stellen wir die Formen der Suffixe nochmals zur Übersicht zusammen:

PERSONALSUFFIXE

	Singular	Plural
1. Person	ي [-ī, oder: -ya], ني [-nī]	نا [-nā]
2. Person m.	ك [-ka]	كم [-kum]
2. Person f.	ك [-ki]	كنّ [-kunna]
3. Person m.	ه [-hū, -hī, -hu, -hi]	هم [-hum, -him]
3. Person f.	ها [-hā]	هنّ [-hunna, -hinna]

In der 1. Person Singular steht -*nī* an Verbformen, -*ī*/-*ya* an Präpositionen und Substantiven. Hierbei steht -*ya* nach langen Vokalen und nach *ay*, -*ī* steht nach Formen auf kurzen Vokal, den es jedoch aufschluckt.

In der 3. Person m. Singular steht:

> -*hū* nach kurzen *a*, *u*
> -*hī* nach kurzem *i*
> -*hu* nach langen *ā*, *ū* und nach allen Konsonanten außer *y*
> -*hi* nach langem *ī* und nach *y*

In der 3. Person Plural stehen -*him*, -*hinna* nach *i*, *ī*, *y*, und -*hum*, -*hunna* in allen übrigen Fällen.

---

5. Zusammenfassung der Deklination der Substantive

a) Jedes Substantiv kann *in drei Fällen* stehen. Es steht im *Nominativ*, wenn es Subjekt eines Satzes ist, im *Akkusativ*, wenn es Objekt eines Verbs ist, im *Genitiv*, wenn es einen Besitzer bezeichnet (Genitiv-Attribut) oder von einer Präposition abhängt. Im folgenden Satz finden wir alle Möglichkeiten;

اَلرّجُل يفتح باب البيت بالمفتاح [ʒar-raǧulu yaftaḥu bāba_l-bayti bi_l-miftāḥi]
der Mann öffnet das Tor des Hauses mit dem Schlüssel

Darüber hinaus finden wir den Akkusativ auch zur Bezeichnung von Adverbien (adverbieller Akkusativ, siehe Abschnitt 5, Punkt 2) und als Prädikatsnomen zu ليس „nicht sein". (Später werden wir noch andere Verwendungen des Akkusativs antreffen.)

b) Jedes Substantiv kann *determiniert* (bestimmt) oder *indeterminiert* (unbestimmt) sein. Ein Substantiv gilt als determiniert, wenn es den Artikel hat, wenn ihm ein Genitiv folgt, oder wenn es ein Possessivsuffix trägt:

عنوان [çunwānun] eine Adresse (indeterminiert)
اَلعنوان [ʒal-çunwānu] die Adresse (determiniert durch den Artikel)

عنوان المدرسة [çunwānu_l-madrasati] die Adresse der Schule (determiniert durch Genitiv)

عنواننا [çunwānu-nā] unsere Adresse (determiniert durch Suffix)

c) Die *Endungen der Substantive* stellen wir uns in der folgenden Übersicht zusammen.

DEKLINATIONSENDUNGEN DER SUBSTATINVE

	Indeterminierte Endungen			determinierte Endungen		
	Nominativ	Genitiv	Akkusativ	Nominativ	Genitiv	Akkusativ
Singular und 1. Typ des gebrochenen Plurals	-un	-in	-an	-u	-i	-a
2. Typ des gebrochenen Plural	-u	-a	-a	-u	-i	-a
Gesunder weiblicher Plural	-ātun	-ātin	-ātin	-ātu	-āti	-āti
Gesunder männlicher Plural	-ūna	-īna	-īna	-ū(na)	-ī(na)	-ī(na)

(na) entfällt vor Genitiv und vor Possessivsuffix!

In arabischer Schrift werden die Endungen der ersten und zweiten Zeile nicht wiedergegeben (mit Ausnahme des ʒalif für *-an*), die der dritten Zeile alle durch ات, die der vierten Zeile durch ـون und ـين, bzw. durch ـو und ـى.

Wir führen noch einige grammatische Bezeichnungen ein. Der Auslaut *-n*, den wir bei den indeterminierten Endungen *-un, -in, -an* treffen, wird als *Nunation* bezeichnet. Der Name rührt vom Buchstaben *nūn* her. (In arabischer Schrift steht zwar kein ن, doch wird mit *nūn* sowohl der Buchstabe ن wie der Laut *n* bezeichnet.)

Die indeterminierten Endungen *-un, -in, -an* werden als die *triptotischen Endungen* bezeichnet, die indeterminierten Endungen *-u, -a,*

112

-*a* als die *diptotischen.* („triptotisch", „diptotisch" bedeuten: „mit drei bzw. zwei Fällen". Die Bezeichnungen sind nicht glücklich gewählt, da ja auch die gesunden Plurale nur zwei verschiedene Fallendungen haben, ohne die diptotischen Endungen anzunehmen.) Dementsprechend heißen die gebrochenen Plurale des 1. Typs *triptotische Plurale,* die des 2. Typs *diptotische Plurale,* denn sie erhalten indeterminiert die triptotischen bzw. diptotischen Endungen: [kutubun], [buyūtun], [riǧālun] sind triptotische Plurale, [ǧarāʒidu], [karāsīyu], [zumalāʒu] sind diptotische Plurale. Wenn determiniert wird, erhalten beide gleichermaßen die *determinierten Endungen -u, -i, -a:* [ʒal-kutubu], [ʒal-ǧarāʒidu] usw.

6. Gebrochene Plurale

Seit der ersten Besprechung des gebrochenen Plurals in Abschnitt 2 haben wir nun schon eine größere Anzahl von Beispielen kennengelernt. Dabei ist Ihnen gewiß aufgefallen, daß die vorkommenden gebrochenen Plurale eine verhältnismäßig nur geringe Zahl von Formen haben. Diese Formen wollen wir uns nunmehr zusammenstellen.
Betrachten wir etwa die Plurale ضيوف [ḍuyūfun] „Gäste", جنود [ǧunūdun] „Soldaten", بيوت [buyūtun] „Häuser", طرود [ṭurūdun] „Pakete". Gemeinsam ist ihnen die Vokalfolge *u–ū.* Wir könnten diese Form des gebrochenen Plurals als den „u–ū–Plural" bezeichnen. Es ist jedoch zweckmäßiger, auch die Konsonanten in allgemeiner Form zu bezeichnen. Wir könnten z.B. das Zeichen K in der Bedeutung „hier steht ein beliebiger Konsonant" verwenden und die Pluralform als den K u K ū K u n – Plural bezeichnen. Noch vorteilhafter ist es, man wählt verschiedene Zeichen für die verschiedenen Konsonantenstellen. Schriftlich am klarsten ist dann die Durchnumerierung K_1, K_2, K_3 in der Bedeutung „hier steht der erste (bzw. zweite, dritte) Konsonant". Wir erhalten die Darstellung der Pluralform als K_1 u K_2ū-K_3 u n . Dies hat den Nachteil, nicht aussprechbar zu sein. Wir verwenden daher die Zeichen L, M, N (statt K_1, K_2, K_3), um die Konsonantenstellen eines dreikonsonantigen Substantivs zu bezeichnen, und die Zeichen L, M, N, S für vierkonsonantige Wörter. Wir können dann angeben, daß die Plurale [ḍuyūfun], [ǧunūdun], [buyūtun], [ṭurūdun] die Form L u M ū N u n haben. Machen Sie sich

klar, daß die Zeichen L, M, N nur Symbole für „Leerstellen" sind, an die die Konsonanten eines wirklichen Wortes zu stehen kommen. Daran soll die Großschreibung erinnern. L u M ū N u n selbst ist natürlich kein sinnvolles Wort, sondern der allgemeine Ausdruck dessen, was die Plurale [ḍuyūfun], [ǧunūdun] usw. als gemeinsame Form aufweisen. Statt L, M, N könnte man natürlich genauso gut beliebige andere „Leerstellensymbole" benutzen: etwa I, II, III oder auch %, &, §. Die Wahl von L, M, N hat den Vorteil, daß sich dann leicht aussprechbare (Phantasie-) Wörter ergeben, die besser im Gedächtnis haften als Bildungen, die nur schreib- und lesbar sind. Tun wir Gleiches wie oben bei [ḍuyūfun] bei allen gebrochenen Pluralen, dann finden wir die *Formen des gebrochenen Plurals in allgemeiner Gestalt.* In der folgenden Zusammenstellung finden Sie nur die häufigeren der Pluralformen, keine vollständige Liste alle Möglichkeiten. Die folgende Liste bleibt also noch zu vervollständigen.

Illustrieren Sie nun zur Übung die obenstehenden Pluralformen durch möglichst viele Beispiele aus Ihrem Wortschatz. Beachten Sie, daß die 4. und 5. Form des diptotischen Plurals mit der 3. wesentlich identisch ist (Vokalfolge *a–ā–i*). Als Gedächtnishilfe erinnern wir nochmals daran daß *triptotisch* alle Plurale mit *zwei* Vokalen, *diptotisch* alle

FORMEN DES GEBROCHENEN PLURALS

Triptotische Plurale		
Allgemeine Form	Beispiele	
1. L ú M a N u n	غرف [ġurafun] Zimmer,	صور [ṣuwarun] Photos, Bilder
2. L ú M u N u n	مدن [mudunun] Städte,	كتب [kutubun] Bücher
3. L i M á N u n	رجال [riǧālun] Männer,	جمال [ǧimālun] Kamele
4. L u M ú N u n	بيوت [buyūtun] Häuser,	طرود [ṭurūdun] Pakete
5. L u M M á N u n	طلّاب [ṭullābun] Studenten,	تجّار [tuǧǧārun] Kaufleute
6. ʒ a L M á N u n	أقلام [ʒaqlāmun] Federn,	أخبار [ʒaḫbārun] Nachrichten
7. ʒ á L M i N a t u n	أحصنة [ʒaḫṣinatun] Pferde,	أسئلة [ʒasʒilatun] Fragen

Allgemeine Form	Beispiele	
1. L u M a N á ӡ u	زملاء [zumalāӡu] Kollegen,	وزراء [wuzarāӡu] Minister
2. ӡ a L M i N á ӡ u	أصدقاء [ӡaṣdiqāӡu] Freunde	
3. L a M á N i S u	دفاتر [dafātiru] Hefte,	مكاتب [makātibu] Büros
4. L a M á ӡ i N u	جرائد [ǧarāӡidu] Zeitungen,	حدائق [ḥadāӡiqu] Parks
5. L a w á M i N u	نوافذ [nawāfiḏu] Fenster,	جوامع [ǧawāmiҫu] Moscheen
6. L a M ā N í S u	فساتين [fasātīnu] Kleider,	مفاتيح [mafātīḥu] Schlüssel

Plurale mit *drei* Vokalen sind (wovon wir später nur wenige Ausnahmen finden werden).

Naheliegend ist die Frage nach einem Zusammenhang zwischen der Singular- und der Pluralform. Dabei lassen sich viele Beobachtungen machen, von denen die meisten jedoch leider ohne praktischen Wert beim Erlernen der Plurale sind. Eine Ausnahme macht die Regel, daß alle Substantive mit vier Konsonanten ohne langen Vokal den diptotischen Plural 3 (oder eventuell den gesunden weiblichen Plural, wenn sie im Singular auf ة enden) und mit langem Vokal den diptotischen Plural 6 haben: مصنع [maṣnaҫun] „Fabrik", كرسى [kursīyun] „Stuhl" bilden مصانع [maṣāniҫu], كراسى [karāsīyu]. Im übrigen bleibt nur zu wiederholen, was wir schon in Abschnitt 2 gesagt haben: daß allgemein der Plural aus dem Singular nicht abzuleiten ist und stets besonders angegeben und hinzugelernt werden muß.

7. Silbenbau

Zum Verständnis vieler Erscheinungen der arabischen Grammatik ist es unumgänglich notwendig, sich den Aufbau der Wörter aus Silben klarzumachen. Nur drei Arten Silben kommen im Arabischen vor:

Kurze Silben bestehen aus einem Konsonanten und einem kurzen Vokal: ba, si, mu.

115

Lange offene Silben bestehen aus einem Konsonanten und einem langen Vokal: bā, sī, mū.

Lange geschlossene Silben enthalten einen kurzen Vokal zwischen zwei Konsonanten: ban, sir, muk.

Andere Silben können in arabischen Wörtern nicht vorkommen. Inbesondere kann keine Silbe (und damit kein Wort) mit Vokal oder mehr als einem Konsonanten beginnen und mit mehr als einem Konsonanten enden. Silben wie: al, alk, kla, stra, kūl, wie sie uns aus Wörtern europäischer Sprachen vertraut sind, sind im Arabischen unmöglich und dürfen nicht vorkommen.

Die Zerlegung eines arabischen Wortes in mögliche, ,,erlaubte'' Silben ist eindeutig. Wir geben einige Beispiele, in denen Sie die vorkommenden Silben nach den obigen Definitionen benennen sollen:

[ká/li/ma/tun] Wort, [ka/li/má/tun] Wörter, [ṭa/bí/bun] Arzt, [ma/ /ǧál/la/tun] Zeitschrift, [ʒás/ʒi/la/tun] Fragen, [zu/ma/lá/ʒu] Kollegen, [ʒa/ṭib/bá/ʒu] Ärzte, [bar/qī/yá/tun] Telegramme, [yák/tu/bu] er schreibt, [yaš/ra/bú/na] sie trinken, [ya/qú/lu] er sagt, [ʒá/ǧi/du] ich finde.

Bei Verbindung (Ausfall eines Verbindungsvokals im Satzinnern) fällt die Silbengrenze nicht mit der Wortgrenze zusammen:

[ʒal/ki/tā/bu/wal/qa/la/mu/wad/daf/ta/ru] das Buch und die Feder und das Heft, [hu/wab/nul/fal/lā/ḥi] er ist der Sohn des Bauern

Jetzt verstehen wir auch, warum ein langer Endvokal in Verbindung gekürzt werden muß. Würden wir z.B. in [ʒilā_l-bayti] nicht kürzen, dann ergäbe sich bei der Zerlegung [ʒi/lāl/bay/ti] die unmögliche, ,,verbotene'' Silbe lāl. Die Kürzung [ʒila_l-bayti] verhindert dies. Desgleichen sehen wir, warum die femininen Pluralformen der konkaven Verben kurzen Vokal haben müssen: [ya/qū/lū/na] ,,sie (m.) sagen'' enthält nur erlaubte Silben. Hätten wir jedoch auch [ya/qūl/na] mit langem ū, dann bliebe darin die verbotene Silbe qūl. Dies wird beseitigt: [ya/qul/na] ,,sie (f.) sagen''. Der Grund für die Kürzung ist also letztlich, daß die beiden femininen Pluralformen die einzigen sind, deren Endung mit Konsonant beginnt.

Anmerkung: Eine vierte mögliche Silbenart, sogenannte *überlange Silben*, die langes ā zwischen zwei Konsonanten enthalten (wie in [mār/run] ,,Passant'')

finden sich nur an ganz bestimmten Stellen der Formenbildung, wie noch zu besprechen sein wird. Allgemein sind sie jedoch verboten und dürfen nicht vorkommen.

8. Betonung

Mit Hilfe der Silbenzerlegung lassen sich die *Regeln zur Betonung arabischer Wörter* einfach formulieren:

1. Die letzte Silbe eines mehrsilbigen Wortes kann nie betont sein.
2. Enthält ein Wort genau eine lange Silbe, dann wird diese betont.
3. Enthält ein Wort mehrere lange Silben, dann wird die dem Wortende nächste betont.
4. Enthält ein Wort keine lange Silbe, dann wird die erste Silbe des Wortes betont.

Wir geben dazu nur wenige Beispiele, da die Silbenzerlegungen in Punkt 7 oben viele weitere Beispiele zu Betonung ergeben:

Zu 1. [ʒí/lā hú/nā] hierher (nicht: ʒi/lá hu/ná!)
Zu 2. [za/mí/lun] Kollege, [ṭá/wu/la/tun] Tisch
Zu 3. [ṭā/wu/lá/tun] Tische, [mī/kā/nī/kī/yú/na] Mechaniker
Zu 4. [yá/ǧi/du] er findet, [ká/li/ma/tun] Wort

Für 2.–4. ist zu bedenken, daß die letzte Silbe gemäß 1. für die Betonung nicht in Betracht kommt.
Die obenstehenden Regeln werden unter dem Namen „klassisches Betonungsgesetz" zusammengefaßt. Tatsächlich macht sich dagegen aber eine Tendenz vieler Sprecher bemerkbar, die Betonung nicht über die drittletzte Silbe vorrücken zu lassen. Dies ist vor allem bei Anfügen von Suffixen auffällig. Wir geben einige Formen mit klassischer und dann mit „anderer" Betonung:

[yáǧidu-nī], yaǧídu-nī] er findet mich
[ṭáwulatu-hū], [ṭāwulátu-hū] sein Tisch
[ʒásʒalu-hum], [ʒasʒálu-hum] ich frage sie
[ǧarídatu-nā], [ǧarīdátu-nā] unsere Zeitung

Dabei ist zu erwähnen, daß die Betonung nicht in allen arabischen Ländern gleichmäßig erfolgt: so hören wir z.B. in Syrien eine wenig ausgeprägte, „schwebende" Betonung, bei der oft nicht zu entnehmen ist, welche Silbe den Ton trägt. In Ägypten dagegen erfolgt die Betonung sehr nachdrücklich und mit großem Energieaufwand.

WORTLISTE 8

دولة [dawlatun] Staat
Pl. دول [duwalun]
سرير [sarīrun] Bett
Pl. أَسِرَّة [ʒasirratun]
بعد الظهر [baçda-z̧-z̧uhri] am Nachmittag
(wörtl.: nach dem Mittag)
ساعة [sāçatan] (adverb. Akkus.) eine Stunde lang
بيّاع [bayyāçun] Verkäufer, Händler (Pl. ون)
لحم [laḥmun] Fleisch
يسير I [yasīru] gehen, fahren, reisen
خلال [ḫilāla] durch
بلد [baladun] Land
Pl. بلاد [bilādun]
ألبصرة [ʒal-baṣratu] Basra
يخلع I [yaḫlaçu] ausziehen (ein Kleidungsstück)
حذاء [ḫiḏāʒun] ein Paar Schuhe
Pl. أحذية [ʒáḫḏiyatun]
يترك I [yatruku] lassen
بوّاب [bawwābun] Pförtner, Portier (Pl. ون)
دكّان [dukkānun] Laden, Geschäft
Pl. دكاكين [dakākīnu]
يطلب I [yaṭlubu] fordern, verlangen, bestellen

ثمّ [t̠umma] dann
شراء [širāʒun] Kauf
يفضّل II [yufaḍḍilu] vorziehen
أفضّلك عليه [ʒufaḍḍilu-ka çalay-hi] ich ziehe dich ihm vor
رحلة [riḥlatun] Fahrt, Reise (Pl. ات)
بحر [baḥrun] Meer, (die) See
Pl. بحار [biḥārun]
زيارة [ziyāratun] Besuch (Pl. ات)
عمّ [çammun] Onkel (Bruder des Vaters)
Pl. عموم [çumūmun]
خال [ḫālun] Onkel (Bruder der Mutter)
Pl. أخوال [ʒaḫwālun]
زوجة [zawǧatun] Ehefrau (Pl. ات)
ميدان [maydānun] Platz (in einer Stadt)
Pl. ميادين [mayādīnu]
جمهورية [ǧumhūrīyatun] Republik (Pl. ات)
وسط [wasaṭun] Mitte, Zentrum
(Pl. أوساط [ʒawsāṭun]
يقطع I [yaqṭaçu] schneiden, abschneiden
تذكرة سفر [taḏkiratu safarin] Fahrkarte

118

قطار القاهرة [qiṭāru_l-qāhirati] der
Zug nach Kairo

يَقطع تذكرة [yaqṭaᶜu taḏkiratan] er
löst eine Karte

عربة [ᶜarabatun] Wagen, Wag-
gon (Pl. ات)

ÜBUNG 8.1

١ – عنواني. وصولي. دولتنا. عملنا. أُختي. دراستنا. شركتنا. طريقي. ضيوفنا.
٢ – دفاترك. شنطتكِ. سيّارتكم. جوابك. رسالتكِ. وصولكم. معاطفكنّ.
غرفكنّ. ما اسمك؟ ٣ – صديقه. مكتبها. سريره. عنوانهم. طرودهم. سفرها.
درّاجته. أسئلتهنّ. ٤ – ألشّرطيّ يكرّر سؤاله. ألآنسة تلبس معطفها. ألسّوّاح
يصرفون نقودهم. أنا أكتب عنوانك. ٥ – إلى أُمّه. من صديقه. مع ابنه. في
غرفته. أمام بيتهم. مع أخواتهنّ. بسيّارتهم. ٦ – هم أصدقاؤنا. نحن نذهب
مع أصدقائنا. نحن نساعد أصدقاءنا دائما.

ÜBUNG 8.2

١ – هل يسرّك هذا؟ نعم. هذا يسرّني. ماذا تعدّون؟ نعدّ نقودنا. ألطّالبات
يعددن صورهنّ. ٢ – أنا أنام في السّرير. هل تنام بعد الظّهر؟ نعم. أنام ساعة.
ألبيّاعون يبيعون اللّحم والخضر والفواكه. ٣ – ألقطار يسير خلال البلد.
أصدقائي يعيشون في البصرة. ألنّساء لا يعشن هنا. ٤ – أنا أدخل الدّكّان
وأطلب اللّحم. وبعد الشّراء أخرج من الدّكّان وأذهب إلى البيت. ٥ – أنا
أقول لصديقي: هل تفضّل الرّحلة في السّيّارة إلى البحر على زيارة عمّك؟
٦ – أليوم أزور خالي. هو يعيش مع زوجته في ميدان الجمهوريّة في وسط
المدينة. ٧ – أذهب إلي المحطّة وأقطع تذكرة السّفر. ثمّ أجلس في
عربة من عربات قطار القاهرة. ٨ – أمام باب الجامع نخلع أحذيتنا ونتركها عند
البوّاب. أنا أخلع حذائي ثمّ أدخل إلى الجامع.

ÜBUNG 8.3

1. Wer fährt den Wagen des Direktors? Fährt ihn dein Kollege?
2. Ich nehme mein Geld und gehe in eine Bank der Stadt. Wo befindet sich die Bank? Ist sie im Stadtzentrum? 3. Wo ist meine Uhr? Ist sie nicht in deiner Manteltasche? 4. Vor unserer Abreise gehe ich zum Bahnhof und löse die Fahrkarten. 5. Was verkaufst du? Verkaufst du (das) Gemüse? Ja, ich verkaufe (das) Gemüse und auch (das) Obst. Hast du einen Laden? Nein, ich habe keinen Laden. 6. Ich setze mich auf einen Stuhl, dann nehme ich eine Zeitung und lese sie. 7. Heute geht mein Onkel mit seinen Söhnen und Töchtern auf den Markt. 8. Kennst du (f.) den Weg von deinem Haus zum Platz der Republik? Geht deine Schwester am Nachmittag mit dir? 9. Wie heißt ihr? Seid ihr aus Basra? Wo ist euer Auto? 10. Freut dich der Besuch deines Vetters und deiner Kusine (= des Sohnes und der Tochter deines Onkels)?

ÜBUNG 8.4+

Übertragen Sie die Sätze 6, 7, 8 von Übung 8.2 in Umschrift und zerlegen Sie sie in Silben. Bestimmen Sie die Arten der vorkommenden Silben und setzen Sie den Akzent auf die betonten Silben.

ABSCHNITT NEUN

1. Imperativ

Bei der Bildung des *Imperativs* (Befehlsform) eines Verbs gehen wir stets vom Stamm des Verbs aus. Dieser ist wesentlich bereits die maskuline Singular-Form des Imperativs. Zu den Verben [yaktubu], [yašrabu], [yaḥmilu] gehören die Stämme ktub, šrab, ḥmil und diese wären bereits die Imperative: „schreib!", „trink!", „trag!", wenn es nicht unmöglich wäre, ein arabisches Wort mit zwei Konsonanten beginnen zu lassen. (Vergleichen Sie Punkt 7 des vorigen Abschnitts 8!) Dem wird abgeholfen, indem ein kurzer Vokal (mit vorhergehendem Hamz) vor den Stamm gesetzt wird. So ergeben sich die endgültigen Imperativ-Formen:

اُكْتُب [ʒúktub] „schreib!", اِشْرَب [ʒíšrab] „trink!", اِحْمِل [ʒíḥmil] „trag!"

Der kurze Vokal, der zur Bildung des Imperativs vor den Stamm gesetzt wird, ist, wie wir sehen, der Vokal *u*, wenn der Präsensvokal im Stamm *u* ist, und er ist der Vokal *i*, wenn der Präsensvokal *i* oder *a* ist.

Rückt der Imperativ ins Satzinnere, dann finden wir folgende Formen:

واكْتُب [wa_ktub] ... und schreib!,

واحْمِل [wa_ḥmil] ... und trag!

واشْرب [wa_šrab] ... und trink!

Der Anlaut des Imperativs ist also Verbindungsvokal. Für ihn gilt, was wir in Abschnitt 7, Punkt 6, genau besprochen haben. Das Auftreten eines Verbindungsvokals ist hier leicht zu begreifen: wir benötigen den Anlaut ʒi-, ʒu ja nur, um einen Wortbeginn mit zwei Konsonanten zu verhindern. Im Satzinnern kann sich aber der erste der beiden mit dem Auslaut des vorausgehenden Wortes verbinden, so daß keine „verbotenen" Silben entstehen können: [wak/tub] [waš/rab], [waḥ/mil]. (Wortgrenze und Silbengrenze fallen dann nicht zusammen).

Die endungslose Form des Imperativs wird an einen Mann gerichtet. Die feminine Form des Singulars erhält die Endung -*ī*. Im Plural hat die maskuline Form die Endung -*ū*, die feminine die Endung -*na*. Die vier Imperative lauten dann:

IMPERATIV DES GRUNDSTAMMS

	Singular	Plural
maskulin	اُكْتُب [ʒúktub] schreib (m.)!	اُكْتُبوا [ʒúktubū] schreibt (m.)!
feminin	اُكْتُبى [ʒúktubī] schreib (f.)!	اُكْتُبن [ʒuktúbna] schreibt (f.)!

Wir bemerken in arabischer Schrift nach der Endung -ū ein ʒalif, ebenso wie in لِسوا (laysū) „sie sind nicht".

Die folgenden weiteren Beispiele sollen zur Übung von Ihnen übersetzt werden:

Zu يشرب : إشرب [ʒišrab], إشرِبى [ʒišrabī],

Zu يفتح : إفتح [ʒiftaḥ], إفتحى [ʒiftaḥī]

Zu يَحمِل : إحمِل [ʒiḥmil], إحمِلى [ʒiḥmilī],
Zu يَجلِب : إجلِب [ʒiǧlib], إجلِن [ʒiǧlibī],
Zu يَخرج : أخرج [ʒuḫruǧ], أخرجى [ʒuḫruǧī]
Zu يَقرأ : إقرأ [ʒiqraʒ], إقرئى [ʒiqraʒī],
Plurale : إشربوا [ʒišrabū] إشربن [ʒišrabna].
إفتحوا [ʒiftaḥū], إفتحن [ʒiftaḥna].
إحملوا [ʒiḥmilū], إحملن [ʒiḥmilna].
إجلبوا [ʒiǧlibū], أجلبن [ʒiǧlibna].
أخرجوا [ʒuḫruǧū], أخرجن [ʒuḫruǧna].
إقرؤوا [ʒiqraʒū], إقرأن [ʒiqraʒna].

Die beiden Verden أَكَل und أَخَذ büßen im Imperativ ihren ersten
Radikal, den Hamz, ein und benötigen daher (da ja keine Doppelkonsonanz am Wortbeginn droht) keinen Verbindungsvokal:

كُل [kul] iß !, كُلى [kulī], كُلوا [kulū], كُلن [kulna]
خُذ [ḫuḏ] nimm !, خُذى [ḫuḏī], خُذوا [ḫuḏū], خُذن [ḫuḏna].

2. Imperativ der assimilierten, konkaven und geminierten Verben

Bei den *assimilierten Verben* wie يَجِد [ya-ǧid-u] „finden" ist der
Stamm unmittelbar als Imperativ zu verwenden, ohne daß ein Verbindungsvokal vonnöten wäre:

جِد [ǧid] finde !, جدى [ǧidī], جدوا [ǧidū], جدن [ǧidna].

Bei den *konkaven Verben* verhält es sich ähnlich, nur ist der Stamm
keine mögliche Silbe: يَقول [ya-qūl-u] „sagen" ergibt ja in Silben
zerlegt [ya/qū/lu]. Daher muß der lange Vokal im Stamm gekürzt
werden: قل [qul] „sag !" Mit den Endungen *-i* und *-ū* kann der Stamm-
vokal jedoch lang bleiben: قولى [qūlī], قولوا [qūlū]. In der femininen
Pluralform ist er wieder kurz: قلن [qulna].
Andere Beispiele konkaver Verben:

Zu يَزور : زر [zur], زورى [zūrī], زوروا [zūrū], زرن [zurna].
Zu يَبيع : بع [biç], يعى [bīçī], يعوا [bīçū], بعن [biçna].
Zu يَنام : نم [nam], نامى [nāmī], ناموا [nāmū], نمن [namna].

Bei den *geminierten Verben* wie يَعُدّ [ya-çudd-u] „zählen" ist der
Stamm keine mögliche Silbe. Um ihn als Imperativ verwenden zu

können, fügt man ein kurzes a an: عَدّ [çudda] „zähle !", enthält zwei „erlaubte" Silben: [çud/da]. Die weiteren Formen sind عَدّى [çuddī], عَدّوا [çuddū], أعدُدن [ʒuçdudna]. Die feminine Pluralform lautet also wie von einem Verb [yaçdudu]. Vergleichen Sie damit die entsprechende Form des Präsens تعدُدن [taçdudna] „ihr (f.) zählt".

Ein weiteres Beispiel: Zu سِرّ lauten die Imperative سُرّ [surra], سُرّى [surrī], سُرّوا [surrū], أسرُرن [ʒusrurna].

Bilden Sie noch als Übung die Imperative zu يقف [yaqifu] „stehen bleiben", يضع [yaḍaçu] „stellen, legen", يسوق [yasūqu] „lenken", يسير [yasīru] „fahren", يصبّ [yaṣubbu] „eingießen, einschenken".

3. Imperativ der abgeleiteten Stämme

Beim *zweiten* und *dritten Stamm*, يصلِّح [yu-ṣalliḥ-u] „reparieren", يساعد [yu-sāçid-u] „helfen", ist der Stamm unmittelbar als Imperativ zu verwenden:

صلِّح [ṣálliḥ], صلِّحى [ṣálliḥī], صلِّحوا [ṣálliḥū], صلِّحن [ṣallíḥna]
ساعد [sáçid], ساعدى [sáçidī], ساعدوا [sáçidū], ساعدن [sāçídna]

Beim *vierten Stamm*, يرسل [yu-rsil-u] „schicken", wird vor den Imperativ ʒa- gesetzt: أرسل [ʒarsil] „schicke !". Dieser Anlaut ʒa- ist jedoch *nicht* Verbindungsvokal. (Grund dafür ist, daß ʒarsil, nicht rsil den Stamm darstellt. Das Präsens [yursilu] ist aus [yu-ʒarsil-u] entstanden zu denken.)

أرسل [ʒársil], أرسلى [ʒársilī], أرسلوا [ʒársilū], أرسلن [ʒarsílna]

Bilden Sie zur Übung die Imperative zu يكرّر [yukarriru] „wiederholen", يسافر [yusāfiru] „reisen", يغلق [yuġliqu] „schließen".

4. Suffixe am Imperativ

Ebenso wie an das Präsens können auch an den Imperativ die Personalsuffixe antreten, um ein pronominales Objekt zu bezeichnen. Wir erhalten:

إسألنى [ʒisʒál-nī] frag (m.) mich !, إسألينى [ʒisʒalí-nī] frag (f.) mich !
إسألونى [ʒisʒalú-ni] fragt (m.) mich ! إسألننى [ʒisʒálna-nī] fragt (f.) mich !

Beachten Sie sorgfältig die Betonungsänderung bei Antreten eines Suffixes! Wir beobachten auch, daß das ǧalif der Endung ‌وا vor Suffix entfällt.

Anmerkung: Imperative können nicht verneint werden. Wie im Arabischen Verbote („schreib nicht!") gebildet werden, wird erst später besprochen. (Vgl. S. 188)

5. Prädikative Adjektive

Adjektive (Eigenschaftswörter) können *prädikativ* („das Haus ist groß") oder *attributiv* („das große Haus") gebraucht werden. Wir beschränken uns in diesem Abschnitt auf den ersten Gebrauch und beginnen mit einigen Beispielen:

البيت كبير [ǧal-baytu kabīrun] das Haus ist groß

المدينة كبيرة [ǧal-madīnatu kabīratun] die Stadt ist groß

البلد صغير [ǧal-baladu ṣaġīrun] das Land ist klein

الغرفة صغيرة [ǧal-ġurfatu ṣaġīratun] das Zimmer ist klein

Adjektive erhalten also die gleichen Endungen wie die Substantive. Die Grenze zwischen Adjektiv und Substantiv ist im Arabischen überhaupt nicht scharf bestimmt, so daß man beide einfach unter der Bezeichnung *Nomen* zusammenfaßt. Man spricht dann von den Endungen der Nomen (statt von denen der Substantive bzw. Adjektive). Die Herkunftsbezeichnungen wie سورىّ, ألمانىّ usw. sind Nomen, die nach dem Zusammenhang als Substantiv („ein Deutscher", „ein Syrer") oder als Adjektiv („deutsch", „syrisch") aufgefaßt werden können.

Weitere Adjektive finden Sie in folgenden Beispielen:

الكتاب جديد [ǧal-kitābu ġadīdun] das Buch ist neu

الجريدة جديدة [ǧal-ġarīdatu ġadīdatun] die Zeitung ist neu

هو متعب [huwa mutʿabun] er ist müde

هي متعبة [hiya mutʿabatun) sie ist müde

الرّجل كبير [ǧar-raġulu kabīrun] der Mann ist alt

المرأة كبيرة [ǧal-marǧatu kabīratun] die Frau ist alt

Wir finden die *Regel:* Das *prädikative Adjektiv* erhält die *indeterminierten Endungen.* Es stimmt mit dem Substantiv, das es beschreibt, im

Geschlecht überein. Welche Form nehmen prädikative Adjektive an, die Substantive *im Plural* beschreiben? Hier gelten folgende *Kongruenz-Regeln:*

a) Bedeutet das Substantiv *männliche Personen,* dann wird das Adjektiv in seinen Plural gesetzt. Dieser kann gesund männlich oder gebrochen sein:

الرِّجالُ كبار [ʒar-riǧālu kibārun] die Männer sind alt

الطّلّاب متعبون [ʒaṭ-ṭullābu mutçabūna] die Studenten sind müde

Ob der Plural eines bestimmten Adjektivs gesund oder gebrochen ist, läßt sich dem Adjektiv – ebenso wie einem Substantiv – nicht ansehen, er muß mit dem Adjektiv gelernt werden.

b) Bedeutet das Substantiv *weibliche Personen,* dann steht das Adjektiv mit der gesunden weiblichen Pluralendung:

الطّالبات متعبات [ʒaṭ-ṭālibātun mutçabātun] die Studentinnen sind müde

c) Bedeutet das Substantiv *Nicht-Personen,* dann steht das Adjektiv stets mit der Endung ة. Wir denken an den Grundsatz (siehe Abschnitt 2, Punkt 3), daß Plurale von Nicht-Personen durchwegs als feminine Singulare gelten:

البيوت كبيرة [ʒal-buyūtu kabīratun] die Häuser sind groß

المجلّات جديدة [ʒal-maǧallātu ǧadīdatun] die Zeitschriften sind neu

Die Kongruenz-Regeln b) und c) gelten nicht ausnahmslos verpflichtend. Sie liefern beim Übersetzen ins Arabische zwar stets richtige Sätze, jedoch finden sich gebrochene Plurale von Adjektiven auch in Bezug auf weibliche Personen und Nicht-Personen. Auch kann sich ein Adjektiv mit der Endung ة (entgegen Regel b)) auch auf Plurale von weiblichen Personen beziehen. Wir gehen auf diese Erscheinungen, für die sich keine Regeln aufstellen lassen, nicht weiter ein.

Aus Regel a) ergibt sich, daß von Adjektiven, die sich ihrer Bedeutung entsprechend nicht oder kaum jemals auf Personen beziehen können – wie etwa ضيّق [ḍayyiqun] „eng" – keine Pluralformen vorhanden sind bzw. solche kaum je vorkommen. In solchen Fällen geben wir in den Wortlisten nach dem Adjektiv keine Pluralform an.

Zum Wortschatz:

كبير [kabīrun] ist „groß" (von Sachen) und „alt" (von Personen),
Pl. كبار [kibārun].

صغير [ṣaġīrun] ist „klein" (von Sachen) und „jung" (von Personen),
Pl. صغار [ṣiġārun].

طويل [tawīlun] ist „lang" (von Sachen) und „groß" (von Personen),
Pl. طوال [ṭiwālun].

قصير [qaṣīrun] ist „kurz" (von Sachen) und „klein" (von Personen),
Pl. قصار [qiṣārun].

قديم [qadīmun] ist „alt" (nicht vom Lebensalter), Pl. قدماء [qudamāʒu].

جديد [ğadīdun] ist „neu", Pl. جدد [ğududun].

„gut" ist جيّد [ğayyidun], Pl. جياد [ğiyādun], wenn es von Gegenstän-
den oder Angelegenheiten gesagt wird. Bei Personen bezieht sich
جيّد auf Fähigkeiten, Erfolg usw. „gut" ist طيّب [ṭayyibun], (Pl. ون),
von Personen im moralisch-wertenden Sinn. Vergleichen Sie: الطّالب جيّد
[ʒaṭ-ṭālibu ğayyidun] „der Student ist gut (d.h. tüchtig, durch seine
Arbeit oder Intelligenz hervorragend)" und الرّجل طيّب [ʒar-raġulu
ṭayyibun] „der Mann ist gut (d.h. anständig, nicht böse)". طيّب
wird aber auch von Speisen, Getränken gesagt.

„schlecht" ist ردىّ [radīʒun], Pl. أردياء [ʒardiyāʒu], wird aber häufig
durch „nicht gut" umschrieben.

6. [kullun] „Gesamtheit"

كلّ [kullun] ist in seiner Grundbedeutung ein Substantiv, das sich
mit „Gesamtheit" übersetzen läßt. In den mit كلّ gebildeten Zusammensetzungen entsprechen im Deutschen jedoch eine ganze Reihe pro-
nominaler Ausdrücke. Übersetzen Sie im Folgenden stets auch wörtlich, um sich den Bau der Verbindungen mit كلّ genau klarzumachen.

a) *Indeterminiertes* كلّ entspricht unserem „jeder":

كلّ من الطّلاب [kullun mina_t-ṭullābi] jeder von den Studenten

Beachten Sie aber folgende Fügung:

كلّ من الرّجل والمرأة [kullun mina_r-raġuli wa_l-marʒati] sowohl der Mann
als auch die Frau

b) Wird جَكّ *mit dem Artikel determiniert,* dann entspricht im Deutschen „alles, das Ganze":

أَنَا أَفْهَم الكُلَّ [ʒanā ʒafhamu_l-kulla] ich verstehe alles

c) Wird جَكّ *mit einem Possessivsuffix determiniert,* dann steht im Deutschen „jeder von . . ." oder „alle":

كُلُّنَا [kullu-nā] jeder von uns, wir alle
كُلُّكُم [kullu-kum] jeder von euch, ihr alle

d) Am wichtigsten sind die Fügungen, in denen جَكّ *durch einen Genitiv determiniert* ist. Hier sind drei Möglichkeiten zu unterscheiden:
1. Der an جَكّ angefügte *Genitiv ist indeterminiert und Singular.* Im Deutschen steht dann (adjektivisches) „jeder":

كُلّ بَيت [kullu baytin] jedes Haus
كُلّ طَالِبَة [kullu ṭālibatin] jede Studentin
فِى كُلّ مَدِينَة [fī kulli madīnatin] in jeder Stadt
أَنَا أَعرِف كُلّ مُوَظَّف [ʒanā ʒaçrifu kulla muwaẓẓafin] ich kenne jeden Beamten

2. Der an جَكّ angefügte *Genitiv ist determiniert und Singular.* Im Deutschen steht dann (adjektivisches) „ganz":

كُلّ البَيت [kullu_l-bayti] das ganze Haus
كُلّ المَدِينة [kullu_l-madīnati] die ganze Stadt
كُلّ مَكتَبِه [kullu maktabi-hī] sein ganzes Büro
كُلّ شُقّة صَدِيقِى [kullu šiqqati ṣadīq-ī] die ganze Wohnung meines Freundes

3. Der an جَكّ angefügte *Genitiv ist determiniert und Plural.* Die deutsche Entsprechung ist „alle":

كُلّ البُيوت [kullu_l-buyūti] alle Häuser
كُلّ المُدن [kullu_l-muduni] alle Städte
فِى كُلّ الغُرف [fī kulli_l-ġurafi] in allen Zimmern
إِلَى كُلّ أَصدِقائِنا [ʒilā kulli ʒaṣdiqāʒi-nā] an alle unsere Freunde
هُو يُخبِر كُلّ مُوَظَّفِى الشَرِكَة [huwa yuḫbiru kulla muwaẓẓafi_š-šarikati] er verständigt alle Angestellten der Firma

Beachten Sie, daß in all diesen Verbindungen nur جَكّ in den vom Satzzusammenhang geforderten Fall gesetzt wird. Der angefügte Genitiv wird davon nicht berührt. Unter 2. und 3. findet sich eine zweite Formulierung, um deutschem „ganz" und „alle" zu entsprechen". Dazu wird كُلّ mit dem entsprechenden Suffix versehen nach das determinierte Substantiv gestellt. (Das Suffix an كُلّ richtet sich nach dem Substantiv.) Dann stehen Substantiv und كُلّ beide in dem erforderlichen Fall:

البَيْتُ كُلّه [ʒal-baytu kullu-hū] das ganze Haus

فى البَيْتِ كُلّه [fi_l-bayti kulli-hī] im ganzen Haus

الرِّجالُ كُلّهم [ʒar-riǧālu kullu-hum] alle Männer

مع الرِّجال كُلّهم [maça_r-riǧāli kulli-him] mit allen Männern

البُيوت كُلّها [ʒal-buyūtu kullu-hā] alle Häuser

للطَّالبات كُلّهن [li_t-ṭālibāti kulli-hinna] für alle Studentinnen

Im adverbiellen Akkusativ stehen z.B. die Ausdrücke كُلَّ يوم [kulla yawmin] jeden Tag, كُلَّ اليوم [kulla_l-yawmi] den ganzen Tag.

7. Substantive mit langvokalischen Endungen

Einige Substantive haben die Besonderheit, ihre determinierten Endungen zu Langvokalen zu dehnen, wenn sie durch Anfügen eines Suffixes oder Genitivs determiniert werden. Die Endungen lauten dann: -ū (Nomin.), -ī (Genit.), -ā (Akkus.). Erfolgt dagegen die Determinierung mit dem Artikel, dann bleiben die Endungen kurz. Die beiden wichtigsten Substantive dieser Gruppe sind أَب [ʒabun] „Vater", أَخ [ʒaḫun] „Bruder".

أَب [ʒabun]	ein Vater	الأَب [ʒal-ʒabu]	der Vater
أَب [ʒabin]	eines Vaters	الأَب [ʒal-ʒabi]	des Vaters
أَبا [ʒaban]	einen Vater	الأَب [ʒal-ʒaba]	den Vater

أبوك [ʒabŭ-ka]	dein Vater
أبيك [ʒabí-ka]	deines Vaters
أباك [ʒabá-ka]	deinen Vater

Ebenso: أبو صديقى [ʒábū ṣadīq-i] „der Vater meines Freundes", Genit.: أبى صديقى [ʒábī ṣadīq-ī], Akkus.: أبا صديقى [ʒábā ṣadīq-ī].

Nur mit dem Suffix der 1. Person Singular haben wir أبى [ʒab-ī]

„mein Vater", أخى [ʒaḫ-ī] „mein Bruder". أخ bedeutet neben dem leiblichen Bruder auch „Freund, Gefährte" oder einfach „Mitmensch". Die Plurale sind آباء [ʒābāʒun] „Väter" und إخوة [ʒiḫwatun] „Brüder". (Sie werden regelmäßig dekliniert.)

WORTLISTE 9

يفعل I [yafʿalu] tun, machen

يصبر I [yaṣbiru] sich gedulden, warten

حالًا [ḥālan] sofort

الآن [ʒal-ʒāna] jetzt (wörtl.: den Augenblick)

بعيد [baʿīdun] weit (entfernt)

قريب [qarībun] nah

جدًا [ǧiddan] (nach dem Adjektiv) sehr

حديث [ḥadīṯun] neuartig, modern

كثير [kaṯīrun] viel (Pl. ون)

قليل [qalīlun] wenig

Pl. أقلّاء [ʒaqillāʒu]

ثقيل [ṯaqīlun] schwer (an Gewicht), lästig

Pl. ثقال [ṯiqālun]

خفيف [ḫafīfun] leicht (an Gewicht), geringfügig

صعب [ṣaʿbun] schwierig, schwer (zu tun)

سهل [sahilun, sahlun] leicht (im Gegensatz zu „schwierig")

عريض [ʿarīḍun] breit

شارع [šāriʿun] Straße

Pl. شوارع [šawāriʿu]

زقاق [zuqāqun] Gasse

Pl. أزقّة [ʒaziqqatun]

صحن [ṣaḥnun] Teller, Schüssel

Pl. صحون [ṣuḥūnun]

نظيف [naẓīfun] sauber, rein

Pl. نظفاء [nuẓafāʒu]

جميل [ǧamīlun] schön, hübsch (Pl. ون)

ذكيّ [ḏakīyun] intelligent

Pl. أذكياء [ʒaḏkiyāʒu]

ÜBUNG 9.1

١ ‑ إذهب. أدخل. إفعل هذا. إصبر. أتركنى. إفتح الباب وادخل. إجلس هنا واكتب الرّسالة. ٢ ‑ أتركوا عملكم واذهبوا إلى البيت. إذهبوا إليه واسألوه. إقرؤوا البرقيّة. إلبسوا معاطفكم. ٣ ‑ إشربى دواءك. إذهبى إلى الدّكّان واطلبى اللّحم. إصبرى. إسألها. إخلعى معطفك واجلسى. ٤ ‑ خذ الخبز وكله. خذوا الأوراق. كلى الفواكه. كلوا الخضر. خذى الخبز وكليه. ٥ ‑ صلّحوا سيّارتى. نظّفى البدلة. كرّر سؤالك. نظّفن الغرف. علّمنى. صلّحه حالًا.

129

٦ - سافر إلى البصرة. سافرن في السّيّارة. ساعدني. ساعديه. ساعدونا. ساعدنهم. سافروا حالا. ٧ - أرسل لي رسالة. أغلقوا الأبواب. أخبرى أخاك. أرسليه لأخيك. أخبرونا. أخبره الآن. ٨ - صبّ لي قليلا من القهوة. صبّوا الماء. صبّى لأبيك الشّاى. عدّوا نقودكم. عدّ أوراقك. ٩ - زرني. زورينا. زوروه. قل لي. قولي لنا. سق السّيّارة. بيعوا الفواكه الآن. ١٠ - قف. صف لي الصّورة. صفى لهدواء. ضع الكتاب على الطّاولة. ضعى الدّفترهنا.

ÜBUNG 9.2

١ - ألمحطّة بعيدة. ألمدرسة قريبة. ألمسرح حديث. ألمعطف ثقيل جدّا. ألفستان خفيف. ٢ - ألعمل صعب جدّا. ألشّارع عريض والزّقاق ضيّق. ألصّحن نظيف. ألآنسة جميلة. ألطّالب ذكيّ جدّا. ٣ - أبوه طويل. أخوه قصير. ألطّريق إلى الفندق طويل. عملي سهل. هل الغرفة نظيفة؟ ٤ - ألطّلّاب أذكياء والطّالبات ذكيّات. هل أنتم متعبون؟ هل أخوك متعب؟ هل القاموس ثقيل؟ ٥ - ألنّقود ليست كثيرة بل هي قليلة. ألمطعم ليس بعيدا. ألمأكولات ليست طيّبة. ألأعمال ليست سهلة. ٦ - أليس أخوك متعبا؟ أليست الصّحون نظيفة؟ أليست الآنسات جميلات؟ أليس البيت كبيرا؟

ÜBUNG 9.3

١ - كلّ دولة. كلّ بيّاع. في كلّ بلد. بعد كلّ شراء. في كلّ دكّان. لكلّ ضيف. ٢ - كلّ المدينة. كلّ الحديقة. كلّ النّقود. المدرسة كلّها. ألبلد كلّه. ٣ - كلّ الصحون نظيفة. كلّ المشروبات طيّبة. كلّ الأسئلة صعبة. كلّ الصّور جميلة ٤ - هو يصرف نقوده كلّها. أنا أعرف كلّ معلّمى المدرسة. نحن نرسل له الأوراق كلّها.

130

ÜBUNG 9.4

1. Mein Haus ist nahe von hier. Ist dein Haus weit? Nein, mein Haus ist sehr nahe. 2. Benachrichtige alle deine Kollegen. Schick ihnen alle Briefe und alle Pakete. 3. Schließ (f.) die Tür und öffne alle Fenster! Setze (f.) dich auf den Stuhl und lies das Telegramm! 4. Ist das Fleisch gut? Ist das Gemüse nicht auch gut? 5. Ist dein Studium nicht schwierig? Nein, es ist sehr leicht. 6. Tu das sofort! Schreib die Antwort jetzt und sende sie ihm! 7. Schreibt eure Namen und Adressen auf das Papier und schickt es an das Ministerium! 8. Kennt jeder von euch alle Wörter? Ja, jeder von uns kennt sie. Wir verstehen die ganze Geschichte. 9. Das ist Fleisch und das ist Gemüse. Iß alles! 10. Alle Ministerialbeamten sind heute sehr müde. Auch der Minister ist müde.

ÜBUNG 9.5+

Übertragen Sie, soweit dies möglich ist, alle Singular-Sätze in Übung 9.2 in den Plural und alle Plural-Sätze in den Singular.

ABSCHNITT ZEHN

1. Abfall der Deklinationsendungen

Auf die Frage, wie in seiner Sprache die Wörter für „Buch" und „Zeitung" lauten, wird ein Araber im allgemeinen nicht mit [kitābun] und [ǧarīdatun] antworten, sondern er wird die Wörter [kitāb], [ǧarīda] angeben. Unser Gewährsmann hat damit nicht etwa Ausdrücke eines Landesdialekts gebraucht. Er ist durchaus in der Hochsprache geblieben, hat jedoch an der Endung der Wörter eine Kürzung vorgenommen, die beim mündlichen Gebrauch der Hochsprache üblich ist. Diese Reduktion, der ein Großteil der Endungen zum Opfer fällt, macht die Hochsprache erst eigentlich zu einer gesprochenen Sprache. Wir beginnen mit den Deklinationsendungen, den Fallendungen der Substantive und Adjektive. Hier stellen wir fest, daß die Endungen -un, -in, -an, -u, -i, -a unterdrückt werden, und zwar gleichgültig, ob sie an einem Singular, einem gesunden weiblichen Plural oder einem gebrochenen (triptotischen oder diptotischen) Plural stehen. Damit werden natürlich die Unterschiede zwischen Nominativ, Genitiv und Akkusativ aufgehoben. Zur Veranschaulichung bringen wir die beiden Formen mehrerer Sätze, zuerst mit den vollständigen Endungen, dann in der um die Deklinationsendungen gekürzten Form:

هذا رجل [hāḏā raǧulun]	[hāḏā raǧul]	das ist ein Mann
إسأل رجلا [ʒisʒal raǧulan]	[ʒisʒal raǧul]	frag einen Mann!
إلى رجل [ʒilā raǧulin]	[ʒilā raǧul]	zu einem Mann
بيت رجل [baytu raǧulin]	[bayt raǧul]	das Haus eines Mannes
الرّجل طويل [ʒar-raǧulu ṭawīlun]	[ʒar-raǧul ṭawil]	der Mann ist groß
كتب وجرائد [kutubun wa-ǧarāʒidu]	[kutub wa-ǧarāʒid]	Bücher und Zeitungen
طالبات [ṭālibātun]	[ṭālibāt]	Studentinnen

Die Betonung der Wörter wird von den Kürzungen nicht berührt. Sie bleibt auf dem Vokal, der vor der Kürzung betont wurde. Die Silbenbaugesetze und Betonungsregeln (s. Abschnitt 8, Punkt 7 und 8) gelten nur für Wortformen mit vollständiger Endung. Nach erfolgter Verkürzung können Wörter jetzt auch auf Langvokal und Konsonant oder auf zwei Konsonanten enden, was die Silbengesetze nicht zulassen: [ṣaġīr] „klein", [ṣaçb] „schwierig" usw.

Bei Verkürzung der Endungen behält andrerseits der Artikel den Vokal a, geht also keine Verbindung ein. Wir lassen ihm im Satzinnern jedoch keinen Hamz vorausgehen. (Genaueres unten in Punkt 3.)

بيت الصّديق [baytu_ṣ-ṣadīqi]	[bayt aṣ-ṣadīq]	das Haus des Freundes
كتب الطّالبات [kutubu_ṭ-ṭālibāti]	[kutub aṭ-ṭālibāt]	die Bücher der Studentinnen
أبواب البيوت [ʒabwābu_l-buyūti]	[ʒabwāb al-buyūt]	die Haustore

Die in arabischer Schrift durch ة repräsentierten Endungen *-atu(n)*,
-ati(n), *-ata(n)* werden alle zu *-a* gekürzt. Außer den Fallendungen
schwindet also auch der Konsonant *t*.

المَدِينَةُ بَعِيدَة [ʒal-madīnatu baçīdatun]	[ʒal-madīna baçīda]
البَرْقِيَة قَصِيرَة [ʒal-barqīyatu qaṣīratun]	[ʒal-barqīya qaṣīra]
كُلّ مَدِينَة [kullu madīnatin]	[kull madīna]
كُلّ السَّيَّارَة [kullu_s-sayyārati]	[kull as-sayyāra]

die Stadt ist weit
das Telegramm ist kurz
jede Stadt
das ganze Auto

Jedoch wird ة nicht *-a*, sondern *-at* gesprochen, wenn darauf ein Genitiv folgt. Darauf ist genau zu achten, da so die Genitiv-Verbindung
deutlich signalisiert wird:

سِيَّارَة المُدِير [sayyāratu_l-mudīri]	[sayyārat al-mudīr]
غُرْفَة النَّوْم [ġurfatu_n-nawmi]	[ġurfat an-nawm]
رِسَالة صَدِيقِى [risālatu ṣadīq-ī]	[risālat ṣadīq-ī]

das Auto des Direktors
das Schlafzimmer
der Brief meines Freundes

Eine weitere Kürzung betrifft den gesunden männlichen Plural,
dessen Endungen -ūna, -ina zu -ūn, -īn werden. (Die vor Genitiv in
-ū, -ī verwandelten Endungen werden nicht weiter verkürzt.) Hier
bleibt der Unterschied zwischen Nominativ und Genitiv/Akkusativ
somit erhalten.
Der Plural des Demonstrativpronomens هَؤُلَاء [hāʒulāʒi] wird zu
[hāʒulāʒ].

هَؤُلَاء فَلَّاحُون [hāʒulāʒi fallāḥūna]	[hāʒulāʒ fallāḥūn]
أَسْمَاء الفَلَّاحِين [ʒasmāʒu_l-fallāḥīna]	[ʒasmāʒ al-fallāḥīn]

das sind Bauern
die Namen der Bauern

Die Endung -an wird nicht unterdrückt, wenn sie den adverbiellen

Akkusativ (und nicht das Objekt eines Verbs) bezeichnet. (Vgl. Abschnitt 5, Punkt 2.) اِضًا [ʒaydan] „auch", صباحًا [ṣabāḥan] „morgens" usw. werden also nicht verkürzt.

2. Kürzungen an Verbformen

Während beim Imperativ des Verbs keine Kürzung möglich ist, werden die kurzen Endvokale -u, -a an den Formen des Präsens (außer bei den beiden femininen Pluralformen) meist unterdrückt. Die Abwandlung von يكتب in der üblichen Reihenfolge der Formen lautet dann:

Singular: yaktub(u), taktub(u), taktub(u), taktubīn, ʒaktub(u).
Plural: yaktubūn, yaktubna, taktubūn, taktubna, naktub(u).

Die Endungen -ūna, -īna werden durchwegs (bei allen Verbtypen) zu -ūn, -īn verkürzt. Dagegen haben wir die Endung -u oben eingeklammert, weil sie ebenso oft beibehalten wie unterdrückt wird. Demgemäß (und noch aus anderen Gründen, die später klar werden) behalten wir im weiteren in unserer Umschrift die längeren Formen mit Endung -u. (In Konjugationstabellen führen wir in den folgenden Abschnitten auch die Wegkürzung von -a nicht durch und geben dort die vollen Formen auf -ūna, -īna.)

3. Verbindungsvokale

Verbindungsvokalen sind wir bisher beim Artikel, beim Imperativ des Grundstammes und bei einigen besonderen Substantiven begegnet. Grundsätzlich sind sie beim Sprechen unbequem. Durch ihren Schwund im Satzinnern werden die betroffenen Wörter zu Riesenwörtern zusammengeleimt, die beim Sprechen eine ununterbrochene Einheit bilden. Um dem zu entgehen, werden gleichzeitig mit dem Wegfall der Endungen die Verbindungsvokale zu „Vollvokalen" gemacht, d.h. sie bleiben jetzt auch im Satzinnern erhalten. In unserer Umschrift setzen wir vor solche „ehemalige Verbindungsvokale" kein ʒ, einerseits, um an das Vorliegen eines Verbindungsvokals zu erinnern, andrerseits, um den Grundsatz, daß jedem Hamza-Zeichen in arabischer Schrift ein ʒ in Umschrift entspricht, nicht aufzugeben.

Natürlich erhalten jetzt, da die Verbindung aufgegeben wird, Wörter, die auf einen Konsonanten enden, auch keinen Hilfsvokal mehr angefügt.

من الرّجل؟ [mani_r-raǧulu]   [man ar-raǧul]

لست الآنسة ألمانيّة [laysati_l-ʒānisatu   [laysat al-ʒānisa
ʒalmānīyatan]   ʒalmānīya]

أنتم الجنود [ʒantumu_l-ǧunūdu]   [ʒantum al-ǧunūd]

ما اسم السّيّد؟ [ma_smu_s-sayyid]   [mā ism as-sayyid]

         wer ist der Mann?
         das Fräulein ist keine Deutsche
         ihr seid die Soldaten
         wie heißt der Herr?

Hiebei gilt jedoch eine wichtige Einschränkung. Liegt eine enge Sinneinheit vor, dann wird die Verbindung beibehalten. Dies gilt inbesondere für die Verbindung von Präpositionen und manchen Konjunktionen (Bindewörtern) mit dem Artikel des folgenden Substantivs:

فى البيت [fi_l-bayti]   [fi_l-bayt]

إلى السّوق [ʒila_s-sūqi]   [ʒila_s-sūq]

للمعلّم [li_l-muçallimi]   [li_l-muçallim]

بالمفتاح [bi_l-miftāḥi]   [bi_l-miftāḥ]

على الطّاولة [çala_ṭ-ṭāwulati]   [çala_ṭ-ṭāwula]

مع الأب [maça_l-ʒabi]   [maça_l-ʒab]

والمدينة [wa_l-madīnatu]   [wa_l-madīna]

         in dem Haus, zu Hause
         auf den Markt
         für den Lehrer
         mit dem Schlüssel
         auf dem Tisch
         mit dem Vater
         . . . und die Stadt

Beim Imperativ des Grundstamms schwankt der Gebrauch. Man hört für واكتب „. . . und schreib!" ebenso [wa_ktub] wie [wa_uktub]. Wir werden die erste Form (mit Beibehaltung der Verbindung) beim Imperativ vorziehen.

4. Anfügen von Personalsuffixen

Wird an ein Substantiv ein Suffix angefügt, dann rückt die Fallendung ins Wortinnere. Hier wird sie in sorgfältiger Aussprache nicht unterdrückt. In schneller, weniger aufmerksamer Sprechweise entfallen jedoch auch hier vor Suffix die Endungen. Dabei werden zwei der Suffixe selbst verändert: *-ka, -ki* werden zu *-ak, -ik*. Wir geben die Reihe der Suffixe am Substantiv كتاب in der gewohnten Reihenfolge: kitāb-ī, kitāb-ak, kitāb-ik, kitāb-hu, kitāb-hā.

kitāb-nā, kitāb-kum, kitāb-kunna, kitāb-hum, kitāb-hunna.

Diese Formen sind in allen drei Fällen gleichlautend. Ebenso haben wir: ǧarīdat-ī, ǧarīdat-ak, ǧarīdat-ik, ǧarīdat-hu usw.

Mit der Unterdrückung der Endungen auch vor Suffixen verlassen wir allerdings den Bereich der Hochsprache, weshalb wir im weiteren diese Kürzung auch nicht durchführen werden. Beim Sprechenlernen bedeutet das keine große Belastung, da ja Formen mit Suffixen viel seltener vorkommen als suffixlose Formen. Überdies wird so auch das Gefühl für die drei verschiedenen Fälle, das unabdingbar vonnöten ist, wachgehalten.

Auch Verbformen, die Suffixe tragen, werden nicht gekürzt: wir haben [yasʒalūn] „sie fragen", aber [yasʒalūna-ka] „sie fragen dich".

5. Beispiele zu den Kürzungen

Zur Veranschaulichung der oben angegebenen Kürzungen lassen wir nun einige Sätze aus Übungen folgen. Die hier eingeklammerten Endungen können beibehalten oder unterdrückt werden. (Sie werden von uns weiterhin beibehalten und in den folgenden Abschnitten in Umschrift nicht mehr eingeklammert.)

Übung 8.2, Satz 2–8:

2: ʒanā ʒanām(u) fi_s-sarīr. hal tanām(u) baçda_z-zuhr? naçam. ʒanām(u) sāça(tan). ʒal-bayyāçūn yabīçūn al-laḥm wa_l-ḫuḍar wa_l-fawākih.

3: ʒal-qiṭār yasīr(u) ḫilāla_l-balad. ʒaṣdiqāʒ-ī yaçīšūn fi_l-baṣra. ʒan-nisāʒ lā yaçišna hunā.

4: ʒanā ʒadḫul(u) ad-dukkān wa-ʒaṭlub(u) al-laḥm. wa-baçda_š-
   šīrāʒ ʒaḫruǧ(u) min ad-dukkān wa-ʒadhab(u) ʒila_l-bayt.
5: ʒanā ʒaqūl(u) li-ṣadīq-ī: hal tufaḍḍil(u) ar-riḥla fi_s-sayyāra
   ʒila_l-baḥr çalā ziyārat çammi-ka?
6: ʒal-yawm ʒazūr(u) ḫāl-ī. huwa yaçīš(u) maça zawǧati-hī fī mīdān
   al-ǧumhūrīya fī wasaṭ al-madīna.
7: ʒadhab(u) ʒila_l-maḥaṭṭa wa-ʒaqṭaçu taḏkirat as-safar. ṭumma
   ʒaǧlisu fī çaraba min çarabāt qiṭār al-qāhira.
8: ʒamām(a) bāb al-ǧāmiç naḫlaç(u) ʒaḫḏiyata-nā wa-natruku-hā
   çinda_l-bawwāb. ʒanā ʒaḫlaç(u) ḥiḏāʒ-ī ṭumma ʒadḫul(u) ʒila_l-
   ǧāmiç.

Übung 9.3, Satz 1–3:

1: kull dawla. kull bayyāç. fī kull balad. baçd(a) kull šīrāʒ. fī kull
   dukkān. li-kull ḍayf.
2: kull al-madīna. kull al-ḥadīqa. kull an-nuqūd. ʒal-madrasa kullu-
   hā. ʒal-balad kullu-hū.
3: kull aṣ-ṣuḥūn naẓīfa. kull al-mašrūbāt ṭayyiba. kull al-ʒasʒila
   ṣaçba. kull aṣ-ṣuwar ǧamīla.

6. Zum Gebrauch der gekürzten Formen

Was wir bisher über die Unterdrückung grammatischer Endungen
gesagt haben, ist keinesfalls als bindende Regel zu werten. Es sind
vielmehr Sprechgewohnheiten, mit denen die Araber sich das allzu
hohe Anforderungen stellende System ihrer Grammatik erleichtert
haben. (Es ist eine Tatsache, daß – auch unter den Absolventen höherer
Schulen – nur wenige Araber imstande sind, längere Zeit in der Hochsprache mit ihren vollständigen Endungen frei zu sprechen, ohne
grobe Fehler gegen die Grammatik zu begehen.) Diese Sprechgewohnheiten sind durchaus nicht einheitlich. Wie weitgehend und konsequent ein bestimmter Sprecher die Endungen in einem bestimmten
Text unterdrückt, hängt von manchem ab: von der Art des Textes
(ein Gedicht wird anders gelesen als ein Zeitungsinserat), von der
Sorgfältigkeit, Aufmerksamkeit und Sprechgeschwindigkeit des Spre-
chers bzw. Lesers, schließlich von dessen Bildungsstand. Die oben

angegebenen Regeln stellen in gewissem Sinne ein Kompromiß dar, das sich jedoch dringend empfiehlt, wenn man die arabische Hochsprache sprechen lernen will.

Im folgenden werden wir die Endungen, die unterdrückt werden können, kurz als *klassische Endungen* bezeichnen. Ein in arabischer Schrift geschriebener Text läßt stets die Lesung mit wie ohne die klassischen Endungen zu. Die Kürzungen betreffen ja hauptsächlich kurze Endvokale, die schriftlich unbezeichnet bleiben. Aber auch dort, wo die Unterdrückung einer Endung das Schriftbild verändern sollte, muß der Schreibung stets die Form mit der vollen klassischen Endung zugrundegelegt werden. So wird etwa der Buchstabe ӡalif als Repräsentant der Endung *-an* stets geschrieben, obwohl diese Endung selbst unterdrückt werden kann. Damit bewahrt das arabische Schriftbild auch den Unterschied zwischen triptotischen und diptotischen Pluralen, den die Kürzung der Endungen verwischt: آخذ كتبا ودفاتر [ӡāḫuḏu kutuban wa-dafātira] bzw. [ӡāḫuḏu kutub wa-dafātir] ich nehme Bücher und Hefte.

Einem möglichen Irrtum soll vorgebeugt werden: die Unterdrückung klassischer Endungen ist selbstverständlich nie verpflichtendes Erfordernis, sondern nur eine freigestellte Möglichkeit. Im weiteren werden wir den Mittelweg gehen, auf dem wir die noch ausständigen Endungen ausführlich besprechen, die alle – das muß ganz besonders betont werden – genau zu kennen sind, will man in die Schriftsprache bis zu ihrer mündlichen wie schriftlichen Beherrschung eindringen, gleichzeitig aber angeben, ob und wie diese Endungen üblicherweise reduziert werden. Diese Verkürzungen übernehmen wir dann in unsere Umschrift.

Anmerkungen:

1. Manche neuere Lehnwörter erhalten kaum je die klassischen Endungen: شيكولاتة [šikūlāta] „Schokolade", أوتوبيس [ӡūtūbīs] „Autobus", تليفون [tilīfūn] „Telephon", nicht: [šikūlātatun], [ӡūtūbīsun], [tilīfūnun]. Anfügen der klassischen Endungen würde hier lächerlich empfunden.

2. In Handschrift (nie im Druck) läßt man die beiden Punkte von ة oft fort, wenn ohne klassische Endung in der Aussprache *-a*, nicht aber wenn dort *-at* entspricht.

3. Sehr verbreitet wird bei Fortfall der klassischen Endungen auch die Endung -iy zu -i verkürzt, wobei sich die Betonung verlagern muß: [míṣrī] statt [miṣríy] „Ägypter, ägyptisch", [ʒalmánī] statt [ʒalmāníy] „Deutscher, deutsch". In der femininen Form bleibt y jedoch jedenfalls erhalten: [miṣríya], [ʒalmāníya].

7. Vergangenheitsform der Verben

Um die Vergangenheit eines arabischen Verbs zu bilden, gehen wir vom Präsensstamm aus: z.B. *ktub* von [yaktubu]. Durch Änderung der Vokale wird daraus der *Perfektstamm katab,* der also kurzes *a* nach dem ersten und zweiten Radikal enthält. *(Perfekt* ist der grammatische Fachausdruck für die Vergangenheit des arabischen Verbs.) An diesen Perfektstamm treten nun bestimmte Endungen, nicht auch Präfixe wie im Präsens. Die Endungen sind uns schon lange bekannt, es sind die in der Konjugation von ليس „nicht sein" vorkommenden. (Das Verb ليس hat also Perfektendungen, jedoch Gegenwartsbedeutung.)

KONJUGATION DES PERFEKTS

Singular	Plural
كَتَبَ [kátaba] er schrieb	كَتَبوا [kátabū] sie (m.) schrieben
كَتَبَتْ [kátabat] sie schrieb	كَتَبْنَ [kátabna] sie (f.) schrieben
كَتَبْتَ [katábta] du (m.) schriebst	كَتَبْتُمْ [katábtum] ihr (m.) schriebt
كَتَبْتِ [katábti] du (f.) schriebst	كَتَبْتُنَّ [katabtúnna] ihr (f.) schriebt
كَتَبْتُ [katábtu] ich schrieb	كَتَبْنا [katábnā] wir schrieben

Die arabischen Perfektformen haben wir oben der Kürze halber nur mit dem deutschen Imperfekt übersetzt. Sie können aber ebenso gut auch dem deutschen Perfekt entsprechen: „er hat geschrieben" usw. Wir werden bald so, bald so übersetzen. Die Singularformen mit Ausnahme der ersten fallen in arabischer Schrift zusammen. In zusammenhängenden Texten stört das nie, in Einzelsätzen der Übungen werden wir Vokalzeichen benutzen, um eine bestimmte Form festzulegen: كَتَبْتُ ,كَتَبْتِ ,كَتَبْتَ ,كَتَبَتْ, Achten Sie genau auf die Betonung der Perfektformen! Überprüfen Sie durch Silbenzerlegung die Gültigkeit des klassischen Betonungsgesetzes von Abschnitt 8, Punkt 8. In der angegebenen Weise können wir nun das Perfekt zu allen Verben des Grundstamms mit u oder i als Präsensvokal bilden. Dazu einige Beispiele:

يدرس [yadrusu]	er lernt:		درس [darasa]	er lernte
يأكل [yaʒkulu]	er ißt:		أكل [ʒakala]	er aß
يحمل [yaḥmilu]	er trägt:		حمل [ḥamala]	er trug
يجلب [yaġlibu]	er bringt:		جلب [ġalaba]	er brachte

Auch viele der Verben mit Präsensvokal *a* bilden so ihr Perfekt:

يسأل [yasʒalu]	er fragt:		سأل [saʒala]	er fragte
يقرأ [yaqraʒu]	er liest:		قرأ [qaraʒa]	er las

Jedoch finden wir auch zahlreiche Verben mit Präsensvokal *a*, deren Perfektstamm nicht zweimal *a*, sondern die Vokalfolge *a–i* enthält:

يشرب [yašrabu]	er trinkt:		شرب [šariba]	er trank
يفهم [yafhamu]	er versteht:		فهم [fahima]	er verstand

(Die weitere Konjugation von فهم, شرب folgt genau der von كتب.)
Ob ein bestimmtes Verb mit Präsensvokal *a* im Perfekt die Folge *a–a* oder *a–i* aufweist, läßt sich dem Präsens nicht ansehen. Der „Perfektvokal" (*a* oder *i*) muß bei diesen Verben besonders hinzugelernt werden. Von den uns bisher bekannten Verben mit Präsensvokal *a* haben die folgenden im Perfekt *i*: ضحك [daḥika] „er lachte", رغب [raġiba] „er wünschte", لبس [labisa] „er zog an, er hatte an", فرح [fariḥa] „er freute sich", ركب [rakiba] „er ritt'. Die übrigen haben im Perfekt *a*. Bei neuen Verben mit Präsensvokal *a* werden wir den Perfektvokal stets besonders angeben.
Häufig werden vor Perfektformen die Wörter قد [qad] oder لقد [laqad] gesetzt, um die Abgeschlossenheit der Handlung zu unterstreichen. Im Deutschen können wir قد und لقد manchmal mit „schon, bereits" übersetzen, häufiger lassen wir es unübersetzt: قد كتب [qad kataba] „er hat (schon) geschrieben".
Verben mit ʒ als drittem Radikal haben im Perfekt durchwegs ʒalif als Hamza-Träger. Nur in der 3. Person mask. Pl. kann auch *wāw* als Träger stehen: قرؤوا oder قرأوا [qaraʒū] „sie haben gelesen".

Die Verneinung der Perfektformen kann mit der Negation ﺎﻣ [mā] erfolgen: ﺐﺘﻛ ﺎﻣ [mā kataba] „er hat nicht geschrieben". Dies ist in moderner Schriftsprache jedoch wenig üblich. Wie das Perfekt zumeist verneint wird, werden wir erst später besprechen. Die Negation ﺎﻣ „nicht" ist nicht mit dem Fragewort ﺎﻣ „was?" zu verwechseln. Um Irrtümer zu vermeiden, gebraucht man vor Verbformen für „was?" lieber die längere Form ﺍﺫﺎﻣ [mā**ḏ**ā] „was?".

Kürzungen an Perfektformen sind in der Hochsprache nicht üblich. Zuweilen werden jedoch im Singular die Endvokale -*a*, -*u* unterdrückt: [kataba] → [katab], [katabta], [katabtu] → [katabt]. Diese Kürzungen übernehmen wir jedoch nicht. (Die feminine Form [katabti] wird übrigens niemals gekürzt.)

8. Suffixe an Perfektformen

Bei der Anfügung der Suffixe an Perfektformen ist das Folgende zu beachten:

a) Da Verbform und Suffix ein einziges Wort bilden, müssen die Perfektendungen -*at*, -*ū*, -*nā* betont werden, wenn ein Suffix antritt:

ﺖﻟﺄﺳ [sá**ʒ**alat] sie fragte, aber: ﻲﻨﺘﻟﺄﺳ [sa**ʒ**alát-nī] sie fragte mich

ﺍﻮﻟﺄﺳ [sá**ʒ**alū] sie fragten, aber: ﻚﻟﻮﻟﺄﺳ [sa**ʒ**alú-ka] sie fragten dich

ﺎﻨﻟﺄﺳ [sa**ʒ**álnā] wir fragten, aber   ﻩﺎﻨﻟﺄﺳ [sa**ʒ**alná-hu] wir fragten ihn

b) Die Endung der 2. Person mask. Pl. -*tum* wird vor Suffix zu -*tumú*-erweitert:

ﻢﺘﻟﺄﺳ [sa**ʒ**áltum] „ihr fragtet", aber: ﺎﻫﻮﻤﺘﻟﺄﺳ [sa**ʒ**altumú-hā] „ihr fragtet sie"

c) Der Buchstabe **ʒ**alif in der Endung ﺍﻮ entfällt vor Suffix, wie das zweite Beispiel unter a) schon zeigte. Dies kennen wir schon vom Imperativ her:

ﺍﻮﻟﺄﺳﺇ [**ʒ**ís**ʒ**alū] „fragt!", aber: ﻩﻮﻟﺄﺳﺇ [**ʒ**is**ʒ**alú-hu] „fragt ihn!"

Es ist dies eine allgemein gültige Regel: Tritt die Endung -*ū* beim *Plural* einer *Verbform* auf, dann tritt in arabischer Schrift ein **ʒ**alif hinter das wāw, das vor Suffix aber wieder entfällt. (Dies gilt nicht auch bei Substantiven!) Im weiteren werden wir auf diese Schreibregel nicht mehr besonders hinweisen.

WORTLISTE 10 entfällt

ÜBUNG 10.1 +

Gehen Sie die Wortlisten 1–9 durch und streichen Sie die klassische
Endung aller Substantive und Adjektive. Nutzen Sie diese Übung
zu einer gründlichen Wiederholung aller Vokabeln.

ÜBUNG 10.2 +

Wiederholen Sie möglichst viele der vorhergehenden Übungen und
unterdrücken Sie dabei die klassischen Endungen.

ÜBUNG 10.3

١ – شرحَ. كتبَ. خرجَ. أخذَ. حضرَ. طلبَ. جلسَ. ذهبَ. لبسَ. ٢ – جلستُ.
أكلتُ. قرأتُ. جلبتُ. ضحكتُ. شربتُ. طلبتُ. سمعتُ. ٣ – ذهبوا. خرجوا.
أكلوا. سمعوا. حضروا. طلبوا. فرحوا. حملوا. ٤ – فتحتِ. أخذتِ
دخلتِ. ذهبتِ. خرجتِ. طلبتِ. شربتِ. فهمتِ. بدأتِ. ٥ – جلستم. صرفتم.
جلبتم. شربتنّ. قرأتم. شرحتنّ. كذبتم. فهمتنّ. ٦ – ذهبتُ حملنا. دخلتُ
قرأنا. طلبتُ جلسنا. أكلتُ. شربنا. شربين. خرجن.

ABSCHNITT ELF

1. Perfekt des Grundstamms (Fortsetzung)

a) ASSIMILIERTE VERBEN

Zu يجد [yaǧidu] „er findet" lautet das Perfekt وجد [waǧada] „er fand".
Die assimilierten Verben werden im Perfekt also den dreiradikaligen
Verben im Grundstamm angeglichen, indem als erster Radikal w
eingeführt wird. Weitere Beispiele sind: وصف [waṣafa] „er beschrieb,
verschrieb" von يصف [yaṣifu], وصل [waṣala] „er kam an" von يصل
[yaṣilu], وقف [waqafa] „er blieb stehen" von يقف [yaqifu], وضع [waḍaʿa]
„er legte, stellte" von يضع [yaḍaʿu]. Die weitere Abwandlung folgt
genau der von كتب.

142

Für das Folgende ist es nützlich, zwei neue Bezeichnungen einzuführen. Wir nennen eine Verbform *vokalisch*, wenn die Endung des Verbs bei dieser Form mit einem Vokal beginnt oder nur aus einem Vokal besteht. Wir nennen eine Verbform *konsonantisch*, wenn die Verbendung mit einem Konsonanten beginnt, oder auch, wenn die Verbform keine Endung hat. Mit dieser Begriffsbestimmung sind die Formen des Präsens alle vokalisch (Endungen: *-u, -ūna, -īna*) mit Ausnahme der beiden femininen Pluralformen (Endung: *-na*). Beim Imperativ sind zwei der Formen vokalisch (Endungen: *-ī, -ū*), zwei konsonantisch (Endungen: keine, *-na*). Beim Perfekt sind alle Formen der zweiten und ersten Person und die 3. Person fem. Pl. konsonantisch (Endungen: *-ta, -ti, -tu, -na, -tum, -tunna, -nā*), die restlichen Formen der 3. Person vokalisch (Endungen: *-a, -at, -ū*). Machen Sie sich diese neuen Begriffe genau klar, denn wir werden die Charakterisierung von Verbformen als vokalisch bzw. konsonantisch noch viele Male zur Formulierung von Gesetzmäßigkeiten beim Verb heranziehen.

b) KONKAVE VERBEN

Hier müssen wir im Perfekt für vokalische und konsonantische Formen je einen besonderen Stamm unterscheiden. Erstere Formen haben bei allen konkaven Verben einen Perfektstamm mit langem *ā*: عاش [çāša] „er lebte" von يعيش [yaçīšu], قال [qāla] „er sagte" von يقول [yaqūlu], نام [nāma] „er schlief" von ينام [yanāmu]. Dagegen finden wir in den konsonantischen Formen einen Stamm mit kurzem *u*, wenn das Präsens langes *ū* hat, und einen Stamm mit kurzem *i*, wenn das Präsens langes *ī* oder langes *ā* enthält: قلت [qultu] „ich sagte", عشت [çištu] „ich lebte", نمت [nimtu] „ich schlief". Wir geben die vollständige Konjugation von قال und عاش:

قال [qāla]	قالوا [qālū]	عاش [çāša]	عاشرا [çāšū]
قالت [qālat]	قلن [qulna]	عاشت [çāšat]	عشن [çišna]
قلت [qulta]	قلتم [qultum]	عشت [çišta]	عشتم [çištum]
قلت [qulti]	قلتن [qultunna]	عشت [çišti]	عشتن [çištunna]
قلت [qultu]	قلنا [qulnā]	عشت [çištu]	عشنا [çišnā]

Die durchbrochene Linie trennt vokalische und konsonantische Formen.

c) GEMINIERTE VERBEN

Auch hier finden wir zwei Perfektstämme. Von سـَـُـ [yasurru] „erfreuen" haben wir سـَّـ [sarra] und سررت [sarartu]. In den konsonantischen Formen wird zwischen die beiden gleichen Radikale ein kurzes *a* eingeschoben.

سـَّـ [sarra]	سـَّـوا [sarrū]
سـَّـت [sarrat]	سـررن [sararna]
سررت [sararta]	سررتم [sarartum]
سررت [sararti]	سررتن [sarartunna]
سررت [sarartu]	سررنا [sararnā]

2. Perfekt der abgeleiteten Stämme

Im zweiten und dritten Stamm finden wir den Perfektstamm, indem wir das kurze *i* vor dem dritten Radikal durch kurzes *a* ersetzen: صلّح [ṣallaḥa] „er reparierte" von صلّح [yuṣalliḥu], سافر [sāfara] „er reiste" von يسافر [yusāfiru]. Im vierten Stamm wird ebenfalls *i* in *a* verwandelt, außerdem – wie im Imperativ – das Präfix ža- vorgesetzt: أرسل [ǯarsala] „er schickte" von يرسل [yursilu]. Die weitere Konjugation folgt genau der von كَتَبَ, sie bleibt Ihnen als Übung durchzuführen.

Noch einige Beispiele: علّم [çallama] „er lehrte" von يعلّم [yuçallimu], نظّف [naẓẓafa] „er reinigte" von ينظّف [yunaẓẓifu], ساعد [sāçada] „er half" von يساعد [yusāçidu], قابل [qābala] „er traf" von يقابل [yuqābilu], أغلق [ǯaġlaqa] „er schloß" von يغلق [yuġliqu], أعجب [ǯaçǧaba] „er gefiel" von يعجب [yuçǧibu].

Anmerkung: Der Konsonant d als letzter Radikal eines Verbs wird in der Aussprache dem folgenden t einer Perfektendung angeglichen. Die arabische Schrift behält jedoch den Buchstaben *dāl*. Auch in unserer Umschrift schreiben wir weiter *d*, da diese Angleichung sich nach unserer Sprechgewohnheit von

144

selbst ergibt: ساعدت [sāʿadtu] „ich half", وجدت [waǧadtu] „ich fand", sprich: [sāʿattu], [waǧattu]. In arabischer Schrift kann hier auch das Verdoppelungszeichen gesetzt werden: وجدتّ ساعدتّ.

3. Attributive Adjektive

Attributive Adjektive stehen im Arabischen stets nach dem Substantiv, das sie beschreiben:

بيت كبير [bayt kabīr]   ein großes Haus
مدينة كبيرة [madīna kabīra]   eine große Stadt
ألبيت الكبير [ʒal-bayt al-kabīr]   das große Haus
ألمدينة الكبيرة [ʒal-madīna al-kabīra]   die große Stadt

Wir sehen, daß das attributive Adjektiv (wie das prädikative Adjektiv) mit dem Substantiv im Geschlecht übereinstimmt: es erhält die Endung ة, wenn das Substantiv feminin ist. Darüber hinaus stimmt es mit dem Substantiv auch im „Bestimmtheitsgrad" überein: es muß den Artikel erhalten, wenn das Substantiv determiniert ist. Auch wenn das Substantiv durch ein Possessivsuffix determiniert ist, erhält das folgende attributive Adjektiv den Artikel:

بيتى الكبير [bayt-ī al-kabīr] mein großes Haus,
مدينتنا الكبيرة [madīnatu-nā al-kabīra] unsere große Stadt

Steht das Substantiv im Plural, dann gelten für das attributive Adjektiv genau die gleichen Kongruenzregeln wie für das prädikative Adjektiv, die wir in Abschnitt 9, Punkt 5, angegeben haben:

رجال كبار [riǧāl kibār]   alte Männer
بيوت كبيرة [buyūt kabīra]   große Häuser
ألرّجال الكبار [ʒar-riǧāl al-kibār]   die alten Männer
ألبيوت الكبيرة [ʒal-buyūt al-kabīra]   die großen Häuser

Weitere Beispiele zum Gebrauch attributiver Adjektive:

طفل صغير [ṭifl ṣaġīr]   ein kleines Kind
ألطّفل الصّغير [ʒaṭ-ṭifl aṣ-ṣaġīr]   das kleine Kind,
أطفال صغار [ʒaṭfāl ṣiġār]   kleine Kinder,
ألأطفال الصّغار [ʒal-ʒaṭfāl aṣ-ṣiġār]   die kleinen Kinder,

145

كِتَاب جَدِيد [kitāb ǧadīd]   ein neues Buch,

كِتَابِي الجَدِيد [kitāb-ī al-ǧadīd]   mein neues Buch,

كُتُب جَدِيدة [kutub ǧadīda]   neue Bücher,

كُتُبنا الجَدِيدة [kutubu-nā al-ǧadīda]   unsere neuen Bücher.

Das attributive Adjektiv stimmt schließlich mit dem Substantiv auch im Fall überein. Läßt man (wie bei den obigen Beispielen) die klassischen Endungen fort, dann wirkt sich dies freilich nur beim gesunden männlichen Plural und (in arabischer Schrift) beim indeterminierten Akkusativ aus:

عُمَّال مُتعبون [ҁummāl mutҁabūn]   müde Arbeiter

لعُمَّال مُتعبين [li-ҁummāl mutҁabīn]   für müde Arbeiter

إسْأَل رجلا ذكِّيا [ʒisʒal raǧul dakīy]   frag einen klugen Mann!

Um die Übereinstimmung im Fall zu zeigen, geben wir aber noch einige Beispiele mit Beibehaltung der klassischen Endungen:

كِتَاب جَدِيد [kitābun ǧadīdun] ein neues Buch, فِي كِتَاب جَدِيد [fī kitābin ǧadīdin] in einem neuen Buch, يَقْرَأُ كِتَابا جَدِيدا [yaqraʒu kitāban ǧadīdan] er liest ein neues Buch

إِلَى المَدِينة الكبِيرة [ʒal-madīnatu_l-kabīratu] die große Stadt, الدِينة الكبِيرة [ʒila_l-madīnati_l-kabīrati] in die große Stadt, يَعرِف المَدِينة الكبِيرة [yaҁrifu_l-madīnata_l-kabīrata] er kennt die große Stadt.

4. Attributive Adjektive bei einer Genitiv-Verbindung

Hier haben wir drei mögliche Fälle zu unterscheiden.

a) *Nur das Nomen rectum* wird durch ein Adjektiv beschrieben:

وزراء الحكومة الجديدة [wuzarāʒ al-ḥukūma al-ǧadīda] die Minister der
neuen Regierung

سعر سيَّارة جديدة [siҁr sayyāra ǧadīda]   der Preis eines
neuen Autos

b) *Nur das Nomen regens* wird durch ein Adjektiv beschrieben:
Hier ist der Grundsatz zu berücksichtigen, daß eine Genitiv-Verbindung keinen Einschub eines beliebigen Wortes zwischen ihre

146

beiden Teile gestattet. Das Adjektiv, das sich auf das Nomen regens bezieht, darf also nicht unmittelbar nach diesem, sondern erst nach dem Nomen rectum folgen.

رحلة صديقى الطّويلة [riḥlat ṣadīq-ī aṭ-ṭawīla] die lange Reise meines Freundes

سيّارة الزّميل الجديدة [sayyārat az-zamīl al-ğadīda] das neue Auto des Kollegen

بيت رجل جديد [bayt rağul ğadid] das neue Haus eines Mannes

Das Adjektiv steht hier mit bzw. ohne Artikel, je nachdem ob das Nomen rectum determiniert bzw. indeterminiert ist (vgl. S. 107).

c) *Nomen regens und Nomen rectum* werden durch ein Adjektiv beschrieben: Der Ausdruck wird dann klammerartig so aufgebaut, daß Nomen rectum, gefolgt von seinem Adjektiv, zwischen Nomen regens und dessen Adjektiv eingeschoben wird.

أسئلة الطّالب الجديد الكثيرة [ʒasʒilat aṭ-ṭālib al-ğadīd al-katīra] die vielen Fragen des neuen Studenten (Eine wörtliche Übersetzung ist: „die Fragen des Studenten, des neuen, die vielen")

نقود الرّجل الكبير الكثيرة [nuqūd ar-rağul al-kabīr al-katīra] „das viele Geld des alten Mannes"

Die Stellung des Adjektivs bzw. der Adjektive nach der Genitiv-Verbindung kann natürlich zu Mehrdeutigkeiten führen, wenn die Form oder die Bedeutung des Adjektivs nicht eindeutig festlegen, zu welchem der beiden Substantive es gehören muß. Diese Mehrdeutigkeit besteht in arabischer Schrift (ohne Vokalzeichen) und mündlich, wenn die klassischen Endungen fortgelassen werden. Betrachten wir den Satz:

يوت المدينة القديمة الجميلة [buyūt al-madīna al-qadīma al-ğamīla]

Dies kann aufgefaßt werden als:

„die Häuser der schönen, alten Stadt", [buyūtu_l-madīnati_l-qadīmati_l-ğamīlati],

147

oder als:

„die schönen, alten Häuser der Stadt", [buyūtu_l-madīnati_l-qadī-matu_l-ǧamīlatu],

oder als:

„die schönen Häuser der alten Stadt", [buyūtu_l-madīnati_l-qadī-mati_l-ǧamīlatu].

Solche extreme Fälle sind jedoch sehr selten. Zumeist läßt der arabische Ausdruck nur *eine* Übersetzung zu, wie es bei den übrigen Beispielen dieses Punktes der Fall ist. Beim Übersetzen aus dem Arabischen ist aber jedenfalls Vorsicht geboten!

Beim Übersetzen ins Arabische kann man stets Eindeutigkeit erreichen, indem man eine Genitiv-Verbindung vermeidet und den „Besitzer" mittels der Präposition ل einführt. Bei unserem letzten Satz oben läßt sich z.B. die dritte Bedeutung eindeutig festlegen, wenn man so formuliert:

اَلبيوت الجميلة للمدينة القديمة [ʒal-buyūt al-ǧamīla li_l-madīna al-qadīma].

Anmerkung: Bei Fortlassen der klassischen Endungen wird ة oft auch dann -at (statt -a) gesprochen, wenn ein attributives Adjektiv folgt. „die neue Zeitung" wird neben [ʒal-ǧarīda al-ǧadīda] auch: [ʒal-ǧarīdat al-ǧadīda] gesprochen.

5. Der Gottesname

Das arabische Wort für „ein Gott (unter mehreren)" ist إلَه [ʒilāh], auch defektiv إله geschrieben. Pl. آلِهة [ʒāliha] „Götter". Dazu إلَهة [ʒilāha] „Göttin", Pl. ات. Durch Vorsetzen des Artikels und Zusammenziehung entsteht aus إلَه das Wort اَللّه [ʒallāh, aus ʒal-ʒilāh] der Bedeutung „der Eine Gott". Der verdoppelte l-Laut wird in diesem Wort ausnahmsweise „dunkel" oder „verdickt" ausgesprochen. Dies wird durch die Punktierung angedeutet. Der Anlaut von اَللّه ist Verbindungsvokal, ʒal- ist ja der Artikel. Häufig wird bei diesem Wort ein senkrechtes Fatḥa-Zeichen gebraucht, um an die Länge des ā zu erinnern, und die klassische Endung -u wird nicht selten beibehalten:

اَللّهُ [ʒallāhu] der Eine Gott

Mit dem Gottesnamen werden mehrere vielgebrauchte Ausdrücke gebildet. Die in Umschrift eingeklammerten Fallendungen werden meist unterdrückt, die übrigen Endungen nicht.

أَلْحَمدُ لِلَّه [ʒal-ḥamdu li_llāh(i)] „Gott sei Dank" (wörtl.: „das Lob für Gott!") Beachten Sie die Schreibung لِلَّه. Nach i-Vokal wird -ll- nicht mehr dunkel gesprochen.

لِحَمدِ اللَّه [li-ḥamdi_llāh(i)] „Gott zum Lob!" (wörtl.: „für das Lob Gottes!")

وَاللَّه [wa_llāh(i)] „bei Gott!"

Das Wort وَ hat neben „und" auch die Bedeutung einer Schwurpartikel „bei" und verlangt dann nach sich einen Genitiv.

بِسمِ اللَّه الرَّحمن [bi_smi_llāhi_r-raḥmāni_r-raḥīm(i)] im Namen Gottes, des Erbarmers, des Barmherzigen
الرَّحيم

Darin ist أَرْحمن ein defektiv geschriebener Beiname Gottes, während das Adjektiv رحيم „barmherzig", Pl. رحماء [ruḥamāʒ], auch auf Menschen anwendbar ist. Der Ausdruck steht am Beginn aller Suren (Abschnitte) des Koran und wird häufig als Überschrift von Briefen, Dokumenten u.ä. gebraucht. Beachten Sie den Schwund des ʒalif von اسم, der nur bei diesem Ausdruck auftritt.

إِن شاء اللَّه [ʒin šāʒa_llāh(u)] „wenn Gott will, hoffentlich" (Hierin ist شاء eine Perfektform in Präsensbedeutung.)

ما شاء الله [mā šāʒa_llāh(u)] „was Gott will!"

Wird in vielen Bedeutungen verwendet, meist als Ausdruck der Verwunderung, Überraschung („erstaunlich! nein, so etwas!")

WORTLISTE 11

Vorbemerkung: Von dieser Wortliste an unterdrücken wir in der Umschrift die klassischen Endungen der Substantive und Adjektive. Nur auf diptotische Formen machen wir durch Belassen ihrer Endung -u, die unterstrichen wird, aufmerksam. (Auch diese Endung wird natürlich fortgelassen.) Adverbielle Ausdrücke geben wir zuerst mit vollständiger Endung, um ihren Bau klarzumachen, dann nochmals in ihrer üblichen, verkürzten Form.

نجح I [yanǧaḥu] Erfolg haben

نجح فیه [naǧaḥa fī-hi] er hatte dabei Erfolg, es glückte ihm

ألكویت [ʒal-kuwayt] Kuweit

ینزل I [yanzilu] aussteigen, absteigen

Pf. نزل [nazala]

أمس [ʒamsi], [ʒams] gestern

لازم [lāzim] nötig, notwendig

ها هو [hā huwa] siehe, da ist er!

یصحح II [yuṣaḥḥiḥu] verbessern, korrigieren

Pf. صحح [ṣaḥḥaḥa]

خطأ [ḫaṭaʒ] Fehler, Irrtum

Pl. أخطاء [ʒaḫṭāʒ]

یعلم I [yaʕlamu] wissen, erfahren

Pf. علم [ʕalima]

یحدث I [yaḥduṯu] sich ereignen, geschehen

Pf. حدث [ḥadaṯa]

دقیقة [daqīqa] Minute

Pl. دقائق [daqāʒiqu]

سیجارة [sīgāra] Zigarette (ج hier
wie deutsches „g")

Pl. سجائر [sagāʒiru]

سكرتیرة [sikritīra] Sekretärin (Pl.
ات)

یدخّن II [yudaḫḫinu] rauchen

Pf. دخّن [daḫḫana]

شیء [šayʒ] Sache, Ding

Pl. أشیاء [ʒašyāʒu] (Diptotisch, obwohl gebr. Plurale
dieser Form sonst tripto-
tisch sind!)

ألأخیر [ʒal-ʒaḫīr] der letzte

حادث [ḥādiṯ] Ereignis, Vorfall, Unfall

Pl. حوادث [ḥawādiṯu]

هدیّة [hadīya] Geschenk

Pl. هدایا [hadāyā] (s. Anm.!)

یقدّم II [yuqaddimu] anbieten

Pf. قدّم [qaddama]

یقبل I [yaqbalu] annehmen, ak-
zeptieren

Pf. قبل [qabila]

بسرور [bi-surūrin], [bi-surūr] gern
(wörtl.: mit Freude)

مهمّ [muhimm] wichtig, inter-
essant (Pl. ون)

صاحب [ṣāḥib] 1) Freund, Gefährte
2) Besitzer, Eigentümer

Pl. أصحاب [ʒaṣḥāb]

نهایة [nihāya] Ende (Pl. ات)

منزل [manzil] Haus

Pl. منازل [manāzilu]

مراسل [murāsil] Reporter, Kor-
respondent (Pl. ون)

فضولیّ [fuḍūlīy] neugierig (Pl. ون)

Anmerkung: Die Endung -ā von [hadāyā] ist in allen drei Fällen, determiniert
und indeterminiert, unveränderlich.

ÜBUNG 11.1

Vorbemerkung: Von hier an soll in allen Übungen die Perfektendung ـتَ nur
als -tu gelesen werden, wenn es sich um einen Aussagesatz, und als -ta, wenn es

sich um einen Fragesatz handelt, falls der Sinnzusammenhang bzw. ein hinzuge-
fügtes Vokalzeichen nicht eine andere Lesung verlangen.

١ – هل نجحت فى عملك الصّعب؟ نعم. قد نجحت والحمد للّه. ٢ – هل
سافرت إلى الكويت؟ نعم.سافرت. هل سافر أصدقاؤك أيضا؟ نعم. كلّهم سافروا.
٣ – نزلت من السّيّارة. صحّحت كلّ الأخطاء. هل جلبتم الأشياء اللّازمة؟
نعم. لقد جلباها. هاهى. ٤ – هل علمت ما حدث؟ نعم. علمته قبل دقيقة.
وهل فرحت بما حدث؟ نعم. فرحت به كثيرا. ٥ – أمس دخّنت سيجارة
مصريّة. ألسّكرتيرة قد كتبت الرّسائل الألمانيّة. أمس قابلت المدير أمام
بيته الجديد. ٦ – ألفلم الأخير أعجبنى. ألأخبار الأخيرة أدهشتنى كثيرا.
ألحادث أحزننا. ٧ – ألأبناء شكروا أباهم ثمّ قدّموا له هديّة جميلة ٨ – هل
كتبتم الرّسالة؟ وهل أرسلتموها إلى الوزارة؟ هل علمتم الأخبار المهمّة؟
٩ – أين وضعت السّاعة؟ وضعتها على الطّاولة. هل وجدتم الأوراق؟ نعم.
قد وجدناها. ١٠ – ألطّبيب وصف لى دواء جديدا. ألقطار وصل قبل ساعة.
ألبرقيّة وصلتنى أمس. ١١ – صببت القهوة للضّيف. هل عددت النّقود؟
هل عدّت السّكرتيرة الرّسائل؟ ١٢ – من ساق السّيّارة؟ ساقتها أختى.
هل زارك الأستاذ؟ ألأصدقاء زارونا أمس. ماذا قال الدّليل؟ ١٣ – زرت
خالى. بعت كتبى. نمت طويلا. قلتهله. لماذا بعت الأشياء؟ ماذا قلت لها؟

ÜBUNG 11.2

١ – صاحب السّيّارة الجديدة. صاحب السّيّارة الجديد. صاحب السّيّارة الكبيرة
الجديد. ٢ – أصحاب السّيّارات الجديدة. أصحاب السّيّارات الجدد. صاحب
سيّارة جديدة. ٣ – نهاية الدّراسة الصّعبة. جرائد البلاد العربيّة. منزل صديقى
الجميل. رسالةأبى الطّويلة. ٤ – أسئلة المراسلين الفضوليّين الكثيرة. برقيّة عمّى
ألأخيرة. محطّة المدينة القريبة. ٥ – مأذنة الجامع الجميل. مآذن الجوامع
الجميلة.

151

ÜBUNG 11.3

1. Wohin bist du (f.) gegangen? Ich bin auf den Markt gegangen. Dort habe ich meinen Bruder getroffen. Dann haben wir einen Freund besucht. 2. Hast du die Schlüssel gebracht? Ja, ich habe sie in dein Zimmer gelegt. 3. Hast du den Namen des neuen Chefs erfahren? Wie heißt er? Ist er nicht aus Kuweit? Ist seine Frau nicht Ärztin? 4. Sein kleiner Sohn rauchte eine gute, ägyptische Zigarette. Das erstaunte uns. 5. Hat dir dein Bruder bei der schwierigen Arbeit geholfen? Hast du dich bei ihm bedankt (= ihm gedankt)? 6. Hat euch die Geschichte gefallen? Ja, sie hat uns gut (= sehr) gefallen. Hast du (f.) sie auch gelesen? Und hast du (f.) sie verstanden? 7. Die breiten Straßen der Stadt. Die hübschen Kleider der Dame. Die engen Gassen der alten Stadt. Die Antwort der intelligenten Studentin. 8. Was hat er dir angeboten? Er hat mir eine Schweizer Uhr und ein deutsches Fahrrad für meinen Sohn angeboten. Hast du es angenommen? 9. Sein Bruder hat mein altes Auto repariert. Ist er Autobesitzer? Ja, er hat ein Auto. 10. Wann seid ihr in Kairo angekommen? Was habt ihr dort getan? Wen habt ihr getroffen? Habt ihr etwas (= eine Sache) verkauft?

ABSCHNITT ZWÖLF

1. Verben im fünften Stamm

Im V. Stamm stehen beispielsweise die Verben

يَتَكَلَّمُ [yatakállamu] „er spricht" und يَتَزَوَّج [yatazáwwaǧu] „er heiratet".

Als charakteristische Merkmale der Verben im V. Stamm finden wir die Verdopplung des mittleren Radikals (die Radikale der beiden Verben sind k-l-m bzw. z-w-ǧ) wie im II. Stamm und eine Silbe tavor dem ersten Radikal. Die Vorsilbe in den Formen des Präsens hat wieder (wie beim Grundstamm) den a-Vokal, nicht kurzes u wie beim II., III. und IV. Stamm. Der Präsensstamm ist unmittelbar als Imperativ verwendbar:

تَكَلَّم [takállam] „sprich!" und تَزَوَّج [tazáwwaǧ] „heirate!"

152

Der Perfektstamm stimmt hier mit dem Präsensstamm überein:

تَكَلَّمَ [takállama] „er sprach" und   تَزَوَّجَ [tazáwwaǧa] „er heiratete"

Die weitere Abwandlung von Präsens, Imperativ und Perfekt folgt genau der des Grundstamms. Sie bleibt Ihnen zur Übung auszuführen. Beachten Sie die Rektion des Verbs يَتَزَوَّج mit der Präposition مِن:

تَزَوَّجَ مِنْها [tazawwaǧa min-hā]   „er heiratete sie"
تَزَوَّجَتْ مِنْهُ [tazawwaǧat min-hu]   „sie heiratete ihn"

2. Verben im achten Stamm

Im VIII. Stamm stehen die Verben

يَنْتَظِر [yantáẓiru] „er wartet" und يَسْتَلِم [yastálimu] „er erhält"

Merkmal des VIII. Stammes ist der nach dem ersten Radikal eingeschobene Konsonant t. (Die Radikale der beiden Verben sind n-ẓ-r bzw. s-l-m.) Der reine Präsensstamm [ntaẓir, stalim] kann nicht als Imperativ verwendet werden. Dazu muß erst die Doppelkonsonanz zu Beginn beseitigt werden. Das geschieht durch Vorsetzen von ǧi:

إِنْتَظِر [ǧintáẓir] „warte!" und إِسْتَلِم [ǧistálim] „nimm in Empfang!"

Im Perfekt wird das i vor dem letzten Radikal in a verwandelt (Perfektstamm: ntaẓar, stalam) und der Anlaut ǧi- eingeführt:

إِنْتَظَرَ [ǧintáẓara] „er wartete" und إِسْتَلَمَ [ǧistálama] „er erhielt"

Bei diesem Anlaut ǧi- von Imperativ und Perfekt handelt es sich natürlich um einen Verbindungsvokal. (Denken Sie an die völlig analogen Verhältnisse beim Imperativ des Grundstamms!) Wir finden daher:

وَانْتَظِر [wa_ntaẓir] „. . . und warte!", وَانْتَظَرَ [wa_ntaẓara] „. . . und er wartete"

Das Verb يَنْتَظِر wird mit Objekt gebraucht, während im Deutschen die Präposition „auf" steht: يَنْتَظِرْنِي [yantaẓiru-nī] „er wartet auf mich".
Die weitere Abwandlung im VIII. Stamm folgt genau der des I. Stammes. Sie soll als Übung ausgeführt werden.

Anmerkung: Die Betonung der Formen des VIII. Stammes weicht (wie aus dem Akzent-Zeichen ersichtlich) von der ab, die nach dem klassischen Betonungsgesetz zu erwarten wäre.

3. Verben im zehnten Stamm

Im X. Stamm stehen die Verben

يَستَعمِل [yastáçmilu] „er verwendet" und يَستَيقِظ [yastáyqiẓu] „er wacht
auf"

Charakteristisch für den X. Stamm ist das Präfix *sta-* vor dem ersten
Radikal. (Die Radikale sind ç-m-l bzw. y-q-ẓ.) Zur Bildung des Imperativs muß wieder (wie im VIII. Stamm) *ǧi-* vor den Präsensstamm
gesetzt werden:

إِستَعمِل [ʒistáçmil] „verwende!" und إِستَيقِظ [ʒistáyqiẓ] „wach auf!"

ǧi- finden wir auch im Perfekt, wo statt *i* vor dem letzten Radikal
a steht:

إِستَعمَل [ʒistáçmala] „er verwendete" und إِستَيقَظ [ʒistáyqaẓa] „er wachte
auf"

Der Anlaut *ǧi-* von Imperativ und Perfekt ist natürlich wieder Verbindungsvokal:

وَاستَعمِل [wa_staçmil] „. . . und verwende!", وَاستَعمَل [wa_staçmala] „. . .
und er verwendete"

Die weitere Konjugation des X. Stammes folgt wieder der des Grund-
stammes und bleibt als Übung.
(Die noch ausstehenden Verbstämme sind vergleichsweise selten.
Sie werden erst im nächsten Abschnitt besprochen.)

4. Substantive kollektiver Bedeutung

Zur Bezeichnung von Gattungen (Tier- und Pflanzenarten, Obst-
sorten usw.) finden wir im Arabischen eine große Zahl von Substantiven, die *maskuline Singulare* sind, denen im Deutschen aber ein
Plural entspricht: سمك [samak] „Fische", شجر [šaǧar] „Bäume",
تفّاح [tuffāḥ] „Äpfel", بيض [bayḍ] „Eier", فول [fūl] „Bohnen", موز
[mawz] „Bananen", نحل [naḥl] „Bienen", جوز [ǧawz] „Walnüsse"

154

sind einige Beispiele. Dabei bedeuten die arabischen Substantive wohlgemerkt die Gattung, nicht eine Anzahl einzelner Vertreter dieser Gattung.

Derartige Substantive kollektiver Bedeutung werden meist mit dem Artikel versehen gebraucht, während ihre deutsche Entsprechung unbestimmt bleibt:

البيض رخيص [ʒal-bayḍ raḫīṣ] Eier sind billig

هو يبيع السمك [huwa yabīʿu as-samak] er verkauft Fische

Möchte man ein einzelnes Exemplar der Gattung bezeichnen, dann dient dazu ein feminines Substantiv, das man durch Anfügen von ة aus dem entsprechenden kollektiven Substantiv erhält: سمكة [samaka] „ein (einzelner) Fisch", شجرة [šaǧara] „ein (einzelner) Baum", تفاحة [tuffāḥa] „ein Apfel", بيضة [bayḍa] „ein Ei" usw. Dieses mit Endung ة gebildete Substantiv zur Bezeichnung des einzelnen Vertreters der Gattung wird als das zum kollektiven Substantiv gehörige *Nomen unitatis* („Nomen der Einheit") bezeichnet. Das Nomen unitatis kann von fast allen kollektiven Substantiven gebildet werden.

Von jedem Nomen unitatis gibt es einen gesunden weiblichen Plural. Dieser bedeutet mehrere einzelne Vertreter der Gattung: تفاحات [tuffā-ḥāt] „(mehrere einzelne) Äpfel", موزات [mawzāt] „(mehrere einzelne) Bananen". Manchmal steht neben diesem Plural noch ein gebrochener Plural des kollektiven Substantivs. Auch dieser bezeichnet mehrere Einzelexemplare. Er kann aber auch einen Plural von Gattungen bedeuten. Von unseren Beispielen gibt es gebrochene Plurale bei سمك, أسماك: بيض, شجر [ʒasmāk] „Fische" oder „Fischarten", أشجار [ʒašǧār] „Bäume" oder „Baumarten", بيوض [buyūḍ] „Eier". Ist ein gebrochener Plural vorhanden, dann wird er dem (wie erwähnt stets möglichen) gesunden Plural des Nomen unitatis vorgezogen.

Die hier besprochene Situation treffen wir auch bei Bezeichnungen von *Stoffen*. Im Deutschen entspricht dem kollektiven Substantiv hier ein Singular: رصاص [raṣāṣ] „Blei", زجاج [zuǧāǧ] „Glas", ورق [waraq] „Papier". Das Nomen unitatis bedeutet jetzt ein Stück des Stoffes oder einen daraus hergestellten Gegenstand: رصاصة [raṣāṣa] „ein Stück Blei, Geschoßkugel", زجاجة [zuǧāǧa] „Flasche", ورقة [waraqa] „ein Blatt Papier".

5. Diptotische Singulare

In Abschnitt 8, Punkt 5, haben wir den Begriff der diptotischen Deklination mancher Typen des gebrochenen Plurals kennengelernt.
Diptotisch dekliniert werden aber nicht nur bestimmte Plurale, sondern auch manche Substantive im Singular. Ein Beispiel ist أَخَر [3āḫa-
ru] „ein anderer":

	Indeterminiert	Determiniert
Nom.	أَخَر [3āḫaru] ein anderer	اَلْأَخَر [3al-3āḫaru] der andere
Akk.	أَخَر [3āḫara] einen anderen	اَلْأَخَر [3al-3āḫara] den anderen
Gen.	أَخَر [3āḫara] eines anderen	اَلْأَخَر [3al-3āḫari] des anderen

Werden die klassischen Endungen fortgelassen, dann haben wir [3āḫar],
[3al-3āḫar] ohne Unterschied von den triptotisch deklinierten Substantiven. Beachten Sie aber den Unterschied in der Schreibung:
(ohne 3alif beim dipt. Wort):

رَجُلاً آخَر [raǧulan 3āḫara] bzw. [raǧul 3āḫar] einen anderen Mann

Der Plural von آخَر ist gesund: آخَرُون [3āḫarūn] „andere (m.)". Die feminine Form wird unregelmäßig (ohne ة) gebildet: أُخْرى [3uḫrā] „eine
andere" mit dem Plural أُخْرَيات [3uḫrayāt] „andere (f.)". Die Endung
von أُخْرى ist die von هَدايا [hadāyā] „Geschenke". (Sie wird allgemein
mit yā3, nur nach einem yā3 mit 3alif geschrieben.) Diese Endung
ist stets unveränderlich.
Diptotische Deklination im Singular findet sich hauptsächlich an
drei Stellen der arabischen Wortbildung:

a) FARB-ADJEKTIVE

Viele Farben werden durch Adjektive beschrieben, deren maskuliner
Singular von der Form 3 a L M a N u , also diptotisch ist. (Wir
bezeichnen die drei Radikale wieder mit L, M, N, wie wir es in Abschnitt 8, Punkt 6, besprochen haben.) Die feminine Form ist L a M -
N ā 3 u , also ebenfalls diptotisch. Der Plural ist maskulin und feminin gemeinsam von der Form L u M N u n oder L u M N ā n u n ,

beide triptotisch. Die wichtigsten Farben, die so gebildet werden,
sind:

أَحمَر [ʒaḥmaru] „rot" ,fem.   حمراء [ḥamrāʒu],

أزرق [ʒazraqu] „blau", fem.   زرقاء [zarqāʒu],

أصفر [ʒaṣfaru] „gelb", fem.   صفراء [ṣafrāʒu],

أخضر [ʒaḫḍaru] „grün", fem.   خضراء [ḫaḍrāʒu],

أسود [ʒaswadu] „schwarz", fem.   سوداء [sawdāʒu],

أبيض [ʒabyaḍu] „weiß", fem.   بيضاء [bayḍāʒu],

Pl. حمر [ḥumr].

Pl. زرق [zurq].

Pl. صفر [ṣufr].

Pl. خضر [ḫuḍr].

Pl. سود [sūd, statt: suwd].

Pl. بيض [bīḍ, statt: buyḍ].

Nicht nur Farben, sondern auch viele dauernde körperliche Eigenschaften (meist Gebrechen) werden durch Adjektive dieser Form
beschrieben, wie z.B.:

أطرش [ʒaṭrašu] „taub", fem.   طرشاء [ṭaršāʒu],

أخرس [ʒaḫrasu] „stumm", fem.   خرساء [ḫarsaßu],

أعمى [ʒaçmā] „blind", fem.   عمياء [çamyāʒu],

Pl. طرش [ṭurš].

Pl. خرس [ḫurs] oder خرسان [ḫursān].

Pl. عميان [çumyān].

(Die Form [ʒaçmā] ist aus [ʒaçmayu] entstanden. Die Endung -ā
ist hier wesentlich verschieden von der bei أخرى oder هدايا.)

b) ADJEKTIVE DER FORM L a M N ā n u

Adjektive dieser Form bezeichnen meist einen vorübergehenden,
nicht dauernden körperlichen Zustand. Die feminine Form ist L a M-
N ā mit Endung -ā wie أخرى. Die angegebenen Plurale beziehen sich
auf männliche oder weibliche Personen.

جوعان [ǧawçānu] hungrig, fem. جوعى [ǧawçā],
عطشان [çaṭšānu] durstig, fem. عطشى [çaṭšā],
شبعان [šabçānu] satt, fem. شبعى [šabçā],
سكران [sakrānu] betrunken, fem. سكرى [sakrā],

Pl. جباع [ǧiyāç].
Pl. عطاش [çiṭāš].
Pl. شباع [šibāç].
Pl. سكارى [sakārā, sukārā].

Es finden sich allerdings auch einige Adjektive dieser Form, die triptotische Endungen haben, wie تعبان [taçbān] „müde". Diese bilden die feminine Form mit ة und gesunde Plurale für maskulin und feminin.

c) EIGENNAMEN

Diptotisch dekliniert werden sehr viele der Personen-, Länder- und Städtenamen, wie z.B.: سليمان [sulaymānu] „Salomon, Soliman", عثمان [çutmānu] „Osman", عمر [çumaru] „Omar", إبراهيم [ʒibrāhīmu] „Ibrahim, Abraham", هارون [hārūnu] „Aaron, Harun", مصر [miṣru] „Ägypten", لبنان [lubnānu] „Libanon", بيروت [bayrūtu] „Beirut", بغداد [baġdādu] „Bagdad", دمشق [dimašqu] „Damaskus", تونس [tūnisu] „Tunis". Eigennamen mit Endung ة sind stets diptotisch: مكّة [makkatu] „Mekka", غزّة [ġazzatu] „Ghazza (in Südpalästina)".
Viele Eigennamen werden stets nur mit dem Artikel versehen gebraucht, wie الكويت [ʒal-kuwayt] „Kuweit". Aber auch die übrigen Länder- und Städtenamen gelten sinngemäß als determiniert (obwohl sie formal und in ihren Endungen indeterminiert sind) und erfordern den Artikel vor einem folgenden attributiven Adjektiv: مصر الجميلة [miṣr al-ǧamīla] „das schöne Ägypten".
In den folgenden Satzbeispielen haben wir die klassischen Endungen in Klammern beibehalten. Im weiteren werden diese Endungen unterdrückt.

زرت عمر وصديقا آخر [zurtu çumar(a) wa-ṣadīq(an) ʒāḫar(a)] ich besuchte
Omar und einen anderen Freund
من دمشق إلى بغداد [min dimašq(a) ʒilā baġdād(a)] von Damaskus nach
Bagdad

أسود معطفا لبست [labistu miçṭaf(an) ʒaswad(a)] ich zog einen schwarzen Mantel an

جوعان ليس [laysa ǧawçān(a)] er ist nicht hungrig

مكّة في [fī makka(ta)] in Mekka

6. Vokativ

Der Vokativ (Anrufungsfall) wird mit der Partikel يا [yā] gebildet.
Sie kann mit „oh!" übersetzt werden, bleibt aber meist am besten
unübersetzt:

أبي يا [yā ʒab-ī] mein Vater!

أخي يا [yā ʒaḫ-ī] mein Bruder, mein lieber Freund!

سيّد يا [yā sayyid(u)] (mein) Herr!

Nach يا folgt also der *determinierte* Nominativ (Endung -*u*), was aber
bei Unterdrücken der klassischen Endungen ohne Belang ist. Folgt
jedoch auf den Vokativ ein Genitiv, dann muß der Vokativ die Endung des Akkusativs erhalten. Dies ist wichtig und zu beachten bei
den Personennamen der Form „Vater des . . .", weil ja أب vor Genitiv
langvokalische Endungen hat, die auch in arabischer Schrift aufscheinen und in der Aussprache nicht unterdrückt werden dürfen.
So ist von بكر أبو [ʒabū bakr] „Abu Bakr, der erste Kalif" der Vokativ
بكر أبا يا [yā ʒabā bakr].
Statt durch يا kann der Vokativ auch durch أيّها [ʒayyuhā], fem.
أيّتها [ʒayyatuhā], bezeichnet werden. Dann folgt das Substantiv mit
dem Artikel (so daß kein Suffix oder Genitiv folgen kann) und im
Nominativ:

الرّجل أيّها [ʒayyuhā ar-raǧul(u)] oh Mann!

WORTLISTE 12

يمرّ I [yamurru] vorübergehen,
vorbeikommen

به مرّ [marra bi-hī] er ging an
ihm vorüber

قافلة [qāfila] Karawane
Pl. قوافل [qawāfilu]

واحة [wāḫa] Oase (Pl. ات)

قصر [qaṣr] Burg, Schloß, Pa-
last
Pl. قصور [quṣūr]

صيدليّة [ṣaydalīya] Apotheke (Pl.
ات)

159

صباح اليوم [ṣabāḥa_l-yawmi], [ṣa-
bāḥ al-yawm] heute morgen

كبريت [kibrīt] Schwefel, Zündhölzer

كبريتة [kibrīta] (n.u.) Zündholz

بعد I [yaçidu] versprechen

وعدني به [waçada-nī bi-hī] er versprach es mir

منذ [munḏu] (Präp.) vor (zeitl.),
seit

حضور [ḥuḍūr] Anwesenheit, Eintreffen

مساء اليوم [masāʒa_l-yawmi], [ma-
sāʒ al-yawm] heute abend

يفوت I [yafūtu] entschwinden, entgehen

فاتني [fāta-ni] es entging mir,
ich habe es versäumt, ver-
paßt

فرصة [furṣa] Gelegenheit, Chance
Pl. فرص [furaṣ]

يعود I [yaçūdu] zurückkehren
Pf. عاد [çāda]

مساء الأمس [masāʒa_l-ʒamsi], [masāʒ
al-ʒams] gestern abend

ظهر الأمس [ẓuhra_l-ʒamsi], [ẓuhr al-
ʒams] gestern mittag

الأردن [ʒal-ʒurdunn] Jordanien

يقوم I [yaqūmu] aufstehen, auf-
brechen, abfahren
Pf. قام [qāma]

مريض [marīḍ] krank
Pl. مرضى [marḍā]

يتعلّم V [yataçallamu] lernen
Pf. تعلّم [taçallama]

أثناء [ʒaṯnāʒa] (Präp.) während

إقامة [ʒiqāma] Aufenthalt

يتعرّف V [yataçarrafu] kennenlernen

تعرّف عليه [taçarrafa çalay-hi] er lernte
ihn kennen

ناس [nās] Leute

يتذكّر V [yataḏakkaru] sich erinnern, denken (an)

تذكّره [taḏakkara-hū] er erinnerte
sich daran, dachte daran

ليبيا [lībiyā] Libyen

وزارة [wizārat ad-dāḥilīya] das
الدّ الخليّة Innenministerium

مهندس [muhandis] Ingenieur (Pl.
ون)

ينتخب VIII [yantaḥibu] wählen
Pf. إنتخب [ʒintaḥaba]

شعب [šaçb] Volk
Pl. شعوب [šuçūb]

سائق [sāʒiq] Fahrer, Chauffeur
(Pl. ون)

يقترب VIII [yaqtaribu] sich nähern

إقترب من [ʒiqtaraba min al-bayt] er
البت näherte sich dem Haus

حدود [ḥudūd] (gebr. Pl.) Grenze,
Grenzen

يخرج IV [yuḥriʒu] hervor-, heraus-
holen, herausnehmen
Pf. أخرج [ʒaḥraʒa]

جواز [ǧawāz] Erlaubnis (Pl. ات)

جواز سفر [ǧawāz safar] Reisepaß

سوريا [sūriyā] Syrien

يتفرّج V [yatafarraʒu] betrachten,
ansehen

تفرّج عليه [tafarraʒa çalay-hi] er sah
es sich an

يستقبل X [yastaqbilu] empfangen (z.
B. einen Gast)
Pf. إستقبل [ʒistaqbala]

160

وفد [wafd] Abordnung, Delegation
Pl. وفود [wufūd]
قنصليّة [qunṣulīya] Konsulat (Pl. ‏ات).
بطّيخ [baṭṭīḫ] Wassermelonen
بطّيخة [baṭṭīḫa] (n.u.) Wassermelone
برقوق [barqūq] Pflaumen (s. Anm. 2!)
برقوقة [barqūqa] (n. u.) Pflaume
ليمون [laymūn] Zitronen
ليمونة [laymūna] (n. u.) Zitrone
حلو [ḥulw] süß
حامض [ḥāmiḍ] sauer
فول أخضر [fūl ʒaḫḍar] grüne Bohnen, Fisolen
غداء [ġadāʒ] Mittagessen
دجاج [daǧāǧ] Hühner

دجاجة [daǧāǧa] (n. u.) Huhn, Henne
سمين [samīn] fett, dick
Pl. سمان [simān]
عشاء [çašāʒ] Abendessen
طعم [ṭaçm] Geschmack
لذيذ [laḏīḏ] köstlich
محمّد [muḥammad] gepriesen (auch männl. Name)
محمود [maḥmūd] gelobt (auch männl. Name)
يحضر IV [yuḥḍiru] bringen, mitbringen
أشقر [ʒašqaru] blond, von heller Gesichtsfarbe
fem. شقراء [šaqrāʒu]
Pl. mask. u. fem.
شقر [šuqr]

Anmerkung 1: Mit der Abkürzung „n.u." wird auf das Nomen unitatis hingewiesen. Da dieses stets den gesunden weiblichen Plural bildet, wird auf diesen nicht besonders hingewiesen.

Anmerkung 2: برقوق bedeutet „Pflaumen" in Ägypten. Dort ist auch خوخ [ḫawḫ] der Ausdruck für „Pfirsiche". In Syrien bedeutet خوخ „Pflaumen" und für „Pfirsiche" wird درّاق [durrāq] gebraucht.

ÜBUNG 12.1

١ – ألقافلة مرّت بواحة. ألسّوّاح مرّوا بقصر قديم. مررت صباح اليوم بالصّيدليّة. مررنا بالسّوق. ٢ – أين وضعت الكبريت؟ وضعته فى جيبى. خذ الكبريت وضعه على طاولة الكتابة. ٤ – لقد وعدت صديقى إبراهيم منذ أسبوع بحضورى إلى الحفلة فى بيته مساء اليوم. ٤ – ألقطار فاتنا. ألفرصة فاتتنى.

إخوتي قد عادوا من زيارة أصدقائهم. ٥ – متى عدت من الأردنّ؟ عدت مساء الأمس. ومتى عاد زملاؤك؟ هم عادوا ظهر الأمس والمدير معهم. ٦ – ألمريض نام طويلا. أبو عمر قد باع منزله. ألمرأة خافت. قطار القاهرة قد قام منذ ساعة.

ÜBUNG 12.2

١ – مع من تكلّمت؟ تكلّمت مع موظّف من موظّفي الوزارة. ماذا قال لك؟ ٢ – أين تعلّمت العربيّة؟ تعلّمتها أثناء إقامتي في العراق. هناك تعرّفت على ناس كثيرين. ٣ – يا أخي هل تتذكّر أيّامنا في ليبيا؟ نعم. أتذكّرها دائما. ٤ – إبنتي تزوّجت من موظّف في وزارة الدّاخليّة وابني تزوّج من ابنة مهندس ٥ – أليوم ينتخب الشّعب رئيس الجمهوريّة. ٦ – سائق الأوتوبيس قال لنا : ألآن نقترب من الحدود. ثمّ أخرجنا جوازات السّفر. ٧ – أثناء إقامتي في سوريا تفرّجت على كلّ القصور الجميلة. ٨ – ألوزير استقبل المراسلين صباح اليوم والآن يستقبل وفدا من سوريا. ٩ – قلت للأجنبيّ: لا أعلم عنوان القنصليّة.

ÜBUNG 12.3

١ – في السّوق يبيعون التّفّاح والبطّيخ والبرقوق واللّيمون. ألتّفّاح أحمر والبطّيخ أخضر والبرقوق أزرق واللّيمون أصفر. ٢ – ألتّفّاح الأحمر حلو والتّفّاح الأخضر حامض. هذه تفّاحة حمراء. هي حلوة. وهذه تفّاحة خضراء حامضة. ٣ – أليوم نأكل الفول الأخضر مع الغداء ودجاجة سمينة مع العشاء. طعم الدجاج لذيذ جدّا. ٤ – أمس زرت أصدقائي محمّدا ومحمودا وسليمان. أحضرنا ضيفا جوعان عطشان. ٥ – أمّه خرساء طرشاء وأبوه أعمى. من السّيّدة العمياء؟ من الآنسة الشّقراء؟

ÜBUNG 12.4 +

Bestimmen und übersetzen Sie die folgenden Verbformen und achten
Sie dabei besonders auf die Mehrdeutigkeit der meisten Formen, die
sich aus der arabischen Schrift im Verein mit dem Fehlen eines Satz-
zusammenhanges ergibt.

١ – أرسل. أرسلوا. أرسلنا. أرسلوني. ٢ – أنظر. إنتظر. إنتظرنا. إنتظروني.
إنتظروك. ٣ – ساعد. ساعدونا. ساعديه. ساعدتموه. ٤ – أستعمل. إستعملوا.
إستقبلنا. ٥ – تكلّم. أتكلّم.تكلّموا. تعلّمين. تعلّمن. ٦ – دخّن. دخّنوا.
علّمنا. علمه. أعلم. أعلّم. تعلّم

ÜBUNG 12.5

1. Hast du während deines Aufenthalts in der Hauptstadt einen
Beamten des Innenministeriums kennengelernt? Nein, ich habe die
Gelegenheit versäumt. 2. Ist dein Bruder von seiner Reise nach Jor-
danien zurückgekehrt? Hat ihm das Land gefallen? Hat er dir ein
Geschenk mitgebracht? 3. Wo hat die Sekretärin meine Papiere hin-
gelegt? Ich habe sie dort auf dem Schreibtisch gefunden. 4. Sprechen
Sie (Sing. mask.) Arabisch (= بالعربيّة)? Ja, ich spreche ein wenig
Arabisch. Mein Freund spricht nur Deutsch. 5. Ich bin auf den Markt
gegangen und habe ihn mir angesehen. Dann bin ich nach Haus
zurückgekehrt. Unterwegs (= in dem Weg) habe ich meinen Freund
Ibrahim getroffen. 6. Erinnerst du (f.) dich an den Namen und die
Adresse des Hotels in Tunis? 7. Hat Sie der Präsident empfangen?
Ja, er hat mich heute morgen empfangen und ich habe mit ihm eine
Stunde gesprochen. 8. Hast du (f.) lange auf mich gewartet? Ja, ich
habe eine Stunde gewartet. 9. Hat dich mein Telegramm aus Kairo
erreicht? Wann hast du es erhalten? Ich habe es gestern mittag erhalten. 10. Alle seine Töchter haben Offiziere geheiratet und alle
seine Söhne haben Töchter von Offizieren geheiratet. 11. Zitronen
sind sauer und Pflaumen sind süß. Nimm (f.) dir (bleibt unübersetzt)
eine Banane und einen Apfel! Ist der Apfel gut? 12. Der Taube hört
nicht, der Stumme spricht nicht, der Taubstumme hört nicht und
spricht nicht. Ja, das weiß ich.

ABSCHNITT DREIZEHN

1. Verben im sechsten, siebenten und neunten Stamm

Kennzeichen des VI. Stammes ist langes $\bar{a}$ zwischen erstem und zweitem Radikal und Präfix ta- vor dem ersten Radikal:

يتشاجر [yatašáǧaru] er streitet, يتناول [yatanāwalu] er nimmt zu sich, nimmt ein (Speise, Heilmittel usw.)

Die Formen des VI. Stammes verhalten sich zu denen des III. also ganz wie die des V. Stammes zu denen des II. Stammes. Das gilt auch im Imperativ und Perfekt:

تناول [tanāwal] nimm zu dir !, تناول [tanāwala] er nahm zu sich

Als Merkmal des VII. Stammes finden wir den Konsonanten n vor dem ersten Radikal. Im übrigen gleichen seine Formen denen des VIII. Stammes:

ينصرف [yanṣárifu] er zieht sich zurück, geht fort, ينهزم [yanházimu] er wird besiegt, unterliegt

Im Imperativ und im Perfekt finden wir wieder den Anlaut ʒi- (Verbindungsvokal !):

إنصرف [ʒinṣárif] zieh dich zurück !, إنصرف [ʒinṣárafa] er zog sich zurück

Die Verben im IX. Stamm haben als Kennzeichen die Verdoppelung ihres dritten Radikals:

يحمرّ [yaḥmárru] er ist (wird) rot, er errötet, يصفرّ [yaṣfárru] er ist (wird) gelb, er erbleicht

Wir erinnern uns dabei an die Adjektive أحمر und أصفر. Verben im IX. Stamm werden nur von Radikalen gebildet, mit denen auch ein Adjektiv der Form ʒaLMaNu (Farben und Gebrechen) vorhanden ist. Das entsprechende Verb bedeutet dann, die betreffende Eigenschaft haben oder annehmen. Imperativ und Perfekt lauten:

إحمرر [ʒiḥmárir] erröte !, إحمرّ [ʒiḥmárra] er errötete

ʒi- ist wieder Verbindungsvokal. Die weitere Abwandlung folgt der der geminierten Verben. (Sie wird später besprochen.)

2. Zusammenfassung der Verbstämme

Wir stellen uns nun, da wir mit der Besprechung der Verbstämme zu Ende sind, die Formen von Präsens, Imperativ und Perfekt in einer Übersicht zusammen. Darin geben wir zuerst jede der Formen in allgemeiner Gestalt, bei der die Radikale durch L, M, N symbolisiert werden. Darunter steht ein konkretes Beispiel in arabischer Schrift und Umschrift.

Die folgende Tabelle zählt mit zum Wichtigsten der arabischen Formenlehre überhaupt. Sie muß unbedingt so lange geübt werden, bis jede einzelne Form ohne langes Nachdenken gebildet werden kann! Beachten Sie besonders, daß der Anlaut ʒi- und ʒu- bei allen Verbformen Verbindungsvokal ist, dagegen ʒa- (Perfekt des IV. Stammes) nicht. Beantworten Sie mit Hilfe der Tabelle noch folgende Fragen: Wie lauten die charakteristischen Merkmale der einzelnen Stämme und wie kommen sie in arabischer Schrift zum Ausdruck?

Bei welchen Stämmen hat das Präfix des Präsens den a-Vokal, bzw. den u-Vokal?

Welcher Vokal steht vor dem dritten Radikal (N) im Präsens, im Imperativ, im Perfekt?

Anmerkung 1: Neben *a* und *i* findet sich auch ein Perfektvokal *u* (in der Tabelle nicht enthalten), und zwar bei Verben mit Präsensvokal *u*, die das Annehmen oder Besitzen von Eigenschaften beschreiben: يَكْثُرُ [yakṯuru] „viel (كَثِيرَ) sein", يَجْمُلُ [yaǧmulu] „schön (جَمِيل) sein", يَبْعُدُ [yabçudu] „weit entfernt (بَعِيد) sein" mit Pf. كَثُرَ [kaṯura], جَمُلَ [ǧamula], بَعُدَ [baçuda]. Derartige Verben sind zwar sehr zahlreich, werden aber in moderner Sprache selten gebraucht. (Die Verwendung des entsprechenden Adjektivs wird meist vorgezogen.)

Anmerkung 2: Wahrscheinlich ist Ihnen bereits aufgefallen, daß zu bestimmten Radikalen Verben in mehreren Stämmen gebildet werden: etwa يَحْضُرُ I [yaḥḍuru] „anwesend sein" und يُحْضِرُ IV [yuḥḍiru] „herbeiholen", oder يَعْلَمُ I [yaçlamu] „wissen", يُعَلِّمُ II [yuçallimu] „lehren", يَتَعَلَّمُ V [yataçallamu] „lernen". Dabei besteht auch zwischen den Bedeutungen solcher Verben, die in verschiedenen Stämmen stehen, aber die Radikale gemeinsam haben, ein Zusammenhang. Darüber wird später noch ausführlich gesprochen. (Vgl. Abschnitt 27.)

	PRÄSENS	IMPERATIV	PERFEKT
I. Stamm	yaLMuNu يكتب [yaktubu]	ʒuLMuN أكتب [ʒuktub]	LaMaNa كتب [kataba]
	yaLMiNu يحمل [yaḥmilu]	ʒiLMiN إحمل [ʒiḥmil]	LaMaNa حمل [ḥamala]
	yaLMaNu يفتح [yaftaḥu]	ʒiLMaN إفتح [ʒiftaḥ]	LaMaNa فتح [fataḥa]
	yaLMaNu يشرب [yašrabu]	ʒiLMaN إشرب [ʒišrab]	LaMiNa شرب [šariba]
II. Stamm	yuLaMMiNu يصلّح [yuṣalliḥu]	LaMMiN صلّح [ṣalliḥ]	LaMMaNa صلّح [ṣallaḥa]
III. Stamm	yuLāMiNu يساعد [yusāçidu]	LāMiN ساعد [sāçid]	LāMaNa ساعد [sāçada]
IV. Stamm	yuLMiNu يرسل [yursilu]	ʒaLMiN أرسل [ʒarsil]	ʒaLMaNa أرسل [ʒarsala]
V. Stamm	yataLaMMaNu يتكلّم [yatakallamu]	taLaMMaN تكلّم [takallam]	taLaMMaNa تكلّم [takallama]
VI. Stamm	yataLāMaNu يتشاجر [yatašāğaru]	taLāMaN تشاجر [tašāğar]	taLāMaNa تشاجر [tašāğara]
VII. Stamm	yanLaMiNu ينصرف [yanṣarifu]	ʒinLaMiN إنصرف [ʒinṣarif]	ʒinLaMaNa إنصرف [ʒinṣarafa]
VIII. Stamm	yaLtaMiNu يستلم [yastalimu]	ʒiLtaMiN إستلم [ʒistalim]	ʒiLtaMaNa إستلم [ʒistalama]
XI. Stamm	yaLMaNNu يحمرّ [yaḥmarru]	ʒiLMaNiN إحمرر [ʒiḥmarir]	ʒiLMaNNa إحمرّ [ʒiḥmarra]
X. Stamm	yastaLMiNu يستعمل [yastaçmilu]	ʒistaLMiN إستعمل [ʒistaçmil]	ʒistaLMaNa إستعمل [ʒistaçmala]

3. Konjunktiv-Form der Verben

Neben das Präsens jedes arabischen Verbs tritt eine (von diesem ab-
zuleitende) *Konjunktiv-Form*, die ausschließlich nach einigen *Konjunktionen* (Bindewörtern) steht. Im Deutschen entspricht dem arabischen Konjunktiv meist wieder das Präsens.

أَطْلُب أَنْ يَكْتُب [ʒaṭlubu ʒan yáktuba]   ich verlange, daß er schreibt

يَطْلُب أَنْ يَخْرُجُوا [yaṭlubu ʒan yáḫruǧū]   er verlangt, daß sie fortgehen

طَلَبْنَا أَنْ تَحْضُر [ṭalabnā ʒan taḥḍura]   wir haben verlangt, daß du
                                              erscheinst

Während in diesen Beispielen das Verb طَلَب im Präsens bzw. Perfekt
steht, wird das davon abhängige Verb mit der Konjunktion أَنْ [ʒan]
„daß" eingeleitet und in den Konjunktiv gesetzt. Dieser unterscheidet sich nur in seinen Endungen vom Präsens. Die vollständige Abwandlung lautet:

KONJUNKTIV

Singular	Plural
يَكْتُب [yáktuba]	يَكْتُبوا [yáktubū]
تَكْتُب [táktuba]	يَكْتُبْنَ [yaktúbna]
تَكْتُب [táktuba]	تَكْتُبوا [táktubū]
تَكْتُبِى [táktubī]	تَكْتُبْنَ [taktúbna]
أَكْتُب [ʒáktuba]	نَكْتُب [náktuba]

Formal erfolgt der Übergang vom Präsens zum Konjunktiv nach
folgenden drei Regeln:
1. Alle Formen, die im Präsens auf -*u* enden, erhalten im Konjunktiv
die Endung -*a*.
2. Die Präsensendungen -*úna*, -*ína* werden im Konjunktiv zu -*ū*, -*ī*
verkürzt. Achten Sie auf die dabei notwendige Verlegung der Betonung! (Erinnern Sie sich daran, daß der Endvokal eines Wortes nie
den Ton tragen kann.)
3. Die beiden femininen Pluralformen mit Endung -*na* lauten in Präsens und Konjunktiv gleich.

Zu beachten ist, daß isolierte Konjunktiv-Formen (wie oben) nicht übersetzt werden können. Der arabische Konjunktiv ergibt erst in Abhängigkeit von Konjunktionen Ausdrücke, die sich ins Deutsche übersetzen lassen.

In der angegebenen Weise lassen sich die Konjunktive zu allen Verbtypen und -stämmen bilden. Dazu einige Beispiele:

طلبت منه أن يصلّح ساعتى [ṭalabtu min-hu ʒan yuṣalliḥa sāʕat-ī] ich verlangte von ihm, meine Uhr zu reparieren

طلبوا منه أن يستقبلهم [ṭalabū min-hu ʒan yastaqbila-hum] sie verlangten von ihm, sie zu empfangen

يقصد أن يسافر إلى الخارج [yaqṣidu ʒan yusāfira ʒila-l-ḫāriǧ] er beabsichtigt, ins Ausland zu verreisen

قصدنا أن نتكلّم معه [qaṣadnā ʒan natakallama maʕa-hū] wir hatten vor, mit ihm zu sprechen

Wir sehen, daß der Konjunktion أن mit dem Konjunktiv im Deutschen auch „zu" mit einem Infinitiv (Nennform) entsprechen kann.

Eine andere Konjunktion, die nach sich ein Verb im Konjunktiv verlangt, ist ل [li-] „damit, um zu . . .". Sie ist wesentlich identisch mit der Präposition ل „für", und sie wird mit der Verbform zusammengeschrieben:

أشرحه لهليفهمه [ʒašraḥu-hū la-hū li-yafhama-hū] ich erkläre es ihm, damit er es versteht

أذهب لأخبر صديقى [ʒaḏhabu li-ʒuḫbira ṣadīq-ī] ich gehe, um meinen Freund zu benachrichtigen

عدت لأزورك [ʕudtu li-ʒazūra-ka] ich bin zurückgekehrt, um dich zu besuchen

Gleichbedeutend mit ل finden wir auch لأن [li-ʒan] „damit" (wörtl.: „für daß"). Die zugehörigen Negationen sind:

أن لا [ʒan lā]   oder   ألّا [ʒállā] „daß nicht"

لئلّا [li-ʒállā] „damit nicht, um nicht zu . . ."

Auch nach diesen folgt der Konjunktiv:

أطلب ألّا يفعل هذا [ʒaṭlubu ʒallā yafʕala hāḏā] ich verlange, daß er dies nicht tut

إذهب لئلّا يجدوك هنا [ʒiḏhab li-ʒallā yaġidū-ka hunā] geh, damit sie dich nicht hier finden!

Beachten Sie, daß nach allen den Konjunktiv erfordernden Konjunktionen die Verbform unmittelbar folgen muß. Diese Konjunktionen leiten also Verbalsätze ein. (Erinnern Sie sich zur Kongruenz an Abschnitt 4, Punkt 3.)

يطلب أن يكتب الطّالب [yaṭlubu ʒan yaktuba aṭ-ṭālib] er verlangt, daß der Student schreibt

يطلب أن يكتب الطّلاب [yaṭlubu ʒan yaktuba aṭ-ṭullāb] er verlangt, daß die Studenten schreiben

Anmerkung: Die Endung -a des Konjunktivs kann (wie die entsprechende Präsens-Endung -u) unterdrückt werden. Dies führen wir nicht durch.

4. Entsprechungen deutscher Modalverben

a) „WOLLEN"

„wollen" ist يريد [yurīdu], Pf. أراد [ʒarāda]. Es handelt sich dabei um ein konkaves Verb im IV. Stamm. (Es vereinigt die Merkmale der konkaven Verben — zwei Radikale mit langem Vokal – und die des IV. Stammes.) Im Präsens haben wir langes i in den vokalischen, kurzes i in den konsonantischen Formen, im Perfekt langes $ā$ in den vokalischen, kurzes a in den konsonantischen Formen. Die Abwandlung lautet somit:

Präsens: Singular: يريد [yurīdu], تريد [turīdu], تريد [turīdu], تريدين [turīdīna], أريد [ʒurīdu]. Plural: يريدون [yurīdūna], يردن [yuridna], تريدون [turīdūna], تردن [turidna], نريد [nurīdu].

Perfekt: Singular: أراد [ʒarāda], أرادت [ʒarādat], أردت [ʒaradta], أردت [ʒaradti], أردت [ʒaradtu]. Plural: أرادوا [ʒarādū], أردن [ʒaradna], أردتم [ʒaradtum], أردتنّ [ʒaradtunna], أردنا [ʒaradnā]. (Vgl. S. 144, Anmerkung.)

Zum Gebrauch einige Beispiele:

أريد أن يكتب [ʒurīdu ʒan yaktuba] ich will, daß er schreibt

أريد أن أكتب [ʒurīdu ʒan ʒaktuba] ich will schreiben

نريد أن نسألك [nurīdu ʒan nasʒala-ka] wir möchten dich fragen

نريد أن تسأله [nurīdu ʒan tasʒala-hū] wir möchten, daß du ihn
fragst

أردت أن أذهب [ʒaradtu ʒan ʒaḏhaba] ich wollte gehen

أرادوا أن يساعدونا [ʒarādū ʒan yusāçidū-nā] sie wollten uns helfen

Das Verb يريد kann auch unserem „ich möchte" entsprechen, es wird
nicht so stark und nachdrücklich wie unser „wollen" empfunden.

b) „KÖNNEN"

Für „können" finden wir ein konkaves Verb im X. Stamm: يستطيع
[yastaṭīçu], Pf. إستطاع [ʒistaṭāça]. Die Konjugation zeigt wieder lange
Vokale in den vokalischen Formen, kurze Vokale in den konsonantischen. Sie bleibt als Übung.

Beispiele:

لا أستطيع أن أساعدك [lā ʒastaṭīçu ʒan ʒusāçida-ka] ich kann dir nicht
helfen

هل تستطيعون أن تفهموه؟ [hal tastaṭīçūn ʒan tafhamū-hu] könnt ihr es
verstehen?

إستطعنا أن نفعله [ʒistaṭaçnā ʒan nafçala-hū] wir konnten es tun

هل استطاعت أن تكتبه؟ [hal istaṭāçat ʒan taktuba-hū] hat sie es schreiben
können?

c) „MÜSSEN"

Unserem Verb „müssen" entspricht die Verwendung eines unpersönlichen (nur in der 3. Person mask. Sing. gebrauchten) assimilierten
Verbs يجب [yaǧibu] „es ist notwendig, es ist Pflicht", Pf. وجب [waǧaba].

يجب أن أكتب [yaǧibu ʒan ʒaktuba] ich muß schreiben (w.: es ist
notwendig, daß ich schreibe)

يجب أن يذهب [yaǧibu ʒan yaḏhaba] er muß gehen (wörtl. ?)

وجب أن يبيعه [waǧaba ʒan yabīça-hū] er mußte es verkaufen

وجب أن نتكلم معه [waǧaba ʒan natakallama maça-hū] wir mußten mit
ihm sprechen

Häufig läßt man auf يجب noch die Präposition على folgen, von der
die Person, die zu etwas verpflichtet wird, abhängt:

يجب على الطالب أن يدرس [yağibu çala_ṭ-ṭālib ʒan yadrusa] der Student muß lernen (wörtl.: es ist Pflicht auf dem Studenten, daß er lernt)

يجب على الطّلاب أن يدرسوا [yağibu çala_ṭ-ṭullāb ʒan yadrusū] die Studenten müssen lernen

يجب عليه أن ينتظر [yağibu çalay-hi ʒan yantaẓira] er muß warten

يجب عليّ أن أذهب [yağibu çalay-ya ʒan ʒadhaba] ich muß gehen

وجب عليهم أن يخرجوا [wağaba çalay-him ʒan yaḫruğū] sie mußten fortgehen

Andrerseits genügt schon die Präposition على allein, um den Begriff „müssen" auszudrücken und يجب kann dann fehlen:

عليه أن يدرس كثيرا [çalay-hi ʒan yadrusa katīr] er muß viel lernen

على الموظّف أن يسأل المدير [çala_l-muwaẓẓaf ʒan yasʒala al-mudīr] der Beamte muß den Direktor fragen

d) „DÜRFEN"

Dem Verb „dürfen" entspricht (neben anderen möglichen Ausdrücken) das unpersönliche konkave Verb im I. Stamm يجوز [yağūzu] „es ist erlaubt", Pf. جاز [ğāza].

يجوز لك أن تذهب [yağūzu la-ka ʒan tadhaba] du darfst gehen (w.: es ist dir erlaubt, daß du gehst)

يجوز لهم أن يقرؤوه [yağūzu la-hum ʒan yaqraʒū-hu] sie dürfen es lesen

لا يجوز أن تقول هذا [lā yağūzu ʒan taqūla hādā] das darfst du nicht sagen

Unserem „darf ich . . . ?" der höflichen Frage entspricht der Imperativ des Verbs يسمح I [yasmaḥu] „erlauben, gestatten":

إسمح لى أن أقدّم لك سيجارة [ʒismaḥ lī ʒan ʒuqaddima la-ka sīgāra] darf ich dir eine Zigarette anbieten? (wörtl.: erlaube mir, daß ich dir eine Z. anbiete!)

5. Das Wort [baçḍ]

بعض [baçḍ] ist ein Substantiv der Bedeutung „Teil". Von einem determinierten Genitiv Plural begleitet erhält es die Bedeutung „einige, manche, mehrere, ein paar":

بعض الكتب [baçd al-kutub] einige Bücher (w.: der Teil der Bücher)
بعض الأيّام [baçd al-ʒayyām] ein paar Tage
بعض أصدقائى [baçd ʒaṣdiqāʒ-ī] einige meiner Freunde
بعض كبه [baçd kutubi-hī] einige seiner Bücher

بعض kann auch Personalsuffixe tragen:

بعضنا [baçdu-nā] einige von uns, بعضهم [baçdu-hum] einige von ihnen
Ausdrücke mit بعض entsprechen auch unserem „einander". Zu deren
Konstruktion einige Beispiele:

الرّجال يضربون بعضهم بعضا [ʒar-riğāl yaḍribūn baçdu-hum baçd] die Männer

schlagen einander (wörtl.: die Männer schlagen (und zwar) ein Teil
von ihnen einen (anderen) Teil)

ساعدنا بعضنا بعضا [sāçadnā baçdu-nā baçd] wir halfen einander (wörtl. ?)
هم يتكلّمون مع بعضهم [hum yatakallamūn maça baçdi-him] sie sprechen
miteinander

Anmerkung: In seiner Grundbedeutung „Teil" wird بعض nicht verwendet.
Dazu dient قسم [qism] „Teil", Pl. أقسام [ʒaqsām]. Nicht zu verwechseln mit
بعض ist die Präposition بعد [baçda] „nach (zeitl.)"

WORTLISTE 13

إقليم [ʒiqlīm] Provinz, Lan-
desteil
Pl. أقاليم [ʒaqālīmu]
شهر [šahr] Monat
Pl. أشهر [ʒašhur]
قادم [qādim] nächst (in zeitl.
Reihenfolge)
مرّة [marra] Mal (Pl. ات)
مرّة [marratan] einmal
مرّة أخرى [marratan ʒuḫrā] noch
einmal, wieder
دار [dār] (fem.) Haus
Pl. دور [dūr]
دار سينما [dār sīnamā] Kino

معا [maçan] zusammen
عن [çan] (Präp.) von, aus
يستفهم X [yastafhimu] sich erkundigen
إستفهمها عنه [ʒistafhama-hā çan-hu] er
erkundigte sich bei ihr
nach ihm (bzw.
danach)
يعتذر VIII [yaçtaḏiru] sich entschuldigen
إعتذر عنه [ʒiçtaḏara çan-hu] er hat
sich dafür entschuldigt
يستأجر X [yastaʒğiru] mieten
Pf. إستأجر [ʒistaʒğara]

172

حَمّام [ḥammām] Bad, Bade-zimmer (Pl. ات)	غَنِيّ [ġaniy] reich
III يُرافِق [yurāfiqu] begleiten	Pl. أَغْنِياء [ʒaġniyāʒu]
Pf. رافَق [rāfaqa]	بِدون [bi-dūni] (Präp.) ohne
يَرْفُض [yarfuḍu] ablehnen, sich weigern	مُساعَدة [musāçada] Hilfe (Pl. ات)
Pf. رَفَض [rafaḍa]	شَخْص [šaḫṣ] Person
فَقير [faqīr] arm („mittellos", nicht: „bemitleidenswert)	Pl. أَشْخاص [ʒašḫāṣ]
Pl. فُقَراء [fuqarāʒu]	ميعاد [mīçād] vereinbarter Ter-min, Verabredung
شابّ [šābb] junger Mann	Pl. مَواعيد [mawāçīdu]
Pl. شَباب [šabāb]	X يَسْتَعْجِل [yastaçǧilu] sich beeilen
	Pf. إِسْتَعْجَل [ʒistaçǧala]

ÜBUNG 13.1

١ – أُريد أن أُسافِر إلى العاصِمة لأتفرّج عليها. لقد تفرّجت على كلّ أقاليم البلد. ٢ – أَقْصِد أن أُسافِر إلي بيروت في الشهر القادم. هل تُريد أن تُسافِر معي؟ ٣ – لقد تكلّمت مع المدير قبل شهر مرّة والآن أُريد أن أتكلّم معه مرّة أُخرى. ٤ – قلت لِصديقي : إنتظِرني أمام مدخل دار السينما لِنُشاهِد الفلم الجديد معا. ٥ – نحن نُريد أن نستفهِمك عن عنوان الطبيب النمساويّ. هل تعرف اسمه ؟ ٦ – ألسكرتيرة تُريد أن تعتذِر عن الأخطاء الكثيرة وتصحّحها حالا. ٧ – إبن خالي يُريد أن يستأجِر غرفة مع حمّام. هل تستطيع أن تساعده؟ ٨ – أصدقائي أرادوا أن يزوروك. أُختي أرادت أن ترافقني. أنا أردت أن أشرب قليلا من القهوة. ٩ – إبنة عمّي رفضت أن تتزوّج من صاحِب الدكّان الفقير. هي تُريد أن تتزوّج من شابّ طيّب ذكيّ غنّيّ. ١٠ – لا أستطيع أن أقرأ رسالة المدير الأخيرة. هل تستطيع السكرتيرة أن تقرأها؟ ١١ – ألشابّ استطاع أن يصلّح سيّارته بدون مساعدة شخص آخر. ١٢ – هل تستطيعون أن تقرؤوا الجرائد العربيّة بدون القاموس العربيّ الألمانيّ؟ ١٣ – عندي ميعاد بعد ساعة ويجِب أن أستعجِل. لا يجِب أن ترافقوني. ١٤ – يجِب علينا أن

١٥ ـ يجب عليك أن نعتذر. وجب علي أبي أن يسافر إلى بغداد مساء الأمس. ١٦ ـ السّادة تجلب لى بعض السّجائر. يجب عليكم أن تنتظروا بعض الدّقائق. ١٧ ـ هل يجوز لنا يعرفون بعضهم بعضا. بعد بعض الدّقائق أردت أن أخرج. ١٨؟ ـ إسمح لى أن أن نذهب إلى البيت؟ هل يجوز أن أقول له هذا أرافقك. إسمحوا لى أن أقول لكم شيئا. إسمحى لي إن أساعدك.

ÜBUNG 13.2

1. Hast du (f.) Hunger? Was möchtest du essen? Möchtest du einen
Fisch essen? 2. Ich möchte eine kleine Wohnung oder ein Zimmer mit
Bad in einem modernen Haus nahe vom Stadtzentrum (= in einem
modernen, vom S. nahen Haus) mieten. Kann dein Freund mir
helfen? 3. Ich habe vor, im kommenden Jahr nach Syrien zu fahren,
um einen Freund in Damaskus zu besuchen. 4. Mahmud, wir müssen
uns beeilen, damit wir den Zug nicht versäumen. Er fährt in einer
Stunde ab und der Bahnhof ist weit. 5. Warum hat Ibrahim es abgelehnt, den Wagen zu fahren? Ist er krank? Was hat er euch gesagt?
6. Layla (ليلى) ist krank und wir müssen ohne sie ins Kino gehen. Das
tut mir leid. 7. Der blonde junge Mann ist ein Deutscher. Er möchte
ein Jahr in Beirut studieren, um den Libanon kennenzulernen.
8. Muß nicht jeder reiche Mann den Armen helfen? 9. Hast du den
Brief des Ingenieurs verstehen können? Ja, ich habe alles verstanden.
10. Ich habe einige Fehler gefunden und du mußt sie verbessern.

ÜBUNG 13.3+

Übersetzen Sie und konjugieren Sie in allen Personen, Singular und
Plural:
1. Ich möchte ihn fragen. 2. Ich wollte das Buch lesen. 3. Ich kann es
verstehen. 4. Ich konnte ihm helfen. 5. Ich muß mit ihm sprechen. 6. Ich
mußte zurückkehren.

ABSCHNITT VIERZEHN

1. Futur

Das *Futur* (Zukunft) eines Verbs wird durch das Wort سوف [sawfa] ausgedrückt, das vor die Formen des Präsens gesetzt wird:

سوف يكتب [sawfa yaktubu] er wird schreiben, سوف أقرؤه [sawfa ʒaqraʒu-hū] ich werde es lesen

سوف kann auch zu سـ [sa-] abgekürzt werden, das mit der Verbform zusammengeschrieben wird: سيكتب [sa-yaktubu], سأقرؤه [sa-ʒaqraʒu-hū]. Die Bildung mit سوف soll die weiter entfernte, die mit سـ die nahe bevorstehende Zukunft bezeichnen, doch wird diese Unterscheidung nicht streng beachtet. Ergibt sich die Futurbedeutung schon aus dem Sinn des Satzes (insbes. aus Adverbien), dann genügt – wie im Deutschen – das Präsens:

صديقى يزورنى غدا [ṣadīq-ī yazūru-nī ġadan] mein Freund besucht mich morgen

Ebenso kann hier natürlich auch سيزورنى [sa-yazūru-nī] stehen.
Zur Verneinung des Futurs setzt man سوف vor die Negation لا:

سوف لا يكتب [sawfa lā yaktubu] er wird nicht schreiben

Man kann aber auch die besondere Negation لن [lan] gebrauchen. Auf diese muß jedoch das Verb im Konjunktiv folgen, der hier Futurbedeutung erhält:

لن يفعل هذا [lan yafçala hāḏā] er wird das nicht tun

لن أساعدهم [lan ʒusāçida-hum] ich werde ihnen nicht helfen

Die Verneinung mit لن hat die Endgültigkeit des „niemals". Dies kann noch verdeutlicht werden, indem das Adverb أبدا [ʒabadan] wörtl.: „in Ewigkeit" nach der verneinten Verbform gebraucht wird:

لن يصل أبدا [lan yaṣila ʒabadan] er wird niemals ankommen

لن يعودوا أبدا [lan yaçūdū ʒabadan] sie werden niemals zurückkehren

2. Aussagesätze

Die Konjunktion أن, die wir im vorigen Abschnitt kennengelernt haben, dient in der Hauptsache zur Einleitung *abhängiger Wunschsätze*. (Damit meinen wir Sätze, die einen Wunsch im weitesten Sinn

– auch einen Befehl, ein Verbot, eine Befürchtung usw. – ausdrücken.) Deutsches „daß" dient aber auch zur Einleitung *abhängiger Aussagesätze*, wie in: „ich habe gehört, daß dein Bruder zurückgekommen ist". Im Arabischen steht nun nicht wieder أَنْ [ʒan], sondern eine andere Konjunktion: أَنَّ [ʒanna] „daß"

سمعت أَنَّ أخاك عاد [samiçtu ʒanna ʒaḫā-ka çāda]

Nach أَنَّ muß, wie wir dem Beispiel ablesen, ein *Nominalsatz* (nicht ein Verbalsatz wie nach أَنْ) folgen, dessen *Subjekt in den Akkusativ* gesetzt werden muß. Das *Verb* steht *im Perfekt* oder *im Präsens* (bzw. Futur), nicht im Konjunktiv. Weitere Beispiele:

قرأت أَنَّ وفدا سوريّا قد وصل إلى مدينتنا [qaraʒtu ʒanna wafd sūrīy qad waṣala ʒilā madīnati-nā] ich habe gehört, daß eine syrische Delegation in unserer Stadt eingetroffen ist

كتب لنا أَنَّ أباه سيزورنا [kataba la-nā ʒanna ʒabā-hu sa-yazūru-nā] er schrieb uns, daß sein Vater uns besuchen wird

علمت أَنَّ المراسلين مصريّون [çalimtu ʒanna al-murāsilīn miṣrīyūn] ich habe erfahren, daß die Reporter Ägypter sind

Das letzte Beispiel zeigt deutlich, daß nur das Subjekt nach أَنَّ im Akkusativ steht. Das Prädikatsnomen bleibt im Nominativ.

Ist das Subjekt des abhängigen Aussagesatzes ein Personalpronomen, dann wird dieses als Personalsuffix an أَنَّ angehängt:

أعلم أَنَّك ستسافر اليوم [ʒaçlamu ʒanna-ka sa-tusāfiru al-yawm] ich weiß, daß du heute abreisen wirst

كتبت لنا أَنَّها تزوّجت [katabat la-nā ʒanna-hā tazawwaǧat] sie schrieb uns, daß sie geheiratet hat

قرأت أَنَّهم قد عادوا [qaraʒtu ʒanna-hum qad çādū] ich habe gelesen, daß sie schon zurückgekommen sind

Unabhängige Aussagesätze werden häufig mit einer Partikel إِنَّ [ʒinna] eingeleitet, die ganz genau wie أَنَّ konstruiert wird:

176

إنَّ أَباهُ مهندس [ʒinna ʒabā-hu muhandis] sein Vater ist Ingenieur

إنَّ مدِيرنا قد وصل [ʒinna mudīra-nā qad waṣala] unser Direktor ist schon eingetroffen

إنَّهم طُلّاب [ʒinna-hum ṭullāb] sie sind Studenten

إنَّه ذكِيّ جدّا [ʒinna-hū ḏakīy ǧiddan] er ist sehr intelligent

Alle diese Sätze können natürlich auch ohne إنَّ formuliert werden:

أبوه مهندس [ʒabū-hu muhandis], مديرنا قد وصل [mudīru-nā qad waṣala],

هم طُلّاب [hum ṭullāb], هو ذكِيّ جدّا [huwa ḏakīy ǧiddan].

Im Deutschen ergibt sich so die gleiche Bedeutung. Die Verwendung von إنَّ bewirkt einen bestimmten Nachdruck (und zwar weniger auf dem Subjekt, als auf dem Prädikat des Satzes), der jedoch zu schwach ist, um sinngemäß richtig ins Deutsche übertragen zu werden. إنَّ bleibt also im allgemeinen unübersetzt.

Für gewöhnlich muß das Subjekt sofort auf أنَّ bzw. إنَّ folgen. Eine Ausnahme davon wird nur dann gemacht, wenn das Subjekt indeterminiert ist und das Prädikat in einem Präpositionalausdruck besteht, wenn also kein Verb im Satz steht. Dann folgt nämlich das Subjekt (weiterhin im Akkusativ!) auf diesen Präpositionalausdruck:

أعلم أنَّ فى بيته ناسا كثيرين [ʒaҫlamu ʒanna fī bayti-hī nās kaṯīrīn] ich weiß, daß in seinem Haus viele Leute sind

أعلم أنَّ له منزلا جميلا [ʒaҫlamu ʒanna la-hū manzil ǧamīl] ich weiß, daß er ein schönes Haus hat

سمعت أنَّ لديها نقودا كثيرة [samiҫtu ʒanna laday-hā nuqūd kaṯīra] ich habe gehört, daß sie viel Geld hat

إنَّ لصديقى إخوة كثيرين [ʒinna li-ṣadīq-ī ʒiḫwa kaṯīrīn] mein Freund hat viele Brüder (oder: Geschwister)

Nach dem Verb يقول „sagen" sollen mit أنَّ eingeleitete unabhängige Aussagesätze folgen. (Eine abhängige Rede gibt es im Arabischen nicht.) Diese Sätze geben die Rede des Sprechenden wörtlich wieder:

قال إنَّ المدينة بعيدة [qāla ʒinna al-madīna baҫīda] „er sagte, daß die Stadt weit ist (sei)" oder: „er sagte, die Stadt sei weit". Wörtl.: „er sagte: die Stadt ist weit"

Daneben findet sich im modernen Arabisch aber auch der Gebrauch von أنْ nach dem Verb يَقُول.

Treten die Suffixe der ersten Person an أنْ und إنْ an, dann finden wir die folgenden Formen: أنَّنِي [ʒanna-nī] oder أنِّي [ʒannī] „daß ich", أنَّنا [ʒanna-nā] oder أنَّا [ʒannā] „daß wir", إنَّنِي [ʒinna-nī] oder إنِّي [ʒinnī] „ich", إنَّنا [ʒinna-nā] oder إنَّا [ʒinnā] „wir".

Anmerkung: Die Verbindung von أنْ und إنْ mit folgendem Artikel wird oft gesprochen: [ʒanna-l-kitāb] oder [ʒanna al-kitāb] „daß das Buch ... " Die Verteilung des Gebrauchs von أنْ und أنْ auf Wunsch- und Aussagesätze ist oben nur vereinfacht dargestellt. أنْ kann ebenfalls Aussagesätze einleiten und dann auch Perfektformen nach sich haben.

3. Kausalsätze

Kausalsätze werden mit der Konjunktion لأنْ [li-ʒanna] „weil, denn" eingeleitet. (Nicht mit لأن [li-ʒan] „damit" zu verwechseln!) Der Bau des auf لأنْ folgenden Satzes ist der gleiche wie nach أنْ oder إنْ:

هو يَأكُل لأنَّه جوعان [huwa yaʒkulu li-ʒanna-hū ǧawçān] er ißt, weil er hungrig ist

هو لا يذهب معنا لأنَّ أباه مريض [huwa lā yaḏhabu maça-nā li-ʒanna ʒabā-hu marīḍ] er geht nicht mit uns, weil sein Vater krank ist

Im Arabischen muß der Kausalsatz stets dem Hauptsatz, dessen Inhalt er begründet, nachfolgen. Er kann nicht vorausgehen. Unser „da ich krank bin, kann ich nicht mit euch gehen" wird übersetzt:

لا أستطيع أن أذهب معكم لأنّى مريض [lā ʒastaṭīçu ʒan ʒaḏhaba maça-kum li-ʒannī marīḍ]

4. Einige Ergänzungen

a) „UND"

Dem deutschen „und" entsprechen zwei arabische Konjunktionen: و [wa-] und ف [fa-]. ف verbindet zwei Sätze, deren zweiter als *Folge* des ersten angesehen wird. „Folge" kann dabei die Auswirkung einer bestimmten Ursache oder auch die unmittelbare zeitliche Aufeinanderfolge bedeuten. ف läßt sich oft mit „und daher, und so, und da, und darauf usw." übersetzen. Besonders häufig steht es bei Wechsel des Subjekts.

Vergleichen Sie die folgenden Sätze:

سألنى وسألك [saʒala-nī wa-saʒala-ka] er fragte mich und er fragte dich

سألنى فقلتله الحقيقة [saʒala-nī fa-qultu la-hū al-ḥaqīqa] er fragte mich, und da sagte ich ihm die Wahrheit

Im ersten Beispiel haben wir zwei getrennte Handlungen ohne unmittelbaren Zusammenhang. Im zweiten Beispiel folgt die zweite Handlung zeitlich wie ursächlich auf die erste.

b) „ABER"

„aber" ist لكـنّ [lākínna]. Achten Sie auf die defektive Schreibung! لكـنّ wird wie إنّ, أنّ konstruiert. Meist setzt man vor لكـنّ noch و, das hier unübersetzt bleibt.

محمود طويل ولكـنّ أخاه محمّدا قصير [maḥmūd ṭawīl wa-lākinna ʒaḫā-hu muḥammad qaṣīr] Mahmud ist groß, aber sein Bruder Mohammed ist klein

أشرحه ولكتّه لا يفهمه [ʒašraḥu-hū la-hū wa-lakinna-hū lā yafhamu-hū] ich erkläre es ihm, aber er versteht es nicht

لكـنّ kann nur vor Substantiven oder mit Suffix stehen. Sonst wird die kürzere Form لكن [lākin], ولكن [wa-lākin] gebraucht:

هو لا يكتب ولكن يقرأ [huwa lā yaktubu wa-lākin yaqraʒu] er schreibt nicht, sondern er liest

c) „ODER"

Für gewöhnlich entspricht unserem „oder" أو [ʒaw]. Nur in der Doppelfrage, wenn zwischen zwei Möglichkeiten gewählt werden soll, wird أم [ʒam] verwendet:

هل أنت طالب أم أستاذ؟ [hal ʒanta ṭālib ʒam ʒustāḏ] „sind Sie Student oder Professor?"

هل هو مريض أم لا؟ [hal huwa marīḍ ʒam lā] „ist er krank oder nicht?"

d) „WESSEN?"

Die Frage nach dem Besitzer wird gebildet, indem man من, das auch „wer?" oder „wen?" bedeuten kann, wie einen Genitiv anfügt. (Das Substantiv wird dadurch determiniert.)

سيّارة من هذه؟ [sayyārat man hāḏihī] „wessen Auto ist das?"

أخو من عاد؟ [ʒaḫū man çāda] „wessen Bruder ist zurückgekehrt?"

5. Hauptregeln der Hamza-Orthographie

Schon in der Einleitung zur Sprachlehre haben wir das Wichtigste über das Hamza-Zeichen (ء) als schriftlicher Ausdruck des Konsonanten Hamz (ʒ) und über die verschiedenen Trägerbuchstaben des Hamza-Zeichens vorweggenommen. Inzwischen haben wir viele Beispiele und weitere Schreibregeln zur Hamza-Orthographie kennengelernt, die nun zusammengefaßt und ergänzt werden sollen.
Bei der Bestimmung des Hamza-Trägers ist zunächst die Position des Hamz im Wort zu berücksichtigen. Wir haben danach drei Hauptfälle zu unterscheiden:

I. HAUPTFALL: HAMZ IST DER ERSTE KONSONANT DES WORTES

Hier wird stets ʒalif als Träger gebraucht. Das Hamza-Zeichen steht unterhalb des ʒalif, wenn der i-Vokal folgt, sonst darüber:

أب [ʒab], أخت [ʒuḫt], إبن [ʒibn]

II. HAUPTFALL: HAMZ IST EIN MITTLERER KONSONANT DES WORTES

Hier steht das Hamza-Zeichen über den Trägern ʒalif, wāw, yāʒ, je nachdem, ob der Hamz neben dem a-Vokal, dem u-Vokal oder dem i-Vokal steht. (Die Länge oder Kürze der Vokale spielt keine

Rolle.) Steht der Hamz zwischen Vokalen verschiedener Qualität, dann erweisen sich zur Bestimmung des Hamza-Trägers *i* stärker als *u* und *a*, und *u* stärker als *a*. Beachten Sie, daß nur ein unmittelbar neben dem Hamz stehender Vokal zählt, nicht auch ein durch einen weiteren Konsonanten von ihm getrennter.

رأس [raʒs] „Kopf", ذئب [ḏiʒb] „Wolf", بؤس [buʒs] „Unheil", جرائد [ǧarāʒidu] „Zeitungen", ذئاب [ḏiʒāb] „Wölfe", رؤوس [ruʒūs] „Köpfe", رئيس [raʒīs] „Chef", تفاؤل [tafāʒul] „Optimismus", يسأل [yasʒalu] „er fragt".

Hier ist aber eine wichtige Ausnahme zu beachten: Steht der Hamz in den Umgebungen -*āʒa*- und -*ūʒa*-, dann erhält das Hamza-Zeichen keinen Träger. يتفاءل VI [yatafāʒalu] „optimistisch sein", براءة [barāʒa] „Lizenz, Patent", مروءة [murūʒa] „Mannhaftigkeit".
Eine weitere Zusatzbestimmung zum zweiten Hauptfall verlangt, daß nach *y* der Hamza-Träger *yāʒ* sein muß, auch wenn der Vokal *a* folgt: هيئة [hayʒa] „Organisation, Korps", Pl. هيئات [hayʒāt].

III. HAUPTFALL: HAMZ IST DER LETZTE KONSONANT DES WORTES

Hier müssen wir weiter unterteilen:

1. Fall: Nach dem Hamz folgt ein langer Endvokal

Dann gelten dieselben Regeln wie beim II. Hauptfall.

قرؤوا [qaraʒū] „sie lasen", إقرئی [ʒiqraʒī] „lies (f.)!"

2. Fall: Nach dem Hamz folgt ein kurzer Endvokal oder nichts mehr

Dann ist eine nochmalige Fallunterscheidung notwendig:

1. Unterfall: Vor dem Hamz steht ein kurzer Vokal

Dann bestimmt dieser kurze Vokal den Hamza-Träger. (Der nachfolgende kurze Endvokal ist ohne Einfluß.)
قرأ [qaraʒa] „er las", ملئ [maliʒa] „er (es) war voll", بطؤ [baṭuʒa] „er war langsam", يقرأ [yaqraʒu] „er liest", يهنئ II [yuhanniʒu] „er gra-

tuliert", يَبْطُؤ [yabṭuʒu] „er ist langsam", إِقْرَأ [ʒiqraʒ] „lies !", مَبْدَأ [mabdaʒ] „Prinzip", قَارِئ [qāriʒ] „Leser".

(Die bei den letzten beiden Beispielen fortgelassene klassische Endung, insbes. der Konsonant n der Nunation, zählt hier nicht mit.)

2. *Unterfall: Vor dem Hamz steht ein langer Vokal oder ein Konsonant*

In diesem Fall steht das Hamza-Zeichen ohne Träger auf der Zeile.

مَاء [māʒ] Wasser, رُؤَسَاء [ruʒasāʒu] Chefs, رَدِيء [radīʒ] schlecht, مَقْرُوء [maqrūʒ] gelesen, سُوء [sūʒ] Böses, جَرِيء [ğarīʒ] mutig, شَيء [šayʒ] Sache, بَدْء [badʒ] Beginn, جُزَيء [ğuzayʒ] Molekül.

(Beachten Sie aber die Feminin-Formen nach dem II. Hauptfall: رَدِيئَة [radīʒa], جَرِيئَة [ğarīʒa].)

6. Ergänzungen und Beispiele zur Hamza-Orthographie

Triptotisch deklinierte Nomen erhalten im indeterminierten Akkusativ ein ʒalif. Ist der letzte Radikal dieses Nomens der Hamz, dann muß aber das Folgende beachtet werden:
a) Steht das Hamza-Zeichen auf ʒalif oder steht es trägerlos nach einem ʒalif, dann enfällt das ʒalif im indeterminierten Akkusativ:

مَبْدَأ [mabdaʒ(an)] einen Grundsatz, مَسَاء [masāʒ(an)] einen Abend, abends

b) Steht das Hamza-Zeichen trägerlos nach einem anderen Buchstaben als ʒalif, dann wird das ʒalif im Akkusativ gesetzt. Ist der letzte Buchstabe vor dem Hamza-Zeichen د, ذ, ر, ز oder و, dann bleibt das Hamza-Zeichen hiebei weiterhin trägerlos und das ʒalif wird unverbunden nachgesetzt:

جُزْءا [ğuzʒ(an)] einen Teil, بَدْءا [badʒ(an)] einen Beginn

Ist jedoch der Buchstabe vor dem Hamza-Zeichen nach links verbindbar, dann wird das Hamza-Zeichen jetzt auf den Träger yāʒ gesetzt und das ʒalif des Akkusativs folgt verbunden nach: شَيئا [šayʒ (an)] eine Sache

Tritt ein Suffix an ein Wort, dessen letzter Konsonant der Hamz ist, dann muß sich in manchen Fällen die Hamza-Schreibung ändern, denn die Anfügung des Suffixes rückt den Hamz vom Wortende in die Wortmitte, d.h. daß statt der Regeln des III. Hauptfalles die des II. zur Anwendung gelangen.

يَقْرَأ [yaqraʒu] „er liest"

يَقْرَؤُه [yaqraʒu-hū] „er liest es"

لِيَقْرَأ [li-yaqraʒa] „damit er liest"

لِيَقْرَأه [li-yaqraʒa-hū] „damit er es liest"

(Andere Beispiele in Abschnitt 8, Punkt 3.)

Dagegen ist zu beachten, daß Partikeln, die vor ein Wort treten und mit diesem zusammengeschrieben werden, die Hamza-Schreibung nicht verändern:

لأَب [li-ʒab] „für einen Vater" (nicht etwa: لِب)

Zur Einübung der Regeln der Hamza-Orthographie eignet sich das Verb يَجِي I [yağīʒu] „kommen". Es ist ein konkaves Verb, dessen letzter Radikal der Hamz ist. In Umschrift weicht die Konjugation nirgends von der des Verbs بِيع „verkaufen" ab. Studieren Sie die folgende Abwandlung genau und begründen Sie die Schreibung jeder einzelnen Form durch die in Punkt 5 angegebenen Regeln!

Präsens		Perfekt	
Singular	Plural	Singular	Plural
يَجِي [yağīʒu]	يَجِيئُون [yağīʒūna]	جَاء [ğāʒa]	جَاؤُوا [ğāʒū]
تَجِي [tağīʒu]	يَجِنَّ [yağiʒna]	جَاءَت [ğāʒat]	جِئْن [ğiʒna]
تَجِي [tağīʒu]	تَجِيئُون [tağīʒūna]	جِئْت [ğiʒta]	جِئْتُم [ğiʒtum]
تَجِيئِن [tağīʒīna]	تَجِنَّ [tağiʒna]	جِئْت [ğiʒti]	جِئْتُنَّ [ğiʒtunna]
أَجِي [ʒağīʒu]	نَجِي [nağīʒu]	جِئْت [ğiʒtu]	جِئْنَا [ğiʒnā]

Einige Konjunktiv-Formen: يَجِي [yağīʒa], يَجِيئُوا [yağīʒū], تَجِيئِي [tağīʒī].

Der Imperativ lautet: جِئْ [ğiʒ], جِيئِي [ğiʒī], جِيئُوا [ğiʒū], جِنَّ [ğiʒna].

Er ist jedoch nicht gebräuchlich und wird meist durch die Formen:

تَعَالَ [taçāla] (m.),   تَعَالَى [taçālay] (f.) „komm !“
تَعَالَوْا [taçālaw] (m.),   تَعَالَيْنَ [taçālayna] (f.) „kommt!“
ersetzt, die wir erst später verstehen werden.

Das Verb يَجِيءُ wird meist mit Objekt gebraucht: جَاءَنِي [ǧāʒa-nī] „er
kam zu mir“, der Imperativ aber mit إِلَى: تَعَالَ إِلَى [taçāla ʒilay-ya]
„komm zu mir !“

Anmerkungen: 1. Die in den Punkten 5 and 6 dieses Abschnitts neu vorkommenden Wörter dienen nur zur Veranschaulichung der Hamza-Orthographie und
zählen (mit Ausnahme von يَجِيءُ) nicht zum Lernstoff.

2. Wir haben in diesem Abschnitt nicht alle möglichen Sonderfälle der
Hamza-Schreibung besprechen können. Manche Einzelheit bleibt nachzutra-
gen oder wird von uns übergangen. Zudem ist die Hamza-Schreibung nicht
völlig einheitlich, in manchen Fällen stehen zwei oder mehr Schreibtraditionen
nebeneinander. Wir halten uns hier an die von der Mehrzahl der Druckereien
in den arabischen Ländern heute befolgten Regeln.

WORTLISTE 14

Vorbemerkung: Von nun an geben wir das Perfekt neuer Verben nicht mehr
besonders an, wenn es aus dem Präsens eindeutig erschlossen werden kann.
Mit dem Zusatz „(Pf. i)“ weisen wir auf Verben mit Präsensvokal a hin, die
— wie z.B. يَشْرُبُ — den Perfektvokal i haben.

يُحَاوِلُ III [yuḥāwilu] versuchen (etw.
zu tun)

يَحِلّ I [yaḥullu] lösen

مُشْكِلَة [muškila] Problem
Pl. مَشَاكِل [mašākilu]

يَعْتَقِدُ VIII [yaçtaqidu] (fest) glauben, (sicher) annehmen

مِرَارًا [mirāran] oft

لِلْأَسَف [li-l-ʒasaf] leider (w.: zum
Schmerz)

مُدَّة [mudda] Zeitspanne, Weile
Pl. مُدَد [mudad]

وَطَن [waṭan] Vaterland
Pl. أَوْطَان [ʒawṭān]

بَعْدَ قَلِيل [baçda qalīl] bald (w.:
nach wenigem)

أَلشَّرْق [ʒaš-šarq] der Osten, der
Orient

لِهَذَا [li-hāḏā] deshalb, deswegen (w.: für das)

يَظُنّ I [yaẓunnu] meinen, vermuten

إِنْكِلِيزِيّ [ʒinkilīzīy] englisch, Eng-
länder

كِفَايَة [kifāyatan] zur Genüge,
genügend, genug

قُنْصُل [qunṣul] Konsul
Pl. قَنَاصِل [qanāṣilu]

184

يتابع III [yutābiçu] fortsetzen
فقط [faqaṭ] nur
يعمل I [yaçmalu] (Pf. i) arbeiten
يتقابل VI [yataqābalu] sich treffen
بعد غد [baçda ġad(in)] übermorgen
ملحق [mulḥaq] Attaché (Pl. ون)
تجارة [tiğāra] Handel
تجاريّ [tiğārīy] Handels-
ذهب [dahab] Gold
معدن [maçdin] Metall
Pl. معادن [maçādinu]
ثمين [tamīn] kostbar, wertvoll
قنبلة [qunbula] Bombe
Pl. قنابل [qanābilu]
ذرّة [darra] Atom (Pl. ات)
ذرّيّ [darrīy] atomar
سلاح [silāḥ] Waffe
Pl. أسلحة [ʒasliḥa]
مخيف [muḫīf] furchtbar, schrecklich

طاقة [ṭāqa] Energie (Pl. ات)
كهربائيّ [kahrabāʒīy] elektrisch, Elektriker (Pl. ون)
مفيد [mufīd] nützlich
جاءفى [ğāʒa fi_l-ğarīda] es stand
الجريدة (oder steht) in der Zeitung
ينخفض VII [yanḫafiḍu] sich senken, niedriger werden
محتمل [muḥtamal] wahrscheinlich
كرافتّة [karāfátta] Krawatte (Pl. ات)
بنّ [bunn] Kaffeebohnen
بنّيّ [bunnīy] braun
رماد [ramād] Asche
رماديّ [ramādīy] grau
يبحث I [yabḥatu] suchen
بحث عنه [baḥata çan-hu] er suchte es, ihn

ÜBUNG 14.1

١ – سأحاول أن أحلّ المشكلة لأنّى أعتقد أنّ الآخرين لا يستطيعون أن يحلّوها. لقد حاولوا مرارا ٢ – هل ستحضرين إلى الحفلة مساء اليوم؟ للأسف لا أستطيع أن أحضر. ولماذا؟ لأنّى سأسافر بعد الظّهر؟ ٣ – سوف لا يجب عليكم أن تنتظروا مدّة طويلة. ألجنود لن يعودوا أبدا. ان أغادر وطنى. ٤ – ألقطار سيصل بعد قليل. سوف نسافر إلى الشّرق. ألسوّاح سوف يتفرّجون على القصر. سنعود بعد ساعة. ٥ – أعتقد أنّ أخاك شابّ ذكيّ جدّا. ولهذا أعتقد أيضا أنّه سوف ينجح في دراسته الصّعبة إن شاء اللّه. ٦ – أظنّ أنّى لا أستطيع أن أقرأ القصّة لأنّى لا أعرف اللّغة الإنكليزية كفاية. ٧ – هل تظنّ أنّ القنصل سيستطيع أن يساعدك؟ هل تريد أن تتكلّم معه؟ ٨ – محمّد

185

٩ - هل يتكلّم بالألمانيّة جيّدا جدّا ولكنّ الآخرين يتكلّمون بالإنكليزيّة فقط
أن يجب علينا أن نتابع العمل أم لا؟ هل عمل الآخرون كفاية؟ هل يجب أن
نعمل بعد الظّهر؟ ١٠ - صديقى لا يتشاجر مع زوجته أبدا. بعد غد سنتقابل
مع الملحق التّجاريّ. متى تتقابل معهم؟ ١١ - إنّ الذّهب معدن ثمين. إنّ
القنبلة الذّرّيّة سلاح مخيف. إنّ الطّاقة الكهربائيّة مفيدة. ١٢ - جاء فى
الجريدة أنّ كلّ الأسعار سوف تنخفض فى السّنة القادمة. هل هذا محتمل أم
لا؟ ياأخى ليس هذا من المحتمل. ١٣ - هل تريد الكرافته البنّيّة أم الزّرقاء؟
إنّى أرغب فى الزّرقاء ولكنّ محمودا يبحث عن كرافتّة رماديّة. ١٤ - غرفة
من هذه؟ هل هى غرفتك أم غرفة أخيك؟ فى غرفة من يجب أن أضع الأشياء؟

ÜBUNG 14.2+

Bilden sie zur Einübung der Hamza-Orthographie alle Formen der
Verben شاء• I [yašāʒu] „wollen" und يسوء• I [yasūʒu] „böse sein".
(Abwandlung wie von ينام bzw. يقول.)

ÜBUNG 14.3

1. Glaubst du, daß die Autopreise bald gesenkt werden? Ist das
wahrscheinlich? Nein, ich glaube nicht, daß sie gesenkt werden.
2. Wirst du den grauen oder den schwarzen Anzug anziehen? Ich
werde den grauen Anzug und eine rote Krawatte nehmen (= anziehen).
3. Ich glaube, daß der Bruder von Mohammed bei seinem Studium
keinen Erfolg haben wird, weil er nicht genügend studiert. 4. Ich
sagte ihm die Wahrheit, und da erbleichte er und verließ das Zimmer.
Ich nehme an, daß er mich verstanden hat. Was wird er jetzt tun?
5. Er sagte, er könne das Problem nicht lösen. Da bot ich ihm meine
Hilfe an, aber er lehnte sie ab. 6. Möchtest du (f.) uns heute abend
ins Kino begleiten? Ich glaube, daß dir der Film gefallen wird. Nach
der Vorstellung werden wir im Restaurant abendessen (= unser
Abendessen einnehmen). 7. Ich habe dir ein paar neue Zeitungen
mitgebracht, damit du erfährst, was sich in deiner Heimat ereignet

hat. 8. Glaubst du, daß Mahmud die Tochter des Professors heiraten will? 9. Ich habe heute in der Zeitung gelesen, daß der Präsident morgen in die Hauptstadt zurückkehren wird. 10. Ich weiß, daß der Vater von Mohammed ein Haus in Kairo besitzt.

ABSCHNITT FÜNFZEHN

1. Jussiv

Vom Präsens läßt sich außer dem Konjunktiv noch eine weitere Verbform ableiten. Sie trägt den Namen *Jussiv*, ihre Grundbedeutung ist die der Aufforderung, des Befehls, des Wunsches.

JUSSIV

Singular	Plural
لِيَكْتُبْ [li-yáktub] er möge schreiben!	لِيَكْتُبوا [li-yáktubū] sie (m.) mögen schreiben!
لِتَكْتُبْ [li-táktub] sie möge schreiben!	لِيَكْتُبْنَ [li-yaktúbna] sie (f.) mögen schreiben!
لِتَكْتُبْ [li-táktub] du (m.) mögest schreiben!	لِتَكْتُبوا [li-táktubū] ihr (m.) mögt schreiben!
لِتَكْتُبي [li-táktubī] du (f.) mögest schreiben!	لِتَكْتُبْنَ [li-taktúbna] ihr (f.) mögt schreiben!
لأَكْتُبْ [li-ʒáktub] ich möge schreiben!	لِنَكْتُبْ [li-náktub] laßt uns schreiben!

Die *Bildung des Jussivs* geschieht also sehr einfach nach den *Regeln:*

1) Alle Formen, die im Präsens auf *-u* und im Konjunktiv auf *-a* enden, erhalten im Jussiv keine Endung.
2) Alle übrigen Formen des Jussivs gleichen denen des Konjunktivs. Wird der Jussiv in seiner Grundbedeutung der Aufforderung gebraucht, dann setzt man ihm meist (aber nicht unbedingt) die Partikel لِ [li-] vor. (Sie ist nicht mit لِ „damit" vor dem Konjunktiv zu verwechseln: [li-yašrab] „er möge trinken", aber [li-yašraba] „damit er trinkt".

Weitere Beispiele:

لينجح [li-yanǧaḥ] „er möge Erfolg haben !", ليحاول [li-yuḥāwil] „er möge (es) versuchen !", ليسافروا [li-yusāfirū] „sie mögen abreisen !", لنتقابل [li-nataqābal] „treffen wir uns !", لنذهب [li-naḏhab] „gehen wir !", لننتظر [li-nantaẓir] „warten wir !"

Die Verwendung des Jussivs zur Aufforderung ist nur in der dritten und ersten Person gebräuchlich. Für die zweite Person wird ihm, wie es naheliegt, der Imperativ vorgezogen.

Die Verneinung des Jussivs erfolgt mit der Negation لا, hinter der die Vorsilbe ل entfallen muß:

لا يكتب [lā yaktub] er möge nicht schreiben !,

لا يشربوا [lā yašrabū] sie mögen nicht trinken !

لا mit dem Jussiv dient also zum Ausdruck von *Verboten*. Wir haben jetzt auch das Mittel an der Hand, um Verbote an die zweite Person zu formulieren. Die Imperativ-Formen selbst können ja – wie wir schon in Abschnitt 9 erwähnt haben – nicht negiert werden. Verneinten Imperativen im Deutschen entspricht also im Arabischen die zweite Person des Jussivs mit Negation لا.

BEFEHLE UND VERBOTE

Positiv	Negativ
أكتب [ʒuktub] schreib (m.) !	لا تكتب [lā taktub] schreib (m.) nicht !
أكتبي [ʒuktubī] schreib (f.) !	لا تكتبي [lā taktubī] schreib (f.) nicht !
أكتبوا [ʒuktubū] schreibt (m.) !	لا تكتبوا [lā taktubū] schreibt (m.) nicht !
أكتبن [ʒuktubna] schreibt (f.) !	لا تكتبن [lā taktubna] schreibt (f.) nicht !

Weitere Beispiele: لا تشرب [lā tašrab] trink nicht !, لا تقرأه [lā taqraẓ-hu] lies es nicht !, لا تقفوا [lā taqifū] bleibt nicht stehen !, لا تفعله [lā tafʕal-hu] tu es nicht !, لا تسافري [lā tusāfirī] fahr (f.) nicht !

2. Verneinung der Vergangenheit

Wir haben schon in Abschnitt 10 angemerkt, daß die Negation der Perfektformen mit ما erfolgen kann, dies in moderner Schriftsprache aber nicht üblich ist. Die übliche Bildung einer verneinten Vergangenheit geschieht mit einer besonderen Negation لم (lam). Darauf folgt aber *nicht das Perfekt, sondern der Jussiv*, der hier seinen Aufforderungscharakter völlig verliert:

لم يكتب [lam yaktub] er schrieb nicht, hat nicht geschrieben

Wir finden den wichtigen Zusammenhang:

لم + JUSSIV = **VERNEINTE VERGANGENHEIT**

Um diesen Zusammenhang deutlich aufzuzeigen, lassen wir eine vollständige Abwandlung der verneinten Vergangenheit folgen.

VERNEINTE VERGANGENHEIT

Singular	Plural
لم يكتب [lam yaktub] er schrieb nicht	لم يكتبوا [lam yaktubū] sie (m.) schrieben nicht
لم تكتب [lam taktub] sie schrieb nicht	لم يكتبن [lam yaktubna] sie (f.) schrieben nicht
لم تكتب [lam taktub] du (m.) schriebst nicht	لم تكتبوا [lam taktubū] ihr (m.) schriebt nicht
لم تكتبى [lam taktubī] du (f.) schriebst nicht	لم تكتبن [lam taktubna] ihr (f.) schriebt nicht
لم أكتب [lam ʒaktub] ich schrieb nicht	لم نكتب [lam naktub] wir schrieben nicht

Weitere Gegenüberstellungen von Perfektformen und ihren Verneinungen, deren Übersetzung als Übung bleibt:

Positiv	Negativ
شرب [šariba]	لم يشرب [lam yašrab]
دخّن [daḫḫana]	لم يدخّن [lam yudaḫḫin]
قابلت [qābalat]	لم تقابل [lam tuqābil]
أرسلوا [ʒarsalū]	لم يرسلوا [lam yursilū]
تكلّمت [takallamtu]	لم أتكلّم [lam ʒatakallam]

Positiv	Negativ
تقابلنا [taqābalnā]	لم نتقابل [lam nataqābal]
إنتظرتم [ʒintaẓartum]	لم تنتظروا [lam tantaẓirū]
إستقبلت [ʒistaqbalta]	لم تستقبل [lam tastaqbil]
وقف [waqafa]	لم يقف [lam yaqif]
وجدوا [waǧadū]	لم يجدوا [lam yaǧidū]
أخذت [ʒaḫaḏtu]	لم آخذ [lam ʒāḫuḏ]

3. Jussiv der konkaven und geminierten Verben

In den endungslosen Jussiv-Formen der konkaven Verben muß
(ebenso wie in den beiden femininen Pluralformen mit Endung -na)
der lange Vokal gekürzt werden, um die Entstehung verbotener
Silben zu verhindern. Die Jussiv-Formen zu يقول، ويبيع، وينام، ويريد، ويستطيع
sind somit: يقل [yáqul], يبع [yábiç], ينم [yánam], يرد yúrid], يستطع [yas-
táṭiç]. Achtung auf die Betonungsänderung! (Ohne Verkürzung
enthielten z.B. [yaqūl], [yabīç] die unmöglichen Silben qūl, bīç.
Durch die Kürzung wird hier übrigens der Jussiv auch in arabischer
Schrift kenntlich.) Bilden Sie als Übung die vollständige Konjugation
der fünf Verben im Jussiv!
Bei den geminierten Verben muß zur Verhinderung einer verbotenen
Silbe an die endungslosen Formen ein Endvokal -a angefügt werden,
so daß hier der Jussiv durchwegs mit dem Konjunktiv formal identisch wird: von يمد lautet der Jussiv يمد [yaçudda], denn [yaçudd]
enthielte die unmögliche Silbe çudd. (Vgl. das entsprechende Vorgehen
beim Imperativ der geminierten Verben in Abschnitt 9, Punkt 2.)

4. Zusammenfassung der Verbformen

Mit dem *Präsens*, dem *Konjunktiv* und dem *Jussiv* haben wir drei
Verbformen kennengelernt, die ihrer Bildung nach eng zusammen-
gehören. Dieser Zusammengehörigkeit trägt man Rechnung, indem
man die drei als Modi (Aussageweisen) einer einzigen Form auffaßt.
Diese erhält den Namen *Imperfekt* und wird dem *Perfekt* gegenübergestellt. „Imperfekt" hat also in der arabischen Grammatik eine
völlig andere Bedeutung als die uns gewohnte. Die Verwendung der
Bezeichnung „Imperfekt" im Arabischen verstehen wir aus der

ursprünglichen Bedeutung des Wortes: „unvollendet,, nicht abgeschlossen", im Gegensatz zum „abgeschlossenen, vollendeten" Perfekt.

Mit dieser neuen Bezeichnung wird nun das Präsens als *Indikativ* (Form der einfach feststellenden, konstatierenden Aussage), der erste Modus des Imperfekts, bezeichnet. Neben ihn tritt der *Konjunktiv* (auch Subjunktiv genannt, die Form der „verbundenen" Aussage nach bestimmten Konjunktionen) als zweiter Modus des Imperfekts, und der *Jussiv* (auch Apokopat genannt, die Form der Aufforderung) als dritter Modus des Imperfekts. (Das Perfekt hat demgegenüber nur einen einzigen Modus.) Vom Jussiv ist der *Imperativ* formal abzuleiten: zu seiner Bildung braucht nur das Präfix *ta-* bzw. *tu-* bei der zweiten Person des Jussivs zu entfallen und – wo dies zur Verhinderung einer Doppelkonsonanz am Wortbeginn notwendig ist – ein Verbindungsvokal *ʒi-* bzw. *ʒu-* eingeführt zu werden.

Eine *Übersicht über die von einem arabischen Verb zu bildenden einfachen* (nicht zusammengesetzten) *Formen* und ihre Verneinung:

	Positiv	Negativ
Imperfekt, Indikativ	يَكْتُبُ [yaktubu] er schreibt	لَا يَكْتُبُ [lā yaktubu] er schreibt nicht
Imperfekt, Konjunktiv	أَنْ يَكْتَبَ [ʒan yaktuba] daß er schreibt	أَلَّا يَكْتَبَ [ʒallā yaktuba] daß er nicht schreibt
Imperfekt, Jussiv	لِيَكْتُبْ [li-yaktub] er möge schreiben!	لَا يَكْتُبْ [lā yaktub] er möge nicht schreiben!
Imperativ	أُكْتُبْ [ʒuktub] schreib!	لَا تَكْتُبْ [lā taktub] schreib nicht!
Perfekt	كَتَبَ [kataba] er schrieb	لَمْ يَكْتُبْ [lam yaktub] oder: مَا كَتَبَ [mā kataba] er schrieb nicht

Der Konjunktiv kann natürlich auch anders als mit أَنْ eingeführt (und dann anders negiert) werden. Das Futur zählt nicht als besondere

Verbform, sondern nur als Abart des Indikativs. (Zu seiner Bildung und Verneinung s. Abschnitt 14, Punkt 1.)

Jede dieser Formen kann durch Abänderung der Präfixe und Endungen in 13 (bzw. 5 beim Imperativ) Personen-Formen gesetzt werden, wenn wir die Formen des Duals (Zweizahl) mitzählen. (Die Dualformen werden erst im nächsten Abschnitt näher besprochen und sind hier noch nicht zu beachten.) Dazu folgende Übersicht:

PRÄFIXE UND ENDUNGEN DES VERBS

		Imperfekt			Imperativ	Perfekt
	Präfix	Endung			(Endung)	(Endung)
		Indikativ	Konjunktiv	Jussiv		
Singular						
3. Pers. mask.	ya/yu-	-u	-a	--		-a
fem.	ta/tu-	-u	-a	--		-at
2. Pers. mask.	ta/tu-	-u	-a	--	--	-ta
fem.	ta/tu-	-īna	-ī	-ī	-ī	-ti
1. Pers.	ʒa/ʒu-	-u	-a	--		-tu
Plural						
3. Pers. mask.	ya/yu-	-ūna	-ū	-ū		-ū
fem.	ya/yu-	-na	-na	-na		-na
2. Pers. mask.	ta/tu-	-ūna	-ū	-ū	-ū	-tum(ū)
fem.	ta/tu-	-na	-na	-na	-na	-tunna
1. Pers.	na/nu-	-u	-a	--		-nā
Dual						
3. Pers. mask.	ya/yu-	-āni	-ā	-ā		-ā
fem.	ta/tu-	-āni	-ā	-ā		-atā
2. Pers.	ta/tu-	-āni	-ā	-ā	-ā	-tumā

Den u-Vokal im Präfix des Imperfekts finden wir im II., III. und IV. Stamm, in allen übrigen Stämmen hat das Präfix den a-Vokal.

5. Dual bei Pronomen und Nomen

Alle arabischen Wortarten, bei denen verschiedene Formen für Singular und Plural unterschieden werden, also Pronomen, Nomen (Substantiv und Adjektiv) und Verb, können noch in eine weitere Zahl gesetzt werden: in den *Dual* (Zweizahl), der durch besondere Endungen gekennzeichnet wird und das Zahlwort „zwei" (das auch vorhanden ist) meist überflüssig macht. Das allgemeine Dual-Zeichen ist die Endung -ā, die zum Teil an die Singular-, zum Teil an die Pluralformen antritt.

Beim *Personalpronomen* finden sich besondere Dualformen nur in der dritten und zweiten Person: هما [húmā] „sie, die beiden" und أنتما [ȝántumā] „ihr beide" (ohne Geschlechtsunterscheidung). Dagegen heißt نحن auch „wir beide". Entsprechend lauten die *Personalsuffixe* هما [-humā] und كُ -kumā]:

أسألكما [ȝasȝalu-kumā] ich frage euch beide, euch zwei
أعرفهما [ȝaçrifu-humā] ich kenne die beiden, die zwei
بيتكما [baytu-kumā] das Haus von euch zweien
غرفتهما [ġurfatu-humā] das Zimmer der beiden, der zwei
في غرفتهما [fī ġurfati-himā] im Zimmer der beiden
معكما [maça-kumā] mit euch beiden
لهما [la-humā] für die beiden
إليهما [ȝilay-himā] zu den beiden

Beim *Nomen* wird der Dual gebildet, indem die *Endung* -āni an den Singular angefügt wird: كتابان [kitābāni] „zwei Bücher", ألكتابان [ȝal-kitābāni] „die zwei Bücher", جريدتان [ġarīdatāni] „zwei Zeitungen", الجريدتان [ȝal-ġarīdatāni] „die zwei Zeitungen". Im Genitiv und Akkusativ wird die Dualendung zu -ayni:

قرأ كتابين وجريدتين [qaraȝa kitābayni wa-ġarīdatayni] er las zwei Bücher und zwei Zeitungen

Werden die klassischen Endungen unterdrückt, dann werden auch die Dualendungen zu -ān, -ayn verkürzt. Dazu mehrere Beispiele:

الطّالبان الألمانيّان والطّالبتان النّمساويّتان [ȝaṭ-ṭālibān al-ȝalmāniyān wa_ṭ-ṭālibatān an-nimsāwīyatān] die zwei deutschen Studenten und die zwei österreichischen Studentinnen

مع الزّميلين العربيّـين [maǎa_z-zamīlayn al-çarabīyayn] mit
den zwei arabischen Kollegen

ألسَّـيّارتان جديدتان [ʒas-sayyāratān ǧadīdatān] die zwei
Autos sind neu

بعد الرحلتين الطّـويلتين [baçda_r-riḥlatayn aṭ-ṭawīlatayn]
nach den zwei langen Reisen

ألشّارعان عريضان [ʒaš-šāriçān çarīḍān] die zwei Straßen
sind breit

Wir sehen, daß das (attributive oder prädikative) Adjektiv in den
Dual gesetzt werden muß, wenn das Substantiv, auf das es sich
bezieht, im Dual steht.

Die Dualendungen -ān(i), -ayn(i) stehen an indeterminierten Nomen
oder an Nomen, die durch den Artikel determiniert sind. Wird das
Nomen jedoch durch ein Suffix oder einen folgenden Genitiv determiniert, dann verkürzen sich die Dualendungen zu -ā im Nominativ,
-ay im Genitiv und Akkusativ. (Vgl. das Entsprechende beim gesunden
männlichen Plural, wo -ūn(a), -īn(a) zu -ū, -ī werden !)

كتابا الطّالب [kitābā aṭ-ṭālib] die zwei Bücher des' Studenten
كتاباه [kitābā-hu] seine zwei Bücher
كتاباى [kitābā-ya] meine beiden Bücher
إلى صديقى محمود [ʒilā ṣadīqay maḥmūd] an die zwei Freunde von Mahmud
إلى صديقه [ʒilā ṣadīqay-hi] an seine beiden Freunde
إلى صديقىّ [ʒilā ṣadīqay-ya] an meine beiden Freunde
جلب كتابى ودفترىّ [ǧalaba kitāb-ī wa-daftaray-ya] er brachte mein Buch
und meine zwei Hefte

(Achtung auf die arabische Schreibung !)

Im Arabischen *muß* der Dual gebraucht werden, wenn von einer
Zweizahl die Rede ist. Im Deutschen treffen wir oft einfach die Mehrzahl ohne Zahlwort: هما طبيبان [humā ṭabībān] die beiden sind Ärzte
(wörtl.: . . . zwei Ärzte)
Beachten Sie, daß in arabischer Schrift die Genitiv/Akkusativ-Form
des Duals mit der des gesunden männlichen Plurals zusammenfällt:
-*in* und -*ayn* werden beide ـين geschrieben. سألت معلّـمين kann gelesen
werden: [saʒaltu muçallimayn] „ich fragte zwei Lehrer" oder [saʒaltu

mu‛allimīn] „ich fragte (mehrere) Lehrer" und erst der Zusammenhang entscheidet.

Die beiden Substantive أخ und أب bilden den Dual unregelmäßig:
أخوان [ʒaḫawān] „zwei Brüder", أبوان [ʒabawān] „zwei Väter" oder
„Eltern". Die Endung -ā wie von أخرى wird vor den Dualendungen
zu -ay-: أخريان [ʒuḫrayān] „zwei andere (f.)", Gen./Akk. أخريين [ʒuḫ-
rayayn]. Die Endung -āʒ der femininen Form der Farbadjektive
wird vor den Dualendungen zu -āw-: تفاحتان حمراوان [tuffāḥatān ḥam-
rāwān] „zwei rote Äpfel" ist der Dual zu تفاحة حمراء.

Im Verbalsatz steht das Verb im Singular auch dann, wenn das folgende Subjekt ein Dual ist: دخل رجلان [daḫala raǧulān] „zwei Männer
traten ein". Die Dualformen des Verbs besprechen wir im nächsten
Abschnitt.

WORTLISTE 15

يتحدّث V [yataḥaddaṭu] sprechen,
   sich unterhalten, plaudern

تحدّث إلىّ [taḥaddaṭa ʒilay-ya] er un-
   terhielt sich mit mir

صوت [ṣawt] Stimme
   Pl. أصوات [ʒaṣwāt]

إجّاص [ʒiǧǧāṣ] Birnen

إجّاصة [ʒiǧǧāṣa] (n. u.) Birne

كحول [kuḥūl] Alkohol

يمشط I [yamšiṭu] kämmen

شعر [šaꞯr] Haare, Haar
   Pl. أشعار [ʒašꞯār]

شعرة [šaꞯra] (n. u.) (ein einzelnes) Haar

يسلّم II [yusallimu] grüßen

سلّم علىّ [sallama ꞯalay-ya] er grüßte
   mich

يدفع I [yadfaꞯu] zahlen, bezahlen

رسم [rasm] (auch:) Taxe, Ge-
   bühr

جمرك [ǧumruk, gumruk] Zoll

بضاعة [biḍāꞯa] Ware
   Pl. بضائع [baḍāʒiꞯu]

يستورد X [yastawridu] einführen, importieren

يخلّص II [yuḫalliṣu] (u. a.:) verzol-
   len

خلّص عليه [ḫallaṣa ꞯalay-hi] er verzollte es

يهنّى II [yuhanniʒu] beglückwünschen, gratulieren

هنّأنى [hannaʒa-nī] er hat mir
   gratuliert

البارحة [ʒal-bāriḫata], [ʒal-bāriḫa]
   gestern

والد [wālid] Vater (Pl. ون)

والدة [wālida] Mutter (Pl. ات)
   (والد und والدة gelten als
   respektvoller als أب und أمّ)

والدان [wālidān] (zwei) Eltern

ريف [rīf] Land (im Gegensatz
   zu „Stadt")

عين [çayn] (fem.) Auge
Pl. عيون [çuyūn]
أذن [ʒuḏun] (fem.) Ohr
Pl. آذان [ʒāḏān]
I ينظر [yanẓuru] schauen
قدم [qadam] (fem.) Fuß
Pl. أقدام [ʒaqdām]
على قدمَيّ [çalā qadamay-ya] (ich) zu
Fuß
(w.: auf meinen zwei Fü-
ßen)

إنسان [ʒinsān] Mensch
(als Pl. dient ناس „Leute")
جملة [ǧumla] Satz
Pl. جمل [ǧumal]
صحيح [ṣaḥīḥ] richtig
مناسبة [munāsaba] Gelegenheit,
Anlaß (Pl. ات)
بمناسبة [bi-munāsabat] (mit folg.
Genitiv) aus Anlaß, an-
läßlich
نجاح [naǧāḥ] Erfolg

ÜBUNG 15.1

١ – لنتحدّث إليهم. لنسافر اليوم. لنصحّح الأخطاء. لننتظر قليلا. لنبع المنزل.
لنتابع عملنا. ٢ – ليحاول. ليحضر. ليبحثوا عنه. ليستعجلوا. ليدخلوا. ليصبر.
لتذهب. لتنجح. ليسمع. ٣ – لا تضحك. لا تضحكي. لا تضحكوا. لا تضحكن.
لا تبع. لا تبيعوا. لاتقل هذا. لا تقولوا هذا. ٤ – لا تأكل الإجّاص. لا تأكلوا
اللّحم. لا تشربى الكحول. لا تشربن القهوه.. ٥ – لا تدخل. لا تذهبوا إليه.
لا تقبلي هديّته. لا تطلب هذا. لا تخف. لا تخافي. ٦ – لا تتشاجروا.
لا ترافقوه. لا تسافروا اليوم. لا تنتظروا. لا تتحدّثوا إليهم. لا تخبروه..
٧ – لا تقف. لا تضعه هنا. لا تزره. لا تتكلّم معها. لا تساعده. لا تدخّنى
كثيرا. لا تنتظريه.

Anmerkung: Die Verbformen dieser Übung sollen durchwegs als Jussive aufgefaßt werden.

ÜBUNG 15.2

١ – لم أذهب إليه. لم أسمع صوتك. لم أفهم السّؤال. لم أجد السّاعة. لم أزرهم.
لم أقل شيئا. ٢ – لم يحضر. لم يأكل الخبز. لم يأخذ النّقود. لم تمشط شعرها.

لم تقرأ القصّة. ٣ – ألطّالب لم يسلّم على الأستاذ. ألتّاجر لم يدفع رسوم الجمرك. ألسّائح لم يخلّص على البضائع. ٤ – ألشّركة لم تستورد البضاعة. ألأصدقاء لم يهنّئوه. ألميكانيكيّون لم يصلّحوا السّيّارة. ٥ – ألسّكرتيرة لم تكتب الرّسائل. محمود لم يرد أن يذهب معنا. ألمريض لم يستطع أن يعمل. ٦ – ألم تفهم سؤالى؟ ألم تجلبى الأوراق؟ ألم تزوروا المتحف؟ ألم تشاهدن الفلم؟

ÜBUNG 15.3+

a) Lösen Sie die Verneinungen in Übung 15.1, Satz 3–7, auf.

b) Lösen Sie die Verneinungen in Übung 15.2 auf.

c) Übersetzen Sie „ich wollte ihn nicht besuchen" und „ich konnte es nicht verstehen" und konjugieren Sie in allen Formen durch.

ÜBUNG 15.4

١ – أنتما طالبان. هما آنستان جميلتان. هل أنتما متعبان؟ نعم. نحن متعبان جدّا ٢ – ألبارحة كتبت رسالتين طويلتين إلى شخصين. إنّ الرّسالتين طويلتان جدّا. ٣ – هل أنتما سائقا السّيّارتين؟ أين السّائقان الآخران؟ هل معهما المفتاحان؟ ٤ – أين والداك؟ والدى ووالدتى فى الرّيف. وأين أخواك وأختاك؟ أخواى وأختاى مع والدى ولكنّ عمّى هنا. ٥ – ما اسما السّيّدين؟ من يعرف اسميهما؟ من أين هما؟ من يعرفهما؟ ٦ – لى عينان وأذنان. أنظر بعينىّ وأسمع بأذنىّ. أذهب على قدمىّ. ألكلّ إنسان قدمان. لنذهب على الأقدام. ٧ – بابا بيتى. فى صيدليّتى المدينة. إلى دارى السّينما. سيّارتا أخوىّ. إنّ الجملتين صحيحتان. من كتبهما؟ ٨ – محمّد قرأ رسالتىّ. أليوم وصلتنى رسالتاه. هل قرأت رسالتى؟ هل قرأت رسالتى صديقى؟ ٩ – هنّأت محمّدا ومحمودا بمناسبة نجاحهما. سلّمت على ضيفى. سلّمت على ضيفى والدىّ. ١٠ – أحضرت ضيفا. ضيفا صديقى هنا. هل سألتم الفلّاحين؟ إسأل المهندسين.

ÜBUNG 15.5

1. Gestern habe ich zwei ausländische Kaufleute kennengelernt. Ich
habe mich mit ihnen zwei Stunden unterhalten. Ich glaube, daß ihnen
unser Land gefallen hat. 2. Er hat mich nicht gegrüßt. Wir haben
den Film nicht angesehen. Sie hat deine Frage nicht verstanden.
3. Wir sind nicht zu Fuß gegangen, sondern mit dem Autobus gefahr-
en. („fahren" = كَرِب mit Objekt.) Wir sind an zwei Moscheen und zwei
Museen vorübergekommen. 4. Hast du meine zwei Telegramme erhalten? Ja, ich habe sie vor zwei Tagen erhalten. Und warum hast
du keine Antwort geschickt? Weil ich deine Adresse nicht finden
konnte. 5. Geh (f.) jetzt nicht auf den Markt! Beeile (f.) dich nicht!
Warte (f.) eine oder zwei Stunden (eine S. oder zwei S.)! 6. In zwei
Wochen werde ich mit meinen beiden Freunden an die See fahren.
Sie haben ein neues Auto. 7. Sind die beiden Sätze richtig? Muß ich
sie verbessern? Lies sie noch einmal! 8. Ich habe die zwei Äpfel nicht
gegessen, weil sie sauer sind. 9. Jeder Mensch hat zwei Eltern. Leben
deine Eltern hier? 10. Gehen wir ins Kino! Essen wir im Restaurant!
Fahren wir aufs Land!

ABSCHNITT SECHZEHN

Von diesem Abschnitt an werden nicht mehr grundsätzlich alle
Satzbeispiele der Sprachlehre in Umschrift übertragen. Wörter und
Formen, die bereits mehrere Male vorgekommen oder in unmittel-
barer Nachbarschaft der betreffenden Stelle in Umschrift übertragen angegeben sind, werden meist nurmehr in arabischer Schrift
geschrieben. Bei diesem Verfahren werden wir im Laufe der folgenden Abschnitte mit der Verwendung der Umschrift immer sparsamer. Häufig werden auch nur einzelne Wörter von Sätzen umgeschrieben.
Hiebei muß eindringlich vor der Versuchung gewarnt werden, nur
mit den Augen zu lesen und sich mit dem Verständnis der Sätze zu
begnügen. Sie müssen vielmehr jeden Satz laut lesen, denn nur so
können Sie überprüfen, ob Ihnen die Aussprache jedes einzelnen
arabisch geschriebenen Wortes völlig klar ist. Lesen Sie dabei über
Unklarheiten nie hinweg, sondern überlegen Sie bzw. schlagen Sie
(in Ihren Vokabelheften) nach, um die richtige Lesung zu finden.

1. Zahlwörter: 1—5

a) „EINS"

Unserem „ein", das betont vor einem Substantiv steht (also nicht den unbestimmten Artikel bedeutet), entspricht arabisch واحد [wāḥid], fem. واحدة, die wie attributive Adjektive gebraucht werden:

أريد كتابا واحدا وجريدة واحدة فقط „ich möchte nur *ein* Buch und *eine* Zeitung (und nicht mehr)"

Vergleichen Sie dagegen:

أريد كتابا وجريدة فقط „ich möchte nur ein *Buch* und eine *Zeitung* (und nichts anderes)"

واحد kann aber auch alleinstehend (substantivisch) gebraucht werden:

هنا توجد كتب كثيرة ولكنّى أريد واحدا فقط [tūǧadu, wa-lākinnī] „hier gibt es viele Bücher, ich möchte aber nur eines"

Neben واحد wird أحد [ʒaḥad], fem. إحدى [ʒíḥdā] (!), gebraucht. Es muß stets alleinstehend (nicht neben einem Substantiv) gebraucht werden und entspricht oft unserem „einer, jemand":

سألنى أحد jemand hat mich gefragt, سألت أحدا ich habe jemand gefragt

Nach einem verneinten Verb entspricht أحد zusammen mit der Negation unserem „keiner, niemand":

لم يعد أحد [yaʿud] niemand ist zurückgekehrt (w.: nicht ist zurückgekehrt einer)

لا تتكلّم مع أحد [tatakallam] sprich mit niemandem! (wörtl.?)

لا أعرف أحدا ich kenne keinen, لا يزوره أحد niemand besucht ihn

Als Entsprechung unseres „einer von..." steht ebenfalls أحد bzw. إحدى mit folgendem Genitiv oder Suffix. (Auf واحد kann weder ein Genitiv folgen noch ein Suffix angefügt werden!)

أحد الموظّفين einer der Beamten, إحدى الموظّفات eine der Beamtinnen,

أحد أصدقائى einer meiner Freunde, فى أحد البيوت in einem der Häuser,

أحدنا einer von uns, أحدهما einer der beiden,

إحداهنّ [ʒiḥdā-hunna] eine von ihnen (den Frauen).

b) „ZWEI"

Meist entspricht unserem Zahlwort „zwei" die Verwendung der Dualform. Doch gibt es auch ein besonderes Zahlwort für „zwei": إثنان [ʒiṯnān], fem. إثنتان [ʒiṯnatān]. Die beiden Zahlwörter sind offensichtlich selbst Dualformen und werden wie solche dekliniert. Der Anlaut ʒi- ist Verbindungsvokal. Man verwendet إثنان und إثنتان alleinstehend (wenn kein Nomen vorhanden ist, das man in den Dual setzen könnte):

حضر اثنان „zwei sind erschienen", أرسل لى اثنين „er hat mir zwei geschickt"

(Hiebei ergibt natürlich erst der Zusammenhang, wovon die Rede ist.)

Die Zahlwörter إثنان und إثنتان können aber auch ein Substantiv im Dual wie attributive Adjektive begleiten, wenn die Zweizahl besonders betont werden soll:

قرأت كتابين اثنين ich habe *zwei* Bücher gelesen

زارنى صديقان اثنان فقط nur *zwei* Freunde haben mich besucht

أريد أن أقرأ الجريدتين الاثنتين ich möchte *beide* Zeitungen lesen

c) „DREI", „VIER", „FÜNF"

Hier finden wir wieder je eine maskuline und eine (mit Endung ة gebildete) feminine Form: ثلاث [ṯalāṯ] und ثلاثة „drei", أربع [ʒarbaç] und أربعة „vier", خمس [ḫams] und خمسة „fünf".

Sehr merkwürdig ist nun der Umstand, daß hier (und bei einem Teil der noch folgenden Zahlwörter) *die maskulinen Zahlwörter zur Zählung femininer Substantive* und *die femininen Zahlwörter zur Zählung maskuliner Substantive* gebraucht werden müssen. Das gezählte Wort selbst wird *indeterminiert im Genitiv Plural* an das Zahlwort angefügt. In den folgenden Beispielen belassen wir die klassischen Endungen in Klammern, um den Bau der Ausdrücke klarzumachen:

ثلاث جرائد [ṯalāṯ(u) ǧarāʒid(a)]	3 Zeitungen,
أربع نساء [ʒarbaç(u) nisāʒ(in)]	4 Frauen,
خمس سنوات [ḫams(u) sanawāt(in)]	5 Jahre,
ثلاثة كتب [ṯalāṯat(u) kutub(in)]	3 Bücher

أربعة رجال [ʒarbaçat(u) riḡāl(in)]   4 Männer

خمسة أيّام [ḥamsat(u) ʒayyām(in)]   5 Tage

Daß Plurale von Nicht-Personen durchwegs als feminine Singulare gelten (wie wir oft betont haben), spielt in diesem Zusammenhang keine Rolle. Die Form des Zahlworts wird vom Geschlecht der Singular-Form des Substantivs bestimmt. So wird etwa خمسة أيّام „5 Tage" mit der femininen Form des Zahlworts gebildet, weil يوم „Tag" maskulin ist.

Zahlwörter, deren maskuline (bzw. feminine) Form verwendet wird, um feminine (bzw. maskuline) Substantive zu zählen, wollen wir als *gegensinnig* bezeichnen. Wird jedoch die maskuline (bzw. feminine) Form des Zahlworts zur Zählung maskuliner (bzw. femininer) Substantive gebraucht, dann sprechen wir von *gleichsinnigen* Zahlwörtern. Danach sind also die Zahlwörter für 1 und 2 gleichsinnig, die für 3, 4, 5 gegensinnig. Die mittels gegensinniger Zahlwörter gebildeten Ausdrücke werden *polarisiert* genannt, da sie stets je einen maskulinen und einen femininen Bestandteil („Pol") enthalten.

Die Zahlwörter für 3, 4, 5 sind triptotische Substantive. Die obenstehenden Beispiele stehen alle im Nominativ. Im Akkusativ und Genitiv werden nur die Endungen des Zahlworts geändert, der folgende Genitiv natürlich nicht:

باع ثلاث سيّارات [bāça ṯalāṯ(a) sayyārāt(in)] er verkaufte drei Autos

Bei Wegfall der klassischen Endungen sind die Fallunterschiede aufgehoben. Es ist aber sorgfältig zu beachten, daß die Endung ة des Zahlworts *-at*, nicht *-a* gesprochen wird (da ja ein Genitiv folgt). Weitere Beispiele:

ثلاث تفّاحات 3 Äpfel, ثلاثة بيوت 3 Häuser, أربع أخوات 4 Schwestern, أربعة إخوة 4 Brüder, خمسة كتب جديدة 5 neue Bücher, خمس مدن قديمة 5 alte Städte.

Überprüfen Sie die Gegensinnigkeit der Zahlwörter in diesen Beispielen!

2. Demonstrativpronomen

Das Arabische kennt zwei Demonstrativpronomen zum Hinweis auf Näherliegendes *(Nah-Deixis:* dt. „dieser") und auf Fernerliegendes *(Fern-Deixis:* dt. „jener"). Beide Pronomen verfügen über verschiedene Formen, um mit dem Substantiv, auf das sie hinweisen, in Zahl und Geschlecht übereinzustimmen.

a) NAH-DEIXIS

هذا [hāḏā] weist auf maskuline Wörter im Singular: هذا كتاب „das ist ein Buch"

هذه [hāḏihī] weist auf feminine Wörter im Singular oder auf Plurale von Nicht-Personen: هذه جريدة „das ist eine Zeitung", هذه كتب „das sind Bücher"

هؤلاء [hāʒulāʒ(i)] weist auf Plurale von (maskulinen oder femininen) Personen: هؤلاء فلاحون „das sind Bauern", هؤلاء طالبات „das sind Studentinnen"

هذان [hāḏān(i)] weist auf maskuline Wörter im Dual: هذان كتابان „das sind zwei Bücher"

هتان [hātān(i)] weist auf feminine Wörter im Dual: هتان مدينتان „das sind zwei Städte"

Achten Sie auf die defektive Schreibung des langen ā in allen Formen. Die obigen Formen können auch vor ein Substantiv mit Artikel gestellt werden. Sie entsprechen dann den Formen des dt. „dieser":

هذا الكتاب [hāḏa_l-kitāb] „dieses Buch" هذه الجريدة [hāḏihi_l-ǧarīda] „diese Zeitung", هذه الرّسوم [hāḏihi_r-rusūm] „diese Gebühren", هؤلاء الرّجال „diese Männer", هؤلاء النّساء „diese Frauen", هذان الطّالبان „diese zwei Studenten", هتان المدينتان „diese zwei Städte" (Beachten Sie die Verbindung von هذا und هذه mit dem folgenden Artikel!) Während هذه, هذا und هؤلاء unveränderlich sind, gibt es von هذان und هتان besondere Genitiv/Akkusativ-Formen: هذين [hāḏayn(i)], هتين [hātayn(i)].

قرأت هذين الكتابين وهتين الجريدتين „ich las diese zwei Bücher und diese zwei Zeitungen"

Folgt auf ein Demonstrativpronomen ein Substantiv mit Artikel, dann ist noch eine zweite Deutung möglich. هذا الكتاب ist auch: „das ist das Buch", هذه الجريدة ist auch: „das ist die Zeitung". Diese Mehrdeutigkeit wird meist umgangen, indem man, falls die zweite Bedeutung beabsichtigt ist, ein Personalpronomen als Trenner einschiebt. (Dieses bleibt im Deutschen unübersetzt.)

هذا هو الكتاب das ist das Buch, هذه هي الجريدة das ist die Zeitung,

هؤلاء هم الطلّاب das sind die Studenten, هذان هما الأُستاذان das sind die zwei

Professoren.

b) FERN-DEIXIS

Zu jeder einzelnen Form der Nah-Deixis finden wir eine entsprechende
Form, die auf Ferneres hinweist. Achten Sie genau auf die arabische
Schreibung!

ذلك [ḏālika] für maskuline Wörter im Singular: ذلك مسرح jenes (das
dort) ist ein Theater, ذلك المسرح jenes Theater

تلك [tilka] für feminine Wörter im Singular und Plurale von Nicht-
Personen: تلك المدينة jene Stadt, تلك الأشياء jene Sachen

أولائك [ʒulāʒika] (kurzes u!) für Plurale von Personen: أولائك النّاس jene
Leute

ذانك [ḏānika] für maskuline Wörter im Dual: ذانك الرّجلان jene zwei
Männer

تانك [tānika] für feminine Wörter im Dual: تانك السّيّارتان jene zwei
Autos

Die Formen ذلك, تلك und أولائك sind unveränderlich, die Duale ذانك
und تانك, lauten im Genitiv/Akkusativ: ذينك [ḏaynika], تينك [tay-
nika] mit „innerer" Deklination. Der Gebrauch der Demonstrativpronomen zur Fern-Deixis entspricht genau dem der Pronomen zur
Nah-Deixis. Dazu noch folgende Übersicht:

GEBRAUCH DER DEMONSTRATIVPRONOMEN

Nah-Deixis	Fern-Deixis
هذا بيت das (dies) ist ein Haus	ذلك بيت jenes (das dort) ist ein Haus
هذا البيت dieses Haus	ذلك البيت jenes Haus
هذا هو البيت das ist das Haus	ذلك هو البيت jenes ist das Haus

3. Verb „sein"

„sein" ist يكون I [yakūnu], Pf. كان [kāna]. Die Konjugation folgt
der von يقول. Bei seiner Verwendung ist das Folgende zu beachten:

a) Nach يكون steht das *Prädikatsnomen im Akkusativ* (ebenso wie nach ليس „nicht sein").

هم كانوا متعبين sie waren müde, جوابه كان قصيرا seine Antwort war kurz

b) Der Indikativ des Imperfekts hat meist Futurbedeutung. (Die Gegenwart des dt. „sein" bleibt ja meist ohne arabische Entsprechung.) هو يكون هنا „er wird hier sein" oder „er ist hier", letzteres meist einfacher: هو هنا

c) يكون kann auch die Bedeutung „werden" haben.

هو يريد أن يكون طبيبا „er möchte Arzt werden", كان جوعان „er war hungrig" oder „er wurde hungrig"

4. Zusammengesetzte Zeiten des Verbs

Das Verb يكون „sein" wird auch zur Bildung dreier zusammengesetzter Zeitformen des arabischen Verbs als Hilfsverb herangezogen.

a) DURATIVES PERFEKT

Das durative („andauernde") Perfekt wird durch Kombination des Perfekts des „Hilfsverbs" يكون mit dem Indikativ des „Hauptverbs" gebildet:

كان يكتب [kāna yaktubu] er schrieb ständig, er schrieb immer wieder, er pflegte zu schreiben, er war mit Schreiben beschäftigt

Die angeführten Übersetzungen des durativen Perfekts, das eine längere Dauer oder häufige Wiederholung einer Handlung ausdrückt,

DURATIVES PERFEKT

Singular	Plural
كان يكتب [kāna yaktubu]	كانوا يكتبون [kānū yaktubūna]
كانت تكتب [kānat taktubu]	كنّ يكتبن [kunna yaktubna]
كنت تكتب [kunta taktubu]	كنتم تكتبون [kuntum taktubūna]
كنت تكتبين [kunti taktubīna]	كنتنّ تكتبن [kuntunna taktubna]
كنت أكتب [kuntu ӡaktubu]	كنّا نكتب [kunnā naktubu]

sind hier nur zur Verdeutlichung gewählt. Zumeist entspricht im Deutschen einfach der Gebrauch des Imperfekts: „er schrieb".
Beide Teile müssen konjugiert werden, was wir an einem Beispiel durchführen.

b) PLUSQUAMPERFEKT

Das Plusquamperfekt (Vorvergangenheit) bildet man durch Kombination des Perfekts von يكون und des Perfekts des Hauptverbs. Dazwischen wird meist die Partikel قد gestellt.

كان قد كتب [kāna qad kataba] „er hatte geschrieben"

Die weitere Konjugation bleibt als Übung. Das arabische Plusquamperfekt wird seltener als seine deutsche Entsprechung gebraucht.

c) FUTUR PERFEKT

Das Futur Perfekt (Futur Exakt, „Vorzukunft") wird durch Kombination des Futurs von يكون mit dem (meist durch قد eingeleiteten) Perfekt des Hauptverbs gebildet:

سيكون قد كتب [sa-yakūnu qad kataba] „er wird geschrieben haben"

Das arabische Futur Perfekt wird nur sehr selten verwendet.

d) KONGRUENZ

Ist das Subjekt einer zusammengesetzten Verbform ein Substantiv, dann wird dieses gern zwischen Hilfsverb يكون und Hauptverb eingeschoben:

كان الطّالب يكتب der Student schrieb, كان الطّالب قد كتب der Student hatte geschrieben

Wir haben es hier mit der Überlappung eines Verbalsatzes (كان الطّالب) und eines Nominalsatzes (الطّالب يكتب bzw. الطّالب قد كتب) zu tun. Wird das Subjekt in Geschlecht und Zahl variiert, dann finden wir dementsprechend, daß die Form von يكون der Kongruenzregel für Verbalsätze, jedoch die Form des Hauptverbs der für Nominalsätze gehorcht. (Vgl. Abschnitt 4, Punkt 3.)

كَانَ الطُّلَّابُ يَكْتُبُون die Studenten schrieben,

كَانَتِ الطَّالِبَاتُ يَقْرَأْن die Studentinnen lasen,

كَانَ الطُّلَّابُ قَدْ كَتَبُوا die Studenten hatten geschrieben

كَانَتِ الطَّالِبَاتُ قَدْ قَرَأْن die Studentinnen hatten gelesen

Hilfsverb und Hauptverb stimmen also nicht in der Zahl überein, wenn das Subjekt im Plural steht!

e) VERNEINUNG

Die zusammengesetzten Zeiten werden verneint, indem entweder Hauptverb oder Hilfsverb (gemäß der betreffenden Verbform) negiert wird:

كَانَ لَا يَكْتُب [kāna lā yaktubu] *oder*

لَمْ يَكُنْ يَكْتُب [lam yakun yaktubu] er schrieb nicht

كَانَ لَمْ يَكْتُب [kāna lam yaktub] *oder*

لَمْ يَكُنْ قَدْ كَتَب [lam yakun qad kataba] er hatte nicht geschrieben

5. Dualformen des Verbs

Wie bei Nomen und Pronomen ist auch beim Verb das Dualzeichen langes *ā*, das (mit einer Ausnahme) an die Singularform antritt. Im Dual werden nur drei Personen-Formen unterschieden (gegenüber fünf im Singular und Plural): in der 3. Person eine maskuline und eine feminine Form, in der 2. Person eine Form für beide Geschlechter. Die 1. Person hat keine besondere Dualform.

Die Endungen und Präfixe der Dualformen sind schon in der Tabelle von Abschnitt 16, Punkt 4, enthalten. Achten Sie auf die Betonung der Formen!

Die Endung *-āni* des Indikativs wird meist zu *-ān* verkürzt, was wir auch übernehmen. Vor Suffix bleibt aber die längere Form: يَسْأَلَان [yasʒalān] „die beiden fragen", aber: يَسْأَلَانِى [yasʒalāni-nī] „die beiden fragen mich".

Kongruenz: Im Verbalsatz steht das Verb auch dann im Singular, wenn das folgende Subjekt ein Dual ist. Im Nominalsatz muß auf ein Subjekt im Dual (oder zwei Subjekte im Singular!) das Verb im Dual folgen.

	3. Person maskulin	3. Person feminin	2. Person
Indikativ	يَكْتُبَانِ [yaktubáni] die beiden (m.) schreiben	تَكْتُبَانِ [taktubáni] die beiden (f.) schreiben	تَكْتُبَانِ [taktubáni] ihr beide schreibt
Konjunktiv und Jussiv	يَكْتُبَا [yáktubā]	تَكْتُبَا [táktubā]	تَكْتُبَا [táktubā]
Imperativ	—	—	اُكْتُبَا [ʒúktubā] schreibt (ihr beide)!
Perfekt	كَتَبَا [kátabā] die beiden (m.) schrieben	كَتَبَتَا [kátabatā] die beiden (f.) schrieben	كَتَبْتُمَا [katábtumā] ihr beide schriebt

صَدِيقَاىَ أَرَادَا أَنْ يَزُورَانِى [ṣadīqá-ya ʒarádā ʒan yazūrá-nī] meine zwei Freunde wollten mich besuchen

أُخْتَاكَ أَرَادَتَا أَنْ تُسَاعِدَاكَ [ʒuḫtá-ka ʒarádatā ʒan tusāçidá-ka] deine beiden Schwestern wollten dir helfen

هَلْ تُرِيدَانِ أَنْ تُرَافِقَانَا؟ [hal turīdān ʒan turāfiqá-nā] wollt ihr zwei uns begleiten?

أَحَدٌ وَأَخُوهُ قَدْ ذَهَبَا [ʒaḥmad wa-ʒaḫū-hu qad dahabā] Ahmed und sein Bruder sind schon gegangen

اَلرِّسَالَةُ وَالبَرْقِيَّةُ قَدْ وَصَلَتَا [waṣalatā] der Brief und das Telegramm sind schon angekommen

Zur *Hamza-Orthographie:* Insbesondere beim Dual ist zu beachten, daß stets dann, wenn sich bei mechanischer Anwendung der Hamza-Regeln die Schreibung اأ ergeben müßte, dafür آ eintritt: يَقْرَآن [yaqraʒān] die beiden lesen, اِقْرَآ [ʒiqraʒā] lest (ihr beide)!, قَرَآ [qaraʒā] die beiden lasen, aber: يَجِيئَان [yağīʒān] die beiden kommen.

WORTLISTE 16

ممثّل [mumaṭṭil] Schauspieler (Pl. ون)

ممثّلة [mumaṭṭila] Schauspielerin (Pl. ات)

مشهور [mašhūr] berühmt, bekannt (Pl. ون)

بارد [bārid] kalt

ساخن [sāhin] heiß

رأى [ra3y] Meinung Pl. آراء [3ārā3]

مرسل [mursil] Absender (Pl. ون)

لذلك [li-dālika] daher, deswegen, deshalb

صحيح [ṣaḥīḥ] (auch:) gesund Pl. صحاح [ṣiḥāḥ]

مبسوط [mabsūṭ] froh, erfreut, zufrieden (Pl. ون)

يوم الأحد [yawm al-3ahad] der Sonntag

جامعة [ğāmiça] Universität (Pl. ات)

يبتدى VIII [yabtadi3u] anfangen, beginnen

إبتدأ به [3ibtada3a bi-hī] er begann damit

محاضرة [muḥāḍara] Vortrag, Vorlesung (Pl. ات)

مع ذلك [maça dālika] dennoch, trotzdem

مضمون [maḍmūn] Inhalt (eines Briefes, Buches usw.)

تماما [tamāman] ganz und gar, genau (Adverb)

علبة [çulba] Dose, Schachtel Pl. علب [çulab]

صندوق [ṣundūq] Kiste, Kasten Pl. صناديق [ṣanādīqu]

ولد [walad] Kind, Sohn, Knabe Pl. أولاد [3awlād]

يلعب I [yalçabu] spielen (Pf. i)

نبيذ [nabīd] Wein Pl. أنبذة [3anbida] Weinsorten

أسطوانة [3usṭuwāna] Zylinder, Schallplatte (Pl. ات)

يوم الاثنين [yawm al-iṯnayn] der Montag

برّادة [barrāda] Kühlschrank (Pl. ات)

جهاز [ğihāz] Instrument, Apparat Pl. أجهزة [3aǧhiza]

جهاز راديو [ğihāz rādiyō] Radioapparat

ÜBUNG 16.1

١ – هذا ورق. هذا الورق أبيض. هذا هو الورق وهذه هى الأقلام. هذه الأقلام جيّدة. ٢ – هؤلاء ممثّلون. هؤلاء الممثّلون مشهورون. هؤلاء هم الممثّلون وهؤلاء هنّ الممثّلات. ٣ – هتان الهديّتان ثمينتان. من جلب

هتين الهديّتين الثّمينتين؟ هذان البيتان قديمان جدّا. ٤ ‑ هذه المشروبات باردة وهذه القهوة ساخنة. هذه مشروبات باردة وهذه قهوة ساخنة. ٥ ‑ إستلمت هتين البرقيّتين قبل دقيقتين. إقرأهما وقل لي رأيك. هل تعرف مرسلي البرقيّتين؟ ٦ ‑ ذلك اليوم كان جميلا. تلك السّيّدة كانت جميلة جدّا. تلك المأكولات كانت طيّبة. ٧ ‑ أولائك الأشخاص كانوا فلّاحين. هل تعرفون ذينك الرّجلين وتينك المرأتين؟

ÜBUNG 16.2

١ ‑ أحد أصدقائى كان مريضا ولذلك ذهبت إليه. وفى بيته قابلت الطّبيب فقال لى : إنّه سيكون صحيحا بعد يوم أو يومين إن شاء اللّه. فكنت مبسوطا جدّا. ٢ ‑ كان عمّى يتناول غداءه في أحد المطاعم. كان ابن خالي يزورنى في يوم الأحد. ٣ ‑ وصلنا إلى الجامعة وكان الأستاذ قد ابتدأ بمحاضرته ومع ذلك فهمنا مضمون المحاضرة تماما. ٤ ‑ طلبت منه زجاجة واحدة وعلبتين اثنتين فقط ولكنّه أحضر لى ثلاث زجاجات وخمس علب وأربعة صناد يقأيضا. ٥ ‑ كان الأولاد يلعبون فى الحديقة. كان الأستاذ يشرب التّبيذ الأحمر مع العشاء. ٦ ‑ هل تعرّفت على أحد الموظّفين؟ للأسف لم أتعرّف على أحد ولم أتحدّث إلى أحد. ٧ ‑ قابلت ذلك الرّجل في يوم الاثنين مرّة واحدة ولكن لم أتكلّم معه. ٨ ‑ والدا محمّد قد سافرا. أختا محمود أعجبتانى كثيرا. هل جلبتما الأسطوانتين؟ ٩ ‑ إسألا والديكما. لا تذهبا الآن. لا تفتحا البرّادة. كلا الموز والبرقوق. خذا الورقتين. ١٠ ‑ هل تستطيعان أن تفهما هذه الجملة؟ هل عندكما الوقت لتذهبا هعنا؟

ÜBUNG 16.3+

١ ‑ ثلاثة أفلام جديدة. ثلاث ساعات وأربع دقائق. خمسة أجهزة راديو. خمس تفّاحات حمراء. ٢ ‑ ٤ علب. ٣ أسطوانات. ٥ إجّاصات. ٥أشخاص. ٤ أسماء. ٣ قواميس.

1. Drei Zeichnungen und drei Photos. Fünf Kleider und fünf Hüte. Vier Schulen und vier Theater. Drei Museen und zwei Kinos. 2. Ich möchte nur *einen* Apfel und *eine* Birne. Warum hat er vier Äpfel und fünf Birnen gebracht? Wer soll (= wird) sie essen? 3. (Verwenden Sie das durative Perfekt:) Meine Schwester kämmte ihr Haar. Die Gäste nahmen ihr Mittagessen ein. Ich las jeden Morgen eine der Zeitungen der Hauptstadt. Meine Kollegen besuchten mich oft. Ich ging immer zu Fuß dorthin. Die Studenten schrieben mit den Federn. 4. War deine Reise lang? Nein, meine Reise war nicht lang und mein Aufenthalt in Beirut war sehr kurz. Deshalb habe ich deine Eltern leider nicht besuchen können. 5. Das sind alte Häuser. Diese alten Häuser gefallen mir sehr. Sind das deine beiden Autos? Ja, das sind meine beiden Autos. 6. Diese Sachen sind billig. Das sind billige Sachen. Das sind die billigen Uhren. Diese zwei Kühlschränke waren sehr billig, aber sie sind nicht gut. 7. Das sind die Photos der zwei Schauspielerinnen. Diese zwei Schauspielerinnen sind sehr berühmt. Wie heißen sie? 8. Das dort ist eine Fabrik. Jene Fabrik ist sehr groß. Jene Männer sind die Arbeiter jener Fabrik. Jene Dame ist die Frau des Direktors. 9. Jene beiden Personen sind krank. Sind jene zwei Damen die Frauen der beiden Kranken? Hast du mit jenen beiden Damen gesprochen? 10. Die zwei Mechaniker konnten die Motoren der beiden Autos nicht reparieren. 11. Wollt ihr beide mit uns auf den Markt· gehen? Seid ihr (beide) am Montag dorthin gegangen? Habt ihr den Laden gefunden? 12. Deine Eltern müssen sich beeilen, damit sie den Zug nicht versäumen.

ABSCHNITT SIEBZEHN

1. Schwache Nominalformen

Die beiden arabischen Laute w und y werden als *schwache Konsonanten* bezeichnet, weil sie die Eigentümlichkeit haben, sich in bestimmten Stellungen, in die sie durch die arabische Wort- und Formenbildung geraten, nicht halten zu können. Selten schwinden w und y spurlos; im allgemeinen ändert sich die Vokalgestalt des Wortes als Folge ihres Schwundes. Insbesondere markieren lange Vokale oft die Stelle, an der ein ausgefallener schwacher Konsonant stehen sollte. Die 26 übrigen, nicht-schwachen Konsonanten werden als *stark* bezeichnet.

Ein erstes Beispiel für die Überlagerung der Eigenart von w und y über ein durchaus regelmäßiges Formenschema bilden die Nomen, deren letzter Radikal (Konsonant des Stammes) schwach ist. Wir greifen die beiden wichtigsten Fälle heraus und bezeichnen als den i-Typ der schwachen Nomen die Nomen mit dem Vokal *i* vor dem letzten Radikal. Der a-Typ umfaßt die schwachen Nomen mit dem Vokal *a* vor dem letzten Radikal.

a) I-TYP DER SCHWACHEN NOMEN

Die Deklination eines Nomens, dessen letzter Radikal y ist, zeigt folgende Formen. Wortstamm ist [muḥāmiy-] „Rechtsanwalt, Advokat". Der Pfeil (←) ist zu lesen als: „ . . . entstanden aus . . ." An seinem Beginn steht die Form, die vorliegen müßte, wenn der letzte Radikal nicht schwach wäre, an seinem Ende steht die durch den Ausfall des schwachen y entstandene, tatsächliche Form.

	Nominativ	Genitiv	Akkusativ
Singular (indeterm.)	محام [muḥāmin ← muḥāmiyun]	محام [muḥāmin ← muḥāmiyin]	محاميا [muḥāmiyan]
Singular (determ.)	ألمحامى [muḥāmī ← muḥāmiyu]	ألمحامى [muḥāmī ← muḥāmiyi]	ألمحامى [muḥāmiya]
Plural	محامون [muḥāmūna ← muḥāmiyūna]	محامين [muḥāmīna ← muḥāmiyīna]	
Dual	محاميان [muḥāmiyāni]	محامين [muḥāmiyayni]	

Wir können daraus folgende *Lautgesetze* ablesen:

i y u, i y i, i y ī → ī   i y ū → ū

Wir sehen auch, daß y in den *Umgebungen* **i y ā** und **i y a** *stabil* ist und nicht verschwindet.

Bei den indeterminierten Singularformen ist noch zu berücksichtigen, daß der entstehende lange Vokal gekürzt werden muß, um eine verbotene Silbe zu verhindern: [muḥāmiyun] wird zunächst: [muḥāmīn], das aber die Silbe *mīn* enthielte. Daher muß daraus weiter [muḥāmin] werden.

Achten Sie auf die arabische Schreibung der Formen!

Werden die klassischen Endungen unterdrückt, dann werden alle Singular-Formen (determiniert und indeterminiert) mit der Endung -*ī* gesprochen: [muḥāmī] „ein Advokat", [ʒal-muḥāmī] „der Advokat" (ebenso im Genitiv u. Akkusativ). Der Grund ist einfach: es werden ja die ursprünglichen Endungen unterdrückt, nicht die schon infolge der Lautgesetze veränderten. Dann bleibt aber der Stamm [muḥāmiy] zurück, was zu [muḥāmī] wird.

In den femininen Formen steht y nur in den Umgebungen *iya* und *iyā*, bleibt daher erhalten: محامية [muḥámiya] „eine Rechtsanwältin", محاميات [muḥāmiyāt], Dual محاميتان [muḥāmiyatān].

Bilden Sie nun als Übung sämtliche Formen der Adjektive ماض [māḍin ← māḍiyun] „vergangen" und باق [bāqin ← bāqiyun] „übrig".

Wörter mit *w* als letztem Radikal werden völlig so wie die mit *y* dekliniert. Im Akkusativ usw. wird also zusätzlich *w* in *y* verwandelt, so etwa bei عال [ʿālin ← ʿāliwun] „hoch", fem. عالية [ʿāliya].

Daß der dritte Radikal überhaupt *w* und nicht *y* war, sieht man dem Wort selbst also nicht mehr an. Man erschließt es nur aus verwandten Wörtern wie علو [ʿulūw] „Höhe", in dem *w* stabil ist.

Es ist anzumerken, daß nicht etwa alle Wörter des *i*-Typs gesunden männlichen Plural wie محام haben. Wir finden auch gebrochene Plurale wie قضاة [quḍāt] von قاض [qāḍin ← qāḍiyun] „Richter".

b) A-TYP DER SCHWACHEN NOMEN

Hier stoßen wir auf das *Lautgesetz*

a y u, a y i, a y a, a w u, a w i, a w a → ā

Damit ergibt sich in allen drei Fällen die gleiche Form: Zum Stamm (fatay-) „junger Mann, Bursche" finden wir:

فَتًى [fatan ← fatayun, fatayin, fatayan]

الفَتَى [ʒal-fátā ← ʒal-fatayu, ʒal-fatayi, ʒal-fataya)

Indeterminiert muß *ā* gekürzt werden, weil in [fatān] die Silbe *tān* vorkäme. Beachten Sie, daß sowohl -*an* wie -*ā* mit *yāʒ* geschrieben werden! Werden die klassischen Endungen unterdrückt, dann endet auch die indeterminierte Form auf -*ā*: [fatā]

Weitere Beispiele: مَبْنًى [mabnan ← mabnayun] „Gebäude", مَقْهًى [maqhan ← maqhawun] „Kaffeehaus", مُسْتَشْفًى [mustašfan ← mustašfayun] „Krankenhaus", mit Artikel: المَبْنَى [ʒal-mabnā], المَقْهَى [ʒal-maqhā], المُسْتَشْفَى [ʒal-mustašfā].

Aus den Dualformen sehen wir, daß **a y a**, **a y ā** *stabil* sind:

فَتَيَان [fatayān], فَتَيَيْن [fatayayn]

Die Plurale sind z.T. gebrochen wie فِتْيَان [fityān] „junge Männer" (s. auch unten c) !), z.T. gesund. Auf die gesunden männlichen Plurale und auf die femininen Formen des a-Typs gehen wir erst später ein. (Vgl. S. 283.)

c) SCHWACHE GEBROCHENE PLURALE

Gebrochene Plurale mit der Vokalfolge *a–ā–i* sind, wie in Abschnitt 8, Punkt 6, besprochen ist, diptotisch. Ist aber der letzte Radikal eines solchen Plurals schwach, dann folgt der Nominativ und Genitiv dem oben dargestellten *i*-Typ, erhält also die Nunation. Nur der Akkusativ bleibt ohne -*n*. Ein Beispiel: von مَبْنًى „Gebäude" lautet der Plural-Stamm [mabāniy-] und wir erhalten:

Nominativ	Genitiv	Akkusativ
مَبَان [mabānin]	مَبَان [mabānin]	مَبَانِي [mabāniya]
المَبَانِي [ʒal-mabānī]	المَبَانِي [ʒal-mabānī]	المَبَانِي [ʒal-mabāniya]

Bei Fortfall der klassischen Endungen lautet die Endung durchwegs -*i*. Weitere Beispiele sind مَقَاه [maqāhin] „Kaffeehäuser" von مَقْهًى und ضَوَاح [ḍawāhin] von ضَاحِية [ḍāḥiya] „Vorstadt, Außenbezirk".

(NB. den gesunden Pl. مستشفيات [mustašfayāt] „Krankenhäuser"
von مستشفى.)
Im folgenden werden wir die schwachen Nomen durchwegs mit
Endungen -ī (i-Typ und gebrochene Plurale) und -ā (a-Typ) umschreiben, die sich für den mündlichen Gebrauch empfehlen. Die klassischen Endungen sind aber genau zu kennen, da ihnen die arabische
Schreibung folgt.
Die Lautgesetze, die wir hier kennengelernt haben, gelten im Arabischen durchwegs und nicht etwa nur im Zusammenhang der Nominalbildung. Wir werden noch oft auf ihre Wirkung stoßen.

Anmerkungen: 1. Manche Wörter des a-Typs werden mit ҙalif (statt yāҙ) geschrieben: عصا [çaṣan, çaṣā] „Stock".
2. Mit dem i-Typ ist nicht zu verwechseln die Endung -īy mit langem,
betontem ī, wie in عربيّ „Araber".
3. Werden Vokalzeichen gesetzt, dann schreibt man z.B. مُحَامٍ [muḥāmin], مَبْنًى [mabnan], مَبَانٍ [mabānin].

2. Zahlwörter: 6—10

Die Zahlwörter von 6–10 sind wie die von 3–5 gegensinnig: sie haben
eine maskuline Form, die zum Zählen femininer Wörter gebraucht
wird, und eine feminine Form zur Zählung maskuliner Wörter.
Die Formen sind: ستّ [sitt] und ستّة „sechs", سبع [sabç] und سبعة
„sieben", ثمان [ҭamānin bzw. ҭamānī] und ثمانية (ein schwaches Nomen
vom i-Typ!) „acht", تسع [tisç] und تسعة „neun", عشر [çašr] und عشرة
[çašara] (!) „zehn".
Das gezählte Wort folgt wieder indeterminiert im Genitiv Plural.
Einige Beispiele:

ستّ علب sechs Schachteln,	ستّة أيّام sechs Tage,
سبعة بيوت sieben Häuser,	ثماني سجائر acht Zigaretten,
تسع محاضرات neun Vorträge,	تسعة أسئلة neun Fragen,
عشرة محامين zehn Rechtsanwälte,	

سبع صور sieben Photos,
ثمانية عمّال acht Arbeiter,
عشر ليمونات zehn Zitronen.

214

3. Relativpronomen

Alle Relativpronomen (bezügliche Fürwörter) enthalten als ersten
Teil den Artikel und beginnen daher wie dieser mit Verbindungsvokal.
Bei Fortfall der klassischen Endungen behalten sie aber ihren anlautenden Vokal *a-*. (Daß in der deutschen Entsprechung vor dem Relativpronomen ein Beistrich steht, hebt im Arabischen die Verbindung
natürlich nicht auf.) Das Arabische kennt sechs verschiedene Relativpronomen:

1) أَلَّذِى [ʒalladī] bezieht sich auf ein maskulines Substantiv im
   Singular:

أَلرَّجِل الَّذِى سَأَلَنِى der Mann, der mich gefragt hat

أَلقِطار الَّذِى وَصَل der Zug, der angekommen ist

2) أَلَّتِى [ʒallatī] bezieht sich auf ein feminines Substantiv im Singular
   oder auf einen Plural von Nicht-Personen:

أَلسَّيِّدة الَّتِى زارتنا die Dame, die uns besucht hat

أَلرِّسالة الَّتِى وَصَلَتنِى der Brief, der mich erreicht hat

أَلأَفلام الَّتِى أَعجبتنا die Filme, die uns gefallen haben

3) أَلَّذِينَ [ʒalladīna], meist zu [ʒalladīn] gekürzt, bezieht sich auf
   einen Plural männlicher Personen:

أَلفَلّاحون الَّذِينَ يَجلسون هناك die Bauern, die dort sitzen

4) أَللاَّتِى [ʒallātī] bezieht sich auf einen Plural weiblicher Personen:

أَلطّالبات اللّاتِى قَرأنه die Studentinnen, die es gelesen haben

(Statt أَللاَّتِى wird gleichbedeutend auch أَللّواتِى [ʒallawātī] gebraucht.)

5) أَللَّذان [ʒalladāni], [ʒalladān] bezieht sich auf maskuline Substantive im Dual, wenn diese im Nominativ stehen:

أَلسَّيِّدان اللَّذان سافرا die zwei Herren, die abgereist sind

6) أَللّتان [ʒallatāni], [ʒallatān] bezieht sich auf feminine Substantive
   im Dual, wenn diese im Nominativ stehen:

أَلرِّسالتان اللّتان وَصَلتا die zwei Briefe, die angekommen sind

215

Während die Pronomen für Singular und Plural unveränderlich sind, müssen die beiden Dualformen zu اللَّـذَيْنِ [ʒalladayn(i)] bzw. أللَّـتَيْنِ [ʒallatayn(i)] werden, wenn der Dual, auf den sie sich beziehen, im Genitiv/Akkusativ steht:

مع السَّيِّدَيْنِ اللَّذَيْنِ سافرا mit den zwei Herren, die abgereist sind

هو قرأ الرّسالتين اللَّتين وصلتا er las die zwei Briefe, die angekommen sind

Beachten Sie die Schreibung aller Dualformen und der femininen Pluralform mit zwei *lām*.

4. Bildung von Relativsätzen

In den Beispielsätzen des vorigen Punktes 3 war das Substantiv, das mit dem folgenden Relativsatz näher beschrieben wurde, gleichzeitig auch Subjekt dieses Satzes. Im ersten Beispiel ist „der Mann" Subjekt des Relativsatzes „der mich gefragt hat" usw. Ist dies nicht der Fall, wie etwa im Satz „der Mann, den ich gefragt habe", dann können wir zunächst nicht ins Arabische übersetzen. Das arabische Relativpronomen besitzt ja keine besonderen Fall-Formen. Die Lösung zeigt folgende Überlegung:

Das arabische Relativpronomen ist selbst gar nicht Teil des Relativsatzes. Es signalisiert nur dessen Beginn, verknüpft das beschriebene Wort und den von diesem abhängigen Relativsatz. Eine „wörtliche" Übersetzung von الرّجل الّذى سألنى wäre: „der Mann, der: er hat mich gefragt". Wollen wir nun den Satz „der Mann, den ich gefragt habe" arabisch wiedergeben, dann müssen wir ihn zunächst entsprechend umformen. Er wird dann zu: „der Mann, der: ich habe ihn gefragt" und dies lautet dann arabisch: الرّجل الّذى سألته [saʒaltu-hū].

Es folgen nun weitere Beispiele zur Entsprechung arabischer und deutscher Relativsätze. In der mittleren Spalte steht dabei die wörtliche deutsche Entsprechung der arabischen Formulierung. Studieren Sie die Beispiele sowohl links (Übersetzen aus dem Arabischen) wie rechts (Übersetzen ins Arabische) beginnend!

أَلكتاب الّذى قرأته	das Buch, das: ich habe es gelesen	das Buch, das ich gelesen habe
أَلجريدة الّتى جلبتها	die Zeitung, die: ich habe sie gebracht	die Zeitung, die ich gebracht habe

اَلأَصْدِقاءُ الَّذينَ أزورهم	die Freunde, die: ich besuche sie	die Freunde, die ich besuche
اَلكَلِماتُ الَّتي يَشرَحُها المُعَلِّم	die Wörter, die: der Lehrer erklärt sie	die Wörter, die der Lehrer erklärt
اَلوَزيرانِ اللَّذانِ يَنتَظِرُهُما المُراسِلونَ	die zwei Minister, die: die Reporter warten auf die beiden	die zwei Minister, auf die die Reporter warten
اَلبَيتُ الَّذي نَذهَبُ إلَيهِ	das Haus, das: wir gehen zu ihm	das Haus, zu dem wir gehen
اَلأَصْدِقاءُ الَّذينَ أُسافِرُ إلَيهِم	die Freunde, die: ich fahre zu ihnen	die Freunde, zu denen ich fahre
اَلشّارِعُ الَّذي حَدَثَ فيهِ الحادِثُ	die Straße, die: der Unfall hat sich in ihr ereignet	die Straße, in der sich der Unfall ereignet hat
اَلسَّيِّدُ الَّذي تَعَرَّفتَ عَلى أخيهِ	der Herr, der: du hast seinen Bruder kennengelernt	der Herr, dessen Bruder du kennengelernt hast
اَلأنسِتانِ اللَّتانِ كَتَبتُ اسمَيهِما	die zwei Mädchen, die: ich habe ihre Namen aufgeschrieben	die zwei Mädchen, deren Namen ich aufgeschrieben habe
اَلطّالِبُ الَّذي تَكَلَّمتُ مَعَ أخيهِ	der Student, der: ich habe mit seinem Bruder gesprochen	der Student, mit dessen Bruder ich gesprochen habe
اَلمَرأةُ الَّتي تَزَوَّجَ مِنها ابنُهُ	die Frau, die: sein Sohn hat sie geheiratet	die Frau, die sein Sohn geheiratet hat

Zu den Dualformen des Relativpronomens heben wir nochmals hervor, daß ihre Endung nur von dem Fall abhängt, in dem das übergeordnete Wort steht (nicht von dem Fall, in den dieses Wort im Relativsatz selbst zu stehen kommt):

اَلكِتابانِ اللَّذانِ أقرَؤُهُما	die zwei Bücher; die: ich lese die beiden	die zwei Bücher, die ich lese
فِي الكِتابَينِ اللَّذَينِ أقرَؤُهُما	in den zwei Büchern, die: ich lese die beiden	in den zwei Büchern, die ich lese

5. Asyndetische Relativsätze

Es ist kein Zufall, daß in allen bisherigen Beispielsätzen das übergeordnete Substantiv determiniert war. Denn: *nur auf ein determiniertes Wort kann ein Relativpronomen folgen.* (Dies ist einleuchtend, wenn wir bedenken, daß das Relativpronomen, das ja den Artikel als seinen ersten Bestandteil enthält, selbst determiniert ist.) Auf ein indeterminiertes Substantiv folgt der Relativsatz ohne besondere Einleitung oder Signalisierung. Er muß aus dem Zusammenhang als solcher erkannt werden:

رجل سألته.	ein Mann: ich habe ihn gefragt	ein Mann, den ich gefragt habe
حادث حدث أمس.	ein Unfall: er hat sich gestern zugetragen	ein Unfall, der sich gestern zugetragen hat
سيّد تحدّثنا إليه.	ein Herr: wir haben uns mit ihm unterhalten	ein Herr, mit dem wir uns unterhalten haben
كتب أعجبتني.	Bücher: sie haben mir gefallen	Bücher, die mir gefallen haben
سيّدة لا أعرفها.	eine Dame: ich kenne sie nicht	eine Dame, die ich nicht kenne
سؤال لم أفهمه.	eine Frage: ich habe sie nicht verstanden	eine Frage, die ich nicht verstanden habe

Derartige Relativsätze, die auf ein indeterminiertes Substantiv folgen und daher nicht von einem Relativpronomen eingeleitet werden, werden *asyndetisch* (unverbunden) genannt. Dagegen sind die oben in Punkt 4 behandelten Relativsätze *syndetisch* (verbunden). Asyndetische Relativsätze sind zwar nicht schwer zu bilden, ihr Vorliegen ist jedoch beim Lesen eines Textes oft nicht auf den ersten Blick zu erkennen !

WORTLISTE 17

Vorbemerkung: In den Wortlisten geben wir schwache Nomen in arabischer Schrift in ihrer indeterminierten Form. In Umschrift steht zuerst die klassische Endung der indeterminierten Form, dann die der determinierten Form. Letztere dient gleichermaßen als Endung der indeterminierten wie der determinierten Form, wenn klassische Endungen unterdrückt werden.

ناد [nādin, -ī], Klub
Pl. أندية [ʒándiya]
أوّل أمس [ʒawwala ʒamsi], [ʒawwal ʒams] vorgestern

يوصّل II [yuwaṣṣilu] befördern, bringen, transportieren
راكب [rākib] Passagier
Pl. ركّاب [rukkāb]

سيّارة [sayyārat rukkāb] Personen-
ركّاب kraftwagen

ملهى [malhan, -ā] Unterhaltungslokal
Pl. ملاه [malāhin, -ī]

عديد [çadīd] zahlreich

مطربة [muṭriba] Sängerin (Pl. ات)

زبدة [zibda] Butter

مربّى [murabban, -ā] Marmelade
Pl. مربّيات [murabbayāt]

فطور [fuṭūr] Frühstück

يوم الثلاثاء [yawm aṯ-ṯalāṯāʒ, oder: ṯu-
lātāʒ] der Dienstag

عبد [çabd] Sklave, Diener
Pl. عبيد [çabīd]

عبد اللّة [çabdu_llāhi], [çabd-allāh]
Abdallah (männlicher Name)

علي [çalīy] Ali (männlicher Name)

غال [ġālin, -ī] teuer

نزهة [nuzha] Spaziergang, -fahrt,
Ausflug
Pl. نزه [nuzah]

يقوم بنزهة [yaqūmu bi-nuzha] er un-
ternimmt einen Ausflug

قرية [qarya] Dorf
Pl. قرى [quran, -ā]

مجاور [muǧāwir] benachbart, na-
hegelegen

إناء [ʒināʒ] Gefäß
Pl. أوان [ʒawānin, -ī]

نحاس [nuḥās] Kupfer

نحاسي [nuḥāsīy] aus Kupfer, kup-
fern

مرض [maraḍ] Krankheit
Pl. أمراض [ʒamrāḍ]

معد [muçdin, -ī] ansteckend

خطر [ḫaṭir] gefährlich

يحذّر II [yuḥaḏḏiru] warnen

حذّرني منه [ḥaḏḏara-nī min-hu] er warnte mich davor

ساكن [sākin] Einwohner, Bewohner
Pl. سكّان [sukkān]

مائدة [māʒida] Tisch
Pl. موائد [mawāʒidu]

فاض [fāḍin, -ī] frei (unbesetzt)

محجوز [maḥǧūz] reserviert

مملوء [mamlūʒ] voll

سجّادة [saǧǧāda] Teppich
Pl. سجاجيد [saǧāǧīdu]

ثان [ṯānin, -ī] zweiter

ثانية [ṯāniya] Sekunde
Pl. ثوان [ṯawānin, -ī]

دبلوماسي [diblūmāsīy] diplomatisch,
Diplomat (Pl. ون)

أغنيّة [ʒuġnīya] Lied
Pl. أغان [ʒaġānin, -ī]

يوم [yawm al-ʒarbaçāʒ, oder:
الأربعاء ʒarbiçāʒ] der Mittwoch

سابقا [sābiqan] früher, einst

لحدّ الآن [li-ḥadd al-ʒān] bisher, bis
jetzt (wörtl.: zur Grenze des
Augenblicks)

يقدّم II [yuqaddimu] anbieten, vorstellen

قدّمني إليها [qaddama-nī ʒilay-hā] er
stellte mich ihr vor

كليّة [kullīya] Hochschule, Fakultät (Pl. ات)

حقّ [ḥaqq] Recht
Pl. حقوق [ḥuqūq]

ÜBUNG 17.1

١ – المحاميان تقابلا فى ناد من أندية العاصمة. أين يوجد ذلك النّادى؟
٢ – بعض النّاس وصّلوا الشابّ بسيّارة ركّاب إلى المستشفى القريب. فى
هذه المدينة توجد خمسة مستشفيات. ٣ – فى وسط العاصمة توجد ملاه
عديدة. لنذهب مساء اليوم إلى أحد الملاهى لنسمع إحدى المطربات المشهورات.
٤ – ماذا تأكل مع الفطور؟ أنا آكل الخبز مع زبدة ومربّى دائما ولكنّ بعض
النّاس لا يأكلون شيئا فى الصّباح. ٥ – فى يوم الثّلاثاء قام صديقاى عبد الله
وعلىّ بنزهة إلى ضواحى المدينة وإلى إحدى القرى المجاورة. وأحضرا معهما
هذه الأوانى التّحاسيّة الجميلة. ٦ – أليس هذا المرض معديا؟ هل هذا
المرض المعدى خطر جدّا؟ الطّبيب يحذّر سكّان القرى من كلّ مرض معد.
٧ – هل هذه المائدة فاضية أم محجوزة؟ إنّها محجوزة ولكن هناك توجد
مائدة فاضية. ٨ – ثمانى زجاجات مملوءة. عشر سجاجيد ثمينة. ستّ مطربات
من لبنان. تسع أسطوانات. سبع ثوان. ٩ – تسعة مقاه. سبعة مبان عالية.
ثمانية دبلوماسيّين. ستّة ملاه حديثة. عشرة أيّام.

ÜBUNG 17.2

١ – سمعت أغنيّة أعجبتنى كثيرا. كلّ الأغانى التّى سمعناها فى ذلك
الملهى كانت جميلة جدّا. ٢ – أليوم زارنى السّيّد الّذى تعرّفت عليه فى يوم
الأربعاء الماضى. ٣ – هذه أوان جلبناها معنا من القرية. هذه الأوانى التّى
جلبناها معنا قديمة جدّا. ٤ – أين يوجد المقهى الّذى سنتقابل فيه مساء
اليوم؟ ٥ – هناك يجىء الرّجل الّذى استفهمتنى عنه فى يوم الأحد الماضى.
أظنّ أنّه يجلب تلك الأشياء التّى وعدنى بها سابقا ٦ – هذه رسالة وصلتنى صباح
أليوم. لحدّ الآن لم أقرأ الرّسالتين اللّتين استلمتهما فى يوم الثّلاثاء الماضى.

220

٧ – من السّيّدات اللاتي قدّمك إليهنّ الأستاذ؟ هنّ زوجات الموظّفين الّذين زارونا في يوم الاثنين ٨ – من الرّجلان اللّذان سلّمت عليهما؟ هما قاض ومحام درست معهما في كلّيّة الحقوق.

ÜBUNG 17.3

1. Die Waren, die wir eingeführt haben, waren nicht teuer. Das Wörterbuch, das Ali bestellt (= verlangt) hat, ist sehr teuer. 2. Wo befinden sich die Sachen, die du aus dem Dorf mitgebracht hast? 3. Ich habe einen Richter und einen Rechtsanwalt gefragt, aber sie haben mir die Angelegenheit, die ich nicht verstehe, nicht erklären können. 4. Am letzten (= vergangenen) Dienstag habe ich jenen Mann, über (= عن) den ich mich mit dir unterhalten habe, wiederum getroffen. 5. Mittwoch abend (= den Abend des Mittwochs) werde ich dich den beiden Herren vorstellen, die dir helfen können. Der eine (= einer der beiden) ist ein bekannter Rechtsanwalt und der andere ist Offizier. 6. Diese Marmelade schmeckt mir nicht (= der Geschmack dieser M. gefällt mir nicht). Gibt es andere Marmeladen? 7. Hast du jene Zeitung, die ich dir geschickt habe, ohne Hilfe des Wörterbuchs lesen können? Ja, ich habe den Inhalt verstanden, aber es gibt da viele Wörter, die ich nicht verstehe. 8. Der Tisch, an den wir uns setzen wollten, war leider reserviert, und deshalb verließen wir das Restaurant. 9. Jenes Mädchen, das ich gegrüßt habe, ist eine der Sekretärinnen im Büro der Firma, deren Chef mein Onkel ist. 10. Zehn Studenten und zehn Studentinnen. Acht Söhne und acht Töchter. Sechs Bücher und sechs Zeitschriften. Neun Brüder und neun Schwestern. Sieben Tage und sieben Sekunden.

1. Zahlwörter: 11—19

	Mit maskulinem Nomen	Mit femininem Nomen
11	أَحَدَ عَشَرَ [ʒaḥada çašara]	إِحْدَى عَشْرَةَ [ʒíḥdā çašrata]
12	إِثْنَا عَشَرَ [ʒíṯnā çašara]	إِثْنَتَا عَشْرَةَ [ʒíṯnatā çašrata]
13	ثَلَاثَةَ عَشَرَ [ṯalāṯata çašara]	ثَلَاثَ عَشْرَةَ [ṯalāṯa çašrata]
14	أَرْبَعَةَ عَشَرَ [ʒarbaçata çašara]	أَرْبَعَ عَشْرَةَ [ʒarbaça çašrata]
15	خَمْسَةَ عَشَرَ [ḫamsata çašara]	خَمْسَ عَشْرَةَ [ḫamsa çašrata]
16	سِتَّةَ عَشَرَ [sittata çašara]	سِتَّ عَشْرَةَ [sitta çašrata]
17	سَبْعَةَ عَشَرَ [sabçata çašara]	سَبْعَ عَشْرَةَ [sabça çašrata]
18	ثَمَانِيَةَ عَشَرَ [ṯamániyata çašara]	ثَمَانِيَ عَشْرَةَ [ṯamániya çašrata]
19	تِسْعَةَ عَشَرَ [tisçata çašara]	تِسْعَ عَشْرَةَ [tisça çašrata]

Der zweite Bestandteil ist allen Zahlwörtern gemeinsam. Er bedeutet wesentlich „zehn", ist aber gleichsinnig. Beachten Sie die Vokale: „zehn" ist [çašr], fem. [çašara], hier finden wir aber [çašara], fem. [çašrata].

Der erste Bestandteil ist das entsprechende Zahlwort aus der ersten Dekade (1–9) mit der Endung des determinierten Akkusativs (Ausnahme: 12). Dieser erste Bestandteil (die Einerstelle) ist gleichsinnig bei 11, 12, und gegensinnig bei 13–19.

Alle diese Zahlwörter sind unveränderlich (nicht deklinierbar). Davon macht nur 12 eine Ausnahme: إِثْنَاعَشَرَ bzw. إِثْنَتَا عَشْرَةَ stehen nur im Nominativ, im Genitiv/Akkusativ muß dafür إِثْنَى عَشَرَ [ʒiṯnay çašara] bzw. إِثْنَتَى عَشْرَةَ [ʒiṯnatay çašrata] eintreten. Die klassischen Endungen sind oben vollständig belassen. Sie werden häufig beibehalten, können aber auch in gewohnter Weise unterdrückt werden, z.B. 13: ثَلَاثَةَ عَشَر [ṯalāṯata çašar], ثَلَاثَ عَشْرَة [ṯalāṯ çašra].

Wird nun ein Wort gezählt, dann tritt dies indeterminiert im Akkusativ Singular hinter das Zahlwort: أَحَدَ عَشَرَ كِتَابَا elf Bücher, إِحْدَى عَشْرَةَ جَرِيدَةً elf Zeitungen, ثَلَاثَةَ عَشَرَ يَوْمَا dreizehn Tage, ثَلَاثَ عَشْرَةَ سَاعَةً dreizehn Stunden, تِسْعَةَ عَشَرَ طَالِبَا neunzehn Studenten, تِسْعَ عَشْرَةَ قَرْيَةً neunzehn Dörfer.

2. Fragewort „wieviel?"

„wieviel?" und „wie viele?" ist كم [kam], worauf das Substantiv indeterminiert im Akkusativ Singular folgt: كم كتاباً؟ wie viele Bücher?, كم موظّفاً؟ wie viele Angestellte?

Auf كم kann auch die Präposition من mit dem Substantiv determiniert und im Genitiv folgen: كم من الكتب؟ wie viele Bücher?, كم من النّقود؟ wieviel Geld?, كم من الورق؟ wieviel Papier?, كم من التّفّاح؟ wie viele Äpfel?

Weitere Beispiele:

كم مرّة ذهبت إلى هناك؟ wie oft (wörtl.: wie viele Male) bist du dorthin gegangen?

كم من الزّمن كنت هناك؟ wie lange warst du dort? NB. زمن (zaman) Zeitspanne

بكم بعته؟ (bi-kam) um wieviel hast du es verkauft?

كم عمرك؟ (çumru-ka) wie alt bist du? (wörtl.: wieviel ist dein Lebensalter?)

عمرى سبع عشرة سنة ich bin siebzehn Jahre alt

3. Partizipien des Grundstamms

Von allen arabischen Verben lassen sich außer den *finiten* (d.h. kon-
jugierbaren) Verbformen Imperfekt, Imperativ und Perfekt weitere
Formen bilden, die ihrer Bedeutung und grammatischen Behandlung
nach Nomen sind *(Nominalformen des Verbs)*. Diese Formen sind
zwei *Partizipien* (Mittelwörter), ein aktives und ein passives (dt.
„hörend" und „gehört"), und ein *Infinitiv* (Nennform, dt. „hören"
und „das Hören"). Letzteren stellen wir noch zurück.

a) AKTIVES PARTIZIP

Das aktive Partizip des Grundstamms wird nach der Form L ā M i N
gebildet. So erhalten wir von كتب، يكتب, تأكل، يأكل، ترأ die Formen كاتب [kātib]
„schreibend", آكل [ʒākil] „essend", قارئ [qāriʒ] „lesend". Dies Partizip
ist (wie alle übrigen Partizipien) ein triptotisch dekliniertes Nomen,
das adjektivisch (neben einem Substantiv) oder substantivisch (alleinstehend) gebraucht werden kann. Im letzteren Fall können auch
andere deutsche Übersetzungen entsprechen.

اَلرَّجُلُ القَارِئ der lesende Mann, اَلقَارِئ der Lesende, der Leser

اَلرَّجُلُ الكَاتِب der schreibende Mann, اَلكَاتِب der Schreibende, der
Schreiber

اَلرَّجُلُ الآكِل der essende Mann, اَلآكِل der Essende, der Esser

Die feminine Form wird bei allen Partizipien regelmäßig mit ة gebildet:

اَلطَّالِبَة القَارِئَة die lesende Studentin, القَارِئَة die Lesende, die Leserin

Die Duale werden regelmäßig gebildet. Die Plurale sind grundsätzlich
gesund:

آكِلُون [ʒākilūn] „Essende (m.)“, آكِلَات [ʒākilāt] „Essende (f.)“. Hier
ist aber zu beachten, daß das aktive Partizip des Grundstamms in
einer eingeengten Sonderbedeutung, die es neben seiner Grundbedeutung annehmen kann, einen gebrochenen Plural haben kann. Dieser
hat dann zumeist die Form L u M M ā N . So haben wir z.B. von
يَعمَل und طَلَب die Partizipien عَامِل [çāmil] „arbeitend“ und „Arbeiter“,
طَالِب „fordernd“ und „Student“. Vergleichen Sie den Pluralgebrauch:

اَلنَّاس العَامِلُون „die arbeitenden Leute“, aber:
اَلعُمَّال „die Arbeiter“
اَلمُوَظِّفُون الطَّالِبُون „die fordernden Angestellten“, aber:
اَلطُّلَّاب „die Studenten“

Ebenso ist كُتَّاب [kuttāb] der Plural von كَاتِب in der Bedeutung „(be-
rufsmäßiger) Schreiber“. Neben L u M M ā N finden wir oft auch
die Form L a M a N a t als Plural zu L ā M i N : طَلَبَة [ṭalaba] neben
طُلَّاب, كَتَبَة [kataba] neben كُتَّاب.

b) PASSIVES PARTIZIP

Das passive Partizip des Grundstamms wird nach der Form m a L -
M ū N gebildet, also mit Hilfe eines Präfixes ma-: مَكتُوب [maktūb]
„geschrieben“, مَأكُول [maʒkūl] „gegessen“, مَقرُوء [maqrūʒ] „gelesen“,
مَطلُوب [maṭlūb] „gefordert“, مَشرُوب [mašrūb] „getrunken“. Auch das
passive Partizip ist ein (triptotisch deklinierbares) Nomen, das substantivisch oder adjektivisch gebraucht werden kann. Feminine Form,
Duale und Plurale werden regelmäßig (bzw. gesund) gebildet:

الكَلِمَةُ المَكتوبة das geschriebene Wort,
القِصَّتان المَقروءَتان die zwei (vor)gelesenen Geschichten,
الأشياءُ المَطلوبة die verlangten Sachen,
الأطِبّاءُ المَطلوبون die verlangten Ärzte.

Auch das passive Partizip entwickelt zuweilen eine (substantivische) Sonderbedeutung, in der es dann gebrochenen Plural nach der (diptotischen) Form m a L ā M ī N u besitzt. So heißt مطلوب auch „Forderung, Wunsch" mit dem Plural مطالب [maṭālibu] „Forderungen, Wünsche". Eine substantivische Sonderbedeutung kann aber auch den gesunden weiblichen Plural haben: مشروب ist neben „getrunken" auch „Getränk" mit dem Pl. مشروبات „Getränke", ebenso مأكولات „Eßwaren, Speisen", مطبوعات [maṭbūʿāt] „Drucksachen, Drucker-zeugnisse" (von طبع I [yaṭbaʿu] „drucken"), منسوجات [mansūǧāt] „Textilien" (von نسج I [yansiǧu] „weben"). (Das passive Partizip im gesunden weiblichen Plural drückt also auch Kollektivbegriffe aus.)

c) ADVERBIELLER GEBRAUCH DER PARTIZIPIEN

Die beiden Partizipien können auch neben eine finite Verbform tre-ten. Sie beschreiben dann einen Zustand, in dem sich das Subjekt des Satzes befindet. Bei diesem adverbiellen Gebrauch (das Partizip steht als Antwort auf die Frage „wie?") wird das Partizip *indeter-miniert* in den *Akkusativ* gesetzt. Es muß mit dem Subjekt *in Geschlecht und Zahl übereinstimmen*:

كَتَب جالسا. [kataba ǧālisan] er schrieb sitzend
كَتَبتُ جالسا. [katabtu ǧālisan] ich (m.) schrieb sitzend
كَتَبَت جالسة [katabat ǧālisatan] sie schrieb sitzend
كَتَبتُ جالسة [katabtu ǧālisatan] ich (f.) schrieb sitzend
كَتَبوا جالسين [katabū ǧālisīna] sie (m.) schrieben sitzend
كَتَبنَ جالسات [katabna ǧālisātin] sie (f.) schrieben sitzend
كَتَبا جالسَين [katabā ǧālisayni] die beiden (m.) schrieben sitzend
كَتَبَتا جالستَين [katabatā ǧālisatayni] die beiden (f.) schrieben sitzend

In diesen Beispielen haben wir die klassischen Endungen zur Ver-deutlichung belassen. Da es sich hier um einen adverbiellen Akkusativ handelt, werden insbesondere die Endungen -an, -atan oft beibehalten, auch wenn ansonsten die klassischen Endungen unterdrückt werden. (Vgl. Abschnitt 10, Punkt 1, letzter Absatz!)

d) ASSIMILIERTE UND GEMINIERTE VERBEN

Bei den assimilierten Verben wird wie im Perfekt bei der Bildung der Partizipien als erster Radikal *wāw* eingeführt: von يجد : واجد [wāǧid] „findend" und موجود [mawǧūd] „gefunden", von يضع : واضع [wāḍiç] „legend" und موضوع [mawḍūç] „gelegt"

Bei den geminierten Verben wird im aktiven Partizip das kurze *i* ausgestoßen: سارّ [sārr] „erfreuend, erfreulich" von يسرّ und عادّ [çādd] „zählend" von يعد. Hiebei entstehen ausnahmsweise überlange Silben. Das passive Partizip ist regelmäßig: مسرور [masrūr] „erfreut, froh", معدود [maçdūd] „gezählt".

(Zu den konkaven Verben s. den nächsten Abschnitt.)

4. Partizipien der abgeleiteten Verbstämme

In den abgeleiteten Stämmen ist die Bildung der Partizipien überaus einheitlich und übersichtlich.

a) AKTIVE PARTIZIPIEN

Die aktiven Partizipien der abgeleiteten Stämme bilden wir, indem wir das Präfix *mu-* vor den Imperfekt-Stamm (bisher Präsens-Stamm genannt) setzen. Im V. und VI. Stamm müssen wir dabei noch den Vokal vor dem letzten Radikal von *a* in *i* verändern. Halten Sie sich für das Folgende stets die Tabelle in Abschnitt 13, Punkt 2, vor Augen!

> *II. Stamm:* مصلّح [muṣalliḥ] reparierend, معلّم [muçallim] lehrend, Lehrer,
> مدخّن [mudaḫḫin] rauchend, Raucher, محذّر [muhaḏḏir] warnend, Warner.
> *III. Stamm:* مسافر [musāfir] reisend, Reisender, مساعد [musāçid] helfend, Helfer, Assistent, مراسل [murāsil] Korrespondent (zu راسل korrespondieren)

IV. Stamm: مرسل [mursil] sendend, Absender, مدهش [mudhiš] überraschend

V. Stamm: متكلم [mutakallim] sprechend, متفرّج [mutafarriǧ] ansehend, Zuschauer

VI. Stamm: متناول [mutanāwil] zu sich nehmend, متشاجر [mutašāǧir] streitend

VII. Stamm: منهزم [munhazim] unterliegend, geschlagen, besiegt

VIII. Stamm: منتظر [muntaẓir] wartend, مستلم [mustalim] empfangend, Empfänger

IX. Stamm: محمرّ [muḥmarr] errötet, مصفرّ [muṣfarr] erbleicht, bleich, blaß

X. Stamm: مستعمل [mustaçmil] benutzend, Benutzer, مستأجر [mustaȝǧir] mietend, Mieter, مستورد [mustawrid] einführend, Importeur

(Beim VII. und IX. Stamm haben wir es in obigen Beispielen mit aktiven Partizipien zu tun, denen im Deutschen passive entsprechen. Dies ist eine Folge der Verbbedeutung!)

b) PASSIVE PARTIZIPIEN

Die passiven Partizipien der abgeleiteten Stämme lassen sich aus den aktiven finden, indem wir durchgehend den Vokal i vor dem letzten Radikal in a verändern. Damit fallen die passiven und die aktiven Partizipien in arabischer Schrift zusammen, da sie sich ja nur in einem kurzen Vokal unterscheiden. Erst der Zusammenhang beseitigt diese Mehrdeutigkeit. Beim VII. und IX. Stamm sind passive Partizipien ungebräuchlich.

II. Stamm: مصلّح [muṣallaḥ] repariert, محذّر [muḥaddar] gewarnt

III. Stamm: مساعد [musāçad] unterstützt; wem geholfen wird (nicht: „geholfen“, denn unser „helfen“ ist ohne Akkusativ-Objekt), مغادر [muġādar] „verlassen“

IV. Stamm: مرسل [mursal] gesandt, مدهش [mudhaš] überrascht

V. Stamm: متكلّم [mutakallam] gesprochen

VI. Stamm: متناول [mutanāwal] zu sich genommen, eingenommen

VIII. Stamm: مستلم [mustalam] erhalten, منتظر [muntaẓar] erwartet

X. Stamm: مستعمل [mustaçmal] benutzt, مستأجر [mustaȝǧar] gemietet

227

Als Fortsetzung der Tabelle von Abschnitt 13, Punkt 2, stellen wir
uns nun die Formen der Partizipien zusammen:

FORMEN DER VERBSTÄMME (2. TEIL: PARTIZIPIEN)

	Aktives Partizip	Passives Partizip
I. Stamm	L ā M i N كاتب [kātib]	m a L M ū N مكتوب [maktūb]
II. Stamm	m u L a M M i N مصلّح [muṣalliḥ]	m u L a M M a N مصلّح [muṣallaḥ]
III. Stamm	m u L ā M i N مساعد [musāçid]	m u L ā M a N مساعد [musāçad]
IV. Stamm	m u L M i N مرسل [mursil]	m u L M a N مرسل [mursal]
V. Stamm	m u t a L a M M i N متكلّم [mutakallim]	m u t a L a M M a N متكلّم [mutakallam]
VI. Stamm	m u t a L ā M i N متناول [mutanāwil]	m u t a L ā M a N متناول [mutanāwal]
VII. Stamm	m u n L a M i N منصرف [munṣarif]	(ungebräuchlich)
VIII. Stamm	m u L t a M i N مستلم [mustalim]	m u L t a M a N مستلم [mustalam]
IX. Stamm	m u L M a N N محمرّ [muḥmarr]	(ungebräuchlich)
X. Stamm	m u s t a L M i N مستعمل [mustaçmil]	m u s t a L M a N مستعمل [mustaçmal]

5. Konzessivsätze

Konzessivsätze (Einräumungssätze) werden mit der Konjunktion
مع أنّ [maça ʒanna] „obwohl, obgleich" eingeleitet. Der folgende
Nominalsatz wird wie nach أنّ „daß" konstruiert.

هو يذهب إلى المسرح مع أنّ أخاه مريض. er geht ins Theater, obwohl sein Bruder krank ist

هو لم يفهم الأمر مع أنّى شرحته له بعض er verstand die Sache nicht, obwohl ich المرّات. sie ihm mehrere Male erklärte

Die Präposition „trotz" ist بالرّغم من [bi_r-raġm(i) min]:

بالرّغم من نجاحى „trotz meines Erfolges", بالرّغم من ذلك „trotzdem, dessen ungeachtet"

Damit bildet man eine andere Entsprechung von „obwohl": بالرّغم من أنّ

تابع عمله بالرّغم من أنّه كان متعبا. er setzte seine Arbeit fort, obwohl (trotzdem daß) er müde war

خرجنا من البيت بالرّغم من أنّ الجوّ كان [ǧaww, ḥārr] wir verließen das Haus, حارّا obwohl es (w.: die Luft) heiß war

WORTLISTE 18

Vorbemerkung: In den Wortlisten führen wir nur die Grundform der Verben an, deren Partizipien in den Übungen vorkommen, falls die Bedeutung dieser Partizipien aus der Verbbedeutung unmittelbar folgt. Wir werden aber auch Partizipien als Vokabel angeben, ohne das zugrundeliegende Verb anzuführen.

قطعة [qiṭ‛a] Stück
Pl. قطع [qiṭa‛]

نخل [naḫl] Palmen (beson-
ders Dattelpalmen)

نخلة [naḫla] (n. u.) Palme

ملك [malik] König
Pl. ملوك [mulūk]

يحوّل II [yuḥawwilu] überweisen,
anweisen (einen Geld-
betrag)

يذكر I [yaḏkuru] erwähnen

ليرة [līra] Pfund (Währung),
(Pl. ات)

مجنون [maǧnūn] wahnsinnig,
verrückt
Pl. مجانين [maǧānīnu]

يوم الخميس [yawm al-ḫamīs] der Donnerstag

يوم الجمعة [yawm al-ǧum‛a] der
Freitag

يوم السبت [yawm as-sabt] der Samstag

مصر [miṣru] Ägypten

فى هذه السنة [fī hāḏihi_s-sana] heuer

يوقّع II [yuwaqqi‛u] unterschreiben

عقد [‛aqd] Vertrag
Pl. عقود [‛uqūd]

معرض [maçriḍ] Ausstellung, Warenmesse

Pl. معارض [maçāriḍu]

يجرح I [yaǧraḥu] verwunden, verletzen

يقتل I [yaqtulu] töten

سكرتير [sikritīr] Sekretär (Pl. ون)

يسجّل II [yusaǧǧilu] registrieren, aufschreiben

حاضر [ḥāḍir] anwesend, gegenwärtig

الحاضر [ʒal-ḥāḍir] (auch:) die Gegenwart

الماضى [ʒal-māḍī] (auch:) die Vergangenheit

المستقبل [ʒal-mustaqbal] die Zukunft

قاتل [qātil] Mörder

Pl. قتلة [qatala]

يلعن I [yalçanu] verfluchen

يحبّ I [yaḥibbu] lieben

مصوّر [muṣawwir] Photograph (Pl. ون)

شعبة [šuçba] Zweig, Zweigstelle, Sektion, Filiale

Pl. شعب [šuçab]

يخرج فلما IV [yuḫriǧu film] einen Film drehen (w.: herausbringen)

مخرج [muḫriǧ] Regisseur (Pl. ون)

إيطاليا [ʒītāliyā] Italien

يتأخّر V [yataʒaḫḫaru] sich verspäten

يتظاهر VI [yatazāharu] demonstrieren

ضدّ [ḍidda] (Präp.) gegen

سياسة [siyāsa] Politik

يموت I [yamūtu] sterben

ÜBUNG 18.1

١ – كم قطعة بعتم؟ وبكم بعتم كلّ قطعة؟ قد بعنا خمس عشرة قطعة وكلّ قطعة بثمانى ليرات. ٢ – كم من النّخل يوجد فى الحديقة؟ هناك اثنتا عشرة نخلة. ٣ – كم عمر الملك؟ عمره تسع عشرة سنة فقط. وكم عمر زوجته؟ عمرها ثمانى عشرة سنة. ٤ – كم من النّقود تريد أن تحوّل إلى السّيّد المذكور؟ أريد أن أحوّل إليه أربع عشرة ليرة. ٥ – كم مرّة كتب لك ذلك المجنون؟ قد كتب لى إحدى عشرة مرّة. ووصلتنى رسالته الأخيرة فى يوم الخميس الماضى. ٦ – كم شهرا كنتم فى مصر؟ أربعة أشهر وأسبوعين. وأنتم كم من مدّة؟ نحن كنّا هناك شهرين وستّة أسابيع فى السّنة الماضية. ٧ – ألمدير سيوقّع فى يوم الجمعة القادم ذلك العقد الّذى نصحه به محاميه ٨ – قد قمنا برحلة إلى المعرض فى يوم السّبت الماضى.

ÜBUNG 18.2+

١٥ موظّفا – ١٥ موظّفة – ١٩ مدرسة – ١٩ فندقا – ١١ شرطيّا – ١١ أسطوانة – ١٨ كلمة – ١٨ ضابطا – ١٣ فلما – ١٣ علبة – ١٢ مبنى – ١٢ جامعة – ١٧ سيّارة ركّاب – ١٧ ولدا – ١٤ قرية – ١٤ قاضيا – ١٦ محاميا – ١٦ دار سينما.

ÜBUNG 18.3

١ – من هذا الرّجل المجروح؟ إسمه ليس معروفا. هل أحضرتم الأشياء المطلوبة؟ ٢ – ألأوراق الّتى بحثت عنها كانت موضوعة تحت كتاب على طاولة الكتابة. ألمتاحف الموجودة فى القاهرة مشهورة جدّا. ٣ – ألسّكرتير سجّل أسمـاء الحاضرين. ذلك القاتل الملعون قتل صديقى المحبوب. ٤ – سمعت الأغانى جالسا فى أحد الملاهى. لماذا تأكلون واقفين؟ لماذا تعمل الموظّفة واقفة؟ ٥ – قرأنا الجرائد جالسين فى أحد المقاهى. ألسّيّدان تحدّثا واقفين. ألمجنون خرج ضاحكا.

ÜBUNG 18.4

١ – والد صديقى مصوّر. كلّ الأوراق المصوّرة مهمّة. هذا العقد ليس موقّعا. من موقّعو ذلك العقد؟ ٢ – عبد اللّه مساعد مدير الشّعبة. ألرّجل المساعد شكر الأشخاص الّذين ساعدوه.. ٣ – هذا الفلم المخرج فى إيطاليا أعجبنى كثيرا. مخرج هذا الفلم مشهور جدّا. ٤ – ألضّيف وصل متأخّرا. وصلنا متأخّرين. هؤلاء النّاس متظاهرون ضدّ سياسة الحكومة. ٥ – هذه الشّقّة مستأجرة. من مستأجر هذه الشّقّة؟ أحد مساعدى الرّئيس مات صباح اليوم. ٦ – أحد المراسلين المنتظرين أمام مدخل الوزارة صوّر المتظاهرين. ألوزير المنتظر لم يحضر.

1. Das an mich überwiesene Geld. Die registrierten Namen der Ausländer. Die gereinigten Anzüge. Die zwei reparierten Uhren. 2. Die zurückgewiesene Hilfe. Der ins Krankenhaus beförderte verletzte junge Mann. Seine beiden Begleiter. Der Absender des Briefes. 3. Die mir gesandten Telegramme. Die geschlossene Tür. Die verspätete (= sich verspätende) Ankunft. Der verheiratete (= heiratende) Mann. Eine verheiratete Frau. 4. Die plaudernden (= sich unterhaltenden) Gäste. Die geschlagenen Truppen (= Soldaten). Das gemietete Haus. Die importierten Textilien. 5. Die zwei streitenden Kollegen. Die korrigierten Sätze. Das vor dem Kino wartende Mädchen. Die erfolgreichen (= Erfolg habenden) Studenten. 6. Ein Freund meines Sohnes (= einer der F. meines S.) will ohne seine Eltern ins Ausland reisen, obwohl er erst (= nur) elf Jahre alt ist. 7. Ich habe den Vertrag nicht unterschrieben, obwohl jene Leute mehrmals von mir verlangt haben, ihn zu unterschreiben. 8. Er hat mir einige wertvolle Geschenke überreicht (= angeboten), obwohl er nur wenig Geld hat. 9. Ali ist kein reicher Mann. Trotzdem hilft er jedem Armen, der zu ihm kommt. 10. Am vergangenen Samstag war es sehr heiß. Trotzdem unternahmen wir einen Spaziergang auf den Markt. 11. Warum ißt du, obwohl du nicht hungrig bist? Warum trinkt ihr, obwohl ihr nicht durstig seid? 12. Das Lied, das ich gestern gehört habe, hat mir sehr gefallen, obwohl die Stimme der Sängerin nicht sehr schön war.

ABSCHNITT NEUNZEHN

1. Zahlwörter: 20—99

Die Zehner-Zahlwörter sind gesunde maskuline Plurale, die von den Zahlwörtern der ersten Dekade gebildet werden:

20:	عشرون [çišrūn] (!)	60:	ستّون [sittūn]
30:	ثلاثون [talāṯūn]	70:	سبعون [sabçūn]
40:	أربعون [ʒarbaçūn]	80:	ثمانون [ṯamānūn]
50:	خمسون [ḥamsūn]	90:	تسعون [tiscūn]

Diese Zahlwörter sind (zum Unterschied von den bisher getroffenen gleich- und gegensinnigen Zahlwörtern) *neutral*, d.h. sie verfügen nur über eine einzige Form zum Zählen maskuliner wie femininer Substantive. Das gezählte Wort folgt weiter (wie nach 11–19) indeterminiert *im Akkusativ Singular:*

„20 Bücher und 20 Zeitungen" عشرون كتابا وعشرون جريدة

Die Bildung zusammengesetzter Zahlwörter läßt sich an den folgenden Beispielen ablesen:

أحد وعشرون طالبا	21 Studenten	إحدى وعشرون طالبة	21 Studentinnen
إثنان وثلاثون يوما	32 Tage	إثنتان وثلاثون ساعة	32 Stunden
ثلاثة وأربعون شخصا	43 Personen	ثلاث وأربعون مدينة	43 Städte
أربعة وخمسون جنديّا	54 Soldaten	أربع وخمسون رسالة	54 Briefe

Bei der Bildung dieser Zahlwörter werden also die Einer wie im Deutschen vor die Zehner gestellt. Von den Einern sind (entsprechend dem Gebrauch in der ersten Dekade) 1 und 2 gleichsinnig, 3–9 gegensinnig. Das gezählte Substantiv steht durchwegs im Akkusativ Singular. Beide Teile des Zahlworts sind demnach indeterminiert. (Es ist genau zu beachten, daß bei Fortfall der klassischen Endungen die Endung ة der Einerstelle jetzt *-a*, nicht *-at*, gesprochen werden muß, da ja kein Genitiv folgt. Vergleichen Sie: ثلاثة كتب [ṯalāṯat kutub] aber ثلاثة وستّون كتاب [ṯalāṯa wa-sittūn kitāb]

Im Genitiv und Akkusativ müssen natürlich beide Teile des Zahlworts dekliniert werden. Das gezählte Substantiv ändert sich dabei nicht.

مع اثنين وعشرين زميلا واثنتين وثلاثين زميلة [iṯnayn wa-ʿišrīn, iṯnatayn wa-ṯalāṯīn] mit 22 Kollegen und 32 Kolleginnen

باع ثلاثا وعشرين ساعة [ṯalāṯ(an !) wa-ʿišrīn] (ʒalif in arab. Schrift !) er verkaufte 23 Uhren

Bei den Zusammensetzungen mit Einerstelle 8 ist genau auf die Deklination von ثمان als schwaches Nomen des i-Typs zu achten:

كتبت ثمانيا وعشرين رسالة „28 Briefe", aber: ثمان وعشرون رسالة „ich schrieb 28 Briefe"

233

Die Einerstelle 1 kann in Zusammensetzungen statt mit أَحَدَ إِحْدَى auch mit وَاحِدَةٌ وَاحِدٌ gebildet werden: أَحَد وَعِشْرُونَ رَجُلاً oder رَجُلاً وَعِشْرُونَ وَاحِدٌ „21 Männer", إِحْدَى وَعِشْرُونَ امْرَأَة oder امْرَأَةً وَعِشْرُونَ وَاحِدَةٌ „21 Frauen".
Zählt man ohne ein Substantiv zu erwähnen, dann gebraucht man die Formen der Zahlwörter als folgte ein maskulines Substantiv.
Man zählt also: وَاحِد eins, إِثْنَان zwei, ثَلاثَةٌ [ṯalāṯa] drei ... عَشَرَةٌ [çašara] zehn, أَحَدَ عَشَر elf, ... ثَلاثَ عَشْرَة dreizehn, ... ثَلاثَةٌ وَعِشْرُون dreiundzwanzig ... (Man kann beim Zählen aber auch durchgehend die maskulinen Formen der Zahlwörter gebrauchen.)

2. Schwache Verben

Arabische Verben enthalten stets drei Radikale, gleichgültig ob sie im Grundstamm oder in einem abgeleiteten Stamm stehen. So gehören zu den Verben يَكْتُب I, صَلَّح II, سَاعَد III, يُرْسِل IV, يَتَكَلَّم V, يَسْلَم VIII, يَسْتَعْمِل X die Radikale k-t-b, ṣ-l-ḥ, s-ç-d, r-s-l, k-l-m, s-l-m, ç-m-l. (Ein verdoppelter Konsonant ist Kennzeichen des betreffenden Stammes, als Radikal wird er nur einfach gezählt.)) (Vgl. aber S. 365.)
Der allgemeine Grundsatz „Jedem Verb drei Radikale" wird nun scheinbar bei den konkaven Verben durchbrochen, denn hier finden sich nur zwei Konsonanten in der Grundform: يَنَام وَيَبِيع وَيَقُول. Wir müssen nun aber bedenken, daß lange Vokale oft die Stelle bezeichnen, an der ein schwacher Konsonant geschwunden ist. (Erinnern Sie sich an [ʒal-muḥāmī ← ʒal-muḥāmiyu], [ʒal-maqhā ← ʒal-maqhawu]) Dann dürfen wir vermuten, daß auch zu den konkaven Verben drei Radikale gehören, deren mittlerer aber schwach (w oder y) und in der Verbform geschwunden ist. Dies bestätigt sich, wenn wir verwandte Substantive betrachten, wie z.B. قَوْل [qawl] „Ausspruch" zu يَقُول, بَيْع [bayç] „Verkauf" zu يَبِيع und نَوْم [nawm] „Schlaf" zu يَنَام. So erschließen wir, daß konkave Verben mit Imperfekt-Vokal ū und ā als mittleren Radikal w, und mit Imperfekt-Vokal ī als mittleren Radikal y haben. Zu يَقُول, يَبِيع und يَنَام sind also die Radikale: q-w-l, b-y-ç, n-w-m. Die Grundform müßte demnach [yaqwulu], yabyiçu], [yanwamu] lauten, wenn w und y nicht schwach wären.
Verben, bei denen mindestens einer der Radikale w oder y ist, werden als *schwache Verben* bezeichnet.

Ist der *mittlere* Radikal schwach, dann ergeben sich die *konkaven* (hohlen) *Verben*. (Der Name wird nun verständlich.) Diese werden auch als *Verba mediae infirmae* („Verben des mittleren schwachen (ergänze: Radikals)") bezeichnet. Will man genauer sein, dann spricht man von *Verba mediae w* und *Verba mediae y*. Konkave Verben gibt es nicht nur im Grundstamm, sondern in allen Stämmen. Sie weichen aber nicht überall vom Muster der *starken Verben* ab. (Als *stark* bezeichnen wir ein Verb, unter dessen Radikalen w und y nicht vorkommen.) Im II., III., V., VI. und IX. Stamm ist der mittlere Radikal jedenfalls stabil und schwindet nicht.

يحوّل [yuḥawwilu] „überweisen" ist ein Verbum mediae w im II. Stamm.

يضايق [yuḍāyiqu] „belästigen" ist ein Verbum mediae y im III. Stamm.

يتغيّر [yataġayyaru] „sich ändern" ist ein Verbum mediae y im V. Stamm.

يتعاون [yataçāwanu] „zusammenarbeiten" ist ein Verbum mediae w im VI. Stamm.

يعوجّ [yaçwaǧǧu] „krumm sein" ist ein Verbum mediae w im IX. Stamm.

Alle diese Verben sind nach unserer Definition schwach, werden aber ganz so wie starke Verben in den entsprechenden Stämmen konjugiert. Dagegen schwindet im IV., VII., VIII. und X. Stamm der mittlere Radikal wie im Grundstamm.

Ist der *erste* Radikal schwach, dann ergeben sich die *assimilierten Verben* oder *Verba primae infirmae* („Verben des ersten schwachen"), genauer: *Verba primae w* und *Verba primae y*. Die assimilierten Verben unterscheiden sich von den starken Verben nur geringfügig. Am wichtigsten ist der spurlose Schwund des ersten Radikals *w* im Imperfekt und Imperativ des Grundstamms: يجد „er findet", جد „finde!", während er im Perfekt und in den beiden Partizipien erhalten bleibt: وجد „er fand", واجد „findend", موجود „gefunden". Hingegen ist z.B. يوصّل „befördern" ein Verbum primae w im II. Stamm, wird aber völlig wie ein starkes Verb konjugiert.

Ist der *letzte* Radikal schwach, dann spricht man von *defektiven Verben* oder *Verba ultimae infirmae* („Verben des letzten schwachen"), genauer von *Verba ultimae w* und *Verba ultimae y*. Diese Verben, zu denen wir noch keine Beispiele kennengelernt haben, weichen in allen Stämmen von den starken Verben ab.

Bezeichnen wir wieder mit L, M, N die drei Radikale, dann erhalten wir die folgende Einteilung der schwachen Verben:

EINTEILUNG DER SCHWACHEN VERBEN

L = w	Verba primae w	Verba primae infirmae, assimilierte Verben
L = y	Verba primae y	
M = w	Verba mediae w	Verba mediae infirmae, konkave Verben
M = y	Verba mediae y	
N = w	Verba ultimae w	Verba ultimae infirmae, defektive Verben
N = y	Verba ultimae y	

Es finden sich auch Verben mit zwei – und sogar drei – schwachen Radikalen. Ist z.B. L = w und N = y, dann haben wir ein doppelt-schwaches Verbum primae w et ultimae y vor uns, das die Eigentümlichkeiten der assimilierten und der defektiven Verben vereint. Alle Abweichungen schwacher Verben von der Konjugation der starken Verben werden wir in diesem Abschnitt und in den folgenden genau zu besprechen haben. Zum Verständnis der schwachen Verben ist aber zunächst eine solide Kenntnis der starken Verben Voraussetzung, im wesentlichen also der Formen in den Tabellen in Abschnitt 13, Punkt 2, Abschnitt 15, Punkt 4, und Abschnitt 18, Punkt 4. Solange Sie nicht jede einzelne dieser Formen und Endungen sofort, ohne nachdenken und überlegen zu müssen, angeben können, sollten Sie nicht mit dem Studium der schwachen Verben beginnen.

3. Konkave Verben

Die Konjugation der konkaven Verben im Grundstamm haben wir schon ausführlich besprochen (Abschnitt 7, Punkt 3, Abschitt 9, Punkt 2, Abschnitt 11, Punkt 1, Abschnitt 15, Punkt 3). Es bleiben noch die Partizipien zu besprechen: Im aktiven Partizip wird der mittlere Radikal in den Hamz verwandelt, die Form L ā M i N bleibt erhalten: قَائِل [qāʒil] „sagend", بَائِع [bāʒiç] „verkaufend, Verkäufer", نَائِم [nāʒim] „schlafend, Schläfer". Ebenso: سَائِق [sāʒiq] „lenkend, Lenker" von يَسوق „lenken", زَائِر [zāʒir] „besuchend, Besucher" von

يزور „besuchen", خائف [ḫāʒif] „ängstlich, furchtsam" von يخاف „sich
fürchten". Die passiven Partizipien haben langes ū bzw. langes ī,
wenn der Imperfekt-Vokal ū bzw. ī ist: مقول [maqūl] „gesagt", مبيع
[mabīç] „verkauft". Die Verben mit Imperfekt-Vokal ā wie نام sind
meist intransitiv in ihrer Bedeutung, ihr passives Partizip ist wenig
gebräuchlich.

Die Konjugation des IV. und X. Stammes haben wir schon in Abschnitt
13, Punkt 4, an den Beispielen يريد IV [yurīdu] „wollen" und يستطيع
X [yastaṭīçu] „können" kennengelernt. In diesen Stämmen wie im
VII. und VIII. finden wir nur je eine Abwandlungsmöglichkeit
(nicht drei wie beim I. Stamm). Insbesondere spielt es in diesen Stämmen keine Rolle, ob der mittlere Radikal w oder y war. Als Beispiel
für den VIII. Stamm wählen wir يختار VIII [yaḫtāru] „auswählen,
aussuchen". In die folgende Übersicht nehmen wir alle Formen des
Grundstammes und des IV., VIII. und X. Stammes auf.

FORMEN DER KONKAVEN VERBEN

	I. Stamm		
Imperfekt Indikativ	يقول [yaqúlu]	يبيع [yabíçu]	ينام [yanámu]
Imperfekt Jussiv	يقل [yáqul]	يبع [yábiç]	ينم [yánam]
Imperativ	قل [qul]	بع [biç]	نم [nam]
Perfekt	قال [qāla]	باع [bāça]	نام [nāma]
	قلت [qultu]	بعت [biçtu]	نمت [nimtu]
Partizip aktiv	قائل [qāʒil]	بائع [bāʒiç]	نائم [nāʒim]
Partizip passiv	مقول [maqūl]	مبيع [mabīç]	مخوف [maḫūf],„gefürchtet"

237

	IV. Stamm	VIII. Stamm	X. Stamm
Imperfekt Indikativ	يريد [yurídu]	يختار [yaḫtāru]	يستطيع [yastaṭíʕu]
Imperfekt Jussiv	يرد [yúrid]	يختر [yáḫtar]	يستطع [yastáṭiʕ]
Imperativ	أرد [ʒárid]	إختر [ʒiḫtar]	إستطع [ʒistáṭiʕ]
Perfekt	أراد [ʒarāda]	إختار [ʒiḫtāra]	إستطاع [ʒistaṭāʕa]
	أردت [ʒaradtu]	إخترت [ʒiḫtartu]	إستطعت [ʒistaṭaʕtu]
Partizip aktiv	مريد [murîd]	مختار [muḫtār]	مستطيع [mustaṭíʕ]
Partizip passiv	مراد [murād]	مختار [muḫtār]	مستطاع [mustaṭāʕ]

In der weiteren Konjugation der Formen ist genau darauf zu achten,
daß durchwegs vokalische Formen langen Vokal und konsonantische
kurzen haben. Der lange Vokal ist dabei ursprünglicher (aus dem
Schwund des mittleren Radikals entstanden), in den konsonantischen
Formen muß er aber gekürzt werden, damit keine unmöglichen Silben
auftreten. (Partizipien sind stets „vokalisch", denn die klassischen
Deklinationsendungen beginnen alle mit Vokal oder bestehen nur
aus einem Vokal. Ihre Unterdrückung berührt die Verbform selbst
aber nicht.) Nur beim Perfekt des Grundstammes ändert sich in den
konsonantischen Formen auch die Qualität des Vokals: $\bar{a}$ wird zu
u oder i.

Um den Wechsel zwischen langen und kurzen Vokalen zu illustrieren,
geben wir die Imperativ-Formen der abgeleiteten Stämme vollständig an. (Zum Grundstamm s. Abschnitt 9, Punkt 2!).

Singular mask.   أرد [ʒárid]   إختر [ʒiḫtar]   إستطع [ʒistáṭiʕ]
Singular fem.   أريدى [ʒarídi]   إختارى [ʒiḫtárī]   إستطيعى [ʒistaṭíʕī]

Plural mask.	أريدوا [ʒarídū]	إختاروا [ʒiḫtárū]	إستطيعوا [ʒistaṭíçū]
Plural fem.	أردن [ʒarídna]	إخترن [ʒiḫtárna]	إستطعن [ʒistaṭíçna]
Dual	أريدا [ʒarídā]	إختارا [ʒiḫtárā]	إستطيعا [ʒistaṭíçā]

Bei den Partizipien fällt auf, daß im IV. und X. Stamm aktives und passives Partizip (anders als beim starken Verb) in arabischer Schrift nicht zusammenfallen. Andererseits stimmt beim VIII. Stamm das passive mit dem aktiven Partizip formal überein (muḫtayir, muḫtayar ergeben bei Schwund des y beide: muḫtār). Hier entscheidet nur der Zusammenhang. (Dazu kommt aber auch, daß bei einem bestimmten Verb meist eine der zwei Bedeutungen ungebräuchlich ist. So wird مختار fast stets nur in der Bedeutung „ausgewählt" gebraucht.)

Bilden Sie nun zur Übung alle Formen der Verben يجيب IV [yuǧību] „antworten", يشتاق VIII [yaštāqu] „sich sehnen", يستسيغ X [yastasīǧu] „billigen". Zur Rektion dieser Verben: يجيبني „er antwortet mir", يشتاق إليه „er sehnt sich danach (nach ihm)", يستسيغه „er billigt es".

Der VII. Stamm von konkaven Verben ist selten. Er stimmt in seinen Vokalen völlig mit dem VIII. überein: ينقاد VII [yanqādu] „geführt werden, sich leiten lassen".

4. Assimilationen beim VIII. Stamm

a) Bei assimilierten Verben wird der erste Radikal an das eingescho-bene t des VIII. Stammes angeglichen, das t erscheint verdoppelt: يتّحد VIII [yattaḥidu ← yawtaḥidu] „sich vereinigen", يتّصل VIII [yattaṣilu ← yawtaṣilu] „sich in Verbindung setzen", يتّفق [yatta-fiqu ← yawtafiqu] „vereinbaren". Zur Rektion dieser Verben einige Beispiele:

إتّحدنا معهم [ʒittaḥadnā maça-hum] wir haben uns mit ihnen vereinigt

ألولايات المتّحدة. [ʒal-wilāyāt al-muttaḥida] die Vereinigten Staa-ten

الأمم المتّحدة. [ʒal-ʒumam al-muttaḥida] die Vereinten Natio-nen

إتّصلت به. [ʒittaṣaltu bi-hī] ich habe mich mit ihm in Verbindung gesetzt, mit ihm Kontakt aufgenommen

إتّفقت معه عليه. [ʒittafaqtu maɛa-hū ɛalay-hi] ich habe mich mit ihm darüber geeinigt

إتّفقنا. [ʒittafaqnā] abgemacht!

(NB. ولاية [wilāya] Provinz, أمّة [ʒumma] Nation)

b) Ist der erste Radikal ein emphatischer Konsonant, dann wird das
t des VIII. Stammes diesem angeglichen und zu emphatischem *ṭ*:

يضطرب VIII [yaḍṭaribu ← yaḍtaribu] gestört sein (werden), in Unruhe, Verwirrung geraten

يصطاد VIII [yaṣṭādu ← yaṣtādu] jagen (ein Tier), fischen

يطّلع VIII [yaṭṭaliɛu ← yaṭtaliɛu] genau kennen, informiert sein
(von = على)

c) Ist der erste Radikal *z*, dann wird das *t* des VIII. Stammes zu stimmhaftem *d*:

يزداد VIII [yazdādu ← yaztādu] anwachsen, zunehmen

Andere mögliche Assimilationen des *t* im VIII. Stamm übergehen wir,
da Beispiele zu diesen selten sind.

WORTLISTE 19

يعيد IV [yuɛīdu] zurückbringen,
-geben

أعاده إلى [ʒaɛāda-hū ʒilay-ya] er
gab es mir zurück

يحتاج VIII [yaḥtāǧu] brauchen, benötigen

إحتاج إليه [ʒiḥtāǧa ʒilay-hi] er
brauchte es

يستريح X [yastarīḥu] sich ausruhen, sich erholen

يقيم IV [yuqīmu] sich aufhalten,
wohnen

يريح IV [yurīḥu] ausruhen lassen

مريح [murīḥ] bequem, behaglich, gemütlich

يخيف IV [yuḫīfu] in Angst versetzen, erschrecken

يحتال VIII [yaḥtālu] betrügen

إحتال عليه [ʒiḥtāla ɛalay-hi] er betrog ihn

مختار [muḫtār] (auch:) bevorzugt, Lieblings-

شكل [šakl] Form, Gestalt, Figur
Pl. أشكال [ʒaškāl]

مستطيل [mustaṭīl] länglich, rechteckig; Rechteck

مستقيم [mustaqīm] gerade
خطّ [ḫaṭṭ] Linie, Strich
Pl. خطوط [ḫuṭūṭ]
ثقافة [ṯaqāfa] Kultur
عبد الرّحمن [ʿabd-ar-raḥmān] Abdarrahman („Diener des Erbarmers") (männlicher Name)
خطر [ḫaṭar] Gefahr
Pl. أخطار [ʒaḫṭār]
يغيب I [yaġību] abwesend sein
غائب [ġāʒib] abwesend
يرتاح VIII [yartāḥu] sich ausruhen

مرتاح [murtāḥ] ausgeruht, entspannt, zufrieden
أحمق [ʒaḥmaqu] dumm
fem. حمقاء [ḥamqāʒu],
Pl. حمق [ḥumq]
يستفيد X [yastafīdu] Nutzen ziehen, profitieren
إستفاد منه [ʒistafāda min-hu] er zog Nutzen daraus
غيبة [ġayba] Abwesenheit
عدوّ [ʿadūw] Feind
Pl. أعداء [ʒaʿdāʒ]
عائلة [ʿāʒila] Familie (Pl. ات)
مستطاع [mustaṭāʿ] möglich (w.: gekonnt)

ÜBUNG 19.1+

١ - ٤٤ يومًا. ٤٤ ولاية. ٧٧ ليرة. ٧٧ عاملا. ٩٩ صورة. ٩٩ شرطيًّا.
٢ - ٥١ سائحا و ٥١ سائحة. ٦٢ سيجارة. دخّن ٦٢ سيجارة. ٨٢ كتابا. قرأت ٨٢ كتابا. ٣ - ١ ١١ ٣١ ٢ ١٢ ٩٢ ٤ ١٤ ٥٤ ٥٦ ٦٥ ٧٨ ٨٧ ٥٣ ٣٥

ÜBUNG 19.2

١ - يعيد. أعاد. أعدنا. أعيدوا. أعادوا. أعيد. يعود. عاد. عدت. عدت. لم أعد. لم تعودوا. ٢ - عد. عودي. عدى. نعود. نعيد. نعد. نعدّ. عادا. أعادتا. أعادتا. عودا.
٣ - يجيبني. أجابه. أجيبه. أجيبونا. أجابونا. أجبها. أجبنا. أجابنا. أجابانا. لم يجب. لم أجب. ٤ - أحتاج إليه. إحتاج إليه. إصطادوا. لم يصطادوا. لا تصطاد. لا تصطد. ٥ - أستريح. إستراحوا. إستريحوا. لا تسترح. لا تستريح.
٦ - من الأشخاص المقيمون بهذه الشقّة؟ إجلس علي الكرسيّ المريح. غرفة مريحة. خطر مخيف. ٧ - ألمعلّم المجيب. ألطّالب المجاب. ألكتب المعادة إليّ. ألزّميل المحتاج إلى مساعدتي. ٨ - ذلك الرّجل محتال. هذا كتابي المختار. شكل الورقة مستطيل. ألخطّ المستقيم. هل هذا من المستطاع؟

ÜBUNG 19.3

١ – أَلْبَارِحَة اتَّصَلْت بِأَحَد الْمُوَظَّفِين فِى وِزَارَة الثَّقَافَة. يَجِب عَلَيْنَا أَن تَتَّصِل بِقُنْصَل
الْوِلَايَات الْمُتَّحِدَة. ٢ – سَأَلْت صَدِيقِى عَبْد الرَّحْمَن: هَل أَنْت مُرْتَاح؟ فَأَجَابَنِي:
نَعَم. إِنِّي مُرْتَاح وَالْحَمْد لِلّه. ٣ – أَلْمُدِير غَائِب وَلَكِنَّ مُسَاعِدَه حَاضِر. يَجِب
عَلَيْك أَن تَتَّفِق مَعَه. ٤ – مَا حَدَث فِي غَيْبَتِى؟ ذَلِك الرَّجُل الْأَحْمَق حَاوَل أَن
يَحْتَال عَلَيْك. ٥ – عَبْد اللّه لَم يَعُد إِلَى وَطَنِه بِالرَّغْم مِن أَنَّه اشْتَاق كَثِيرًا إِلَى
عَائِلَته. ٦ – إِسْتَفَدْت كَثِيرًا مِن الْمُحَاضَرَة الَّتِي سَمِعْتهَا. أَعْدَاؤُك اسْتَفَـادُوا
مِن غَيْبَتِك.

ÜBUNG 19.4

1. Kannst du mir die Namen der Leute aufschreiben, mit denen ich
nach meiner Ankunft in Beirut Kontakt aufnehmen soll? 2. Ich
glaube, daß jener ausländische Student, den wir am vergangenen
Samstag kennengelernt haben, sich sehr nach seiner Heimat sehnt.
3. Nach der Arbeit habe ich mich 25 Minuten ausgeruht. Dann bin
ich ins Restaurant gegangen, um mein Abendessen einzunehmen.
4. Ich habe ihm geantwortet, weil er mich gefragt hat. Er hat uns
gefragt, und da haben wir ihm geantwortet. Sie hat mir nicht geantwortet, obwohl ich sie zweimal gefragt habe. 5. Benötigst du die
Sachen, die Abdarrahman dir heute zurückbringt? Kann ich sie ein
paar Tage haben (= verwenden)? 6. Hast du dich mit ihnen über das
Datum der Abreise geeinigt? Ja, wir sind uns einig. 7. Es ist nicht
möglich, daß die Studenten von einem Vortrag, dessen Inhalt sie
nicht verstehen, Nutzen haben. Sie sollen nach Hause gehen und sich
ausruhen! 8. Diese Leute haben versucht, mich zu betrügen. 9. Ist der
Direktor anwesend? Kann ich mit ihm sprechen? Nein, er ist abwesend. Sie müssen 20 Minuten warten. 10. Warum habt ihr mich
nicht vor dieser fürchterlichen Gefahr gewarnt? Wißt ihr nicht, daß
meine Feinde dort auf mich warten?

ABSCHNITT ZWANZIG

1. Zahlwörter: 100

Das Zahlwort für 100 ist [miʒa], geschrieben مِئَة oder häufiger in unregelmäßiger Weise مِائَة. (Wir gebrauchen im weiteren die zweite Schreibung مِائَة.) Die Hunderter-Zahlwörter werden gebildet, indem man (für 200) مِائَة in den Dual setzt und (für 300–900) مِائَة als feminines Substantiv mit Hilfe der Zahlwörter für 3–9 zählt. مِائَة wird dabei in den Genitiv gesetzt, bleibt aber im Singular. (Ein Plural مِئَات [miʒāt] ist wohl vorhanden, wird aber nur in der Bedeutung „Hunderte", nicht in Zusammensetzungen verwendet.)

200:	مِائَتَان [miʒatān(i)]	600:	سِتُّ مِائَة [sitt(u) miʒa(tin)]
300:	ثَلَاثُ مِائَة [t̲alāt̲(u) miʒa(tin)]	700:	سَبْعُ مِائَة [sabç(u) miʒa(tin)]
400:	أَرْبَعُ مِائَة [ʒarbaç(u) miʒa(tin)]	800:	ثَمَانِي مِائَة [t̲amānī miʒa(tin)]
500:	خَمْسُ مِائَة [ḫams(u) miʒa(tin)]	900:	تِسْعُ مِائَة [tisç(u) miʒa(tin)]

Im Umschrift haben wir – wie mehrmals in diesem und dem folgenden Punkt – die klassischen Endungen in Klammern belassen, um den Bau der Zahlwörter zu verdeutlichen. (Die eingeklammerten Endungen werden unterdrückt.) Die Hunderter werden oft als ein Wort geschrieben: ثَلَاثُمِائَة, أَرْبَعُمِائَة usw. Statt مِائَة kann stets auch مِئَة geschrieben werden.

Soll nun ein Substantiv gezählt werden, dann tritt dieses indeterminiert im *Genitiv Singular* an مِائَة an. مِائَة erweist sich als neutral: es verfügt über nur eine Form zur Zählung maskuliner wie femininer Substantive:

مِائَةُ كِتَاب [miʒat(u) kitāb(in)] 100 Bücher, مِائَةُ جَرِيدَة [miʒat(u) ǧarīda(tin)] 100 Zeitungen

مِائَتَا شَخْص [miʒatā šaḫṣ(in)] 200 Personen, مِائَتَا سَنَة [miʒatā sana(tin)] 200 Jahre

ثَلَاثُ مِائَةِ طَالِب [t̲alāt̲(u) miʒat(i) t̲ālib(in)] 300 Studenten,

ثَلَاثُ مِائَةِ سَيَّارَة [t̲alāt̲(u) miʒat(i) sayyāra(tin)] 300 Autos

2. Zahlwörter: 1000

Das Zahlwort für 1000 ist das maskuline Substantiv أَلْف [ʒalf] mit dem Plural آلَاف [ʒālāf]. Zur Bildung der weiteren Tausender wird dieses Substantiv durchgezählt:

2 000:	أَلْفَانِ [ʒalfān(i)]
3 000:	ثَلاثَة آلاف [talātat(u) ʒālāf(in)]
10 000:	عَشَرَة آلاف [çašarat(u) ʒālāf(in)]
11 000:	أَحَد عَشَر أَلْفَا [ʒaḥad(a) çašar(a) ʒalf(an)]
15 000:	خَمْسَة عَشَر أَلْفَا [ḫamsa(ta) çašar(a) ʒalf(an)]
20 000:	عِشْرُون أَلْفَا [çišrūn(a) ʒalf(an)]
25 000:	خَمْسَة وَعِشْرُون أَلْفَا [ḫamsa(tun) wa-çišrūn(a) ʒalf(an)]
100 000:	مَائَة أَلْف [miʒat(u) ʒalf(in)]
200 000:	مَائِتَا أَلْف [miʒatā ʒalf(in)]
300 000:	ثَلاث مَائَة أَلْف [talāt(u) miʒat(i) ʒalf(in)]

Soll ein Substantiv gezählt werden, dann tritt es wieder (wie nach مَائَة)
indeterminiert im Genitiv Singular an أَلْف. أَلْف ist wie مَائَة neutral.

أَلْف كِتَاب [ʒalf(u) kitāb(in)] 100 Bücher
أَلْف جَرِيدة [ʒalf(u) ǧarīda(tin)] 1000 Zeitungen
أَلْفَا سَنة [ʒalfā sana(tin)] 2000 Jahre
ثَلاثَة آلاف سَاكِن [talātat(u) ʒālāf(i) sākin(in)] 3000 Einwohner
ثَلاثَة آلاف عَائلة [talātat(u) ʒālāf(i) çāʒila(tin)] 3000 Familien
عِشْرُون أَلْف كَلِمة [çišrūn(a) ʒalf(a) kalima(tin)] 20000 Wörter

Zur Bildung der Hunderter- und Tausender-Zahlwörter können wir
somit festhalten: Formal gezählt werden die Substantive مَائَة und أَلْف,
genau nach den Regeln zur Zählung femininer bzw. maskuliner Substantive. Das Substantiv, das sinngemäß gezählt wird, tritt sodann an
مَائَة und أَلْف im Genitiv Singular an. Dadurch werden مَائَة und أَلْف
determiniert und müssen entsprechend verändert werden, ansonsten
ändert sich am Zahlwort jedoch nichts. (Das Geschlecht des Substantivs hat keinerlei Einfluß auf die Zahlwörter, deren Form ja von مَائَة
bzw. أَلْف bestimmt ist!)
Alle bisherigen Beispiele standen im Nominativ. Im Genitiv und
Akkusativ müssen die Zahlwörter entsprechend verändert werden:

أَرْسل مَائَتِي كِتَاب وَأَلْفَي جَرِيدة. [miʒatay kitāb(in) wa-ʒalfay ǧarīda(tin)] er
sandte 200 Bücher und 2000 Zeitungen
قَبْل اثْنَين وَخَمْسِين أَلْف سَنة. [itnayn(i) wa-ḫamsīn(a) ʒalf(a) sana(tin)] vor
52000 Jahren

(Die Bildung komplizierterer Zusammensetzungen folgt im nächsten Abschnitt. Hier haben wir uns auf „reine" Hunderter und Tausender beschränkt.)

3. Defektive Verben: Indikativ

Wir wenden uns nun der dritten Gruppe der schwachen Verben zu: den defektiven Verben oder Verba ultimae infirmae, deren letzter Radikal *w* oder *y* ist. In diesem Abschnitt beschränken wir uns auf den Indikativ des Imperfekts.

a) GRUNDSTAMM

Beim Grundstamm müssen wir drei Typen unterscheiden:
Der 1. Typ hat als 3. Radikal *w* und den Imperfekt-Vokal *u*:
يرجو [yárǧū ← yarǧuwu] erhoffen, wünschen, bitten
Der 2. Typ hat als 3. Radikal *y* und den Imperfekt-Vokal *i*:
يرمى [yármī ← yarmiyu] werfen
Der 3. Typ hat als 3. Radikal *y* oder *w* und den Imperfekt-Vokal *a*:
ينسى [yánsā ← yansayu] vergessen

Bei der Grundform des 1. Typs lernen wir das *Lautgesetz* **u w u → ū,** beim 2. und 3. Typ beobachten wir wieder die Wirkung der Lautgesetze *iyu → ī* und *ayu → ā,* die wir schon von den schwachen Nomen (Abschnitt 17, Punkt 1) her kennen. Die vollständige Konjugation des Indikativs lautet:

INDIKATIV DER DEFEKTIVEN VERBEN

	1. Typ	2. Typ	3. Typ
Singular			
3.P. m.	يرجو [yarǧū]	يرمى [yarmī]	ينسى [yansā]
f.	ترجو [tarǧū]	ترمى [tarmī]	تنسى [tansā]
2.P. m.	ترجو [tarǧū]	ترمى [tarmī]	تنسى [tansā]
f.	ترجين [tarǧīna]	ترمين [tarmīna]	تنسين [tansayna]
1.P.	أرجو [ʒarǧū]	أرمى [ʒarmī]	أنسى [ʒansā]

	1. Typ	2. Typ	3. Typ
Plural			
3.P. m.	يرجون [yarǧūna]	يرمون [yarmūna]	ينسون [yansawna]
f.	يرجون [yarǧūna]	يرمين [yarmīna]	ينسين [yansayna]
2.P. m.	ترجون [tarǧūna]	ترمون [tarmūna]	تنسون [tansawna]
f.	ترجون [tarǧūna]	ترمين [tarmīna]	تنسين [tansayna]
1.P.	زجو [narǧū]	زمي [narmī]	نسى [nansā]
Dual			
3.P. m.	يرجوان [yarǧuwāni]	يرميان [yarmiyāni]	ينسيان [yansayāni]
f.	ترجوان [tarǧuwāni]	ترميان [tarmiyāni]	تنسيان [tansayāni]
2.P.	ترجوان [tarǧuwāni]	ترميان [tarmiyāni]	تنسيان [tansayāni]

Wenn Sie die obigen Abwandlungen mit denen vergleichen, die sich ergeben müßten, wenn *w* und *y* nicht schwach wären – also mit der Konjugation von [yarǧuwu], [yarmiyu], [yansayu] – dann finden Sie die Wirkung folgender Lautgesetze neben den schon oben erwähnten:

(Sg. 2. P. f.)   **u w ī → ī**   **i y ī → ī**   **a y ī → a y**

(Pl. 3. P. m.)   **u w ū → ū**   **i y ū → ū**   **a y ū → a w**

(Pl. 3. P. f.)   **u w K → ū K**   **i y K → i K**

(K bedeutet einen beliebigen Konsonanten. In den Verbformen ist K = n. Der Lautwandel uw → ū,

iy → ī tritt nur auf, wenn ein Konsonant folgt.)

(Dual) **u w ā, i y ā, a y ā** *stabil*

Einige dieser Gesetze *(iyī → ī, iyū → ū,* Stabilität von *iyā, ayā)* kennen wir schon von den schwachen Nomen her.

Beim 3. Typ ergeben sich die ungewohnten Endungen -ayna, -awna, wo wir sonst stets -īna, -ūna antreffen. Sie werden von vielen Sprechern den Endungen des 1. und 2. Typs angeglichen: [yansūn(a)], [tansīn(a)]. Dies ist jedoch nicht korrekt und wird von uns nicht übernommen. Konjugieren Sie zur Übung die Verben يدعو [yadçū] „rufen, einladen", يبنى [yabnī] „bauen", يبقى [yabqā] „bleiben".

Die Endung -ā des 3. Typs wird durchwegs mit ﺲ geschrieben, allerdings nur am Wortende. Rückt sie vor einem Suffix ins Wortinnere,
dann wird sie mit ﺍ geschrieben: اَنسى [ʒánsā] „ich vergesse", aber:
انساه [ʒansā-hu] „ich vergesse ihn"
Vom Verb اَتِى [yaʒtī] „kommen" haben wir آتِى [ʒātī ← ʒaʒtī] „ich
komme", wie آكُل „ich esse" von اَكُل.
Beim Verb يرى [yarā] „sehen" ist ausnahmsweise der mittlere Radikal
(ʒ) verschwunden. (Im Perfekt wird er wieder sichtbar werden.)
Mehrere Verben haben w als 2. und y als 3. Radikal. Sie werden nach
dem 2. Typ konjugiert: ينوى [yanwī] „beabsichtigen, vorhaben" wie
يرمى. Der mittlere Radikal bleibt stark, da nicht zwei Radikale schwinden können.

b) ABGELEITETE STÄMME

In den abgeleiteten Stämmen treffen wir nur je einen Abwandlungs-
typ. Wenn wir uns daran erinnern, daß im Imperfekt vor dem letzten
Radikal im V. und VI. Stamm der Vokal *a*, in den übrigen Stämmen
der Vokal *i* steht, dann wird klar, daß hier — bei den defektiven Verben – der V. und VI. Stamm wie der 3. Typ des Grundstamms, die
übrigen abgeleiteten Stämme wie der 2. Typ konjugiert werden.

يغنى II [yuǵannī ← yuǵanniyu] singen,
ينهى IV [yunhī ← yunhiyu] beenden,
يشترى VIII [yaštarī ← yaštariyu] kaufen,
ينادى III [yunādī ← yunādiwu] rufen,
ينقضى VII [yanqaḍī ← yanqaḍiyu] aufhören,
يستلقى X [yastalqī ← yastalqiyu] sich niederlegen, liegen

werden konjugiert wie يرمى.

يتحرى V [yataḥarrā ← yataḥarrayu] untersuchen, erforschen,
يتساوى VI [yatasāwā ← yatasāwayu] (einander) gleichen
werden konjugiert wie ينسى.

4. Elativ

Arabische Adjektive, die drei Radikale enthalten, können in eine
besondere Form gesetzt werden, mit der eine Steigerung, Intensivierung, ihrer Bedeutung ausgedrückt wird. Dieser *Elativ*

(„Form der Hervorhebung") wird nach der (diptotischen) Form
ȝ a L M a N u gebildet. (Diese Form kennen wir schon von den
Farb-Adjektiven in Abschnitt 12, Punkt 5, her. Dort hat sie allerdings keine elativische Bedeutung.)

كبير [kabīr] groß → أكبر [ȝakbaru̱] sehr groß

جميل [ǧamīl] schön → أجمل [ȝaǧmalu̱] sehr schön

خطر [ḫaṭir] gefährlich → أخطر [ȝaḫṭaru̱] sehr gefährlich

صعب [ṣaҫb] schwierig → أصعب [ȝaṣҫabu̱] sehr schwierig

Sind zweiter und dritter Radikal identisch (M = N), dann wird der
Elativ nach der Form ȝ a L a M M u gebildet:

قليل [qalīl] wenig → أقلّ [ȝaqallu̱] sehr wenig

حارّ [ḥārr] heiß → أحرّ [ȝaḥarru̱] sehr heiß

Bilden Sie nun zur Übung die Elative zu صغير [ṣaġīr] klein, كثير
[kaṯīr] viel, قريب [qarīb] nah, بعيد [baҫīd] weit, قصير [qaṣīr] kurz,
طويل [ṭawīl] lang, رخيص [raḫīṣ] billig, جديد [ǧadīd] neu, حبيب [ḥabīb]
lieb, هامّ [hāmm] wichtig.

Wir haben den Elativ zunächst – seiner Grundbedeutung entsprechend – mit einem *intensivierten* deutschen *Positiv* („sehr groß")
übersetzt. Diese Grundbedeutung liegt aber nicht oft vor. Viel häufiger entspricht je nach dem Zusammenhang der arabische Elativ
unserem *Komparativ* („größer") oder auch *Superlativ* („größt").
أجمل bedeutet also auch „schöner, schönst" usw. Andere, eindeutige
Steigerungsformen kennen die arabischen Adjektive nicht.
Die angegebenen Elative sind Singular maskulin. Wie wir aber sehen
werden, kommen wir zumeist mit dieser Form aus.

5. Indeterminierter Elativ

Der indeterminierte Elativ als Prädikat ohne weitere Ergänzung hat
die Grundbedeutung einer absoluten (nicht vergleichenden) Steigerung. Dieser Gebrauch des Elativs ist selten. Er findet sich etwa in
den beiden vielgebrauchten Sätzen:

الله أكبر. [ȝallāhu ȝakbar] Gott ist sehr groß !

الله أعلم [ȝallāhu ȝaҫlam] Gott ist sehr wissend !, Gott weiß alles
am besten !

Zumeist folgt dem indeterminierten Elativ die Präposition مِنْ.
Im Deutschen entspricht dann die Verwendung des Komparativs:

بيتي أكبر من بيت صديقي. mein Haus ist größer als das Haus meines Freundes

أنا أكبر منه ich bin älter als er

أخوه أصغر منك sein Bruder ist jünger als du

In dieser Verwendung bleibt der Elativ stets in der maskulinen Singular-Form, braucht also mit dem Subjekt in Geschlecht und Zahl
nicht übereinzustimmen:

المدينة أكبر من القرية die Stadt ist größer als das Dorf

هي أكبر منّي. sie ist älter als ich

الجرائد أرخص من الكتب. die Zeitungen sind billiger als die Bücher

هي أجمل من أختها. sie ist hübscher als ihre Schwester

هذه البرقيّة أهمّ من كلّ الرّسائل. dieses Telegramm ist wichtiger als alle Briefe

هذه الخريطة أجدّ من الأخرى diese Landkarte ist neuer als die andere

Der indeterminierte Elativ in seiner maskulinen Singular-Form kann
auch attributiv nach jedem (indeterminierten) Substantiv stehen:

هو رجل أطول منك. er ist ein größerer (längerer) Mann als du

في مدينة أبعد من بغداد. in einer weiter entfernten Stadt als Bagdad

كتبت رسالة أطول من رسالتك. ich schrieb einen längeren Brief als du (w.:
als dein Brief)

Das letzte Beispiel ist bedeutsam zum Übersetzen ins Arabische.
Beachten Sie, daß die beiden verglichenen Dinge alle beide erwähnt
werden müssen und keine Verkürzungen wie im Deutschen möglich
sind. Würden wir das deutsche „ich schrieb einen längeren Brief als
du" wörtlich übersetzen mit: كتبت رسالة أطول منك, dann ergäbe dies im
Arabischen die Bedeutung: „ich schrieb einen Brief, der länger ist
als du". Dies würde hier nur belustigend wirken, kann aber auch
zu störenden Verwechslungen führen. Dazu andere Beispiele:

لي بيت أكبر من بيته. ich habe ein größeres Haus als er (w.: als
sein Haus)

هو يشتري سيّارة أصغر من سيّارتي. er kauft ein kleineres Auto als ich

عملي أصعب من عملك meine Arbeit ist schwieriger als deine

249

6. Determinierter Elativ

Die Determinierung des Elativs kann – wie bei jedem Nomen – durch Anfügen eines Genitivs oder Suffixes oder durch den Artikel erfolgen. Die letztere Möglichkeit besprechen wir erst im nächsten Abschnitt. Wird der Elativ durch einen Genitiv oder ein Suffix determiniert, dann entspricht er einem deutschen *Superlativ*. Er bleibt hier wieder (wie indeterminiert) durchwegs in der maskulinen Singular-Form. Zumeist wird ein *determinierter Genitiv Plural* angefügt:

أكبر البيوت das größte Haus, أجمل النِّساء die schönste Frau, أهمّ الرّسائل der wichtigste Brief, أقرب المدن die nächste Stadt, أكبر أخواتى meine älteste Schwester, أجدّ كتبى mein neuestes Buch, أصغر إخوة محمّد Mohammed's jüngster Bruder, أفقر رجال القرية der ärmste Mann des Dorfes

Die so gebildeten Ausdrücke können auch Pluralbedeutung haben. أكبرالبيوت ist auch: „die größten Häuser", أجمل النِّساء auch: „die schönsten Frauen" Der Zusammenhang entscheidet hier.

Seltener wird ein *indeterminierter Genitiv Singular oder Plural* an den Elativ angefügt. Hier ergibt sich nur Einzahl- bzw. Mehrzahlbedeutung:

أجمل امرأة die schönste Frau, أجملنساء die schönsten Frauen

Auch mit einem *Suffix* determiniert hat der Elativ superlativische Bedeutung:

أكبرنا [ȝakbaru-nā] „der älteste (oder: die ältesten) von uns"
أجملهنّ [ȝaǧmalu-hunna] „die schönste (oder: die schönsten) von ihnen (f.)'

WORTLISTE 20

جنيه [ǧunayh, ginēh] Pfund (Währungseinheit Ägyptens) (Pl. ات)

مارك [mārk, mark] Mark (Pl. ات)

فرنك [firank] Franc, Franken (Pl. ات)

شلّن [šillin] Schilling (Pl. ات)

درهم [dirham] Dirham, Drachme
Pl. دراهم [darāhimu] (auch:) Geld

دولار [dūlār] Dollar (Pl. ات)

طنّ [ṭunn] Tonne (Gewicht) Pl. أطنان [ȝaṭnān]

تقريبا [taqrīban] ungefähr

يستشير X [yastašīru] konsultieren

أخصّائى [ʒaḫiṣṣāʒīy] Spezialist, Fachmann (Pl. ون)

طبيب أخصّائى [ṭabīb ʒaḫiṣṣāʒīy] Facharzt

عالم [çālam] Welt (Pl. ون)

قريبا [qarīban] bald

يلقى IV [yulqī] werfen, wegwerfen

خطاب [ḫiṭāb] Rede, Ansprache (Pl. ات)

يلقى خطابا [yulqī ḫiṭāb] er hält eine Rede

يذيع IV [yuḏīçu] verbreiten

الإذاعة [ʒal-ʒiḏāça] der Rundfunk

ألتّليفزيون [ʒat-tilīfizyōn] das Fernsehen

فضل [faḍl] Güte (u.a.)

من فضلك [min faḍli-ka] bitte (Suffix an فضل richtet sich nach der angesprochenen Person !)

يفتح [yaftaḥu] (auch:) anstellen (Gerät)

زبون [zabūn] Kunde, Gast (eines Hotels usw.) Pl. زبائن [zabāʒinu]

ردىء [radīʒ] schlecht

غريب [ġarīb] fremd, seltsam, sonderbar; Fremder Pl. غرباء [ġurabāʒu]

يبدو I [yabdū] klar werden, sich zeigen

يبدو لى [yabdū lī] es scheint mir

ضوء [ḍawʒ] Licht Pl. أضواء [ʒaḍwāʒ]

هلال [hilāl] Halbmond, Mondsichel

فضّة [fiḍḍa] Silber

حديد [ḥadīd] Eisen

حرير [ḥarīr] Seide

صوف [ṣūf] Wolle

ورد [ward] Rosen Pl. ورود [wurūd]

وردة [warda] (n. u.) Rose

سريع [sarīç] schnell Pl. سراع [sirāç]

بطىء [baṭīʒ] langsam Pl. بطاء [biṭāʒ]

أضيق [ʒaḍyaqu] (Elativ zu ضيق „eng")

إيجار [ʒīġār] Miete (Pl. ات)

بالمائة [bi_l-miʒa] Prozent

راتب [rātib] Gehalt, Einkommen Pl. رواتب [rawātibu]

شيخ [šayḫ] Greis Pl. شيوخ [šuyūḫ]

نافع [nāfiç] nützlich

ألنّيل [ʒan-nīl] der Nil

نهر [nahr] Fluß, Strom Pl. أنهار [ʒanhār]

إفريقيا [ʒifrīqiyā] Afrika

ألمدينة [ʒal-madīna] Medina

شريف [šarīf] edel Pl. شرفاء [šurafāʒu]

طاعون [ṭāçūn] Pest

ممّا [mimma ← min mā] von dem, was . . . ; als das, was . . .

حال [ḥāl] Zustand Pl. أحوال [ʒaḥwāl]

حسن [ḥasan] gut, schön

١٠٠ جنيه — ٤٠٠ مارك — ٨٠٠ فرنك — ٢٠٠ شلّن — ٩٠٠ درهم —
١٠٠٠ دولار — ٢٠٠٠ طنّ — ٦٠٠٠ قطعة — ١٢٠٠٠ جنيه — ٨٠٠٠ مارك —
١٨٠٠٠ فرنك — ٢٣٠٠٠ شلّن — ٩٢٠٠٠ درهم — ٥١٠٠٠ دولار —
١٠٠٠٠٠ طنّ — ٧٠٠٠٠٠ سنة — ٢٠٠٠٠٠ ليرة — إلى ٢٠٠ عنوان —
مع ٢٠٠٠ جنديّ — قبل ٢٢٠٠٠ سنة — طلب ٢٠٠٠٠٠ مارك — أخذ
١٢٠٠٠ ليرة.

ÜBUNG 20.2

١ — سأبقى هنا أسبوعين تقريبا. أليوم نبقى فى البيت. لماذا لا تبقون؟ كم من
مدّة تبقين فى المكتب؟ ٢ — متى ستأتى؟ سآتى بعد ساعتين. هل يأتى زميلك
معك؟ هل تأتون بعد الظّهر؟ ٣ — أدعوك إلى الغداء. سيدعونك إلى الحفلة.
هل سوف تدعون محمودا؟ هل ستدعين أختك؟ ٤ — هل ينوى والدك أن
يستشير ذلك الطّبيب الأخصّائيّ المذكور؟ إنّه طبيب مشهور جدّا يستشيره
ناس كثيرون من كلّ بلاد العالم. ٥ — متى تنهى هذا العمل الّذى ابتدأت
به فى الشّهر الماضى؟ سأنهيه قريبا إن شاء اللّه. ٦ — ألرّئيس سيلقى
خطابا هامّا تذيعه الإذاعة والتّليفزيون. من فضلك افتحى الرّاديو لئلّا يفوتنا هذا
الخطاب. ٧ — أظنّ أنّ الزّبائن سوف لا يشترون هذه البضاعة الرّديئة. ذلك
الرّجل الأحمق يشترى دائما أشياء لا يحتاج إليها. ٨ — سمعت أنّ بعض موظّفى
وزارة الدّاخليّة يتحرّون ذلك الأمر الغريب. يبدو لى أنّ الأمر المذكور
غريب جدّا. ٩ — هل ترى الضّوء؟ نعم. أراه.. هل ترون الهلال؟ نعم. نراه.
ماذا ترين؟ ١٠ — أرجوك أن تساعدنى فى عملى. نرجوكم أن ترافقونا. أرجو
أن تعودى قريبا.

ÜBUNG 20.3

١ – أَلْفِضّة أَقل من الحديد. أَلْحرير أَخفّ من الصّوف. هل هناك شيء أَجمل من
الورد؟ ٢ – أَلسّيّارة أَسرع من القطار ولكنّها أَبطأ من الطّائرة. أَلزّقاق أَضيق
من الشّارع. هذا أَضيق أَزِقّة المدينة. ٣ – أَلشّوارع في ضواحى المدينة
أَعرض منها في وسطها القديم. ذلك الشّيخ الأَعمى أَكبر شيوخ القرية.
٤ – إِنّى لا أُريد أَن أَصرف على إِيجار الغرفة أَكثر من عشرين بالمائة من راتبى.
٥ – أَلحديد أَنفع معدن. أَلنّيل أَطول أَنهار إِفريقيا. مَكّة والمدينة أَشرف
المدن. أَلطّاعون أَخطر مرض. ٦ – أَخذت أَقلّ ممّا أَخذ صديقي. حال
المريض اليوم أَحسن ممّا كان أَمس والحمد للّه.

ÜBUNG 20.4

1. Manche Ausländer, die in dieser Stadt wohnen, müssen für die
Miete der Wohnung mehr als hundert Dollar monatlich (= im Monat) bezahlen. 2. Diese beiden sind meine liebsten Freunde. 3. Ist
das ein schneller Wagen? Gibt es keinen schnelleren als diesen? Ich
brauche den schnellsten Wagen, den es gibt (= den schnellsten der
gefundenen W.). 4. Wer wird die Rede halten? Wird sie der Rundfunk übertragen? Ist die heutige Rede (= die Rede des Tages) wichtiger als die Rede, die wir gestern gehört haben? 5. Das Haus, das wir
bauen, wird größer sein als die anderen Häuser in dieser Straße. Es
wird das größte Haus der Straße sein. 6. Ich lade alle meine Freunde
zu der Party ein. Kommst du auch? Ja, ich komme sehr gern (= mit
jeder Freude, „Freude" = [surūr]). 7. Was siehst du dort? Ich sehe
eine Karawane, die sich uns nähert. Ich sehe ungefähr zweihundert
Kamele. Das ist die größte Karawane des Jahres. 8. Mir scheint, daß
deine Arbeit viel (= mit vielem, بِكَثير) leichter ist als meine. Das ist
nicht richtig, vielmehr ist meine Arbeit schwerer als deine. 9. Gefallen dir die Lieder, die die Sängerin singt? Mir scheint, daß ihre
Stimme schöner ist als die jener anderen Sängerin, die früher hier
zu singen pflegte. 10. Immer vergißt du (f.) alles, was ich dir sage.

ABSCHNITT EINUNDZWANZIG

Von diesem Abschnitt an wird das Verdoppelungszeichen (ˇ) nicht
mehr durchgehend gesetzt, wenn ein Konsonant verdoppelt wird.
Insbesondere fehlt es jetzt auf Sonnenbuchstaben nach dem Artikel.
Bei Verbformen wird es stets beibehalten, um die Merkmale der Verb-
stämme im Schriftbild zu bewahren. Im übrigen verfahren wir mit
dem Gebrauch des Verdoppelungszeichens ähnlich wie mit dem der
Umschrift. Wir erinnern bei dieser Gelegenheit nachdrücklich an die
Notwendigkeit, alles in arabischer Schrift Geschriebene laut zu lesen.
Die beiden Konjunktionen [ʒan] und [ʒanna] fallen nun in arabischer
Schrift zusammen in أنْ. Eine Verwechslung ist aber ausgeschlossen,
denn auf [ʒan] folgt stets eine konjugierte Verbform (meist ein Konjunktiv), auf [ʒanna] nie. (Vielmehr folgt auf [ʒanna] ein Nomen
oder ein Personalsuffix, seltener ein Adverb oder eine Präposition.)
Den Satz ,,ich hörte, daß er das Auto repariert hat`` schreiben wir
somit: سمعت أنه صلّح السيارة.

1. Zusammenfassung der Zahlwörter

In den Abschnitten 16–20 haben wir die Formen der arabischen Zahlwörter (genauer: Grundzahlwörter; die Ordnungszahlwörter folgen
im nächsten Abschnitt) und ihren Gebrauch beim Zählen von Substantiven kennengelernt. Bei der Bildung von Zahlwörtern für be-
liebig viele Stellen ergibt sich nichts wesentlich Neues.
Die *Form des gezählten Substantivs* wird durch das Zahlwort bestimmt,
das dem Substantiv unmittelbar vorausgeht (und nicht etwa durch
die Höhe des gesamten zusammengesetzten Zahl-Ausdrucks!). Wir
haben folgende Regeln gefunden:
1) Nach den Zahlwörtern für 3–10 folgt das gezählte Substantiv
indeterminiert im *Genitiv Plural*.
2) Nach den Zahlwörtern für 11–19 und 20, 30 . . . 90 folgt das gezählte Substantiv indeterminiert im *Akkusativ Singular*.
3) Nach den Zahlwörtern für 100 und 1000 folgt das gezählte Substantiv indeterminiert im *Genitiv Singular*.
Wir wollen nun ,,35 683 Einwohner`` übersetzen. Zuerst werden die
Tausender angegeben: 35 000. Wir zählen das maskuline Substantiv

ألف und erhalten ألفا وثلاثون خمسة. Wir finden die feminine Form خمسة, weil ألف maskulin ist, und wir finden ألفا Akkusativ Singular, weil es auf ثلاثون folgt. Sodann geben wir die Hunderter an: 600. Wir zählen das feminine Substantiv مائة und erhalten ستمائة. Schließlich folgen die Einer und Zehner: 83. Bei den Einern müssen wir nun das Geschlecht des zu zählenden Substantivs berücksichtigen: ساكن „Einwohner" ist maskulin und wir erhalten ثلاثة وثمانون ساكنا, worin die Einerstelle ثلاثة feminine Form hat. ساكنا ist Akkusativ Singular, denn es folgt auf ثلاثون. Wir summieren nun und *verbinden dabei je zwei Stellen durch* و:

خمسة وثلاثون ألفا وست مائة وثلاثة وثمانون ساكنا [ḫamsa(tun) wa-talātūn(a) ȝalfan wa-sitt(u) miȝa(tin) wa-talāta(tun) wa-tamānūn(a) sākin(an)] 35 683 Einwohner

Zählen wir ein feminines Substantiv, etwa: „35 683 Stück", dann ändert sich nur die Einerstelle 3: خمسة وثلاثون ألفا وست مائة وثلاث وثمانون قطعة Zum Zusammenhang zwischen Form des Zahlworts und Geschlecht des gezählten Substantivs erinnern wir an Folgendes:
Gleichsinnig sind die Zahlwörter 1 und 2 (auch in 11 und 12) sowie der zweite Teil der Zahlwörter 11–19.
Gegensinnig sind die Zahlwörter 3–10 (auch als erster Teil von 13–19).
Neutral sind die Zehner-Zahlwörter 20, 30 . . . 90 sowie 100 und 1000. Studieren Sie nun die folgenden Beispiele:

321 815 Einwohner	ثلاث مائة وأحد وعشرون ألفا وثماني مائة وخمسة عشر ساكنا
792 288 Dirham	سبع مائة واثنان وتسعون ألفا ومائتان وثمانية وثمانون درهما
150 052 Mark	مائة وخمسون ألفا واثنان وخمسون ماركا
200 161 Pfund	مائتا ألف ومائة وأحد وستون جنيها
11 512 Tonnen	أحد عشر ألفا وخمس مائة واثنا عشر طنا

Wollten wir mit diesen Zahlen statt der maskulinen Substantive, die in den Beispielen stehen, feminine zählen, dann bräuchten wir in den Zahlwörtern nur respektive so zu verändern: خمس عشرة statt خمسة عشر; اثنتاعشرة statt اثنا عشر; إحدى statt أحد; اثنتان statt اثنان; ثمان (indeterminiert!) statt ثمانية; اثناعشر statt اثناعشر.
Enthält ein Zahlwort nur Tausender und Hunderter, dann ist zu beachten, daß das gezählte Substantiv im Genitiv nur مائة, nicht auch

die Formen von ألف determiniert. Vergleichen Sie: ألفا كتاب [ʒalfā kitāb(in)] „2000 Bücher", aber: ألفان ومائتا كتاب [ʒalfān(i) wa-miʒatā kitāb(in)] „2200 Bücher".
Ein besonderer Fall liegt vor, wenn ein Zahlwort wohl Hunderter oder Tausender sowie Einer (zu denen hier auch 10 zählt), aber keine Zehner enthält. Der Sprachgebrauch ist hier schwankend. Für „103 Bücher" sagt man:

مائة وثلاثة كتب [miʒa(tun) wa-ṯalāṯat(u) kutub(in)] oder

مائة كتاب وثلاثة [miʒat(u) kitāb(in) wa-ṯalāṯa(tun)] oder

مائة كتاب وثلاثة كتب [miʒat(u) kitāb(in) wa-ṯalāṯat(u) kutub(in)]

Mit der Einerstelle 1 finden wir folgende Möglichkeiten: „101 Tage" ist

مائة ويوم [miʒa(tun) wa-yawm(un)] oder

مائة يوم ويوم [miʒat(u) yawm(in) wa-yawm(un)] oder

مائة يوم وواحد [miʒat(u) yawm(in) wa-wāḥid(un)]

Mit der Einerstelle 2 finden wir ebenso: „102 Männer" ist

مائة ورجلان [miʒa(tun) wa-raǧulān(i)] oder

مائة رجل ورجلان [miʒat(u) raǧul(in) wa-raǧulān(i)] oder

مائة رجل واثنان [miʒat(u) raǧul(in) wa-iṯnān(i), bzw. wa_ṯnān(i)]

In allen bisherigen Beispielen standen die Zahlwörter im Nominativ. Müssen sie im Satzzusammenhang in den Genitiv oder Akkusativ gesetzt werden, dann ist in arabischer Schrift und in der Aussprache ohne klassische Endungen nur zu beachten, daß die Endungen -un, -ān, -ā durchwegs in -in, -ayn, -ay verwandelt werden, wo immer sie im Zahlwort vorkommen. In arabischer Schrift ist außerdem das ʒalif des indeterminierten Akkusativs und die Deklination von 8 (ثمان in Nominativ und Genitiv, ثمانيا im Akkusativ) zu berücksichtigen. Dazu ein Beispiel: „er verlangte 2200 Dirham und 55 Pfund"

طلب ألفين ومائتى درهم وخمسا وخمسين ليرة [ṭalaba ʒalfayn(i) wa-miʒatay dirham(in) wa-ḫams(an) wa-ḫamsīn(a) līra(tan)]

Bildet man zusammengesetzte Zahlwörter, ohne ein Substantiv zu zählen, dann gebraucht man die Form wie zur Zählung eines maskulinen Substantivs. Die Zahlwörter 3–10 können aber auch ohne Endung ; stehen.

2. Defektive Verben: Konjunktiv

Der Übergang vom Indikativ zum Konjunktiv geschieht bei den defektiven Verben nach den folgenden Regeln:
1) Die Indikativ-Endungen -ū und -ī des 1. und 2. Typs werden im Konjunktiv zu -uwa und -iya.
2) Die Endung -ā des 3. Typs bleibt im Konjunktiv unverändert.
3) Die Endungssilben -na, -ni entfallen im Konjunktiv (wie bei den übrigen Verbarten).
Wir erhalten damit folgende Konjugation:

KONJUNKTIV DER DEFEKTIVEN VERBEN

	1. Typ	2. Typ	3. Typ
Singular			
3.P. m.	يرجو [yárǧuwa]	يرمى [yármiya]	ينسى [yánsā]
f.	ترجو [tarǧuwa]	ترمى [tarmiya]	تنسى [tansā]
2.P. m.	ترجو [tarǧuwa]	ترمى [tarmiya]	تنسى [tansā]
f.	ترجى [tárǧī]	ترمى [tármī]	تنسى [tansay]
1.P.	أرجو [ʒarǧuwa]	أرمى [ʒarmiya]	أنسى [ʒansā]
Plural			
3.P. m.	يرجوا [yárǧū]	يرموا [yármū]	ينسوا [yánsaw]
f.	يرجون [yarǧūna]	يرمين [yarmīna]	ينسين [yansayna]
2.P. m.	ترجوا [tarǧū]	ترموا [tarmū]	تنسوا [tansaw]
f.	ترجون [tarǧūna]	ترمين [tarmīna]	تنسين [tansayna]
1.P.	نرجو [narǧuwa]	نرمى [narmiya]	ننسى [nansā]
Dual			
3.P. m.	يرجوا [yárǧuwā]	يرميا [yármiyā]	ينسيا [yánsayā]
f.	ترجوا [tarǧuwā]	ترميا [tarmiyā]	تنسيا [tansayā]
2.P.	ترجوا [tarǧuwā]	ترميا [tarmiyā]	تنسيا [tansayā]

Die obenstehenden Regeln 1) und 2) besagen einfach, daß beim 1. und 2. Typ der schwache dritte Radikal erhalten bleibt, beim 3. Typ jedoch (wie im Indikativ) in langem ā aufgeht. Die entsprechenden Lautgesetze sind:

u w a, i y a   stabil und   a y a → ā

Dies kennen wir z.T. schon vom schwachen Nomen her: [ʒal-qāḍiya] „den Richter", aber [ʒal-fatā ← ʒal-fataya] „den Jüngling".
In arabischer Schrift treffen wir auch nach der Endung -aw ein ʒalif, das vor Suffixen wieder entfällt. Die Endungen -ay und -aw beim 3. Typ werden von vielen Sprechern den geläufigeren -ī und -ū angeglichen. Dies ist nicht korrekt und ist besser zu vermeiden. Von den abgeleiteten Stämmen folgen wieder (wie beim Indikativ) der V. und VI. dem 3. Typ des Grundstamms, die übrigen dem 2. Typ. Dies gilt auch unten beim Jussiv und Imperativ.

3. Defektive Verben: Jussiv und Imperativ

Im Jussiv enden die Formen, die im Indikativ langen Endvokal haben, auf kurzen Vokal: لَمْ يَرْجُ [yarǧu ← yarǧuw] „er bat nicht", لَمْ يَرْمِ [yarmi ← yarmiy] „er warf nicht", لَمْ يَنْسَ [yansa ← yansay] „er vergaß nicht" Der dritte Radikal schwindet im Jussiv also spurlos. Hiebei handelt es sich um kein allgemeines Lautgesetz, sondern um eine nur hier auftretende besondere Erscheinung.
Die Formen des Imperativs gewinnen wir (wie stets) aus der 2. Person des Jussivs durch Weglassen des Präfixes ta-. Davor tritt ein Verbindungsvokal, um die Doppelkonsonanz im Anlaut zu verhindern. In der folgenden Übersicht geben wir nur zwei charakteristische Formen des Jussivs. Die übrigen haben dieselbe Endung bzw. lauten so wie im Konjunktiv. Ergänzen Sie aber als Übung die Konjugation des Jussivs!
Die Imperative von يرى „sehen" und يَأْتِي „kommen" sind ungebräuchlich. Man verwendet an ihrer Statt die Imperative von نَظَر I [yanẓuru] „schauen" bzw. يَتَعالى IV [yataʕālā] „sich erheben, sich aufmachen": أَنْظُر [ʒunẓur] „schau! sieh!"und تَعال [taʕāla] „komm!" (wie schon in Abschnitt 14, Punkt 6, erwähnt ist).

	1. Typ	2. Typ	3. Typ
Jussiv			
Sing.			
3.P. m.	يرج [yarǧu]	يرم [yarmi]	ينس [yansa]
f.	ترج [tarǧu]	ترم [tarmi]	تنس [tansa]
Imperativ			
Sing.m.	أرج [ʒurǧu]	إرم [ʒirmi]	إنس [ʒinsa]
f.	أرجى [ʒurǧī]	إرمى [ʒirmī]	إنسى [ʒinsay]
Plur.m.	أرجوا [ʒurǧū]	إرموا [ʒirmū]	إنسوا [ʒinsaw]
f.	أرجون [ʒurǧūna]	إرمين [ʒirmīna]	إنسين [ʒinsayna]
Dual	أرجوا [ʒurǧuwā]	إرميا [ʒirmiyā]	إنسيا [ʒinsayā]

Beispiele zum Jussiv und Imperativ:

لم يبق [yabqa] er blieb nicht, إبق [ʒibqa] bleib !, إبقوا [ʒibqaw] bleibt !

لم يبن [yabni] er baute nicht, إبن [ʒibni] baue !, إبنوا [ʒibnū] baut !

لم أدع [ʒadҫu] ich lud nicht ein, أدعه [ʒudҫu-hū] lade ihn ein !

لم يغنّ [yuġanni] er sang nicht, غنّ [ġanni] sing !, غنّى [ġannī] sing (f.) !

لم أناده [ʒunādi-hī] ich rief ihn nicht, ناده [nādi-hī] ruf ihn !, نادوها [nādū-hā] ruft sie !

لم ينه [yunhi] er beendete nicht, أنهه [ʒanhi-hī] „beende es !"

لم يلق خطابا [yulqi] er hielt keine Rede

لم يتحرّ الأمر [yataḥarra] er untersuchte die Sache nicht, تحرّوه [taḥarraw-hu] untersucht es !,

لم أشتر [ʒaštari] ich kaufte nicht, إشتره [ʒištari-hī] kauf es !

لا تشتر [taštari] kauf nicht !, لا تشتروه [taštarū-hu] kauft es nicht !

4. Elativ mit Artikel

Wird der Elativ durch Vorsetzen des Artikels determiniert, dann kann er alle drei möglichen Elativ-Bedeutungen haben: الرجل الأطول ist, je nach dem Zusammenhang: „der sehr große Mann" (wenn kein Vergleich angestellt wird) oder „der größere Mann" (wenn von nur zweien die Rede ist) oder „der größte Mann' (wenn von mehr als zwei Männern die Rede ist).

Hier genügt die bisher allein verwendete Form ʒ a L M a N u nicht mehr, sie ist auf den maskulinen Singular beschränkt. Daneben gibt gibt es eine besondere feminine Singular-Form L u M N ā. (Hierin unterscheiden sich die Elative von den Farb-Adjektiven, denn letztere haben die feminine Form L a M N ā ʒ u , wie حمراء „eine rote".) Die Endung -ā ist die von إحدى „eine", nicht durch Schwund eines schwachen Radikals entstanden.

الأَخُ الأَكبر „der ältere (älteste) Bruder", aber: الأُخْت الكبرى [kubrā] „die ältere (älteste) Schwester"

Ebenso: الصغرى [ʒaṣ-ṣuġrā] „die jüngere (jüngste)", الجملى [ʒal-ǧumlā] „die schönere (schönste)" usw.

Mit dem Artikel versehen muß der Elativ auch in Dual und Plural gesetzt werden. Dabei wird in Dual und Plural die Endung -ā zu -ay-. Die Duale zu الأكبر und الكبرى sind الأَكبران [ʒal-ʒakbarān] und الكبريان [ʒal-kubrayān], die Plurale lauten الأَكبرون [ʒal-ʒakbarūn] oder الأكابر [ʒal-ʒakābiru] und الكبريات[ʒal-kubrayāt].

Die Verwendung des Elativs mit Artikel ist vergleichsweise selten. Um die superlativische Bedeutung zu erzielen, fügt man lieber Genitive oder Suffixe an, wie in Abschnitt 20, Punkt 6, besprochen ist. Die Feminin-, Dual- und Plural-Formen des Elativs können (müssen aber nicht) auch dann gebraucht werden, wenn der Elativ mit Genitiv oder Suffix determiniert wird.

5. Umschreibung des Elativs

Hat ein Adjektiv an sich schon die Form ʒ a L M a N u (Farb-Adjektive) oder hat es mehr als drei Konsonanten (adjektivisch gebrauchte Partizipien), dann muß der Elativ umschrieben werden. Dies geschieht, indem ein entsprechendes Substantiv im indeterminierten Akkusativ an die Elative أشدّ [ʒašaddu] von شديد [šadīd] „heftig" oder أكثر von كثير antritt. So bildet man mit Hilfe der Substantive سواد [sawād] „Schwärze" und حمق [ḥumq] „Dummheit" die Elative zu أسود „schwarz" und أحمق „dumm":

أشدّ سوادا „sehr schwarz (w.: sehr heftig an Schwärze), schwärzer, schwärzest"

أَكْثَرُ حمقا „sehr dumm (w.: sehr viel an Dummheit), dümmer, dümmst"
Solche Umschreibungen können auch dann gebraucht werden, wenn
auch ein (nicht-umschriebener) Elativ zu einem Adjektiv gebildet
werden könnte.

6. Elativ schwacher Adjektive

Ist der dritte Radikal eines Adjektivs *w* oder *y*, dann entsteht im
Elativ die Endung -*ā* ← -*awu*, -*ayu*. So ist der Elativ zu غَنِيّ [ġanīy]
(mit Radikalen ġ-n-y): أَغْنَى [ʒaġnā ← ʒaġnayu]. Die Endung -*ā* ist
dieselbe wie in الْبِنَى [ʒal-mabnā ← ʒal-mabnayu] oder يَنْسَى [yansā ←
← yansayu]. Ebenso haben wir von ذَكِيّ [dakīy] „klug" den Elativ
أَذْكَى [ʒadkā ← ʒadkayu].
Natürlich kann der Positiv selbst bereits durch ein Lautgesetz verändert sein: von غَالٍ [ġālin ← ġāliwun] „teuer" lautet der Elativ
أَغْلَى [ʒaġlā ← ʒaġlawu]; von عَالٍ [çālin ← çāliwun] „hoch" ist der
Elativ أَعْلَى [ʒaçlā ← ʒaçlawu].

Anmerkung: Die Adjektive ذَكِيّ غَنِيّ sind von der Form L a M ī N so
wie كَبِير ,كِبَر usw, Der Auslaut -*īy* (mit y als drittem Radikal) ist nicht mit
der Endung von عَرَبِيّ ,أَلْمَانِيّ usw. zu verwechseln.

7. Besondere Elative

Einige Elative sind besonders anzuführen, weil der zugehörige Positiv
nicht gebräuchlich bzw. nicht vorhanden ist oder der Elativ eine
spezielle Bedeutung erlangt hat. Im Deutschen entspricht z.T. keine
Steigerung. Diese Elative stehen zumeist mit Artikel, wir müssen also
auch die feminine Form angeben.

الأَوْسَط [ʒal-ʒawsaṭ] der mittlere, (fem.) الوُسْطَى [ʒal-wusṭā].
الأَدْنَى [ʒal-ʒadnā] der näher (nächst) liegende, (fem.) الدنيا [ʒad-
dunyā).
الأَقْصَى [ʒal-ʒaqṣā] der ferner (fernst) liegende, (fem.) القصوى [ʒal-
quṣwā].
الأَسْفَل [ʒal-ʒasfal] der untere, unterste, (fem.) السفلى [ʒas-suflā].
الأَعْلَى [ʒal-ʒaçlā] der obere, oberste, (fem.) العليا [ʒal-çulyā].
الأَيْمَن [ʒal-ʒayman] der rechte, (fem.) اليُمْنَى [ʒal-yumnā].
الأَيْسَر [ʒal-ʒaysar] der linke, (fem.) اليُسْرَى [ʒal-yusrā].

261

Mit الأَعْلى und الأَسْفَل werden auch Adverbien gebildet: فِى الأَعْلى „oben", فِى الأَسْفَل „unten", إِلَى الأَعْلى „hinauf, herauf", إِلَى الأَسْفَل „hinunter, herunter". Hingegen lauten die Adverbien „rechts" und „links" (zur Bezeichnung des Ortes): يَمِينًا [yamīnan] und يَسَارًا [yasāran], und zur Bezeichnung der Richtung: إِلَى الْيَمِين „nach rechts" und إِلَى الْيَسَار „nach links". Sie gehören zu den Substantiven يَمِين „rechte Seite" und يَسَار „linke Seite".

Zu den besonderen Elativen gehört auch آخَر [ʒāḫaru ← ʒaʒḫaru] „ein anderer", wovon die feminine Form أُخْرى [ʒuḫrā] ausnahmsweise auch indeterminiert gebraucht wird.

8. „wie" und „so"

Das Fragewort „wie?" ist كَيْفَ [kayfa].

كَيْفَ حَالُكَ؟ [kayfa ḥālu-ka] „wie geht es dir?" (wörtl.: „wie ist dein Zustand?")

„wie" des Vergleichs ist كَ [ka-] oder مِثْل [miṯla]. Das folgende Substantiv (mit dem كَ zusammengeschrieben wird) steht im Genitiv:

كَالْوَرْد [ka_l-ward] „wie die Rosen", مِثْل أَخِيه [miṯla ʒaḫī-hi] „wie sein Bruder"

كَ und مِثْل sind gleichbedeutend, doch können Personalsuffixe nur an مِثْل, nicht auch an كَ, angefügt werden:

أَنْتِ جَمِيلَةٌ مِثْلَهَا [miṯla-hā] „du bist (ebenso) hübsch wie sie"

هُمْ أَذْكِيَاء مِثْلَكُم [ʒaḏkiyāʒ miṯla-kum] „sie sind (ebenso) intelligent wie ihr"

مِثْل ist der Akkusativ eines Substantivs der Bedeutung „Gleiches, Äquivalent". Als Prädikat steht مِثْل im Nominativ:

هُوَ مِثْلُكَ [miṯlu-ka, nicht: miṯla-ka] „er ist wie du (wörtl.: dein Gleiches)" Vor indeterminiertem Substantiv kann كَ auch unserem „als" entsprechen:

هُوَ قَالَ ذَلِكَ كَطَبِيب „er sagte das (jenes) als Arzt (in seiner Eigenschaft als Arzt)"

„so" ist هَكَذَا [hákaḏā]. Im Vergleich „so ... wie ..." bleibt „so" jedoch unübersetzt:

الْتُفَّاح رَخِيص كَالإِجَّاص „die Äpfel sind so billig wie die Birnen"

„so ein, solch" wird durch Verbindung von كَ oder مثل mit den Demonstrativpronomen wiedergegeben:

مثل هذا الرجل oder رجل كهذا so ein Mann, ein solcher Mann
مثل هذه المرأة oder إمرأة كهذه so eine Frau, eine solche Frau
مثل هذه الكتب oder كتب كهذه solche Bücher

حديقة جميلة كهذه so ein schöner Park, ein solch schöner Park
„wie" als Konjunktion zur Einleitung eines Vergleichssatzes ist كَما
[kámā] oder مثلما [míṯlamā]:

أنا فعلت كما فعل أخى ich tat (so), wie mein Bruder getan hatte (oder: tat)

WORTLISTE 21

متر [mitr] Meter
Pl. أمتار [ʒamtār]

مربّع (م) [murabbaç] viereckig,
quadratisch; Quadrat

متر مربّع (م٢) [mitr murabbaç] Quadratmeter

مكعّب [mukaççab] kubisch; Würfel

متر مكعّب (م٣) [mitr mukaççab] Kubikmeter

سنتيمتر (سم) [santīmítr] Zentimeter
(Pl. ات)

مليمتر (مم) [millīmítr] Millimeter
(Pl. ات)

كيلومتر (كم) [kīlūmítr, kīlōmítr] Kilometer (Pl. ات)

كيلوجرام (كجم) [kīlūgrām, kīlōgrām] Kilogramm (Pl. ات)

ميل [mīl] Meile
Pl. أميال [ʒamyāl]

بغلى I [yaġlī] kochen (s. Anm. 2)
يبكى I [yabkī) weinen

بنت [bint] (insbes. kleines)
Mädchen
Pl. بنات [banāt]

على الأكثر [çala-l-ʒakṯar] höchstens

على الأقلّ [çala-l-ʒaqall] wenigstens,
mindestens

يلبّى II [yulabbī] nachkommen
(einer Bitte, Einladung,
einem Wunsch)

دعوة [daçwa] Einladung
Pl. دعوات [daçawāt]

يهدى IV [yuhdī] schenken

يدّعى VIII [yaddaçī ← yadtaçī] anklagen

أدّعى عليه [ʒaddaçī çalay-hi] ich
klage ihn an

كنبة [kanaba] Sofa (Pl. ات)

سوار [siwār] Armband
Pl. أساور [ʒasāwiru]

خاتم [ḫātam] Ring (Fingerring)
Pl. خواتم (ḫawātimu]

263

VIII ينتهى [yantahī] enden, zu Ende sein

انتهى من عملي [ʒantahī min çamal-ī] ich werde mit meiner Arbeit fertig

جانب [ǧānib] Seite (eines Dinges) Pl. جوانب [ǧawānibu] (s. Anm. 3)

مقص [miqaṣṣ] Schere Pl. مقاص [maqāṣṣu]

درج [durǧ] Schublade Pl. أدراج [ʒadrāǧ]

رف [raff] Regal Pl. رفوف [rufūf]

المكسيك [ʒal-maksīk] Mexiko

واسع [wāsiç] groß (an Ausdehnung)

أمريكا [ʒamrīkā] Amerika (s. Anm. 4)

فيل [fīl] Elefant Pl. أفيال [ʒafyāl]

قوى [qawīy] stark, kräftig Pl. أقوياء [ʒaqwiyāʒu]

أقوى [ʒaqwā] (Elativ zu قوى)

حيوان [ḥayawān] Tier (Pl. ات)

مفكرة (mufakkira) Notizbuch (Pl. ات)

محفظة [miḥfaẓa] Aktentasche, Mappe; Brieftasche (s. Anm. 5) Pl. محافظ [maḥāfiẓu]

يد [yad] (fem.) Hand Pl. أيد [ʒaydin, -ī]

مظلة [miẓalla] Schirm (Pl. ات)

سرطان [saraṭān] Krebs (Tier, Krankheit) (Pl. ات)

بخيل [baḥīl] geizig Pl. بخلاء [buḥalāʒu]

كريم [karīm] edel, großzügig, freigebig Pl. كرماء [kuramāʒu]

VIII يحترم [yaḥtarimu] verehren, hochachten, schätzen

Anmerkungen: 1. In Klammern neben den arabischen Bezeichnungen der Maßeinheiten (zu Beginn der Wortliste) stehen die üblichen Abkürzungen.

2. يغلى ist „ein Getränk (Tee, Kaffee) durch Kochen zubereiten" oder „kochen, sieden" (intransitiv). „kochen" = „eine Speise zubereiten" ist يطبخ I (yaṭbaḥu).

3. „(beschriebene) Seite" ist صفحة [ṣafḥa], Pl. صفحات [ṣafaḥāt].

4. oder: أميركا [ʒamērikā].

5. Zur Unterscheidung sagt man auch: محفظة أوراق „Aktenmappe" und محفظة نقود „Brieftasche, Portefeuille".

ÜBUNG 21.1 +

١١١ مترا – ٢١٢ م – ٧٦٥ م – ٨٩١ م – ٣٥٢م٢ – ٢٧٩م٣ – ٦٣٦ سم –
٩٩٩ م – ٦٥ ٣٢٠ – ١١٥ ٢٧٤ كيلومترا ٣٢٥ ٨٤٦ كم – ٨٢٠ ٠٣٢ كم –

٢٥٢٠١٨ ميلا – ١٠٥ كجم – ١٠٠٤ كجم – ١٠٠١ كجم – ١٠٢ كجم –
دفع ٢٠٢٠١٢ ماركا – طلب ٨٠ ٢٣٢ دولارا – قبل ٢٠٠٠ سنة – بعد ٢٠٠
يوم – بعد ٢٢٠٠ سنة

ÜBUNG 21.2

١ – الماء يغلي. الماء لم يغل. البنت تبكي. البنت لم تبك. صديقي يبقى هنا.
صديقي لم يبق هنا. ٢ – هو يدعوني. هو لم يدعني. سنشترى المنزل. لم نشتر
السيارة. سألبّى دعوته. لم ألبّ دعوتهم. ٣ – الزّبون يريد أن يشترى ٢٠٠ كجم
من التفاح على الأقل. نحن نريد أن نشترى ١٠٠ كجم على الأكثر. ٤ – أرجوك
أن تلبّى دعوتى. أرجوكم أن تلبّوا دعوة صديقى. نرجوكِ أن تلبّى دعوتنا.
٥ – والده سيهدى له ساعة من الذهب. لم أهد لها شيئا. لم يهدوا لنا نقودا.
أريد أن أهدى لك قاموسا. ٦ – الشرطي لم يرنا. أنا لم أره. ألم تروا الضوء؟
محمّد لم يأت. أرجوك أن تأتى. ٧ – أنا لم أدّع عليهم. هم لم يدّعوا عليك.
أريد أن أستلقى على الكنبة. نحن سوف ننتهي قريبا من هذا العمل

ÜBUNG 21.3

١ – أدع محمودا. أدعى ليلى. أدعوا أصدقاءَكم. أدعون أختكن. أدعُوَا والديكما.
٢ – إبق هنا. إبقى قليلا. إبقوا عندنا. إبقيا فى البيت. إنس الماضي. إنسى ذلك
اليوم. ٣ – أنه هذا العمل. أهد لها سوارا من الفضة. أهدى له خاتما. أهدوا
لهم نقودا. ٤ – ناد الشرطي. نادى أحد العمال. نادوا الضابط. لبّ دعوته. غنّى
أغنية. ٥ – تحرّ ذلك الأمر الغريب. تعال حالا. تعالوا معنا. تعالى. إستلق
على السرير. ٦ – إشتر الخاتم. إشترى السوار. إشتروا المنزل. إشترين الفواكه.
إشتريا السيارة.

ÜBUNG 21.4 +

Negieren Sie alle Imperative in Übung 21.3.

ÜBUNG 21.5

١ - ألدكان المذكور يوجد على الجانب الأيمن. أظنّ أني وضعت المقص فى الدرج الأعلى. ٢ - ألقاموس كنت موضوعا على الرف الأسفل. ألمكسيك أوسع بلاد أمريكا الوسطى. هل سافرتم إلى الشرق الأوسط؟ ٣ - ألتجار أغنى الرجال. ألفيل أقوى حيوان. عبد اللّه أذكى طلاب المدرسة. ألذهب أغلى من الفضة. ٤ - معى مفكّرة فى جيبى الأيسر ومحفظة نقود فى جيبى الأيمن. أنا أحمل المظلّة بيدى اليسرى ومحفظة الأوراق باليمنى. ٥ - أللحم ليس رخيصا كالخضر. ألسمك ليس غاليا كالسرطانات. إنى لست بخيلا مثله. كل الناس يحترمون مثل هذا الرجل الكريم. سوف لا أشترى بضاعة غالية كهذه.

ÜBUNG 21.6

1. Wie soll ich die Adresse schreiben? Schreib sie (so), wie sie die Sekretärin immer schreibt. Einen so seltsamen Namen werde ich niemals vergessen. 2. Kauf keinen so teuren Ring! Kauf diesen Ring! Er ist viel billiger, obwohl er ebenso schön ist wie der andere, teure Ring. 3. Wir gehen auf den Markt, um einzukaufen. Willst du mit uns kommen? 4. Komm jetzt! Wir haben schon mehr als eine Stunde gewartet und wir müssen in zwanzig Minuten bei ihm sein. 5. Warum weint das Mädchen? Weil ihr Vater ihr kein neues Kleid kaufen will. 6. Wir brauchen mindestens zweihundert Stück, aber er kann uns höchstens einhundertfünfzig Stück verkaufen. Leider kann ich solch ein Problem nicht lösen. 7. Wir werden auf unserer Reise ungefähr vier Wochen im Fernen (= fernst liegenden) Osten bleiben. 8. Bitte, bleib sitzen (= sitzend)! Bitte, bleibt sitzen! Bitte, bleib (f.) nicht hier! Ich bitte euch, hier zu bleiben. 9. Vergiß seinen Namen nicht! Lade ein paar Kollegen ein! Schenk (f.) ihr kein Geld! Folgt seiner Einladung nicht! Kauft kein so altes Auto! 10. Ich kann es dir nicht schenken. Wir können ihrer (Pl.) Einladung nicht folgen. Du (f.) mußt sofort kommen. Ihr müßt ihn rufen. Darf ich bleiben?

ABSCHNITT ZWEIUNDZWANZIG

1. Ordinalzahlwörter

Neben den Kardinal- oder Grundzahlwörtern sind die Ordinal- oder
Ordnungszahlwörter vergleichsweise weniger reich entwickelt.

ORDINALZAHLWÖRTER

	Maskulin	Feminin
1.	الأوّل [ȝawwal]	الأولى [ȝūlā]
2.	الثاني [ṯānī]	الثانية [ṯāniya]
3.	الثالث [ṯāliṯ]	الثالثة [ṯāliṯa]
4.	الرابع [rābiç]	الرابعة [rābiça]
5.	الخامس [ḫāmis]	الخامسة [ḫāmisa]
6.	السادس [sādis]	السادسة [sādisa]
7.	السابع [sābiç]	السابعة [sābiça]
8.	الثامن [ṯāmin]	الثامنة [ṯāmina]
9.	التاسع [tāsiç]	التاسعة [tāsiça]
10.	العاشر [çāšir]	العاشرة [çāšira]
11.	الحادى عشر	الحادية عشرة
12.	الثانى عشر	الثانية عشرة
13.	الثالث عشر	الثالثة عشرة
14.	الرابع عشر	الرابعة عشرة
15.	الخامس عشر	الخامسة عشرة
16.	السادس عشر	السادسة عشرة
17.	السابع عشر	السابعة عشرة
18.	الثامن عشر	الثامنة عشرة
19.	التاسع عشر	التاسعة عشرة
20.	العشرون	العشرون
21.	الحادى والعشرون	الحادية والعشرون
22.	الثانى والعشرون	الثانية والعشرون
23.	الثالث والعشرون	الثالثة والعشرون
24.	الرابع والعشرون	الرابعة والعشرون
25.	الخامس والعشرون	الخامسة والعشرون

Bei den Ordinalzahlwörtern werden durchwegs die maskulinen Formen bei maskulinen Substantiven, die femininen bei femininen gebraucht. (Eine „Gegensinnigkeit" wie bei den Grundzahlwörtern gibt
es hier nicht!)

الطالبُ الأول والطالبة الأولى der erste Student und die erste Studentin

الكتاب الثانى والجريدة الثانية das zweite Buch und die zweite Zeitung

الرجل الثالث والمرأة الثالثة der dritte Mann und die dritte Frau

المتحف الرابع والمدرسة الرابعة das vierte Museum und die vierte Schule

Die Zahlwörter der ersten Dekade sind Adjektive, die die gewohnten
klassischen Endungen erhalten. „2." ist ein schwaches Nomen vom
i-Typ: ثانٍ [t̲ānin, -ī] „ein zweiter". Für „1." gibt es neben أوّل
[ʒawwalu], fem. أولى [ʒūlā] ein weiteres Ordnungszahlwort: حاد
[ḥādin, -ī], fem. حادية [ḥādiya], das jedoch nur in Zusammensetzungen (11., 21., 31. usw.) gebraucht wird.
Die Zahlwörter der zweiten Dekade sind (wie die entsprechenden
Grundzahlwörter) unveränderlich: ihr zweiter Teil ist wie bei den
Grundzahlwörtern عشر [çašar(a)] bzw. عشرة [çašra(ta)], ihr erster
Teil ist das entsprechende Ordnungszahlwort aus der ersten Dekade
mit der Endung des determinierten Akkusativs -a. Mit den klassischen Endungen haben wir somit:

[ʒal-ḥādiya çašara] der 11.,   [ʒal-ḥādiyata çašrata] die 11.
[ʒat̲-t̲āniya çašara] der 12.,   [ʒat̲-t̲āniyata çašrata] die 12.
[ʒat̲-t̲ālit̲a çašara] der 13.,   [ʒat̲-t̲ālit̲ata çašrata] die 13., usw.

Ohne klassische Endungen spricht man: [ʒal-ḥādī çašar], [ʒal-ḥādiya
çašra], [ʒat̲-t̲ānī çašar], [ʒat̲-t̲āniya çašra], [ʒat̲-t̲ālit̲ çašar], [ʒat̲-
t̲ālit̲a çašra] usw.
Weitere besondere Ordinalzahlwörter gibt es im Arabischen nicht.
Man gebraucht daher die Grundzahlwörter mit Artikel auch als
Ordnungszahlwörter:

أليوم العشرون der 20. Tag, ألسنة الخمسون das 50. Jahr, ألسؤال المائة die 100.
Frage

Für die Einer wird aber das Ordinalzahlwort gebraucht, wie in der
Tabelle für 21. bis 25. angegeben ist. Beachten Sie, daß der Artikel

268

vor jedem Teil der Zusammensetzung gebraucht werden muß:

der 141. Student الطالب المائة والحادى والأربعون, der 35. Tag, أليوم الخامس والثلاثون

Die Ordinalzahlwörter im indeterminierten Akkusativ dienen als Adverbien der Reihenfolge: أوّلاً [ʒawwalan] (obwohl أوّل ansonsten diptotisch ist!) „erstens", ثانيا [tāniyan] „zweitens", ثالثا [tālitan] „drittens" ... عاشِراً [çāširan] „zehntens". (Die Endung -an wird hier nicht unterdrückt!)

An die Ordinalzahlwörter der ersten Dekade kann ein Nomen im Genitiv angefügt werden. Es ergibt sich dieselbe Bedeutung wie beim attributiven Gebrauch des Zahlworts, dieses bleibt jedoch stets in der maskulinen Form. Z.B. kann statt المرة الأُولى „das erste Mal" auch أوّل مرة [ʒawwal(u) marra(tin)] gesagt werden.

2. Monatsnamen

Die islamische Zeitrechnung nach Mondjahren wird zu praktischen Zwecken nur mehr selten verwendet. Wo sie an repräsentativer Stelle (z.B. in der Datumsangabe von Zeitungen, in Personaldokumenten, Zeugnissen usw.) gebraucht wird, ist sie stets vom Sonnenjahrdatum begleitet. Wir können sie daher zunächst übergehen. (Sie ist in Anhang I dargestellt.)

Für die Monate des Sonnenjahres sind in den arabischen Ländern zwei Reihen von Bezeichnungen in Gebrauch. Die erste Reihe, die altorientalische Wörter weiterführt, wird (grob gesprochen) im asiatischen Teil des arabischen Sprachgebiets gebraucht (Syrien, Libanon, Irak), die zweite Reihe, die umgestalteten europäischen Monatsnamen, im afrikanischen Teil (Ägypten, Sudan, Nordwestafrika). Auf der arabischen Halbinsel werden vorwiegend die Namen der zweiten Reihe verwendet.

Einige der Monatsnamen sollen diptotisch sein. Dies ist nicht bezeichnet, da hier Endungen nie gesprochen werden. Die Namen der zweiten Reihe sind keineswegs einheitlich, für die meisten der Monate finden sich auch andere Schreibungen und Aussprachen, u.a. يناير [yanāʒir] und فبراير [fabrāʒir], die Aussprachen [māyō], [yūniyō], [yūliyō] usw. „Juli" ist auch لوليو [lūliyō] (aus dem Italienischen).

Januar:	كانون الثانى [kānūn aṯ-ṯānī]	يناير [yanāyir]
Februar:	شباط [šubāṭ]	فبراير [fabrāyir]
März:	آذار [ʒāḏār]	مارس [mārs]
April:	نسان [nīsān]	أبريل [ʒabrīl]
Mai:	أيّار [ʒayyār]	مايو [māyū]
Juni:	حزيران [ḥazīrān]	يونيو [yūniyū]
Juli:	تمّوز [tammūz]	يوليو [yūliyū]
August:	آب [ʒāb]	أغسطس [ʒaġusṭus]
September:	أيلول [ʒaylūl]	سبتمبر [sabtámbar]
Oktober:	تشرين الأول [tišrīn al-ʒawwal]	أكتوبر [ʒaktūbar]
November:	تشرين الثانى [tišrīn aṯ-ṯānī]	نوفمبر [nūfímbir]
Dezember:	كانون الأول [kānūn al-ʒawwal]	ديسمبر [dīsímbir]

3. Datum

Zur Angabe des Datums setzt man zuerst das dem Tage entsprechende Ordinalzahlwort mit dem Artikel, dann den von der Präposition مِن abhängigen Monatsnamen:

الثانى من أيّار der 2. Mai (wörtl.: der zweite (ergänze: Tag) von Mai)

الثامن عشر من أغسطس der 18. August

الحادى والثلاثون من أكتوبر der 31. Oktober

Der Monatsname kann auch im Genitiv an das Ordinalzahlwort antreten, das dann natürlich ohne Artikel steht: ثامن شباط „der 8. Februar" „an" im Datum ist فى:

فى الحادى عشر من حزيران am 11. Juni فى الأول من أبريل am 1. April,

Anstatt فى zu gebrauchen, kann auch das Zahlwort in den Akkusativ gesetzt werden (was bei Fortfall der klassischen Endungen unmerklich ist):

العاشر من ديسمبر [ʒal-çāšir(a)] am 10. Dezember

Zur Angabe der *Jahreszahl* wird nach das Monatsdatum das Substantiv سنة im Akkusativ oder abhängig von فى gesetzt. An سنة wird die

Jahreszahl als *Grundzahlwort* im Genitiv angefügt. „am 15. September 1967" ist somit:

فى الخامس عشر من أيلول (فى) سنة ألف وتسع مائة وسبع وستين

سنة ist [sanat] zu sprechen, da ja ein Genitiv folgt!
„von" und „bis" im Datum sind من und إلى:

von 1867 bis 1940:   من سنة ألف وثماني مائة وسبع وستين إلى سنة ألف وتسع مائة وأربعين
vom 10. bis 20. März: من العاشر إلى العشرين من شهر آذار

(Vor den Monatsnamen kann stets, wie im letzten Beispiel, das Substantiv شهر [šahr] „Monat" gebraucht werden, von welchem der Monatsname dann im Genitiv abhängt.)
Mit Zahlzeichen schreibt man das Datum unter Verwendung von Binde- oder Schrägstrichen: ١٩٦٨ — ٦ — ١٢ oder ١٩٦٨/٦/١٢ „12. 6. 1968" (Bedenken Sie stets, daß der Punkt das Zahlzeichen für „o" ist und nicht wie im Deutschen verwendet werden kann.) Sehr häufig läßt man die Ziffer ١ der Jahreszahl fort, wenn kein Mißverständnis zu befürchten ist: ٩٦٨ „1968"
„vor Christi Geburt" ist قبل الميلاد [qabla_l-mīlād] „vor der Geburt", abgekürzt: ق‍م.
„nach Christi Geburt" wird mit ميلادية [mīlādīya(tan)], abgekürzt: م‍, nach der Jahreszahl wiedergegeben.

4. Defektive Verben: Perfekt

Zu يرجو [yarǧū ← yarǧuwu] und يرمى [yarmī ← yarmiyu] würden (wenn w und y nicht schwach wären) die Perfekt-Formen [raǧawa], [ramaya] gehören. Das uns schon mehrmals begegnete Lautgesetz *awa, aya → ā* macht daraus: رجا [raǧā] „er bat, wünschte" und رمى [ramā] „er warf". Der Endvokal -ā wird beim 1. Typ mit ʒalif, beim 2. Typ mit yāʒ geschrieben. In den femininen Formen رجت [raǧat] „sie bat, wünschte" und رمت [ramat] „sie warf" muß ā gekürzt werden, da sonst die unmöglichen Silben ǧāt, māt entstünden. Beim 3. Typ ist der Perfekt-Vokal zumeist *i* und das Perfekt lautet wie von einem starken Verb: نسى [nasiya] „er vergaß", نسيت [nasiyat] „sie vergaß", da *iya* stabil ist. (Vgl. den Konjunktiv [yarmiya] oder die feminine Form [muḥāmiya] „Anwältin"!)

PERFEKT DER DEFEKTIVEN VERBEN

	1. Typ	2. Typ	3. Typ
Singular			
3.P. m.	رجا [ráǧā]	رمى [rámā]	نسى [násiya]
f.	رجت [raǧat]	رمت [ramat]	نست [nasiyat]
2.P. m.	رجوت [raǧawta]	رمیت [ramayta]	نست [nasīta]
f.	رجوت [raǧawti]	رمیت [ramayti]	نست [nasīti]
1.P.	رجوت [raǧawtu]	رمیت [ramaytu]	نست [nasītu]
Plural			
3.P. m.	رجوا [raǧaw]	رموا [ramaw]	نسوا [násū]
f.	رجون [raǧawna]	رمین [ramayna]	نسین [nasīna]
2.P. m.	رجوتم [raǧawtum]	رمیتم [ramaytum]	نسیتم [nasītum]
f.	رجوتن [raǧawtunna]	رمیتن [ramaytunna]	نسیتن [nasītunna]
1.P.	رجونا [raǧawnā]	رمینا [ramaynā]	نسینا [nasīnā]
Dual			
3.P. m.	رجوا [ráǧawā]	رمیا [rámayā]	نسیا [násiyā]
f.	رجتا [ráǧatā]	رمتا [rámatā]	نستا [násiyatā]
2.P.	رجوتما [raǧawtumā]	رمیتما [ramaytumā]	نستما [nasītumā]

Wenn Sie diese Konjugationen mit denen von [raǧawa], [ramaya],
[nasiya] vergleichen (die sich ergeben müßten, wenn w und y nicht
schwach wären), dann finden Sie die Wirkung folgender Lautgesetze
(neben den schon oben besprochenen):

a) In der 3. Person maskulin des Plurals wird a w ū, a y ū → a w
(vgl. ینسون [yansawna ← yansayūna] und i y ū → ū (vgl. یرمون
[yarmūna ← yarmiyūna].) (Die Endung -aw wird von vielen Sprechern der gewohnten Endung -ū angeglichen.)

b) In der 3. Person maskulin des Duals sehen wir, daß a w ā, a y ā,
i y ā s t a b i l sind. (Vgl. die Dual-Formen des Imperfekts und der
schwachen Nomen !) Die entsprechende feminine Form ist in Analogie
zum Singular gebildet. (Sonst müßte sie beim 1. und 2. Typ langes
ā haben.)

c) Die konsonantischen Formen des 1. und 2. Typs sind wie von einem starken Verb. Der 3. Radikal ist hier (nach *a* und vor Konsonant) stabil. Beim 3. Typ finden wir: **i y K → i K** (K . . . ein beliebiger Konsonant), z. B. (nasītu ← nasiytu) mit K = *t*.

Manche Verben haben *a* als Imperfekt-Vokal und als Perfekt-Vokal. Das Imperfekt wird dann nach dem 3. Typ konjugiert, das Perfekt aber nach dem 2. Typ. Ein Beispiel ist سعى I [yasçā ← yasçayu] „sich anstrengen, sich bemühen" mit Perfekt سعى [saçā ← saçaya], nicht: [saçiya]. Hierher gehört auch رى „sehen", dessen 2. Radikal [ʒ] im Imperfekt geschwunden ist. Perfekt: رأى [raʒā], konjugiert wie رمى [ramā].

In den abgeleiteten Stämmen folgt das Perfekt stets dem 2. Typ des Grundstamms: غنّى [ġánnā] „er sang", نادى [nádā] „er rief", أنهى [ʒánhā] „er beendete", تحرّى [taḥárrā] „er untersuchte", إشترى [ʒištárā] „er kaufte", إستلقى [ʒistálqā] „er legte sich nieder" usw. werden wie رمى [ramā] „er warf" konjugiert.

Schließlich soll an dieser Stelle ein für allemal auf einen grundsätzlich wichtigen Sachverhalt hingewiesen werden. Bei unserer Darstellung der Entstehung schwacher Nominal- und Verbformen durch Schwund der schwachen Konsonanten *w* und *y* soll *nicht* der Eindruck entstehen, es handele sich um eine *historische* Entwicklung, d.h. es habe tatsächlich ein Stadium der arabischen Sprachentwicklung gegeben, in der Formen wie [ʒal-muḥāmiyu], [yarǧuwu], [ramaya] gebraucht worden wären, die dann später zu [ʒal-muḥāmī], [yarǧū], [ramā] geworden seien. Was am Ausgangspunkt des oft gebrauchten Pfeils → steht, ist vielmehr nur diejenige Form, die — entsprechend dem fertig ausgebildeten System der arabischen Formenlehre — vorliegen müßte, wenn *w* und *y* nicht schwach wären, sondern die gleiche Behandlung wie die übrigen Konsonanten erführen.

5. Verben mit zwei Akkusativ-Objekten

Viele arabische Verben verlangen zwei Objekte im Akkusativ, während die deutsche Entsprechung ein Objekt im Akkusativ, das andere im Dativ (oder auch Fügungen mit Präpositionen) hat. Ein wichtiges Beispiel ist يعطى IV [yuçṭī] geben: أعطى أخاه نقودا [ʒáçṭā] er gab seinem Bruder Geld, أعطنى كتابا [ʒáçṭi-nī] gib mir ein Buch! Eine Komplika-

273

tion ergibt sich, wenn beide Objekte Pronomen sind wie in „er gibt
es mir", denn man kann zwar prinzipiell an eine Verbform zwei
Suffixe anfügen, doch ist dies ungebräuchlich. (So ergäbe sich: يعطينِه
[yuçṭī-nī-hi] er gibt es mir).
Hier gebraucht man nun ein besonderes Wort, das keine selbständige
Bedeutung hat, sondern nur dazu dient, Suffixe zu tragen: إِيّا [ʒiyyā-].
Mit Hilfe von إِيّا können wir isolierte (nicht an eine Verbform angefügte) Akkusative des Personalpronomens bilden: إِيّاى [ʒiyyá-ya]
mich, إِيّاك [ʒiyyá-ka] dich (m.), إِيّاك [ʒiyyá-ki] dich (f.), إِيّاه [ʒiyyá-hu]
ihn usw. In der Entsprechung von „er gibt es mir" wird nun das zweite
Suffix statt an die (bereits Suffix-tragende) Verbform an إِيّا angefügt:
يعطينى إِيّاه [yuçṭī-nī ʒiyyā-hu]. Andere Beispiele sind die Verben
يرى IV [yúrī] zeigen, Pf. أرى [ʒárā], Imper. أر [ʒari], und يبيع verkaufen. (Das Verb يرى hat die Radikale r-ʒ-y wie يرى [yarā] sehen. Der
mittlere Radikal ist in allen Formen geschwunden.)

أرى محمدا صورة er zeigte Mohammed ein Photo, أراه إِيّاها [ʒarā-hu
ʒiyyā-hā] er zeigte es ihm,

أرنى الخريطة zeig mir die Landkarte!, أرنى إِيّاها [ʒari-nī] zeig sie
mir!

هو يبيع الزبائن البضائع er verkauft den Kunden die Waren, يبيعهم إِيّاها er
verkauft sie ihnen

(Achten Sie auf die Reihenfolge der Objekte bei diesen Verben!)
Auch das Verb يهدى IV [yuhdī] „schenken" kann mit zwei Akkusativ-
Objekten gebraucht werden:

أهدانى خاتما [ʒahdā-nī] er schenkte mir einen Ring, أهدانى إِيّاه er schenkte
ihn mir

6. Das Wort [nafs]

Das Wort نفس [nafs] ist ein Substantiv der Bedeutung „Seele", kann
aber auch deutschem „derselbe", „selbst", „selber", „sich" u.a. entsprechen.

a) „DERSELBE"

Wird an نفس ein (determinierter) Genitiv angefügt, dann entspricht
es unserem „derselbe". نفس bleibt hier stets im Singular:

نفس الرجل [nafsu_r-raǧuli] bzw. [nafs ar-raǧul] derselbe Mann, نفس الجريدة dieselbe Zeitung, نفس الفلاحين dieselben Bauern, نفس الكتب dieselben Bücher, نفس الزميلين dieselben beiden Kollegen.

Deutschem „wie“ nach „derselbe“ entspricht im Arabischen meist eine (etwas umständlichere) Formulierung mit einem Relativsatz:

أنا أقرأ نفس الكتاب الذى يقرؤه صديقى ich lese dasselbe Buch wie mein Freund
(wörtl.: ich lese dasselbe Buch, das mein Freund liest)

b) „SELBST“

Unserem „selbst“ oder „selber“ entspricht نفس mit Personalsuffix und abhängig von der Präposition بـ.:

أنا فعلته بنفسى ich habe es selbst getan, هو فعله بنفسه er hat es selbst getan هل فعلته بنفسك؟ hast du es selbst getan? هل حضرت بنفسها ist sie selbst erschienen? Hier muß jedoch نفس sinngemäß in den Plural أنفس [ʒanfus] oder Dual gesetzt werden: نحن فعلناه بأنفسنا wir haben es selbst getan, هم سألونا بأنفسهم [bi-ʒanfusi-him] sie haben uns selbst gefragt, هما سألانا بنفسيهما [bi-nafsay-himā] die beiden haben uns selbst gefragt.

In diesen Beispielen kann „selbst“ überall durch „selber“ ersetzt werden. Wo dies nicht möglich ist, unser „selbst“ aber durch „sogar“ ersetzt werden kann, gebraucht das Arabische nicht نفس, sondern die Partikel حتّى [ḥattā] „selbst, sogar“:

سألت كل أصدقائى حتى أحمد ich habe alle meine Freunde gefragt, selbst (sogar) Ahmed

c) REFLEXIVPRONOMEN

Mit نفس und angefügten Personalsuffixen werden die Entsprechungen unserer Reflexivpronomen (rückbezüglichen Fürwörter) gebildet.

هو يرى نفسه [nafsa-hū] er sieht sich, هى ترى نفسها [nafsa-hā] sie sieht sich, أنا أرى نفسى ich sehe mich, نحن نرى أنفسنا [ʒanfusa-nā] wir sehen uns,

هما يساعدون أنفسهم sie helfen sich, هما يساعدان نفسيهما die beiden helfen
sich

إشترى الكتاب لنفسه er kaufte das Buch für sich, kaufte sich das Buch
[ʒištarā]

إشتريت السيارة لنفسى ich kaufte das Auto für mich, mir das Auto
[ʒištaraytu]

Ist kein Mißverständnis zu befürchten (insbesondere in der 1. und 2.
Person), dann kann statt des Reflexivpronomens auch einfach das
Personalpronomen gebraucht werden: إشتريت لى ich kaufte mir, statt
إشتريت لنفسى.
Mit „sich" ist „einander" nicht zu verwechseln. Letzteres wird mit
بعض gebildet (s. Abschnitt 13, Punkt 5). Vergleichen Sie:

هم رأوهم [raʒaw-hum] sie sahen sie (andere Leute)
هم رأوا أنفسهم [raʒaw ʒanfusa-hum] sie sahen sich (z. B. im Spiegel)
هم رأوا بعضهم بعضا [baçḍu-hum] sie sahen einander

Anmerkungen:

1. نفس mit Personalsuffix kann auch (ähnlich wie كل, vgl. Abschnitt
9, Punkt 6, hinter ein Substantiv gestellt werden. Es kann dann die Bedeutungen unter a) oder unter b) haben: الرجل نفسه [nafsu-hū] ist „derselbe Mann
(= نفس الرجل) oder „der Mann selbst" (= الرجل بنفسه). Bei diesem Gebrauch muß نفس in Zahl und Fall mit dem Substantiv übereinstimmen.
2. نفس in der Grundbedeutung „Seele" ist feminin und hat den Plural
نفوس [nufūs].

7. Das Wort [ʒayy]

Deutschem „welcher?", „was für ein?" entspricht arabisch أى
[ʒayy], an das ein Genitiv angefügt wird. In den ersten Beispielen zur Verdeutlichung die klassischen Endungen:

أى رجل حضر؟ [ʒayy(u) raǧul(in) ḥaḍara] welcher Mann ist erschienen?
أى رجل سألت؟ [ʒayy(a) raǧul(in) saʒalta] welchen Mann hast du gefragt?
فى أى بلد؟ [fī ʒayy(i) balad(in)] in welchem Lande?

Die feminine Form أيّة wird vor femininen Substantiven und Pluralen von Nicht-Personen gebraucht. Jedoch kann auch hier die maskuline Form اىّ verwendet werden:

أيّة مدينة؟ [ʒayyat(u) madīna(tin)] oder أى مدينة؟ welche Stadt?
أيّة كتب؟ oder أى كتب؟ welche Bücher?

An أى und أيّة können auch Suffixe antreten:

أيّكم؟ [ʒayyu-kum] welcher von euch?
أيّتهن؟ [ʒayyatu-hunna] welche von ihnen? (Hier muß die Form أيّة stehen.)

Nach einem verneinten Verb bedeutet أى „irgendein", so daß sich – zusammen mit der Negation – die deutsche Bedeutung „kein, gar kein, keinerlei" ergibt:

لا أريد أى كتاب، ich möchte kein (überhaupt kein, gar kein, keinerlei) Buch (wörtl.: ich möchte nicht irgendein Buch)
لا أرى أى شخص ich sehe niemand (w.: nicht ... irgendeine Person)
لم أجده فى أى مكان ich habe ihn nirgends gefunden (w.: nicht ... an irgendeinem Ort)
لم أره فى أى وقت [ʒára-hū] ich habe ihn nie gesehen (w.: nicht ... zu irgendeiner Zeit)

(NB. مكان [makān] „Ort, Stelle", Pl. أمكنة [ʒamkina] oder أماكن [ʒamākinu])
Anmerkung:
Nicht mit أى zu verwechseln ist die Partikel أى [ʒay] „das heißt, nämlich".

WORTLISTE 22

طبّاخة [ṭabbāḫa] Köchin (Pl. ات)
يقلى I [yaqlī] braten (in Fett)
يشوى I [yašwī] braten (ohne Fett, am Rost oder Spieß), grillen
بطّ [baṭṭ] Enten
بطّة [baṭṭa] (n. u.) Ente
إوزّ [ʒiwazz] Gänse
إوزّة [ʒiwazza] (n. u.) Gans
يكوى I [yakwī] bügeln

بنطلون [banṭalūn] Hose (Pl. ات)
قميص [qamīṣ] Hemd
Pl. قمصان [qumṣān]
عال [çālin, -ī] (auch:) laut
يمضى IV [yumḍī] verbringen
ليل [layl] Nacht (Nachtzeit)
ليلة [layla] (n. u.) (eine) Nacht
Pl. ليال [layālin, -ī]
ليلا [laylan] nachts

277

فى الليل [fi-l-layl] nachts

يرتدى VIII [yartadī] anziehen, anhaben

جاكتة [ğākítta] Jacke, Sakko (Pl. ات)

ملبس (malbas) Kleidungsstück
Pl. ملابس [malābisu] Kleider

يسدى IV [yusdī] leisten, erweisen (Dienst)

خدمة [ḫidma] Dienst, Dienstleistung
Pl. خدمات [ḫidamāt]

بالأمس [bi-l-ʒams] gestern

حقيبة [ḥaqība] Koffer
Pl. حقائب [ḥaqāʒibu]

الشام [ʒaš-šām] Syrien, Damaskus

يعرض I [yaçriḍu] vorlegen, anbieten

عرضه على [çaraḍa-hū çalay-ya] er legte es mir vor

لؤلؤ [luʒluʒ] Perlen
Pl. لآلى [laʒāliʒu]

لؤلؤة [luʒluʒa] (n. u.) Perle

ثانوى [tānawīy] sekundär

مدرسة ثانوية [madrasa tānawīya] Oberschule, Mittelschule ثانوية

مادة [mādda] Materie, Material, Schulgegenstand
Pl. مواد [mawāddu]

فيزياء [fīziyāʒ] Physik

كيمياء [kīmiyāʒ] Chemie

رياضيات [riyāḍīyāt] Mathematik

يلاحظ III [yulāḥiẓu] beobachten

يصنع I [yaṣnaçu] machen, herstellen

صنع [ṣanç] Herstellung

يحسن IV [yuḥsinu] gut können, sich gut verstehen (auf etw.)

ÜBUNG 22.1 +

Gebrauchen Sie beim Lesen der Daten sowohl die „ägyptischen"
als auch die „syrischen" Monatsnamen!

فى ١/١ ــ فى ٣/١١ ــ فى ٥/٢١ ــ فى ٧/٣١ ــ فى ٤/٢ ــ فى ٢/١٢ ــ
فى ٦/٢٢ ــ من ٨/٣ إلى ٩/١٣ ــ من ١٠/١٠ إلى ١١/١٥ ــ من ١٢/١٧
إلى ١٢/٢٤ ــ فى ١٩٤٤/٤/١٨ ــ من ١٧٥٦/٩/٣ إلى ١٨٥٢/١/٣١

ÜBUNG 22.2

١ ــ دعا صديقا. بنى بيتا. بقى ساعة. لبّى دعوتى. نادى شرطيا. أنهى عمله. ألقي
خطابا. ٢ ــ إشترى سيارة. إنتهى من عمله. إستلقى على السرير. أتى إلينا. رأى
الناس. نسي الكلمات. ٣ ــ ألآنسة دعت أختها. ألمرأة غلت القهوة. ألبنت بكت.

278

ألسكرتيرة بقيت هنا. والدتى أتت إلىّ. ٤ – ألطباخة قلت البطة وشوت الإوزة. ألخدامة كوت البنطلونات والقمصان. خالتى غنّت بصوت عال. ٥ – ألضيوف بقوا ساعتين. أصدقائى دعونى. ألرجال رأوا الضوء. ألسواح أمضوا ليلتين بالفندق. ٦ – أنا دعوت محمودا. بقيت ليلة واحدة. إرتديت الجاكتّة. إشتريت ملابس جديدة. أتيت من المدرسة. ٧ – هل رأيت الجنود؟ هل كويت القميص؟ هل نسيت اسمى؟ هل انتهيت من عملك؟ هل اشتريت السوار؟ ٨ – إرتدينا ملابسنا. أتينا من القاهرة. رأينا طائرة. غلينا الشاى. شوينا اللحم. دعونا الزملاء. ٩ – أسديتم لى خدمة جميلة. هل بقيتم هناك مدة طويلة؟ هل رأيتم الشرطى؟ هل أمضيتم هناك أكثر من ثلاث ليال؟ ١٠ – والدى أعطانى ساعة. هذه هى الساعة التى أعطانى إياها. أين الكتاب الذى أعطيتك إياه؟ ١١ – أين الأوراق التى أعطيناك إياها؟ من ِ السيد الذى أعطيتَه النقود؟ لماذا أعطيته إياها؟ ١٢ – هل أعجبتك الصورة التى أريتك إياها؟ ألخاتم الذى أرانى إياه ثمين جدا.

ÜBUNG 22.3

١ – متى رأيت ذلك الرجل لأول مرة؟ بالأمس. وقبل بعض الدقائق رأيته مرة ثانية. ٢ – فى أى وقت وإلى أى بلد تسافر؟ أية حقائب تأخذ معك؟ بأى قطار تسافر إلى الشام؟ ٣ – لم أر أى شىء. لم أتكلّم معه فى أى وقت. لم أدفع أى نقود لذلك المحتال. إنى لا أريد أية بضائع. ٤ – إسمحى لى أن أعرض عليك هتين اللؤلؤتين. أرجوك أن تقولى لى أيتهما تعجبك أكثر. ٥ – أريد أن أستشير نفس الطبيب الذى استشاره والدى. سمعت أنك استشرت نفس الطبيب. ٦ – طلاب المدرسة الثانوية يدرسون مواد كثيرة كالفيزياء والكيمياء والرياضيات. هل تدرس نفس المواد؟ ٧ – إنى لاحظت نفس الحادث الذى لاحظتموه. لاحظت أن المجنون جرح نفسه بالسكين. قد لاحظت ذلك بنفسى. ٨ – هل صنعتِ هذة السجادة بنفسك؟ هل تحسن أخواتك صنع السجاجيد مثلك؟

ÜBUNG 22.4 +

Negieren Sie alle Verbformen in Übung 22.2, Satz 1–9.
Lösen Sie alle Verneinungen in Übung 21.2 auf.

ÜBUNG 22.5

1. Welchen Film habt ihr beide euch angesehen? Denselben Film, den
du dir am vergangenen Freitag angesehen hast. 2. Ich ging in dasselbe
Büro wie du, aber man sagte (= sie sagten) mir nicht dasselbe wie
dir. Hast du selbst mit dem Beamten gesprochen? 3. Ich habe meine
Kleider selbst gebügelt, selbst meine Hemden. Zieh nicht dieselben
Kleider an wie gestern. 4. Du hast mir einen Dienst erwiesen, den ich
niemals vergessen werde. 5. An welchem Tage seid ihr seiner Einladung gefolgt? Was für Geschenke hat er euch gemacht (= angeboten)?
Wie lange seid ihr bei ihm geblieben? 6. Er schenkte mir einen gol-
denen Ring (= einen R. von dem Gold), den er für sich selbst gekauft
hatte. 7. Woher kommst (= kamst) du? Ich komme von der Universität. Hast du unterwegs (= in dem Weg) Mahmud getroffen? Nein,
ich habe überhaupt niemand (= keine Person) getroffen. 8. Die beiden Touristen photographierten sich. Die beiden Touristen photographierten einander. 9. Gestern kam ein Freund aus dem Irak zu
mir und bat mich, ihn zu einem Facharzt zu begleiten, den er in unserer Stadt konsultieren möchte. Er brauchte meine Hilfe, da er nur
Arabisch spricht und keinerlei andere Sprache kennt. 10. Ich sagte
zur Köchin: „Braten Sie die Ente und grillen Sie das Huhn!" Sie
aber hat das Huhn gebraten und die Ente gegrillt.

ABSCHNITT DREIUNDZWANZIG

1. Angabe der Uhrzeit

Die Uhrzeit wird mit dem Wort ساعة „Stunde" und dem entsprechenden Ordinalzahlwort angegeben:

الساعة الثالثة drei Uhr, الساعة الثامنة acht Uhr

Das Zeitadverb „um ... Uhr" wird mit der Präposition فى gebildet:

فى الساعة الثالثة um drei Uhr, فى الساعة الثامنة um acht Uhr

Nur bei „ein Uhr" wird das Grundzahlwort gebraucht: فى الساعة الواحدة „um ein Uhr" Eine Zählung über 12 hinaus („13 Uhr") ist im Arabischen nicht üblich. Ist ein Mißverständnis zu befürchten, dann gebraucht man Zusätze wie صباحا [ṣabāḥan] „morgens", مساء [masāʒan] „abends", قبل الظهر [qabla_z-ẓuhr] „vormittags", بعد الظهر [baʕda_z-ẓuhr] „nachmittags" u.a.

Zur Unterteilung der Stunde zählt man am einfachsten die Minuten durch, unter Verwendung des Substantivs دقيقة [daqīqa] „Minute", Pl. دقائق [daqāʒiqu].

2.02 Uhr:	الساعة الثانية ودقيقتان
3.10 Uhr:	الساعة الثالثة وعشر دقائق
5.18 Uhr:	الساعة الخامسة وثمانى عشرة دقيقة
11.35 Uhr:	الساعة الحادية عشرة وخمس وثلاثون دقيقة

Viel gebraucht werden auch Ausdrücke, die mit den Substantiven نصف [niṣf] „Hälfte", ثلث [ṯulṯ] „Drittel" und ربع [rubʕ] „Viertel" und der Partikel إلا [ʒillā] „außer, bis auf" gebildet werden:

3.15 Uhr:	الساعة الرابعة والثلث	4.20 Uhr:	الساعة الثالثة والربع
6.30 Uhr:	الساعة السادسة والنصف	9.40 Uhr:	الساعة العاشرة إلا الثلث
10.45 Uhr:	الساعة الحادية عشرة إلا الربع		(Übersetzen Sie zur Verdeutlichung auch wörtlich!)

In allen diesen Ausdrücken kann das Wort ساعة auch entfallen:

„um 1.10 Uhr": فى الواحدة وعشر دقائق , „5.15 Uhr": فى الخامسة والربع

Zur Zählung der Minuten werden oft auch die Ordnungszahlwörter gebraucht:

„um 10.10 Uhr" فى الساعة العاشرة والدقيقة العاشرة (Wörtlich?)

Die Frage nach der Uhrzeit lautet:

„wieviel Uhr ist es?" كم الساعة؟

Als Antwort stehen die oben angeführten Ausdrücke. Statt الساعة الثالثة „(es ist) die dritte Stunde" kann man aber auch das Grundzahlwort (in der femininen Form!) verwenden: الساعة ثلاثة „die Stunde ist drei" = „es ist drei Uhr".

2. Defektive Verben: aktive Partizipien

Im aktiven Partizip sämtlicher Verbstämme steht kurzes *i* vor dem letzten Radikal. (Halten Sie sich bei diesem und dem nächsten Punkt beständig die Formen der Tabelle in Abschnitt 18, Punkt 4, vor Augen.) Ist dieser nun *w* oder *y*, dann ergeben sich schwache Nomen des i-Typs, die wir in Abschnitt 17, Punkt 1, ausführlich besprochen haben.

Im Grundstamm erhalten wir in gleicher Weise für alle drei Typen: راج [rāǧin ← rāǧiwun] „bittend, wünschend", رام [rāmin ← rāmiyun] „werfend" und ناس [nāsin ← nāsiyun] „vergessend". Wir sehen jetzt auch, daß die schwachen Nomen vom i-Typ fast alle aktive Partizipien sind: عال „hoch" von يعلو I [yaͨlū] „hoch sein", غال „teuer" von يغلو I [yaͨlū] „teuer sein", قاض „Richter" von يقضى I [yaqḍī] „richten (u.a.)", باق „übrig" von يبقى „bleiben" usw.

Von den abgeleiteten Stämmen nur einige Beispiele: يغنّى „singen" bildet مغنّ [muͨannin, -ī] „singend", ينادى „rufen" bildet مناد [munādin, -ī] „rufend, Ausrufer", يعطى „geben" bildet معط [muͨṭin, -ī] „gebend, Geber, Spender", يشترى „kaufen" bildet مشتر [muštarin, -ī] „kaufend, Käufer", يدّعى „anklagen" bildet مدّع [muddaͨin, -ī] „Ankläger, Kläger". Wir erwähnen, daß die uns schon bekannten Wörter محام „Anwalt" und معد [muͨdin, -ī] „ansteckend" die aktiven Partizipien zu يحامى III [yuḥāmī] „verteidigen" und يعدى IV [yuͨdī] „anstecken, infizieren" sind.

Die Deklination dieser Formen, die Dual- und Pluralbildung und die femininen Formen sind in Abschnitt 17, Punkt 1, genau besprochen.

Anmerkung: غال wird nur in der Bedeutung „teuer" gebraucht, obwohl es formal auch von يغلى „kochen" stammt. Für „kochend" gebraucht man eine Umschreibung mit einem Relativsatz: ماءيغلى „kochendes Wasser" (w.: „Wasser, (das) kocht", asyndetischer Relativsatz!)

3. Defektive Verben: passive Partizipien

Vom 1. Typ des Grundstamms wird das passive Partizip regelmäßig nach der Form m a L M ū N gebildet: مرجوّ [marǧūw] „gebeten, erwünscht", مدعوّ [madͨūw] „gerufen, eingeladen". Auch beim 2.

und 3. Typ schwindet der dritte Radikal nicht, jedoch wird ihm das lange ū angeglichen und in langes ī verwandelt: مَرْمِيّ [marmīy ← ← marmūy] „geworfen", مَنسِيّ [mansīy ← mansūy] „vergessen".

In den abgeleiteten Stämmen steht durchwegs kurzes a vor dem letzten Radikal. Ist dieser w oder y, dann ergeben sich schwache Nomen vom a-Typ. Einige Beispiele: مُغَنَّى [muǵannan, -ā] „gesungen", مُنادَى [munādan, -ā] „gerufen", مُعدَى [muçdan, -ā] „angesteckt, infiziert", مُعطى [muçṭan, -ā] „gegeben", مُشترى [muštaran, -ā] „gekauft"

Die Deklination (und die Bildung des maskulinen Duals) ist in Abschnitt 17, Punkt 1, besprochen. Im gesunden männlichen Plural (der von den Partizipien der abgeleiteten Stämme ja stets gebildet wird) treffen wir wieder die Wirkung der Lautgesetze a w ū , a y ū → → a w und a w ī , a y ī → a y . (Vergleichen Sie [yansawna ← yansayūna] und [tansayna ← tansayīna] !)

أَشخاص معدون [muçdawna ← muçdawūna] angesteckte Personen

لأَشخاص معدين [muçdayna ← muçdawīna] für angesteckte Personen

المنادون [munādawna] die Gerufenen

مع المنادين [munādayna] mit den Gerufenen

Im gesunden männlichen Plural finden wir somit die Endungen -awn(a) im Nominativ, -ayn(a) im Genitiv/Akkusativ. Vor Genitiv oder Possessivsuffix werden diese zu -aw bzw. -ay verkürzt.

Bei der Bildung der femininen Singular-Form wirkt das Lautgesetz a w a , a y a → ā. „eine gerufene Frau" ist إِمرأَة منادأة [munādát(un) ← ← munādawatun], „das gekaufte Auto" ist السيارة المشتراة [al-muštarāt (u) ← al-muštarayatu]. Zu einem schwachen Nomen des a-Typs gehört also eine feminine Form auf ﺔ [-āt ← -ayat, oder -awat]. Diese Endung bezeichnen wir als die schwache Feminin-Endung. Bei Fortfall der klassischen Endungen wird hier ة (gestützt vom langen ā) stets (nicht nur vor Genitiv) als t gesprochen. (So von der Mehrzahl der Sprecher. Doch findet sich auch die Aussprache mit verstummtem t: [munādá], [muštará] usw.)

Der feminine Dual wird mit Endung -ātān(i) gebildet: المرأتان المناداتان „die beiden gerufenen Frauen". (Zum gesunden weiblichen Plural s. Punkt 5.)

4. Zusammenfassung der defektiven Verben

Bei der folgenden Übersicht über die Stammformen der defektiven Verben gebrauchen wir die allgemeine Schreibung, bei der wir die Radikale durch Leerstellensymbole ersetzen, hier allerdings nur die beiden ersten Radikale (Symbole L, M), denn beim dritten Radikal sind wir ja bei den defektiven Verben schon auf den Spezialfall N = = w, y eingeschränkt. Die Partizipien geben wir in der Tabelle mit Endungen -ī, -ā (mit denen sie ohne klassische Endungen durchwegs gesprochen werden).

Zur Erinnerung: in arabischer Schrift wird die Endung -ā durchwegs mit ى geschrieben. Die einzige Ausnahme ist das Perfekt des 1. Typs des Grundstamms, wo ا steht.

5. Schwache Feminin-Formen

Die Feminin-Endung -āt, die wir in Punkt 3 beim passiven Partizip erstmalig angetroffen haben, entsteht nicht nur dort, sondern immer dann, wenn bei der Bildung eines Nomens nach einer Nominalform auf – a N a t (die also kurzes a vor dem dritten Radikal und die Endung ة hat) der letzte Radikal w oder y ist. Betrachten wir z.B. die Nominalform L a M a N a t . Mit starkem drittem Radikal ergeben sich danach Substantive wie حَرَكة [ḥaraka] „Bewegung", وَرَقة [waraqa] „Blatt Papier". Mit den Radikalen f-t-y entsteht jedoch فتاة [fatāt ← fatayat] „Mädchen". Ebenso: حَياة [ḥayāt ← ḥayawat] „Leben", وفاة [wafāt ← wafayat] „Tod (eines Menschen)", صلاة [ṣalāt ← ṣalawat] „(rituelles islamisches) Gebet". Bei der Bildung des gesunden Plurals zur Endung -āt wird der dritte Radikal sichtbar, denn a w ā, a y ā sind stabil und w, y schwinden nicht:

فَتَيات [fatayāt], „Mädchen (Pl.)", وفَيات [wafayāt] „Todesfälle", صلوات [ṣalawāt] „Gebete" (Bei den passiven Partizipien lautet der gesunde Plural zu -āt stets -ayāt.)

Ein anderes Beispiel für das Vorkommen der Endung -āt ist die Form L u M a N a t , nach der viele gebrochene Plurale des aktiven Partizips vom Grundstamm der defektiven Verben gebildet werden: قُضاة [quḍāt ← quḍayat], Plural von قاض „Richter".

STAMMFORMEN DER DEFEKTIVEN VERBEN

	Imperfekt (Indikativ, Konjunktiv, Jussiv)	Imperativ	Perfekt	Part. akt.	Part. pass.
I. Stamm					
1. Typ	yaLMū, -uwa, -u	ʒiLMu	LaMā	LāMi	maLMūw
2. Typ	yaLMi, -iya, -i	ʒiLMi	LaMā	LāMi	maLMiy
3. Typ	yaLMā, -ā, -a	ʒiLMa	LaMiya	LāMi	maLMiy
II. Stamm	yuLaMMi, -iya, -i	LaMMi	LaMMā	muLaMMi	muLaMMā
III. Stamm	yuLāMi, -iya, -i	LāMi	LāMā	muLāMi	muLāMā
IV. Stamm	yuLMi, -iya, -i	ʒaLMi	ʒaLMā	muLMi	muLMā
V. Stamm	yataLaMMā, -ā, -a	taLaMMa	taLaMMā	mutaLaMMi	mutaLaMMā
VI. Stamm	yataLāMā, -ā, -a	taLāMa	taLāMā	mutaLāMi	mutaLāMā
VII. Stamm	yanLaMi, -iya, -i	ʒinLaMi	ʒinLaMā	munLaMi	(munLaMā)
VIII. Stamm	yaLtaMi, -iya, -i	ʒiLtaMi	ʒiLtaMā	muLtaMi	muLtaMā
X. Stamm	yastaLMi, -iya, -i	ʒistaLMi	ʒistaLMā	mustaLMi	mustaLMā

285

6. Ergänzungen zum Gebrauch der Partizipien

a) GEGENWART UND VERGANGENHEIT

Die beiden arabischen Partizipien drücken keine bestimmte Zeit aus, sondern haben nur allgemein aktiven bzw. passiven Sinn. Mit unserer gewohnten Übersetzung „schreibend" von كاتب und „geschrieben" von مكتوب haben wir nur die zumeist passende Entsprechung gewählt. Jedoch kann كاتب auch: „geschrieben habend", und مكتوب auch: „was geschrieben wird" bedeuten. Die richtige Übersetzung ergibt der Zusammenhang. (In der Mehrzahl der Fälle hat freilich – wie im Deutschen - das aktive Partizip Gegenwartsbedeutung.) Einige Beispiele von aktiven Partizipien, die sehr häufig in Vergangenheitsbedeutung gebraucht werden:

ماض [māḍin, -ī] „vergehend", häufiger: „vergangen", von

يمضى I [yamḍī] „vergehen"

منته [muntahin, -ī] „zu Ende gegangen" oder „zu Ende gehend", von ينتهى VIII [yantahī] „zu Ende gehen"

سابق [sābiq] „vorangehend" oder „vorangegangen", zu يسبق I [yasbiqu] „vorangehen"

بالغ [bāliġ] „volljährig" (= „(die entsprechende Altersgrenze) erreicht habend") zu يبلغ I [yabluġu] „erreichen"

ناجح [nāǧiḥ] „erfolgreich" (= „wer Erfolg hat oder gehabt hat"), zu ينجح I [yanǧaḥu] „Erfolg haben"

Bei *passiven Partizipien* entwickelt sich zuweilen aus der Gegenwartsbedeutung ein modaler Nebensinn des *Möglichen*: das Partizip meint neben dem, was getan wird, auch das, was getan werden kann. So bedeutet مأكول [maʾkūl] 1) „gegessen" (= „was gegessen worden ist") 2) „was gegessen wird" 3) „was gegessen werden kann, eßbar; Speise". مشروب [mašrūb] ist neben „getrunken" auch „trinkbar, Getränk", مفهوم [mafhūm] ist „verstanden" und „verständlich", مقرو [maqrūʾ] ist „gelesen" und „leserlich", مسؤول [masʾūl] ist „gefragt" und „verantwortlich" (= „wer gefragt werden kann, wer zu fragen ist"). Diese mögliche Nebenbedeutung der passiven Partizipien muß beim Übersetzen aus dem Arabischen stets im Auge behalten werden.

b) BESCHREIBUNG VON ZUSTÄNDEN

Sehr viele arabische Verben vereinigen zwei Bedeutungen in sich: „in einen bestimmten Zustand eintreten" und „sich in diesem Zustand befinden". Wir sprechen von der *punktuellen* und der *linearen* Verbbedeutung. So bedeutet z.B. das Verb يجلس I [yağlisu] punktuell: „sich setzen (= in den Zustand des Sitzens eintreten)" und linear: „sitzen (= sich im Zustand des Sitzens befinden)" Eines der wenigen deutschen Beispiele für solche Verben ist „halten": es wird im Satz „der Zug hält plötzlich" punktuell, im Satz „der Zug hält eine Stunde" linear gebraucht. Weitere arabische Beispiele sind:

يقف [yaqifu] „stehen bleiben" und ينام „stehen", „einschlafen" und „schlafen", يلبس „anziehen" und „anhaben", يركب [yarkabu] „besteigen (ein Reittier), einsteigen (in ein Verkehrsmittel)" und „reiten, fahren", يكون „werden" und „sein".

Ob ein derartiges Verb punktuell oder linear gebraucht wird, zeigt der Satzzusammenhang: نام في العاشرة „er schlief um 10 Uhr ein", aber نام طويلا „er schlief lange". Wird die lineare Verbbedeutung beabsichtigt, dann gebraucht man statt einer finiten (konjugierten) Verbform sehr oft das aktive Partizip, das mit dem Subjekt in Zahl und Geschlecht natürlich übereinstimmen muß:

هو نائم „er schläft", هي نائمة „sie schläft", هم نائمون „sie (m.) schlafen", هن نائمات „sie (f.) schlafen", هما نائمان „die beiden schlafen", هل أنت نائم؟ „schläfst du?"

Ebenso im Perfekt, wo jedoch das Partizip nach dem Verb كان im Akkusativ stehen muß: هو كان نائما „er schlief" (w.: „er war ein Schlafender"), هم كانوا نائمين „sie (m.) schliefen".

Hat ein Verb ein Akkusativ-Objekt, dann kann dieses auch beim Partizip stehen bleiben: هو لابس معطفا „er hat einen Mantel an", هو كان لابسا معطفا „er hatte einen Mantel an", هي راكبة حصانا „sie reitet ein Pferd", هي كانت راكبة حصانا „sie ritt ein Pferd". (Dagegen bedeutet z.B. هي ركبت حصانا ebenfalls: „sie ritt ein Pferd", aber auch: „sie bestieg ein Pferd".)

c) PASSIVES PARTIZIP INTRANSITIVER VERBEN

Schon in Abschnitt 6, Punkt 5, haben wir darauf hingewiesen, daß
viele arabische Verben kein Objekt im Akkusativ, sondern die Verwendung einer bestimmten Präposition verlangen. In diesem Fall
kann wohl ein passives Partizip gebildet werden, die Präposition darf
aber nicht einfach verschwinden. Sie wird vielmehr, mit einem Suffix
versehen, dem Partizip nachgestellt. Zunächst ein Beispiel: das Verb
قبض I [yaqbiḍu] „ergreifen, packen, festnehmen" verlangt die
Präposition على: هو يقبض على السارق [huwa yaqbiḍu çala_s-sāriq] „er
nimmt den Dieb fest". Was ist nun: „der festgenommene Dieb"?
Nicht einfach: السارق المقبوض, da die Präposition على nicht verschwinden darf. Vielmehr sagt man: ٱلسارق المقبوض عليه. Bilden wir nun Plural,
Dual und die femininen Formen:

السارقان المقبوض عليهما, السارقون المقبوض عليهم „die festgenommenen Diebe",
„die zwei festgenommenen Diebe" السارقة المقبوض عليها „die festgenommene Diebin", السارقات المقبوض عليهن „die festgenommenen Diebinnen"

Wir beobachten die merkwürdige Erscheinung, daß das *Partizip*
hier *stets in der maskulinen Singular-Form* bleibt und nur das *Suffix*,
das auf den die Handlung Erleidenden zielt, *variiert* werden muß.
Andere Beispiele:

هو يحتاج إلى الكتاب er benötigt das Buch, الكتاب المحتاج إليه das benötigte Buch
هو يبحث عن الأوراق er sucht die Papiere, الأوراق المبحوث عنها die gesuchten
Papiere
هو يدّعى على التجار er klagt die Kaufleute, التجار المدّعى عليهم [muddáçā]
die geklagten Kaufleute
هم يتّفقون على الميعاد sie vereinbaren den Termin, الميعاد المتّفق عليه [muttafaq]
der vereinbarte Termin

Ist auch die deutsche Entsprechung intransitiv, dann müssen wir
mit einem Relativsatz übersetzen, da das Deutsche keine analoge
Konstruktion kennt:

هو يتّصل بالمدير „er setzt sich mit dem Direktor in Verbindung",
المدير المتّصل به [muttaṣal] „der Direktor, mit dem man sich in Verbindung
setzt (oder: gesetzt hat)"

Ein Relativsatz steht im Deutschen durchwegs als Entsprechung eines arabischen passiven Partizips, wenn das deutsche Verb intransitiv (ohne Akkusativ-Objekt) ist. Das arabische Verb kann durchaus transitiv sein, wie etwa:

هو ينتظر الضيف er wartet auf den Gast, الضيف المنتظر [muntaẓar] der Gast, auf den gewartet wird

هو يساعد الزملاء er hilft den Kollegen, الزملاء المساعدون [musāҁadūn] die Kollegen, denen geholfen wird

Betrachten wir schließlich den Satz: هو يرسل طردا إلى صديق „er sendet ein Paket an einen Freund". Hier können zwei Partizipien gebildet werden:

الطرد المرسل „das gesandte Paket" und الصديق المرسل إليه „der Freund, dem gesandt wird".

Im Plural wird daraus: الطرود المرسلة „die gesandten Pakete" und الأصدقاء المرسل إليهم „die Freunde, denen gesandt wird"

WORTLISTE 23

يسطو I [yasṭū] überfallen

سطا عليه [saṭā ҁalay-hi] er überfiel ihn

لصّ [liṣṣ] Dieb, Räuber Pl. لصوص [luṣūṣ]

محطة بنزين [maḥaṭṭat banzīn] Tankstelle

يشير IV [yušīru] zeigen, deuten

أشار إليه [ʒašāra ʒilay-hi] er zeigte darauf

زوج [zawǧ] Ehemann, Gemahl Pl. أزواج [ʒazwāǧ]

مضيف [muḍīf] Gastgeber (Pl. ون)

يرحّب II [yuraḥḥibu] wilkommen heißen, begrüßen

رحّب به [raḥḥaba bi-hī] er hieß ihn willkommen

يشتكى VIII [yaštakī] sich beklagen, sich beschweren

إشتكى لى منه [ʒištakā lī min-hu] er beklagte sich bei mir über ihn (darüber)

سلوك [sulūk] Benehmen, Betragen

يشكّ I [yašukku] zweifeln

شكّ فيه [šakka fī-hi] er zweifelte daran

نتيجة [natīǧa] Ergebnis Pl. نتائج [natāʒiǧu]

حول [ḥawla] (Präp.) um

وردىّ [wardīy] rosa

مربّع [murabbaҁ](auch:)kariert

289

يَقَعُ I [yaqaʿu] fallen, liegen	أُورُبَّا [ʒūrúbbā] Europa	
Pf. وقع (waqaʿa)	آسِيَا [ʒásiyā] Asien	
واقع [wāqiʿ] liegend, gelegen	إنجلترّا [ʒingiltárrā] England	
الغرب [ʒal-ġarb] der Westen	اليونان [ʒal-yūnān] Griechen-	
غربيّ [ġarbīy] westlich	land	
الجنوب [ʒal-ġanūb] der Süden	الصّين [ʒaṣ-ṣīn] China	
جنوبيّ [ġanūbīy] südlich	ألمانيا [ʒalmāniyā] Deutsch-	
الشّمال [ʒaš-šimāl] der Norden	land	
شماليّ [šimālīy] nördlich	النمسا [ʒan-nimsā] Österreich	

ÜBUNG 23.1+

Mit Zahlzeichen wird die Uhrzeit wie folgt angegeben: ١٠ر٣٤ =
= 10.34 Uhr. فى „um" ist nur einmal ausgeschrieben, soll aber vor
alle Uhrzeiten gesetzt werden.

فى ٣ر٠٠ ٢ر١٥ ٩ر٤٥ ٣٠ر٤ ٣ر٠١ ١٨ر٥ ٤٣ر١٠ ٥٠ر١١ ٢٢ر٨ ٢٩ر٦
١٠ر٧

ÜBUNG 23.2

Bilden Sie nach der Übersetzung der folgenden Sätze aus diesen
Ausdrücke mit attributivem passivem Partizip nach Vorbild von
Punkt 6 c) dieses Abschnitts. Muster: „er bringt dem Freund das
Buch" ergibt: „das gebrachte Buch" und „der Freund, dem gebracht
wird"

١ – ألطبيب حذّر الناس من المرض المعدى. ٢ – ألسكرتيرة أرسلت الرسالة
إلى الوزير. ٣ – ألوالد يسمح لولده بالرحلة. ٤ – أللصوص سطوا على محطة
البنزين. ٥ – ألمرأة ادّعت على زوجها. ٦ – ألمعلّمة أشارت إلى الخريطة.
٧ – ألمضيف رحّب بالضيفين. ٨ – أنا اشتكيت للمدير من سلوك أحد الموظّفين.
٩ – ألأستاذ شكّ فى النتجة. ١٠ – ألطبّاخة شوت الدجاجة وقلت الإوزة.
١١ – ألشرطيون قبضوا على اللصوص ١٢ – ألزميل احتاج إلى نقود.

١ – المريض نائم. ألمرضى نائمون. ألمريضتان نائمتـان. ألمريض كان نائما.
ألمرضى كانوا نائمين. ٢ – أنا جالس على كرسى مريح. أنا جالسة فى غرفتى.
نحن كنّا جالسين حول المائدة. ٣ – كانت الفتاة راكبة الدراجة. كان الولدان
راكبين الحصان. ألجنود راكبون الجمال. ٤ – ألسيد لابس بدلة سوداء. ألسيدة
لابسة فستانا ورديا. ألفتاة كانت لابسة معطفا مربّعا. ٥ – أليونان واقعة فى أوربا
الجنوبية. إنجلترا واقعة فى أوربا الغربية. ألصين واقعة فى آسيـا الشرقية.
٦ – ألولايات المتّحدة واقعة فى أمريكا الشمالية. مصر تقع فى إفريقيا الشمالية.
ألمانيا والنمسا تقعان فى أوربا الوسطى.

ABSCHNITT VIERUNDZWANZIG

1. Infinitiv: Grundstamm

Neben den beiden Partizipien ist der *Infinitiv* die dritte *Nominalform*, die von jedem arabischen Verb gebildet werden kann. Die
Bedeutung des arabischen Infinitivs, der auch als das *Verbalnomen*
schlechthin bezeichnet wird, ist die des substantivierten Infinitivs
im Deutschen („das Gehen"): er drückt die Verbbedeutung in Form
eines Substantivs aus.
Der Infinitiv zu Verben im I. Stamm hat sehr häufig die Form L a M N.
So gehören zu den Verben يكتب „schreiben", يأكل „essen", يدرس
„lernen", يقول „sagen", ينام „schlafen", يبيع „verkaufen", يرمى „werfen", يرى „sehen", يشرح „erklären" die Infinitive:

كتب [katb] „Schreiben", أكل [ʒakl] „Essen", درس [dars] „Lernen",
قول [qawl] „Sagen", نوم [nawm] „Schlafen", بيع [bayç] „Verkaufen",
رمى [ramy] „Werfen", رأى [raʒy] „Sehen", شرح [šarḥ] „Erklären".

(Beachten Sie das Aufscheinen des schwachen Radikals der konkaven
und defektiven Verben!)
Alle arabischen Infinitive sind Nomen, die grammatisch ganz wie
solche gebraucht werden: sie erhalten die klassischen Endungen

(alle Infinitive sind triptotisch), können mit dem Artikel oder mit Personalsuffixen versehen werden usw. Die deutsche Übersetzung mit einem substantivierten Infinitiv ergibt sich zunächst und ist grundsätzlich stets richtig. Daneben können im Deutschen aber auch andere Übersetzungen entsprechen. So ist نوم auch „Schlaf", يبع auch „Verkauf", شرح auch „Erklärung". Ferner entwickelt der arabische Infinitiv nicht selten eine Sonderbedeutung, die sich aus der Verbbedeutung zwar nachträglich verstehen, jedoch nicht ableiten läßt: so bedeutet درس auch „Schulstunde, Lektion", قول auch „Ausspruch", رأى auch „Ansicht, Meinung".

In seiner Grundbedeutung hat der Infinitiv keinen Plural (wie sich ja auch von „das Lernen" im Deutschen keine Mehrzahl angeben läßt), wohl aber kann er in weiteren Bedeutungen (gebrochenen) Plural haben: شروح [šurūḥ] „Erklärungen" von شرح, أقوال [ʒaqwāl] „Aussprüche" von قول، دروس [durūs] „Lektionen" von درس، آراء [ʒārāʒ] „Meinungen" von رأى.

Während aber nun die Partizipien zu jedem Verb eindeutig ableitbar sind, ist dies beim Infinitiv des Grundstamms nicht der Fall. L a M N ist nur die häufigste Infinitiv-Form. Eine andere Form ist z.B. L u-M ū N: جلوس [ǧulūs] „Sitzen" von يجلس، وصول [wuṣūl] „Ankommen, Ankunft" von يصل؛ وقوف [wuqūf] „Stehen, Anhalten" von يقف und viele andere. Weitere Beispiele verschiedener Infinitiv-Formen zum Grundstamm: عمل [çamal] „Arbeiten, Arbeit" von يعمل، شرب [šurb] „Trinken" von يشرب، علم [çilm] „Wissen, Wissenschaft" von يعلم، ذهاب [dahāb] „Gehen" von يذهب. Beim I. Stamm (anders bei den weiteren Verbstämmen) muß der Infinitiv zu jedem Verb als besondere Vokabel gelernt werden, freilich nur dann, wenn ein entsprechendes Substantiv benötigt wird. (Von vielen Verben sind die Infinitive wenig gebräuchlich.) Verben im Grundstamm haben oft zwei oder mehr Infinitive. Beispielsweise gehört zu يكتب neben كتب auch der Infinitiv كتابة [kitāba], von ينسى „vergessen" finden wir نسى [nasy] und نسيان [nisyān].

Es folgen einige Beispiele zur Verwendung des Infinitivs. Beachten Sie, wie im Deutschen auch der Gebrauch eines Infinitivs mit „zu" entsprechen kann!

غرفة النوم das Zimmer des Schlafens, das Schlafzimmer

غرفة الجلوس das Zimmer des Sitzens, das Wohnzimmer

باب الخروج [ḫurūǧ] die Tür des Hinausgehens, der Ausgang

نصحني بالذهاب. er riet mir das Gehen, zu gehen

إبتدأ بالشرح er begann mit der Erklärung, zu erklären

هو ينتظر وصولنا. er wartet auf unsere Ankunft

حاول بيع المنزل. er versuchte den Verkauf des Hauses, das Haus zu verkaufen

Wie im Deutschen kann ein an den Infinitiv angefügter Genitiv sowohl das Subjekt wie das Objekt der Verbhandlung bedeuten: in
شرح المعلّم „die Erklärung des Lehrers" ist معلّم sinngemäß Subjekt,
in شرح النحو [naḥw] „die Erklärung der Grammatik" ist نحو sinngemäß Objekt zur Verbbedeutung „erklären". Dadurch kann es zu
Mehrdeutigkeiten kommen: قتل الرجل [qatl] „das Töten des Mannes"
kann sowohl bedeuten: „der Umstand, daß der Mann tötet" als
auch: „der Umstand, daß jemand den Mann tötet".
Anders als im Deutschen kann nach einem arabischen Infinitiv
sowohl Subjekt wie Objekt der Verbhandlung erwähnt werden. In
diesem Fall steht nur das Subjekt im Genitiv, das Objekt muß im
Akkusativ folgen:

قتل محمود عدوّه [qatl(u) maḥmūd(in) çadūwa-hū] wörtl.: „das Töten
Mahmud's seinen Feind"

Im Deutschen muß dies in einen Satz aufgelöst werden:

لا أصدّق قتل محمود عدوه [lā ʒuṣaddiqu qatl(a) maḥmūd(in) çadūwa-hū]

„ich glaube nicht, daß Mahmud seinen Feind getötet hat" (Die Vergangenheit „getötet hat" ergibt der Zusammenhang. Grundsätzlich
ist der arabische Infinitiv zeitlos.)

2. Infinitiv: II., III. und IV. Stamm

Das oben über Bedeutung und Verwendung des Infinitivs Gesagte
gilt für alle Verbstämme, jedoch ist die Bildung in den abgeleiteten
Stämmen viel einheitlicher. Im *II. Stamm* wird der Infinitiv fast
ausschließlich nach der Form t a L M i N gebildet: تصليح [taṣlīḥ] „Reparatur" von يصلّح، صلّح [tanẓīf], تنظيف „Reinigung" von ينظّف، تعليم [taçlīm]

„Unterricht" von يعلّم ،تحويل [taḥwīl] „Überweisung" von تدخين، يحوّل [tadḫīn] „Rauchen" von يدخّن تصوير [taṣwīr] „Photographieren" von صوّر usw. Selten wird auch eine Form t a L M ā N gebraucht: تكرار [takrār] „Wiederholung" von يكرّر Defektive Verben im II. Stamm bilden den Infinitiv nach der Form t a L M i N a t : تربية [tárbiya] „Erziehung" von يربّى II [yurabbī] „erziehen", تلبية [tálbiya] „Erfüllung (eines Wunsches)" von يلبّى.

Im III. Stamm lautet die Infinitiv-Form L i M ā N : جوار [ǧiwār] „Nachbarschaft" von يجاور III [yuǧāwiru] „benachbart sein". Die meisten Verben dieses Stammes gebrauchen jedoch nicht L i M ā N , sondern das passive Partizip mit Endung ة auch in Infinitiv-Bedeutung (Form m u L ā M a N a t): مساعدة [musāçada] „Hilfe" von ساعد، مقابلة [muqābala] „Treffen, Begegnung" von قابل، محاولة [muḥāwala] „Versuch (etwas zu tun, nicht: Experiment)" von يحاول usw. Bei defektiven Verben ergibt sich z.B. مساواة [musāwāt ← musāwayat] „Gleichheit" zu يساوى III [yusāwī] „gleichen", مباراة [mubārāt ← mubārayat] „Wettkampf" von يبارى III [yubārī] „wettkämpfen (insbes. im Sport)". Nach der Form L i M ā N finden wir bei den defektiven Verben z.B. نداء [nidāʒ ← nidāw] „Ruf, Ausruf" von ينادى „rufen". Wir stoßen dabei auf die Wirkung eines Lautgesetzes, demzufolge w und y am Wortende nach langem ā in den Hamz verwandelt werden: ā w, ā y, → ā ʒ am Wortende

Im IV. Stamm lautet die Infinitiv-Form für alle starken Verben ʒ i L M ā N : إرسال [ʒirsāl] „Senden, Sendung" von يرسل إخبار، [ʒiḫbār] „Benachrichtigung" von يخبر، إنتاج [ʒintāǧ] „Erzeugung, Herstellung" von ينتج IV [yuntiǧu] „erzeugen". Bei defektiven Verben ergibt sich wieder der Auslaut -āʒ: إنهاء [ʒinhāʒ ← ʒinhāy] „Beendigung" von إهداء،ينهى [ʒihdāʒ ← ʒihdāy] „Schenkung" von يهدى. Bei konkaven Verben schwindet der mittlere Radikal im Infinitiv, der aber zum Ausgleich die Endung ة erhält. So entsteht die Form ʒ i L ā N a t : إرادة [ʒirāda] „Wille" von يريد، إذاعة [ʒidāça] „Verbreitung, Rundfunk" von يذيع إعادة [ʒiçāda] „Rückgabe" von يعيد، إشارة [ʒišāra] „Zeichen" von يشير „zeigen".

Wo Plurale zu den Infinitiven des II., III. und IV. Stammes gebildet werden, sind sie gesunde weibliche Plurale: تصليحات „Reparaturen", محاولات „Versuche", إشارات „Zeichen (Pl.)" usw. Seltener werden auch gebrochene Plurale gebildet.

3. Passive Verbformen: Imperfekt

Zu jeder aktiven Form aller drei Modi des Imperfekts sowie des Perfekts aller Verben läßt sich eine entsprechende passive Form bilden. So gehört zu [yaqtulu] „er tötet" die passive Form [yuqtalu] „er wird getötet", zu [qatala] „er tötete" die passive Form [qutila] „er wurde getötet". Neben [ʒasʒalu] „ich frage" steht passiv [ʒusʒalu] „ich werde gefragt", neben [lam nasʒal] „wir fragten nicht" passiv [lam nusʒal] „wir wurden nicht gefragt", neben [çallamtu] „ich lehrte" passiv [çullimtu] „ich wurde gelehrt". Aus diesen Beispielen ersehen wir schon, daß die passiven Verbformen mit denselben Präfixen und Endungen wie die entsprechenden aktiven gebildet werden. Nur in den Vokalen des Stammes (und z.T. des Präfixes) unterscheidet sich die passive Form von der aktiven. Dies bedingt, daß aktive und passive Form in arabischer Schrift sehr oft zusammenfallen (weshalb wir bei den obigen Beispielen nur die Umschrift gebraucht haben).

In diesem Abschnitt beschränken wir uns auf die passiven Formen des Imperfekts. Zu einer gegebenen aktiven Imperfekt-Form eines beliebigen Verbstammes und Verbtyps läßt sich die zugehörige passive Form sehr einfach nach folgenden Regeln bilden:

1) Der Vokal im Präfix der passiven Form ist stets *u*, gleichgültig ob er in der aktiven Form ebenfalls *u* (im II., III. und IV. Stamm) oder ob er dort *a* ist.

2) Die übrigen Vokale der passiven Form sind *a* und *ā*: kurzes *a*, wo in der entsprechenden aktiven Form ein beliebiger kurzer Vokal steht, und langes *ā*, wo in der aktiven Form ein beliebiger langer Vokal steht.

3) Die Endung der passiven Form ist in allen drei Modi des Imperfekts dieselbe wie die der entsprechenden aktiven Form.

In den folgenden Beispielen übersetzen wir auch die passiven Formen mit Subjekt „er". („er" (z.B. der Student) wird gefragt", „er (z.B. der Motor) wird repariert") Mit dem eingeklammerten Rufzeichen (!) weisen wir auf passive Formen hin, die auch in arabischer Schrift von den entsprechenden aktiven Formen verschieden sind.

Aktiv	Passiv
يَكْتُب I [yaktubu] er schreibt	يُكْتَب [yuktabu] er wird geschrieben
يَحْمِل I [yaḥmilu] er trägt	يُحْمَل [yuḥmalu] er wird getragen
يَفْهَم I [yafhamu] er versteht	يُفْهَم [yufhamu] er wird verstanden
يَعُدّ I [yaçuddu] er zählt	يُعَدّ [yuçaddu] er wird gezählt
يَقُول I [yaqūlu] er sagt	يُقَال (!) [yuqālu] er wird gesagt
يَبِيع I [yabīçu] er verkauft	يُبَاع (!) [yubāçu] er wird verkauft
يَرْجُو I [yarǧū] er bittet	يُرْجَى (!) [yurǧā] er wird gebeten
يَرْمِى I [yarmī] er wirft	يُرْمَى [yurmā] er wird geworfen
يَنْسَى I [yansā] er vergißt	يُنْسَى [yunsā] er wird vergessen
يُحَذِّر II [yuḥaḏḏiru] er warnt	يُحَذَّر [yuḥaḏḏaru] er wird gewarnt
يُحَوِّل II [yuḥawwilu] er überweist	يُحَوَّل [yuḥawwalu] er wird überwiesen
يُرَبِّى II [yurabbī] er erzieht	يُرَبَّى [yurabbā] er wird erzogen
يُغَادِر III [yuǧādiru] er verläßt	يُغَادَر [yuǧādaru] er wird verlassen
يُنَادِى III [yunādī] er ruft	يُنَادَى [yunādā] er wird gerufen
يُحْضِر IV [yuḥḍiru] er bringt	يُحْضَر [yuḥḍaru] er wird gebracht
يُرِيد IV [yurīdu] er will	يُرَاد (!) [yurādu] er wird gewollt
يُلْقِى IV [yulqī] er wirft	يُلْقَى [yulqā] er wird geworfen
يَتَعَلَّم V [yataçallamu] er lernt	يُتَعَلَّم [yutaçallamu] er wird gelernt
يَتَحَرَّى V [yataḥarrā] er untersucht	يُتَحَرَّى [yutaḥarrā] er wird untersucht
يَتَشَاجَر VI [yatašāǧaru] er streitet	يُتَشَاجَر [yutašāǧaru] es (unpersönlich!) wird gestritten
يَحْتَرِم VIII [yaḥtarimu] er verehrt	يُحْتَرَم [yuḥtaramu] er wird verehrt
يَخْتَار VIII [yaḫtāru] er wählt	يُخْتَار [yuḫtāru] er wird gewählt
يَشْتَرِى VIII [yaštarī] er kauft	يُشْتَرَى [yuštarā] er wird gekauft

Aktiv	Passiv
يَسْتَعْمِل X [yastaçmilu] er verwendet	يُسْتَعْمَل [yustaçmalu] er wird verwendet
يَسْتَسِيغ X [yastasīġu] er billigt	يُسْتَسَاغ (!) [yustasāġu] er wird gebilligt
يَسْتَدْعِي X [yastadçī] er lädt vor	يُسْتَدْعَى [yustadçā] er wird vorgeladen

Die passiven Formen der assimilierten Verben werden erst später besprochen. (Dort treffen wir die einzige Ausnahme von den obigen Regeln 1) un 2).) Das passive Imperfekt der defektiven Verben wird wie das aktive Imperfekt vom 3. Typ des Grundstamms konjugiert: [yurǧā], [yurmā] usw. wie [yansā].

4. Gebrauch der passiven Verbformen

Passive Verbformen werden im Arabischen grundsätzlich nur dann gebraucht, wenn der Täter der Verbhandlung unbekannt ist:

الجَرِيدَة تُقْرَأ. [tuqraʒu] „die Zeitung wird gelesen"

ٱلسَّيَّارَة تُصَلّح. [tuṣallaḥu] „das Auto wird repariert"

المَنْزِل يُبَاع. [yubāçu] „das Haus wird verkauft"

Ist der Täter bekannt, dann bildet man lieber aktive Sätze:

ٱلأُسْتَاذ يَقْرَأ ٱلجَرِيدَة. „der Professor liest die Zeitung"

Jedoch kann auch neben einer passiven Verbform der Tater genannt werden. Er wird dann mit der Präposition مِن قِبَل [min qibal(i)] „von, seitens" verbunden:

ٱلجَرِيدَة تُقْرَأ مِن قِبَل ٱلأُسْتَاذ „die Zeitung wird vom Professor gelesen"

Diese Formulierung ist jedoch selten, der aktive Satz wird vorgezogen.

Die 3. Person maskulin Singular des passiven Verbs dient auch als *Entsprechung des deutschen „man":* يُقَال [yuqālu] „es wird gesagt, man sagt", يُسْمَع [yusmaçu] „es wird gehört, man hört" usw.

Das finite passive Verb kann so wie das passive Partizip den modalen *Nebensinn des Möglichen* haben (vgl. Abschnitt 23, Punkt 6 a):

الجملة تفهم. [ʒal-ǧumla tufhamu] „der Satz wird verstanden" oder: „der Satz kann verstanden werden, ist zu verstehen, ist verständlich"

ألكلمة لا تقرأ. [ʒal-kalima lā tuqraʒu] „das Wort wird nicht gelesen" oder: „das Wort kann nicht gelesen werden, ist nicht zu lesen, ist unleserlich"

Mit derartig verwendeten passiven Verbformen wird häufig ein syndetischer oder asyndetischer Relativsatz zur Beschreibung eines Substantivs gebildet, dem dann im Deutschen ein attributives Adjektiv entspricht:

ألرحلة التى لا تنسى. [tunsā] die Reise, die nicht vergessen werden kann = = die unvergeßliche Reise

رحلة لا تنسى. eine unvergeßliche Reise

كلمة لا تقرأ. ein unleserliches Wort

ألكلمة التى لا تقرأ. das unleserliche Wort

شرح لا يفهم. eine unverständliche Erklärung

ألشرح الذى لا يفهم. die unverständliche Erklärung

Ist die deutsche Entsprechung eines arabischen Verbs intransitiv, dann kann im Deutschen kein „persönliches Passiv" gebildet werden:

ألرجل ساعد. [yusāçadu] dem Mann wird geholfen, man hilft dem Mann

ألفتاة تنتظر. [tuntaẓaru] auf das Mädchen wird gewartet, man wartet auf das Mädchen

Ist das *arabische Verb nicht transitiv*, dann muß die Rektionspräposition – ähnlich wie beim passiven Partizip – auch beim passiven Verb gebraucht werden. Dieses bleibt dann stets *in der 3. Person maskulin Singular.* „der Dieb wird festgenommen" ist nicht: ألسارق يقبض, da das Verb يقبض die Präposition على verlangt. Man sagt: يقبض على السارق

[yuqbaḍu]. Ebenso: يقبض على السارقة „die Diebin wird verhaftet" (nicht: تقبض!) Weitere Beispiele:

يبحث عن الأوراق. [yubḥaṯu] die Papiere werden gesucht

يحتاج إلى النقود. [yuḥtāǧu] das Geld wird benötigt

يُشار إلى الخريطة. [yušāru] die Landkarte wird gezeigt

يُدّعى على التاجر. [yuddaʕā] der Kaufmann wird geklagt

يُتّفق على الميعاد. [yuttafaqu] der Termin wird vereinbart

يُسمح بالرحلة. [yusmaḥu] die Reise wird erlaubt

Hat ein arabisches Verb *zwei Akkusativ-Objekte* in der aktiven Form, dann behält es eines davon auch in der passiven Form. Im Deutschen läßt sich dies nicht wörtlich übersetzen. Aus dem aktiven Satz:

أنا أعطى الطالب كتابا [ʒuʕṭī] „ich gebe dem Studenten ein Buch"

läßt sich der passive Satz bilden:

ألطالب يعطى كتابا [yuʕṭā] „dem Studenten wird ein Buch gegeben"

Im arabischen Satz ist aber wohlgemerkt ألطالب das Subjekt der passiven Verbform, also der die Handlung Erleidende, während كتابا Objekt des passiven Verbs ist. Ebenso:

أنا أُرى الفتاة صورة [ʒurī] „ich zeige dem Mädchen ein Photo" wird passiv:

ألفتاة ترى صورة [turā] „dem Mädchen wird ein Photo gezeigt"

أنا أبيع محمودا منزلا. [ʒabīʕu] „ich verkaufe Mahmud ein Haus" wird passiv:

محمود يباع منزلا. [yubāʕu] „Mahmud wird ein Haus verkauft"

5. Nominalbildung: Nomen relationis

Wir beginnen hier mit der Besprechung der Wortbildung des Arabischen, deren Hauptstück die Nominalbildung, die Wortbildung der Substantive und Adjektive, ist. Gute Kenntnisse der Wortbildung sind für das Arabische ungleich wichtiger, als sie es bei der praktischen Erlernung z.B. einer germanischen oder romanischen Sprache sind. Die zwei Hauptgründe dafür sind cinerseits der Umstand, daß die arabische Wortbildung auf verhältnismäßig wenige Möglichkeiten beschränkt und dadurch viel übersichtlicher und „regelmäßiger" ist, und daß die Bedeutung eines Wortes oft aus seiner Form erschlossen werden kann (wodurch die Gedächtnisarbeit beim Vokabellernen wesentlich erleichtert wird), andrerseits die Anlage der arabischen Wörterbücher, die das Auffinden eines Wortes ohne bestimmte Kenntnisse der Wortbildung unmöglich macht. (Über die Benutzung der Wörterbücher siehe Anhang III.)

Mit der Endung -*īy* kann von sehr vielen Nomen ein zugehöriges *Nomen relationis* („Nomen der Beziehung") gebildet werden. Nach dem Wort نِسبة [nisba] „Beziehung" wird -*īy* die Nisben-Endung genannt. Das Nomen relationis kann substantivisch oder adjektivisch gebraucht werden: von مصر „Ägypten" erhalten wir مصرىّ „Ägypter", „ägyptisch". Die Bedeutung des Nomen relationis ist – wie der Name schon besagt – die einer Zugehörigkeit, eines Zusammenhanges in allgemeinstem Sinn. Beispiele:

عِراقى „irakisch, Iraker" zu ألعِراق „der Irak", ذهبى „golden" zu ذهب [dahab] „Gold", علمى „wissenschaftlich" zu علم [çilm] „Wissenschaft", يومى „täglich" zu يوم „Tag".

Bei der Bildung des Nomen relationis beobachten wir noch folgende Erscheinungen:

1) Die Endung ة verschwindet bei Antritt der Nisben-Endung: مكّى [makkīy] „mekkanisch, Mekkaner" zu مكّة „Mekka", سياسى [siyāsīy] „politisch, Politiker" zu سياسة „Politik", ثقافى [taqāfīy] „kulturell" zu ثقافة „Kultur".

2) Ebenso schwindet die Endung -*iyā* der Ländernamen: سورى „syrisch, Syrer" zu سوريا [súriyā] „Syrien", ليبى [lībīy] „libysch, Libyer" zu ليبيا [líbiyā] „Libyen", إيطالى [ʒītālīy] „italienisch, Italiener" zu ايطاليا [ʒītā́liyā] „Italien".

3) Die Endung -*ā* der schwachen Nomen des a-Typs wird vor der Nisben-Endung zu -*aw*-: نووى [nawawīy] „nuklear" zu نوى [nawan, -ā] „Kerne", نواة [nawāt] (n.u.) „ein Kern", معنوى [maçnawīy] „geistig, abstrakt" zu معنى [maçnan, -ā] „Sinn".

4) Ist die Endung -*ā* nicht durch Schwund eines schwachen Konsonanten entstanden, dann schwindet sie vor der Nisben-Endung, seltener wird sie dort auch zu -*āw*-: أمريكى [ʒamrīkīy] „amerikanisch, Amerikaner" zu أمريكا „Amerika", aber نساوى „österreichisch, Österreicher" zu ألنسا „Österreich".

5) Die Nisben-Endung kann auch an gesunde weibliche und an gebrochene Plurale antreten: ساعاتى [sāçātīy] „Uhrmacher" zu ساعات „Uhren", صحفى [suhufīy] „journalistisch, Journalist" zum Plural صحف [suhuf] von صحيفة [sahīfa] „Zeitung".

6) Manchmal wird das Nomen relationis unregelmäßig gebildet (wobei wir auf Einzelheiten nicht eingehen): مدنى [madanīy] „städtisch,

zivil" zu مدينة „Stadt", سنوى [sanawīy] „jährlich", zu سنة „Jahr",
أخوى [ʒaẖawīy] „brüderlich" zu أخ „Bruder".

7) Die Nisben-Endung an Völkernamen bezeichnet den einzelnen
Volksangehörigen: عربى [çarabīy] „ein Araber" zu العرب „die Araber,
بدوى [badawīy] „ein Beduine" zu البدو [badw] „die Beduinen", تركى
[turkīy] „ein Türke" zu الترك „die Türken". Das Nomen relationis steht
dabei zum Volksnamen in ähnlichem Verhältnis wie das Nomen unitatis zum Kollektivbegriff.

Der Plural des Nomen relationis ist fast durchwegs gesund männlich.
Nur bei den Nationalitätsbezeichnungen finden sich auch gebrochene
Plurale: أعراب [ʒaçrāb] von عربى، أتراك [ʒatrāk] von تركى. (Genau genom-
men gehören diese Plurale nicht zum Nomen relationis, sondern zum
Volksnamen selbst.)

Zu jedem Nomen relationis läßt sich eine feminine Form mit Endung
ة bilden, die stets den gesunden weiblichen Plural hat: تركية [turkīya]
„eine Türkin", تركيات „Türkinnen". Die feminine Form auf -īya ge-
winnt oft die Bedeutung eines Abstraktum und entspricht darin den
deutschen Nachsilben -schaft, -heit, -ität, -ismus: نفسية „Mentalität"
zu نفسى „seelisch", نفس „Seele". إنسانية „Menschlichkeit" zu إنسانى
„menschlich", إنسان „Mensch". قومية „Nationalismus" zu قومى „nati-
onal", قوم [qawm] „Volk, Nation". Die Endung -īya bildet Abstrakta
auch zu Elativen und sogar zu Pronomen und Partikeln: أكثرية „Mehrheit, Majorität" zu أكثر „mehr", أقلية „Minderheit, Minorität" zu أقلّ
„weniger", كيفية „Qualität" zu كيف [kayfa] „wie?", كمّية [kammīya]
„Quantität" zu كم [kam] „wieviel?", أنانية [ʒanānīya] „Egoismus"
zu أنا „ich".

Anmerkung: Von der Nisben-Endung sorgfältig zu trennen ist die Endung
-īy in Wörtern wie ذكى [dakīy] „klug" oder منسى [mansīy ← mansūy] „vergessen (Part.)", wo y der dritte Radikal ist. Nicht zu verwechseln sind auch
die (betonten!) Nisben-Endungen -īy, fem. -īya mit den (unbetonten!) Endungen des i-Typs der schwachen Nomen -ī, fem. -īya: سورية [sūrīya] „eine Syrerin",
aber: محامية [muḥámiya] „eine Anwältin" Sehr häufig wird allerdings bei Fortfall der klassischen Endungen die Nisben-Endung -īy zu (unbetontem) -ī verkürzt: [sūrī], [çárabī], [nimsāwī], wodurch das Nomen relationis formal mit
dem schwachen Nomen des i-Typs zusammenfällt. Bei der femininen Form
bleibt der Unterschied der beiden jedoch gewahrt.

WORTLISTE 24

Die in Übung 24.1 neu vorkommenden Verben sind hier nicht angeführt. Sie zählen jedoch zum Lernstoff.

يلصق IV [yulṣiqu] kleben

ظرف [ẓarf] Briefumschlag (u.a.)

Pl. ظروف (ẓurūf]

طابع [ṭābiç] Siegel, Stempel

Pl. طوابع [ṭawābiçu]

البريد [ʒal-barīd] die Post

طابع بريدي [ṭābiç barīdīy] Briefmarke

صحّة [ṣiḥḥa] Gesundheit, Echtheit, Richtigkeit

يملى IV [yumlī] diktieren

أملاه على [ʒamlā-hu çalay-ya] er diktierte es mir

تلميذ [tilmiḏ] Schüler, Lehrling

Pl. تلاميذ [talāmīḏu]

يغتفر VIII [yaġtafiru] verzeihen

يدحض I [yadḥaḍu] widerlegen

حجّة [ḥuǧǧa] Argument

Pl. حجج [ḥuǧaǧ]

مبلغ [mablaġ] Betrag

Pl. مبالغ [mabāliġu]

ÜBUNG 24.1

Bilden Sie den Infinitiv zu den Verben, die in den folgenden Sätzen vorkommen; beim I. Stamm nach der Form L a M N, beim III. Stamm nach der Form m u L ā M a N a t. Geben Sie die Grundbedeutung der Infinitive an und überlegen Sie, ob weitere Übersetzungen naheliegen. Ein Beispiel: zum Satz هو يصلّح السيارة „er repariert das Auto" den Infinitiv تصليح [taṣlīḥ] „Reparieren", „Reparatur".

Erster Stamm: هو يقطع الورقة [yaqṭaçu] er zerschneidet das Blatt, هو ينسل يديه [yaġsilu] er wäscht sich die Hände (w.: seine Hände), هو يحمل الطرد [yaḥmilu] er trägt das Paket, هو يخاف من الخطر [yaḫāfu] er fürchtet sich vor der Gefahr, هو يسطو على المصرف [yasṭū] er überfällt die Bank.

Zweiter Stamm: هو يحقّق رغبتي [yuḥaqqiqu] er verwirklicht meinen Wunsch [raġba], هو يمدّد إقامته [yumaddidu] er dehnt seinen Aufenthalt aus, هو يوزّع الرسائل [yuwazziçu] er verteilt die Briefe, هو يصفّى الماء [yuṣaffī] er filtriert das Wasser.

Dritter Stamm: هو يرافق زوجته [yurāfiqu] er begleitet seine Frau, هو يراسلهم [yurāsilu] er korrespondiert mit ihnen, هو يضاعف المبلغ [yuḍāçifu] er verdoppelt den Betrag, هو يناقش صديقه [yunāqišu] er diskutiert mit seinem Freund, هو يراجع الدليل [yurāǧiʿu] er sieht im Führer nach, هو يقاوم الأعداء [yuqāwimu] er leistet den Feinden Widerstand.

Vierter Stamm: هو يغضب الأستاذ [yuǧḍibu] er ärgert, erzürnt den Professor, هو يدهش زملاءه [yudhišu] er verblüfft seine Kollegen, هو يلغي العقد [yulǧī] er annulliert den Vertrag, هو يمضي الرسالة [yumḍī] er unterschreibt den Brief هو يهين محمودا [yuhīnu] „er beleidigt, demütigt Mahmud".

(Anmerkung: das Verb يمضي IV bedeutet auch „verbringen, zubringen (eine Zeit)"),

ÜBUNG 24.2

Bilden Sie passive Sätze aus allen Sätzen der Übung 24.1.

ÜBUNG 24.3

Übersetzen Sie die folgenden Sätze und übertragen Sie diese darauf ins Passiv.

١ – ألسكرتيرة تلصق الطابع البريدى على ظرف الرسالة. ألزبون يشتكى من

سلوك الموظّف. ألبائع يبيع الفواكه. ٢ – ألمدير يشكّ فى صحة الإمضاء.

ألمعلّم يملي الجمل على التلاميذ. ألأولاد يضحكون على المجنون. ٣ – لا أستطيع

أن أغتفر هذه الإهانة. لا أستطيع أن أدحض هذه الحجّة. لا أستطيع أن

أفهم أسئلة الأستاذ.

ÜBUNG 24.4

1. Was für eine Uhr hat er dir gegeben? Er hat mir diese Uhr gegeben. Das ist die Uhr, die er mir gegeben hat. 2. Wo sind die zwei Teppiche, die er dir verkauft hat? Bitte, zeig sie mir! 3. Der Polizist zeigte mir dieselben Photos wie dir. 4. Ich zeigte dem Kaufmann alles, was ich bei mir hatte, und da bat er mich, es ihm zu verkaufen. 5. Ich glaube, daß jener Ausländer nicht versteht, daß seine Worte eine unverzeihliche Beleidigung sind (= eine B., die nicht verziehen wer-

den kann). 6. In dieser Zeitung finden sich einige unglaubliche Nachrichten (N., die nicht geglaubt werden können, „glauben" = صَدَّق II).
7. Der Inhalt des Briefes ist unverständlich. Diese Wörter sind unleserlich. Auf diesem Blatt befindet sich eine unleserliche Unterschrift.
8. Dieses Argument läßt sich nicht widerlegen. Das ist ein unwiderlegbares Argument. Vergiß dieses unwiderlegbare Argument nicht!

ABSCHNITT FÜNFUNDZWANZIG

1. Infinitiv: V. und VI. Stamm

Die Infinitive des V. und VI. Stammes werden nach der Form t a - L a M M u N bzw. t a L ā M u N gebildet, unterscheiden sich vom Imperfekt-Stamm also nur durch den u-Vokal vor dem letzten Radikal:

تَكَلُّم [takallum] „Sprechen" von يَتَكَلَّم ,تَعَلَّم [taçallum] „Lernen, Erlernung" von يَتَعَلَّم ,تَأَخَّر [taȝaḫḫur] „Verspätung" von يَتَأَخَّر ,تَعاوُن [taçāwun] „Zusammenarbeit" von يَتَعاوَن ,تَناوُل [tanāwul] „Zusichnahme, Einnahme" von يَتَناوَل ,تَظاهُر [taẓāhur] „Demonstration" von يَتَظاهَر.

Bei den defektiven Verben entstehen hier schwache Nomen des i-Typs, da der Vokal vor dem dritten Radikal zunächst von *u* zu *i* verwandelt wird:

تَحَرٍّ [taḥarrin, -ī ← taḥarriyun ← taḥarruyun] „Untersuchung, Nachforschung" von يَتَحَرَّى ,تَساوٍ [tasāwin, -ī] „Gleichheit (untereinander)" von يَتَساوَى „einander gleichen".

2. Infinitiv: VII., VIII., IX. und X. Stamm

Die Infinitive der restlichen Verbstämme haben miteinander gemeinsam die Vokalfolge *i-i-ā*, wobei das erste kurze *i* Verbindungsvokal ist. Beim VII. Stamm ist die Infinitiv-Form ȝ i n L i M ā N : إنْزام [ȝinhizām] „Niederlage" von يَنْهَزِم „unterliegen". Der Infinitiv des VIII. Stammes wird nach der Form ȝ i L t i M ā N gebildet: إسْتِلام [ȝistilām] „Erhalt, Empfang" von يَسْتَلِم ,إنْتِظار [ȝintiẓār] „Warten"

von إنتخاب ‌ينتظر [ʒintiḫāb] „Wahl" von يـنتخب إتّفاق [ʒittifāq] „Verein-
barung" von يتّفق.

Beim IX. Stamm hat der Infinitiv die Form ʒ i L M i N ā N : إحمرار
[ʒiḥmirār] „Rötung, Erröten" von يحمرّ [yaḥmarru] „erröten". Schließlich ist die Infinitiv-Form des X. Stammes ʒ i s t i L M ā N : إستعمال
[ʒistiçmāl] „Verwendung" von يستعمل ‌إستقبال [ʒistiqbāl] „Empfang"
von يستقبل.

Bei den *konkaven Verben* bleibt der mittlere Radikal *y* (oder wird in *y*
verwandelt, wenn er *w* ist) im Infinitiv des VII. und VIII. Stammes.
Im X. Stamm verschwindet er und zum Ausgleich wird wie im IV.
Stamm die Endung ة angefügt. إختيار [ʒiḫtiyār] „Auswahl" von يختار,
إحتياج [ʒiḥtiyāǧ] „Bedürfnis, Bedarf" von يحتاج, إحتيال [ʒiḥtiyāl] „Be-
trug" von يحتال, إستطاعة [ʒistiṭāça] „Können, Vermögen" von يستطيع, إستراحة
[ʒistirāḥa] „Ruhe, Erholung, Pause" von يستريح „sich ausruhen"..

Bei den *defektiven Verben* entsteht durchwegs der Auslaut -āʒ ← -āw,
-āy, wie im III. und IV. Stamm: إشتراء [ʒištirāʒ ← ʒištirāy] „Kauf"
von يشترى, إدّعاء [ʒiddiçāʒ] „Klage, Anklage" von يدّعي, إنتهاء [ʒintihāʒ]
„Aufhören, Ende" von ينتهى, إستدعاء [ʒistidçāʒ] „Ladung, Vorladung"
von يستدعى [yastadçī] „(vor)laden", إستلقاء [ʒistilqāʒ] „Liegen" von يستلقى.

3. Übersicht über die Infinitiv-Bildung

In der folgenden Tabelle stellen wir die Infinitiv-Formen der starken,
konkaven und defektiven Verben zusammen. Bei den konkaven
Verben sind nur mehr der erste und dritte Radikal variabel (L, N),
M ist schon auf w bzw. y eingeschränkt. Bei den defektiven Verben
sind L, M veränderlich, N = w, y. Die Schreibung . . . w (y) . . . bei
den konkaven Verben ist zu lesen: „w oder y".

Beim I. Stamm ist in der Tabelle nur die häufigste von vielen (sieben-
undvierzig) möglichen Formen angeführt. Beim II. Stamm finden
sich neben t a L M ī N noch die Formen t a L M ā N und t a L -
M i N a t . Der Anlaut ʒi- ist Verbindungsvokal beim VII., VIII.,
IX. und X. Stamm, nicht aber beim IV. Stamm. Alle Infinitive,
deren Bedeutung eine Mehrzahlform verlangt, können in den Plural
gesetzt werden. In den abgeleiteten Stämmen sind die Plurale zumeist gesund weiblich, im II., III. und IV. Stamm finden sich auch
gebrochene Plurale.

	Stark	Konkav	Defektiv
I. Stamm	LaMN (u.a.)	Law(y)N (u.a.)	LaMw(y) (u.a.)
II. Stamm	taLMīN	taLw(y)īN	taLMiyat
III. Stamm	LiMāN	Liw(y)āN	LiMāȝ
	muLāMaNat	muLāw(y)aNat	muLāMāt
IV. Stamm	ȝiLMāN	ȝiLāNat	ȝiLMāȝ
V. Stamm	taLaMMuN	taLaww(yy)uN	taLaMMī
VI. Stamm	taLāMuN	taLāw(y)uN	taLāMī
VII. Stamm	ȝinLiMāN	ȝinLiyāN	ȝinLiMāȝ
VIII. Stamm	ȝiLtiMāN	ȝiLtiyāN	ȝiLtiMāȝ
IX. Stamm	ȝiLMiNāN	ȝiLw(y)iNāN	(ungebräuchlich)
X. Stamm	ȝistiLMāN	ȝistiLāNat	ȝistiLMāȝ

4. Passive Verbformen: Perfekt

Wie im Imperfekt so unterscheiden sich auch im Perfekt die passiven
Formen nur in den Vokalen von den entsprechenden aktiven und
fallen daher in arabischer Schrift mit diesen zumeist zusammen. Der
Übergang von der aktiven zur passiven Form ist jedoch nicht so ein-
fach in Regeln zu fassen wie beim Imperfekt in Abschnitt 24, Punkt 3.
Wir beginnen daher zunächst mit Beispielen:

Aktiv	Passiv
كتب I [kataba] „er schrieb"	كتب [kutiba] „er wurde geschrie-ben"
فهم I [fahima] „er verstand"	فهم [fuhima] „er wurde ver-standen"
عدّ I [çadda] „er zählte"	عدّ [çudda] „er wurde gezählt"
قال I [qāla] „er sagte"	قيل (!) [qīla] „er wurde gesagt"
باع I [bāça] „er verkaufte"	بيع (!) [bīça] „er wurde verkauft"
رجا I [raǧā] „er bat"	رجى I [ruǧiya] „er wurde gebe-ten"

Aktiv	Passiv
رمى I [ramā] „er warf"	رمى [rumiya] „er wurde geworfen"
نسى I [nasiya] „er vergaß"	نسى [nusiya] „er wurde vergessen"
حذّر II [ḥaddara] „er warnte"	حذّر [ḥuddira] „er wurde gewarnt"
ربّى II [rabbā] „er erzog"	ربّى [rubbiya] „er wurde erzogen"
غادر III [ġādara] „er verließ"	غودر (!) [ġūdira] „er wurde verlassen"
نادى III [nādā] „er rief"	نودى (!) [nūdiya] „er wurde gerufen"
أحضر IV [ʒaḥḍara] „er brachte"	أحضر [ʒuḥḍira] „er wurde gebracht"
أراد IV [ʒarāda] „er wollte"	أريد (!) [ʒurīda] „er wurde gewollt"
ألقى IV [ʒalqā] „er warf"	ألقى [ʒulqiya] „er wurde geworfen"
تعلّم V [taʒallama] „er lernte"	تعلّم [tuʒullima] „er wurde gelernt"
تحرّى V [taḥarrā] „er untersuchte"	تحرّى [tuḥurriya] „er wurde untersucht"
تشاجر VI [tašāġara] „er stritt"	تشوجر (!) [tušūġira] „es (unpersönlich) wurde gestritten"
إحترم VIII [ʒiḥtarama] „er verehrte"	أحترم [ʒuḥturima] „er wurde verehrt"
إختار VIII [ʒiḫtāra] „er wählte"	أختير (!) [ʒuḫtīra] „er wurde gewählt"

307

Aktiv	Passiv
إشترى VIII [ʒištarā] „er kaufte"	أشترى [ʒušturiya] „er wurde gekauft"
إستعمل X [ʒistaçmala] „er verwendete"	أستعمل [ʒustuçmila] „er wurde verwendet"
إستساغ X [ʒistasāġa] „er billigte"	أستسيغ (!) [ʒustusīġa] „er wurde gebilligt"
إستدعى X [ʒistadçā] „er lud vor"	أستدعى [ʒustudçiya] „er wurde vorgeladen"

Aus diesen Beispielen können wir folgende Gesetzmäßigkeiten bei der Bildung des passiven Perfekts ablesen:

1. Bei den *starken Verben* lautet die Vokalfolge u–i (im I.–IV. Stamm) und u–u–i (im V.–X. Stamm). Im III. und VI. Stamm steht langes $ū$ anstelle des langen $ā$ der aktiven Form. Der Anlaut ʒu- im VIII. und X. Stamm ist Verbindungsvokal.

2. Bei den *konkaven Verben* steht in den Stämmen, in denen sie vom starken Verb abweichen, anstelle des langen $ā$ der aktiven Form in der passiven Form langes $ī$. (I., IV., VIII., X. Stamm)

3. Bei den *defektiven Verben* gleicht die Vokalfolge der in den starken Verben. Der Auslaut -$ā$ der aktiven Form wird in -iya verwandelt. (D.h. daß der dritte Radikal y erhalten bleibt bzw. w in y verwandelt wird.)

In der *weiteren Konjugation* erhalten die passiven Perfekt-Formen dieselben Endungen wie die aktiven. Bei den konkaven Verben muß $ī$ in den konsonantischen Formen natürlich gekürzt werden. Die Konjugation der defektiven Verben folgt genau der des aktiven Perfekts des 3. Typs vom Grundstamm: [ruġiya], [rumiya] usw. wie [nasiya]. Die assimilierten Verben übergehen wir zunächst, ebenso die geminierten, die wir vorerst nur im Grundstamm kennen.

Das in Abschnitt 24, Punkt 4, über den Gebrauch der passiven Verbformen Gesagte gilt für das Perfekt ebenso wie für das Imperfekt.

5. Übersicht über das passive Verb

Wir stellen nun die passiven Formen von Imperfekt und Perfekt des starken Verbs zur Übersicht zusammen, wobei wir – in Fortsetzung der Tabellen in Abschnitt 13, Punkt 2, und Abschnitt 18, Punkt 4 – neben der allgemeinen Schreibung mit L, M, N ein konkretes Beispiel angeben. In arabischer Schrift weicht die passive Form nur im Per-

FORMEN DER VERBSTÄMME
3. TEIL: PASSIVE FORMEN

	Imperfekt (Indikativ)	Perfekt
I. Stamm	yuLMaNu يكتب [yuktabu]	LuMiNa كتب [kutiba]
II. Stamm	yuLaMMaNu يصلّح [yuṣallaḥu]	LuMMiNa صلّح [ṣulliḥa]
III. Stamm	yuLāMaNu يساعد [yusāçadu]	LūMiNa سوعد [sūçida]
IV. Stamm	yuLMaNu يرسل [yursalu]	ʒuLMiNa أرسل [ʒursila]
V. Stamm	yutaLaMMaNu يتكلّم [yutakallamu]	tuLuMMiNa تكلّم [tukullima]
VI. Stamm	yutaLāMaNu يتشاجر [yutašāǧaru]	tuLūMiNa تشوجر [tušūǧira]
VIII. Stamm	yuLtaMaNu يستلم [yustalamu]	ʒuLtuMiNa أستلم [ʒustulima]
X. Stamm	yustaLMaNu يستعمل [yustaçmalu]	ʒustuLMiNa أستعمل [ʒustuçmila]

fekt des III. und VI. Stammes von der aktiven ab. Beachten Sie, daß das passive Imperfekt des I. und des IV. Stammes von derselben Form sind.

Beim VII. und IX. Stamm sind passive Formen ungebräuchlich. Im übrigen empfiehlt es sich, die passiven Formen nicht isoliert zu lernen, sondern lieber den Übergang von der entsprechenden aktiven Form her zu üben.

6. Zusammenfassung der Verbindungsvokale

Nachdem wir in diesem Abschnitt die letzten ausständigen Verbindungsvokale kennengelernt haben, ist Gelegenheit, Vorkommen und Behandlung der Verbindungsvokale zusammenzufassen.

a) VORKOMMEN DER VERBINDUNGSVOKALE

Der Vokal im Anlaut ʒa- ist Verbindungsvokal beim Artikel und allen Formen des Relativpronomens sowie beim Gottesnamen.

Der Vokal im Anlaut ʒi- ist Verbindungsvokal: 1) beim Imperativ des Grundstamms, 2) beim Imperativ, aktiven Perfekt und Infinitiv des VII., VIII., IX. und X. Stammes, 3) bei den folgenden sieben Nomen: اِبن [ʒibn] „Sohn", اِبنة [ʒibna] „Tochter", اِمرأ [ʒimraʒ] oder اِمرؤ [ʒimruʒ] „Mann", اِمرأة [ʒimraʒa] „Frau", اِثنان [ʒitnān] „zwei (m.)", اِثنتان [ʒitnatān] „zwei (f.)", اِسم [ʒism] „Name".

Der Vokal im Anlaut ʒu- ist Verbindungsvokal: 1) beim Imperativ des Grundstamms, 2) beim passiven Perfekt des (VII.), VIII. und X. Stammes.

b) BEHANDLUNG DER VERBINDUNGSVOKALE

Mit klassischen Endungen: Die Verbindungsvokale stehen nur am Satzanfang („absoluter Anlaut"). Im Satzinnern schwinden sie; den oben angeführten Wörtern und Formen fehlt dort der Anlaut ʒa-, ʒi-, *ǧu-*. Das Wort beginnt dann mit zwei Konsonanten. Endet das vorausgehende Wort auf Vokal, dann wird der erste der zwei Konsonanten mit diesem (und dem vorausgehenden Konsonanten) zu einer Silbe vereint. Ein langer Endvokal wird dabei gekürzt (in arabischer Schrift unmerklich): إلى البيت [ʒi/lal/bay/ti] „in das Haus", ما اسم الرجل؟ [mas/mur/ra/ǧu/li] „wie heißt der Mann?"

Endet das vorausgehende Wort auf Konsonant, dann wird an diesen „in Verbindung" ein Hilfsvokal angefügt.

Dieser Hilfsvokal ist:

1) der Vokal a: nur an der Präposition من „von" vor dem Artikel:

من البيت [mina_l-bayti], [mi/nal/bay/ti] „aus dem Haus"

2) der Vokal u: nach den Pronomen هم und أنتم, den Personalsuffixen هم und كم, der Perfektendung *-tum*, der Endung *-aw* von schwachen Nominal- und Verbalformen, nach der Präposition منذ [muḏ] „seit":

هم الرجال [humu_r-riǧālu], [hu/mur/ri/ǧā/lu] sie sind die Männer
بيتكم الجميل [baytu-kumu_l-ǧamīlu] euer schönes Haus
كتبتم الرسالة [katabtumu_r-risālata] ihr habt den Brief geschrieben
دعوا الصديق [daçawu_ṣ-ṣadīqa] sie haben den Freund eingeladen

3) der Vokal i: in allen anderen Fällen, z.B. in

من امرأة [mini_mraʒatin] von einer Frau
من الرجل؟ [mani_r-raǧulu] wer ist der Mann?
كتبت الكلمة [katabati_l-kalimata] sie schrieb das Wort
لم يشرب الماء [lam yašrabi_l-māʒa] er trank das Wasser nicht
إحمل الطرد [ʒiḥmili_ṭ-ṭarda] trag das Paket!

Ohne klassische Endungen ist die Behandlung der Wörter, die mit Verbindungsvokalen beginnen, uneinheitlich und schwankend. Grundsätzlich neigen die Verbindungsvokale dazu, zu Vollvokalen zu werden und auch im Satzinnern zu bleiben. Jedoch bleibt die Verbindung z.B. von Präposition und Artikel in vielen Fällen.

In arabischer Schrift ist nur zu beachten, daß das Hamza-Zeichen über bzw. unter dem Buchstaben ʒalif im Satzinnern entfällt. In drei Fällen entfällt jedoch auch das ʒalif selbst:

311

1) Beim Artikel nach der Präposition لِ: لِلأَخ [li_l-ʒaḫ] „für den Bruder"
2) Beim Worte إسم nur im Ausdruck: بسم الله [bi_smi_llāh(i)] „im Namen Gottes", jedoch باسمى [bi_sm-ī] „in meinem Namen"
3) Beim Worte إبن, wenn es im Ausdruck „A., Sohn des B." zwischen zwei Personennamen steht. Der vor إبن stehende Name verliert hier die Nunation: محمد بن محمود [muḥammadu_bnu maḥmūdin] [muḥammad ibn maḥmūd] „Mohammed, Sohn des Mahmud". Ist إبن Prädikat, behält es jedoch sein ʒalif: محمد ابن محمود [muḥammaduni_bnu maḥmūdin], [muḥammad ibn maḥmūd] „Mohammed ist der Sohn des Mahmud" (Auch im ersteren Ausdruck behält إبن das ʒalif, wenn es an den Zeilenbeginn zu stehen kommt.)

7. Ergänzungen zu den Zahlwörtern

a) WEITERE GRUNDZAHLWÖRTER

„Null" ist صفر [ṣifr].
„Million" ist مليون [malyūn, milyūn], Pl. ملايين [malāyīnu], „Milliarde" ist مليار [milyār] (Pl. ات). Mit مليون und مليار wird wie mit ألف gezählt: ثلاثة ملايين ساكن [ṯalāṯat(u) malāyīn(i) sākin(in)] „3 Millionen Einwohner". „Paar" ist زوج [zawǧ], Pl. أزواج [ʒazwāǧ]: زوج من الجوارب [ǧawārib] „ein Paar Strümpfe" zu جورب [ǧawrab] „Strumpf". زوج bedeutet aber auch nur einen Teil eines Paars und kann daher auch im Dual gebraucht werden. Schließlich ist زوج auch „Ehemann", زوجة „Ehefrau", زوجان „Ehepaar".
„Dutzend" ist دزّينة [duzzīna, dazzīna] (Pl. ات): دزينة من البيض „ein Dutzend Eier"

b) DETERMINIERTE ZÄHLAUSDRÜCKE

Soll das gezählte Substantiv determiniert sein, dann kann dies auf zweierlei Art formuliert werden:
1) Das Substantiv wird in den Plural gesetzt und das Zahlwort folgt wie ein attributives Adjektiv mit dem Artikel versehen nach. (Gegen- bzw. Gleichsinnigkeit bleibt erhalten!)

ألكتب الثلاثة die drei Bücher, ألجرائد الثلاث die drei Zeitungen
سياراتى الخمس meine fünf Autos, منازله العشرة seine zehn Häuser
الطلاب الاثنا عشر والطالبات die zwölf Studenten und die zwölf Studen-
الاثنا عشرة tinnen
الكلمات الخمس والخمسون die 55 Wörter

2) Der gesamte, aus Zahlwort und gezähltem Substantiv bestehende Ausdruck (der nach den Regeln für indeterminierte Substantive gebildet wird) erhält den Artikel vorgesetzt, als wäre er ein einziges Wort. Dieses Verfahren ist sehr beliebt (findet sich auch im Druck), jedoch korrekt nur, wenn das gezählte Substantiv nicht im Genitiv folgt (weil dann das Zahlwort zweifach determiniert wird).

ألثلاثة رجال die drei Männer , ألست مدن die sechs Städte,
الاثنا عشر يوما die zwölf Tage, ألثمانى عشرة سنة die achtzehn Jahre,
العشرون عاملا die zwanzig Arbeiter

(Die ersten beiden Beispiele sind genau genommen inkorrekt.)

c) BRUCHZAHLWÖRTER

Besondere Bruchzahlwörter gibt es nur bis zum Zehntel: نصف [niṣf] „Hälfte", ثلث [tult] „Drittel", ربع [rubç] „Viertel", خمس [ḫums] „Fünftel", سدس [suds] „Sechstel", سبع [subç] „Siebentel", ثمن [tumn] „Achtel", تسع [tusç] „Neuntel", عشر [çušr] „Zehntel". Die Plurale werden nach der Form ʒ a L M ā N gebrochen:

ثلاثة أخماس [talātat ʒaḫmās] 3/5,   تسعة أعشار [tisçat ʒaçšār] 9/10,
خمسة أثمان [ḫamsat ʒatmān] 5/8,   ثلثان [tultān]   2/3

Beachten Sie: نصف ساعة [niṣf(u) sāça(tin)] „eine halbe Stunde", كيلوجرام ونصف „anderthalb Kilo", ميلان ونصف „zweieinhalb Meilen", ثلاث ساعات ونصف „dreieinhalb Stunden".

(Zur Bildung der höheren Brüche siehe Anhang II)

8. Nominalbildung: Nomen loci

Von vielen Verben im Grundstamm werden Substantive mit den Formen m a L M a N, m a L M i N, m a l L M a N a t gebildet. Diese bezeichnen den Ort, seltener die Zeit oder Gelegenheit, da die

Verbbedeutung geschieht. So gehören zu den Verben بطبخ [yaṭbaḫu] „kochen", ينزل [yanzilu] „absteigen", يدرس [yadrusu] „lernen" die Substantive مطبخ [maṭbaḫ] „Küche (Ort, wo man kocht)", منزل [manzil] „Haus (Ort, wo man – vom Reittier – absteigt)", مدرسة [madrasa] „Schule (Ort, wo man lernt)". Man bezeichnet Substantive dieser Form als Nomen loci et temporis („Nomen des Ortes und der Zeit") oder kürzer nur als *Nomen loci*. Ob zu einem bestimmten Verb überhaupt ein Nomen loci vorkommt und wenn ja, nach welcher der drei möglichen Formen es gebildet wird, läßt sich dem Verb selbst nicht entnehmen. Man kann demgemäß nicht selbständig ein Nomen loci bilden (anders als ein Partizip). Auch ist nur die Grundbedeutung aus der Bedeutung des Verbs ableitbar. Man nimmt ein Nomen loci einfach als neue Vokabel zur Kenntnis, wo man darauf stößt. Nachträglich wird es jedoch leicht verstanden und behalten und stellt so eine unschwer erworbene Bereicherung des Wortschatzes dar. (Das hier über das Nomen loci Gesagte gilt auch für die weiteren, noch zu besprechenden Nominalformen, ohne im folgenden stets wiederholt zu werden.)

Die Plurale der Formen des Nomen loci sind stets gebrochen nach der diptotischen Form m a L ā M i N u , nur die Form m a L M a - N a t kann auch den gesunden weiblichen Plural haben. Zu einem Verb können auch mehr als ein Nomen loci vorkommen, wobei die Bedeutungen differenziert werden können, wie bei مركب [markab], Pl. مراكب [marākibu], „Schiff" und مركبة [markaba] „Fahrzeug" (Pl. ات) von يركب [yarkabu] „auf-, einsteigen"

Bei den *assimilierten Verben* bleibt der erste Radikal *w* erhalten: موعد [mawçid] „verabredeter Ort, verabredete Zeit (eines Treffens)", Pl. مواعد [mawāçidu], zu يعد [yaçidu] „versprechen" (Pf. وعد), oder موقف mawqif] „Haltestelle", Pl. مواقف [mawāqifu], von يقف [yaqifu] „stehen, stehen bleiben" (Pf. وقف).

Bei den *konkaven Verben* schwindet der mittlere Radikal und das Nomen loci enthält langes *ā*: مطار [maṭār] „Flughafen" (Pl. ات) von يطير „fliegen", مقالة [maqāla] „Aufsatz, Zeitungsartikel" (Pl. ات) von يقول „sagen".

Bei den *defektiven Verben* ergibt sich das Nomen loci (nach der Form m a L M a N) als schwaches Nomen vom a-Typ: مبنى [mabnan, -ā] „Gebäude", Pl مبان [mabānin, -ī], zu يبنى „bauen", ملهى [malhan, -ā]

„Unterhaltungslokal", Pl. ملاه [malāhin, -ī], zu يلهو [yalhū] „sich unterhalten, vergnügen."

Bei den Verben in abgeleiteten Stämmen dient manchmal das passive Partizip zur Bezeichnung des Ortes der Verbhandlung: مختبر [muḫtabar] „Laboratorium" zu يختبر VIII [yaḫtabiru] „erkunden", مستودع [mustawdaҫ] „Depot" zu يستودع [yastawdiҫu] „deponieren", مستشفى [mustašfan,-ā] „Krankenhaus "zu يستشفى X [yastašfī] „Heilung suchen". Derartige Formen tragen jedoch nicht die Bezeichnung „Nomen loci". Der Plural ist stets gesund weiblich.

In der Funktion eines Nomen loci findet sich auch das (sonst ungebräuchliche) passive Partizip des VII. Stammes, z. B. منحنى [munḥanan, -ā] "Krümmung, Kurve" von ينحني [yanḥanī] "gekrümmt sein, sich krümmen".

Anmerkung: Das Nomen loci wird begrifflich weniger einfach, aber richtiger gesagt nicht von einem Verb im Grundstamm, sondern von drei Radikalen bestimmter Grundbedeutung gebildet (Genaueres in Abschnitt 27). Ein Verb braucht neben dem Nomen loci nicht unbedingt vorhanden zu sein: So ist مقهى [maqhan, -ā] „Kaffeehaus" das Nomen loci zu den Radikalen q-h-w von قهوة [qahwa] „Kaffee", zu denen es kein Verb gibt.

WORTLISTE 25

Die in Übung 25.1 neu vorkommenden Verben sind hier nicht angeführt. Sie gehören ebenfalls zum Lernstoff.

آلة [ʒāla] Maschine, Apparat (Pl. ات)

آلة كاتبة [ʒāla kātiba] Schreibmaschine (wörtl. ?)

يلوم I [yalūmu] tadeln

يتوفّى V [yutawaffā] (passiv) sterben (s. Anm. 1)

متوفّى [mutawaffan, -ā] verstorben

جدّ [ǧadd] Großvater
Pl. أجداد [ʒaǧdād]

مهنة (mihna) Beruf

Pl. مهن (mihan)

يسمّي II [yusammī] nennen

عائشة [ҫāʒiša] Aische (weibl. Name)

يثبت IV [yuṯbitu] feststellen, nachweisen

جرم [ǧurm] Verbrechen
Pl. أجرام [ʒaǧrām]

أثبت الجرم عليه [ʒaṯbata al-ǧurm ҫalayhi) er überführte ihn des Verbrechens

يحكم I [yaḥkumu] verurteilen

315

حكم عليه [ḥakama çalay-hi] er verurteilte ihn

محكمة [maḥkama] Gericht

Pl. محاكم [maḥākimu]

جلسة [ğalsa] Sitzung (Pl. ات)

جميع [ğamīç] Gesamtheit

جميع الرجال [ğamīç ar-riğāl] alle Männer (= كل الرجال)

شاهد [šāhid] Zeuge

Pl. شهود [šuhūd]

IV يصدر [yuṣdiru] ausstellen (Dokument) (u. a.)

إجازة سوق [ʒiğāzat sawq] Führerschein (s. Anm. 2)

مديرية [mudīriya] Direktion (Pl. ات)

شرطة مرور [šurṭat murūr] Verkehrspolizei (s. Anm. 3)

سارى المفعول [sārī al-mafçūl] gültig, in Kraft

غاية [ğāya] äußerste Grenze

لغاية [li-ğāyat] (mit Genitiv) bis zu (zeitl.)

Anmerkungen: 1. يتوفّى V [yatawaffā] „an sich nehmen", die passive Form ist somit wörtl.: „(von Gott) zu sich genommen werden" 2. إجازة ist Inf. von يجيز IV[yuğīzu] „erlauben", سوق ist Inf. von يسوق I[yasūqu] „lenken", somit: „Lenkerlaubnis" 3. مرور „Verkehr (u.a.)" ist Inf. von يمرّ I[yamurru] „vorübergehen, -fahren".

ÜBUNG 25.1

Wie Übung 24.1:

Fünfter Stamm: حال المريض يتحسّن [yataḥassanu] der Zustand des Kranken bessert sich, هو تعوّد على التدخين [taçawwada çala_t-tadẖīn] er hat sich das Rauchen angewöhnt, هو يتعرّف على البلد [yataçarrafu] „er lernt das Land kennen", أتمنّى لك سفرا سعيدا [ʒatamannā la-ka safar saçīd] „ich wünsche dir eine glückliche Reise!"

Sechster Stamm: هو يتفاءل [yatafāʒalu] „er ist optimistisch", هو يتشاءم [yatašāʒamu] „er ist pessimistisch", هو يتقابل مع بعض أصدقائه [yataqābalu] „er trifft sich mit einigen seiner Freunde"

Siebenter Stamm: التيّار انقطع [ʒat-tayyār inqaṭaça] „der (elektr.) Strom wurde unterbrochen", الزجاجة انكسرت [inkasarat] „die Flasche zerbrach"

Achter Stamm: هو يشترك فى الحفلة [yaštariku] „er nimmt an der Feier teil", هو يتّصل بالمدير [yattaṣilu] „er setzt sich mit dem Direktor in Verbindung", هو انتحر [ʒintaḥara] „er beging Selbstmord", هو يشتاق إلى

هو يجتاز الشارع ووالديه [yaštāqu] „er sehnt sich nach seinen Eltern", هو يعتدى على مارّ [yaǧtāzu] „er überquert die Straße", هو يكتفى بالنقود [yaçtadī] „er überfällt einen Passanten", [yaktafī] „er begnügt sich mit dem Geld"

Neunter Stamm: هو اصفرّ [iṣfarra] „er erbleichte"

Zehnter Stamm: ألقاضى يستنطق اللصّ [yastanṭiqu] „der Richter verhört den Räuber", هو يستعجل [yastaçǧilu] „er beeilt sich", ألمريض يستشير الطبيب [yastašīru] „der Kranke konsultiert den Arzt", هو يستفيد من رحلته [yastafīdu] „er hat Nutzen von seiner Reise", هو يستثنى محمودا [yastaṯnī] „er nimmt Mahmud aus, er macht eine Ausnahme mit Mahmud"

ÜBUNG 25.2
Übersetzen Sie die folgenden Sätze und übertragen Sie diese darauf ins Passiv (wobei das Subjekt des aktiven Satzes verschwindet):

١ – ألسكرتير جلب الأوراق. ألضيف شكر المضيف. ألمعلّم لام التلميذ. محمود دعا الأستاذ. ٢ – ألفتاة دخّنت سيجارة. ألطالب صحّح الأخطاء. أحمد لبّى دعوتى. ألشرطى كرّر السؤال. ٣ – ألرئيس أمضى الرسالة. ألفلم أعجب الولد. زوجة محمد أخبرت المحامى. ألتاجر أشار إلى الإمضاء. ٤ – ألطالب أجاب المعلّم. أخى شاهد الحادث. أختى ساعدت الآنسة. ألطالب راجع كتبه ٥ – صاحب الدكان احتال على الزبائن. ألسيد ارتدى المعطف. ألشعب انتخب الرئيس. ٦ – ألمريض استشار طبيبا أخصائيا. ألسكرتيرة استعملت الآلة الكاتبة. ألوزير استقبل المراسل.

ÜBUNG 25.3

١ – متى توفّى جدك؟ جدى توفّى فى السنة الماضية. وماذا كانت مهنة جدك المتوفّى؟ كان جدى محاميا. ٢ – أحد أصدقائى سمّى ابنه الأول محمدا وسمّى ابنه الثانى عبد الله. وسمّيت ابنته عائشة. ٣ – أُثبت الجرم على المدّعى عليه. ألقاضى حكم على الشاب الذى أُثبت عليه الجرم. ٤ – من الرجل الذى حكم عليه؟ أين محامى المحكوم عليه؟ من الشاهد الأخير الذى استنطق أثناء جلسة

المحكمة؟ ٥ - أصدرت إجازة السوق هذه من قبل مديرية شرطة المرور وهى
سارية المفعول لغاية ١٩٧٧/١٢/٣١.

Anmerkung zu Satz 5: Auf die Formen des Demonstrativpronomens هذا in der
Bedeutung „dieser" muß das Substantiv mit Artikel folgen. Ist dies nicht mög-
lich, weil dem Substantiv ein Possessivsuffix oder ein Genitiv folgt, dann wird
das Demonstrativpronomen nachgestellt: إجازة سوق هذه „dieser Führerschein".
Vergleichen Sie auch: بيتى هذا „dieses mein Haus", aber هذا بيتى „das ist mein
Haus". (Entsprechendes gilt für die Formen von ذلك.)

ABSCHNITT SECHSUNDZWANZIG

1. Assimilierte Verben

Nach den konkaven und den defektiven Verben sind die assimilierten
Verben, deren erster Radikal w oder y ist, die letzte Gruppe der
schwachen Verben, die zusammenfassend zu besprechen bleibt.

a) VERBA PRIMAE W

Die Verben, deren erster Radikal w ist, unterscheiden sich von den
starken Verben nur durch die Wirkung folgender drei Gesetze:
1) Der erste Radikal w schwindet ohne eine Spur zu hinterlassen im
aktiven Imperfekt und im Imperativ des Grundstamms: يجد [yağidu]
er findet, جد [ğid] „finde !" zu den Radikalen w-ğ-d.
2) Der erste Radikal w wird dem infigierten t des VIII. Stammes
assimiliert, wie schon in Abschnitt 19, Punkt 4, besprochen ist: يتحد
[yattaḥidu ← yawtaḥidu] „sich vereinigen" zu den Radikalen w-ḥ-d.
3) Der erste Radikal w schwindet, wenn er zwischen einem kurzen i
oder u und einem weiteren Konsonanten zu stehen kommt. Nach
kurzem a bleibt w jedoch erhalten. Es ist dies das allgemein gültige
Lautgesetz:

$$a \, w \, K \text{ stabil, aber } i \, w \, K \rightarrow i \, K \text{ und } u \, w \, K \rightarrow \bar{u} \, K$$

K ist ein beliebiger Konsonant; bei den assimilierten Verben ist K der
mittlere Radikal. Dieses Lautgesetz wirkt sich bei den Formen des
I., IV. und X. Stammes aus.

Im II., III., V., VI. und (bis auf Assimilation nach dem zweiten Ge-
setz oben) VIII. Stamm werden die Verba primae w genau wie starke
Verben konjugiert: يوقّع II[yuwaqqiçu] unterschreiben, يوافق III
[yuwāfiqu] übereinstimmen, يتوسّع V[yatawassaçu] sich ausdehnen,
يتوازن VI[yatawāzanu] „(miteinander) im Gleichgewicht stehen".
Die Formen der restlichen Stämme (VII. und IX. Stamm werden
hier nicht gebraucht) geben wir in der folgenden Tabelle. Die Muster-
verben sind يجد I[yağidu] finden, يوقد IV[yūqidu] anzünden, يستورد
X[yastawridu] einführen, importieren.

ASSIMILIERTE VERBEN (VERBA PRIMAE W)

	I. Stamm	IV. Stamm	X. Stamm
Imperfekt (Indikativ)			
aktiv	يجد [yağidu]	يوقد [yūqidu ← yuwqidu]	يستورد [yastawridu]
passiv	يوجد [yūğadu← yuwğadu)	يوقد [yūqadu ← yuwqadu]	يستورد [yustawradu]
Perfekt			
aktiv	وجد [wağada]	أوقد [ʒawqada]	إستورد [ʒistawrada]
passiv	وجد [wuğida]	أوقد [ʒūqida ← ʒuwqida]	أستورد [ʒustūrida← ʒustuwrida]
Imperativ	حد [ğid]	أوقد [ʒawqid]	إستورد [ʒistawrid]
Partizip			
aktiv	واحد [wāğid]	موقد [mūqid ← muwqid]	مستورد [mustawrid]
passiv	موجود [mawğūd]	موقد [mūqad← muwqad]	مستورد [mustawrad]
Infinitiv	(s.u.)	إيقاد [ʒīqād ← ʒiwqād]	إستيراد [ʒistīrād ← ʒistiwrād]

Das passive Imperfekt des I. und IV. Stammes mit langem *ū* ist die einzige Ausnahme von der in Abschnitt 24, Punkt 3 angegebenen Regel 1) zur Bildung des passiven Imperfekts. (Die Regeln 2) und 3) gelten ausnahmslos.)

Der Infinitiv von وَجَدَ ist وُجُود [wuǧūd] mit ausnahmsweise passiver Bedeutung „Existenz (Gefunden-werden)". Er fehlt in der Tabelle als nicht typisch. Manche assimilierte Verben mit L = w bilden einen Infinitiv des Grundstamms nach der Form M i N a t, also mit Schwund des ersten Radikals: ثِقَة [ṯiqa] „Vertrauen" von يَثِق [yaṯiqu] „vertrauen (auf = بِ)", عِدَة [ʿida] „Versprechen" von يَعِد [yaʿidu] „versprechen". Das erste der drei oben angeführten Gesetze gilt nicht ausnahmslos. Es finden sich auch einige wenige, seltene Verben (mit Imperfekt-Vokal *a*), die den Radikal *w* nicht einbüßen, wie z. B. يَوحَل [yawḥalu] „im Schlamm stecken bleiben od. versinken" (Pf. i).

Unter den Verba primae w finden wir – gegen den allgemeinen Grundsatz — den Perfekt-Vokal *i* manchmal auch bei Verben mit *i* als Imperfekt-Vokal: يَثِق „vertrauen" und يَرِث [yariṯu] „erben" haben die Perfekte وَثِق [waṯiqa], وَرِث [wariṯa].

b) VERBA PRIMAE Y

Die Verben mit *y* als erstem Radikal sind wenig zahlreich. Anders als *w* bleibt *y* im Grundstamm stets erhalten: يَأس I[yayʒasu] verzweifeln, Pf. يَئِس [yaʒisa], يَيبَس I[yaybasu] „trocken sein od. werden", Pf. يَبِس [yabisa]. Von den Abweichungen der Verba primae y vom starken Verb erwähnen wir nur den Schwund des y im IV. Stamm mit Längung des vorausgehenden Vokals: يُوقِظ IV[yūqiẓu ← yuyqiẓu] „aufwecken". Weitere Formen: Imperf. pass. يُوقَظ [yūqaẓu ← yuyqaẓu], Perfekt akt. أَيقَظ [ʒayqaẓa], Perfekt pass. أُوقِظ [ʒūqiẓa ← ʒuyqiẓa], Imper. أَيقِظ [ʒayqiẓ], Part. akt. مُوقِظ [mūqiẓ ← muyqiẓ], Part. pass. مُوقَظ [mūqaẓ ← muyqaẓ], Infin. إِيقاظ [ʒīqāẓ ← ʒiyqāẓ].

2. Mehrfach schwache Verben

Sind zwei der Radikale *w* oder *y*, dann ergibt sich ein doppelt-schwaches Verb. Hiebei sind nur zwei Möglichkeiten von Bedeutung:

a) M = w, N = y

Hier wird der mittlere schwache Radikal durch die Schwäche des letzten Radikals stabilisiert: شوى‎ I[yašwī ← yašwiyu] grillen, بنوى‎ I[yanwī] vorhaben, روى‎ I[yarwī] erzählen, berichten u. a. werden genau so wie رمى‎ „werfen" konjugiert.

b) L = w, N = y

Diese Verben vereinen die Besonderheiten der assimilierten und der defektiven Verben So läßt sich das Verb وقى‎ I[yaqī ← yawqiyu] „beschützen" in gewissem Sinne als „Summe" der Verben وجد‎ „finden" und رمى‎ „werfen" bezeichnen. Die weiteren Formen sind: Imperf. pass. يوقى‎ [yūqā ← yuwqayu], Perf. akt. وقى‎ [waqā], Perf. pass. وقى‎ [wuqiya], Part. akt. واق‎ [wāqin,-ī], Part. pass. موقى‎ [mawqīy], Imperativ ق‎ [qi], fem. قي‎ [qī], Pl. mask. قوا‎ [qū].
In diese Gruppe gehören auch يعى‎ I[yaçī] „im Gedächtnis behalten", Pf. وعى‎ [waçā] und يلى‎ I[yalī] „folgen", Pf. ولى‎ [waliya].
c) Ein Sonderfall ist das Verb حيا‎ I[yaḥyā] „leben" mit Radikalen ḥ-y-y, konjugiert wie ينسى‎ „vergessen" (Endung -ā mit ا statt mit ى‎ geschrieben, da schon ى‎ vorausgeht), Pf. حيى‎ [ḥayiya]. Häufig die Jussiv-Form يحى‎ [yaḥya] oder ليحى‎ [li-yaḥya] „er lebe hoch! viva!". Dieselben Radikale im II. Stamm hat das Verb يحيّى‎ II[yuḥayyī] „begrüßen", Perf. حيّا‎ [ḥayyā], Inf. تحيّة‎ [taḥīya ← taḥyiya] „Gruß".

3. Hamzierte Verben

Als *hamziert* bezeichnet man Verben, unter deren Radikalen der Hamz [ʒ] vorkommt. Sie werden in drei Gruppen eingeteilt: *Verba primae hamzatae* („Verben des ersten hamzierten (Radikals)") wie يأمل‎ I [yaʒmulu] „hoffen", *Verba mediae hamzatae* („Verben des mittleren hamzierten") wie يسأل‎ I[yasʒalu] „fragen" und *Verba ultimae hamzatae* („Verben des letzten hamzierten") wie يقرأ‎ I[yaqraʒu] „lesen". Die hamzierten Verben bilden einen Sonderfall der starken Verben, doch kann ein hamziertes Verb selbstverständlich auch gleichzeitig schwach sein: so ist يشاء‎ I[yašāʒu] „wollen" mit den Radikalen š-y-ʒ zugleich ein Verbum mediae infirmae (wie يخاف‎ „sich fürchten") und ein Verbum ultimae hamzatae.
Die Abweichungen der hamzierten Verben von den übrigen starken Verben liegen auf zwei verschiedenen Ebenen: wir finden wesentliche,

materielle Unterschiede und Unterschiede, die nur (bedingt durch die Hamza-Orthographie) bei der Schreibung in arabischer Schrift auftreten, die Verbformen selbst jedoch nicht berühren.

Die materiellen Unterschiede sind geringfügig. Sie lassen sich fast alle aus der Wirkung eines allgemein gültigen Lautgesetzes verstehen, welches das Vorkommen der Silben ʒ a ʒ, ʒ i ʒ, ʒ u ʒ verbietet. Wo diese Silben sich ergeben müßten, werden sie in ʒā, ʒī, ʒū verwandelt.

Das erwähnte Lautgesetz wirkt sich nun bei den Verba primae hamzatae in den folgenden Formen aus:

1) in der 1. Person Singular des Imperfekts vom I., IV. und VIII. Stamm:

آمُل [ʒāmulu ← ʒaʒmulu] „ich hoffe“,

أُومِن [ʒūminu ← ʒuʒminu] „ich glaube“ von

يُؤمِن IV[yuʒminu] „glauben“ („an“ = بِ)

آكُل [ʒākulu ← ʒaʒkulu] „ich esse“,

2) im Perfekt des IV. Stammes:

آمَن [ʒāmana ← ʒaʒmana] „er glaubte“,

أُومِن بِه [ʒūmina ← ʒuʒmina] „es wurde daran geglaubt, man glaubte daran“

3) im Imperativ des IV. Stammes: آمِن [ʒāmin ← ʒaʒmin] „glaube!“

4) im Infinitiv des IV. Stammes: إيمان [ʒīmān ← ʒiʒmān] „Glaube“

Beim Imperativ des Grundstammes finden wir am Satzanfang أُومُل [ʒūmul ← ʒuʒmul] „hoffe!“, im Satzinnern jedoch وَامُل [wa_ʒmul], da hier ʒu- entfällt und die Silbe ʒuʒ nicht auftritt. Entsprechendes gilt auch bei den Formen des VIII. Stammes. (Derartige Doppelformen sind selten, und wir gehen nicht genauer darauf ein.)

Außer dem erwähnten Lautgesetz ist unter den materiellen Besonderheiten der hamzierten Verben nur noch zweierlei zu beachten:

1) Nur bei den drei Verben أَكَل I[yaʒkulu] „essen“, أَخَذ I[yaʒḫuḏu] „nehmen“ und أَمَر I[yaʒmuru] „befehlen“ entfällt der erste Radikal im Imperativ: كُلْ [kul] „iß“, خُذ [ḫuḏ] „nimm!“, مُر [mur] „befiehl!“

2) Die Verba ultimae hamzatae bilden den Infinitiv des II. Stammes

wie die defektiven Verben nach der Form t a L M i N a t anstatt
t a L M i N: تَهْنِئَة [táhniʒa] „Glückwunsch, Gratulation", Pl. تَهانِئْ
[tahāniʒu], von يُهَنِّئ II[yuhanniʒu] „beglückwünschen", تَبْرِئَة [táb-
riʒa] „Freispruch" von يُبَرِّئ II[yubarriʒu] „freisprechen".
Von den Radikalen ʒ-ḫ-ḍ lautet der VIII. Stamm يَتَّخِذ [yattaḫiḍu]
„ergreifen" mit Assimilation von ʒ an t.
Alle übrigen hier nicht erwähnten Formen von hamzierten Verben
werden völlig so wie von den übrigen starken Verben gebildet; in
Umschrift ergibt sich keinerlei Abweichung. Werden die Formen
jedoch in arabischer Schrift geschrieben, dann kommt der Kodex
der Hamza-Orthographie voll zur Geltung, der in Abschnitt 14, Punkt
5–6, ausführlich dargestellt ist. Formen hamzierter Verben in arabischer Schrift haben wir schon bisher viele Male angetroffen.
Allgemein betrachtet können Sie jede Form eines hamzierten Verbs
korrekt schreiben, wenn Sie die Form zuerst in Umschrift bzw. mündlich bilden und die Position des Hamz darin feststellen. Dann ist die
entsprechende Schreibregel zur Wahl des Trägerbuchstaben anzuwen-
den. Dazu drei Beispiele:
Imperfekt zu Perfekt أَرَّخ II [ʒarraḫa] „er hat datiert": die Form ist
[yuʒarriḫu]. ʒ steht in der Wortmitte (II. Hauptfall) zwischen u und
a. Der u-Vokal ist „stärker" und bedingt den Träger wāw, somit: يُؤَرِّخ
„er datiert"
„die beiden (m.) gratulieren": die Form des Verbs يُهَنِّئ II[yuhanniʒu]
ist [yuhanniʒāni]. Wieder steht ʒ in der Wortmitte, hier zwischen i
und ā. Hier überwiegt der i-Vokal und bedingt den Träger yāʒ,
somit: يُهَنِّئان
„die beiden (m.) haben gratuliert": die Form ist [hannaʒā]. Es ergibt
sich der 1. Fall des III. Hauptfalls (ʒ ist der letzte Konsonant vor
langem Endvokal). Der Träger wäre ʒalif, doch wissen wir, daß اأ in آ
zusammengezogen wird. Somit: هَنَّآ.
Als Ergänzung zu dem in Abschnitt 14 Gesagten erwähnen wir, daß
in der Umgebung -aʒū- in Verbformen statt wāw (entsprechend der
allgemeinen Regel) auch ʒalif als Träger gewählt werden kann: so
können [qaraʒū] „sie lasen" und [yaqraʒūna] „sie lesen" قَرَؤُوا und
يَقْرَؤُون oder auch قَرَأوا und يَقْرَأُون geschrieben werden.
Die charakteristischen Formen der hamzierten Verben in arabischer
Schrift werden unten in einer Übung erarbeitet.

4. Nominalbildung: Nomen instrumenti

Von vielen Verben im Grundstamm (genauer: von vielen dreiradikaligen Wurzeln) werden Substantive gebildet, die das bei der Ausführung der Verbbedeutung gebrauchte Werkzeug bezeichnen. Die Formen dieses Nomen instrumenti („Nomen des Werkzeugs") sind m i L M a N, m i L M a N a t und m i L M ā N. Der Plural der beiden ersten Formen wird nach der Form m a L ā M i N u̠ (wie vom Nomen loci) gebrochen, der der letzten Form nach m a L ā M ī N u̠. Beispiele:

مِبرَد [mibrad] „Feile", Pl. مَبارِد [mabāridu̠], von يَبرُد I[yabrudu] „feilen".

مِغسَل [miġsal] „Waschbecken", Pl. مَغاسِل [maġāsilu̠], von يَغسِل I [yaġsilu] „waschen".

مِدفَأة [midfaʒa] „Ofen", Pl. مَدافِئ [madāfiʒu̠], von يَدفَأ I[yadfaʒu] „warm sein, sich erwärmen", Pf. دَفِئَ [dafiʒa].

مِطرَقة [miṭraqa] „Hammer", Pl. مَطارِق [maṭāriqu̠], von يَطرُق I [yaṭruqu] „hämmern".

مِفتاح [miftāḥ] „Schlüssel", Pl. مَفاتيح [mafātīhu̠], von يَفتَح I [yaftaḥu] „öffnen".

مِصباح [miṣbāḥ] „Lampe", Pl. مَصابيح [maṣābīhu̠], von يَصبَح I [yaṣbuḥu] „leuchten" (Pf.u).

Bei den *assimilierten Verben* entsteht im Nomen instrumenti langes ī aus dem Schwund des *w*: مِيزان [mīzān ← miwzān] „Waage", Pl. مَوازين [mawāzīnu̠], von يَزِن I [yazinu] „wägen", Pf. وَزَن [wazana].
Bei den *konkaven Verben* bleibt der mittlere Radikal (anders als im Nomen loci!) erhalten: مِقوَد [miqwad] „(das) Steuer", Pl. مَقاوِد [maqāwidu̠], von يَقود I [yaqūdu] „steuern", مِقياس [miqyās] „Meßgerät", Pl. مَقاييس [maqāyīsu̠], von يَقِيس I [yaqīsu] „messen".
Bei den *defektiven Verben* ergibt sich das Nomen instrumenti nach der Form m i L M a N a t als Nomen mit der schwachen FemininEndung (s. Abschnitt 23, Punkt 3): مَكواة [mikwāt ← mikwayat] „Bügeleisen", Pl. مَكاو [makāwin, -ī], von يَكوى I [yakwī] „bügeln", مِرآة [mirʒāt ← mirʒayat] „Spiegel", Pl. مَراء [marāʒin, -ī], von يَرى I [yarā] „sehen".
Nach der Form m i L M ā N werden nicht nur Werkzeugbezeichnungen gebildet, sondern auch einige andere Substantive wie z.B.

معمار [miçmār] „Baumeister, Architekt" von يعمر I[yaçmuru] „erbauen, errichten".

Eine andere Form, nach der u. a. auch Werkzeugbezeichnungen gebildet werden, ist L i M ā N (nicht als Nomen instrumenti bezeichnet): رباط [ribāṭ] „Binde, Band", Pl. أربطة [ʒarbiṭa], von يربط I [yarbuṭu] „binden, verbinden".

5. Finalsätze

Finalsätze drücken einen Zweck, eine Absicht aus. Im Deutschen steht die Konjunktion „damit" (oder „um zu" mit einem Infinitiv), im Arabischen werden Finalsätze mit den (im wesentlichen gleichbedeutenden) Konjunktionen ل [li-], كى [kay], لكى [li-kay], لأن [li-ʒan] eingeleitet, das Verb folgt im Konjunktiv und der Finalsatz ist ein Verbalsatz. (S. Abschnitt 13, Punkt 3.) Der Konjunktiv folgt auch auf die Verneinungen لئلا [li-ʒallā], كى لا oder كلا [kay-lā], لكيلا [li-kay-lā] „damit nicht, um nicht zu . . . " Beispiele:

أعطيتك الكتاب لكى تقرأه [ʒacṭaytu-ka] „ich habe dir das Buch gegeben, damit du es liest"

كرّر الكلمات لئلا تنساها [tansā-hā] „wiederhole die Wörter, damit du sie nicht vergißt!

اللص هرب لكيلا يقتل [haraba, yuqtala] „der Räuber floh, um nicht getötet zu werden"

Das Wort حتّى [ḥattā] wird in vier Bedeutungen verwendet:

1) als Konjunktion „damit, um zu" mit Verb im Konjunktiv:
أخى يدرس الطبّ حتى يكون طبيبا [ṭibb] „Mein Bruder studiert (die) Medizin, um Arzt zu werden:

2) als Konjunktion „bis daß":
إنتظرت حتى وصل صديقى „ich wartete, bis (daß) mein Freund ankam"
3) als Präposition „bis" (حتى) kann keine Personalsuffixe tragen):

حتى الصباح „bis zum Morgen", حتى غد „bis morgen"

4) als Partikel „sogar, selbst", wie schon in Abschnitt 22, Punkt 6 b) erwähnt ist.

قماش [qumāš] Stoff (für Kleider)

Pl. أقمشة [ʒaqmiša]

عدّة [çidda] Anzahl

عدة أشخاص [çiddat(u) ʒašḫāṣ(in)] mehrere Personen, eine Anzahl von Personen

شروق [šurūq] Aufgang (der Sonne)

صحراء [ṣaḥraʒu] (fem.) Wüste

Pl. صحارى [ṣaḥārā]

منظر [manẓar] Anblick

Pl. مناظر [manāẓiru]

وزن [wazn] Gewicht

Pl. أوزان [ʒawzān]

ألبريد الجوّى [ʒal-barīd al-ǧawwīy] die Luftpost

تبغ [tibġ] Tabak

Pl. تبوغ [tubūġ]

سعيد [saçīd] glücklich (auch männl. Name)

Pl. سعداء (suçadāʒu]

طاهر [ṭāhir] rein (auch männl. Name)

Pl. أطهار [ʒaṭhār]

يخفى IV [yuḫfī] verstecken

خزانة [ḫizāna] Schrank, Kasten

Pl. خزائن [ḫazāʒinu]

سعد [saçd] Glück (auch männl. Name)

قضيّة [qaḍīya] Prozeß (bei Gericht), Angelegenheit, Affaire

Pl. قضايا [qaḍāyā]

يوقف IV [yūqifu] anhalten, stoppen, zum Stehen bringen

منتصف الليل [muntaṣaf al-layl] die Mitternacht

نار [nār] (fem.) Feuer, Brand

Pl. نيران [nīrān]

حكم [ḥukm] Urteil

Pl. أحكام [ʒaḥkām]

يستأنف الحكم X [yastaʒnifu] gegen das Urteil berufen

يؤ مّن II [yuʒamminu] versichern

حريق [ḥarīq] Brand

Pl. حرائق [ḥarāʒiqu]

يعقد I [yaqqidu] knüpfen; abschließen (einen Vertrag)

معرفة [maçrifa] Kenntnis, Bekannter

Pl. معارف [maçārifu]

يؤلّف II [yuʒallifu] bilden, verfassen, komponieren

رواية [riwāya] Erzählung, Roman (Pl. ات)

رواية بوليسيّة [riwāya būlīsīya] Kriminalroman

رواية مسرحيّة [riwāya masraḥīya] Theaterstück, Drama

تصدر I [yaṣduru] hervorkommen, erscheinen (Buch)

حالّا [ḫālīyan] derzeit, zur Zeit

يمكن IV [yumkinu] befähigen,
in den Stand setzen
(s. Anm.)

يؤدّى II [yuʒaddī] durchführen,
erledigen

فى خلال [fī ḫilāl(i)] binnen, während

ممكن [mumkin] möglich

عظيم [ʕaʒīm] großartig, herrlich

Pl. عظماء [ʕuʒamāʒu]

يؤلم IV [yuʒlimu] schmerzen,
weh tun

يخشى I [yaḫšā] fürchten
Pf. خشى [ḫašiya]

يخطى IV [yuḫṭiʒu] sich irren,
einen Fehler machen

يؤاخذ III [yuʒāḫiḏu] übelnehmen

آخذنى عليه [ʒāḫaḏa-nī ʕalay-hi]
er nahm es mir übel,
er war mir deswegen
böse

Anmerkung: Das Verb يمكن dient als Entsprechung unseres Verbs „können".
يمكننى أن أفعله (yumkinu-nī ʒan ʒafʕala-hū) „ich kann es tun". أمكننى أن أفعله
(ʒamkana-nī) „ich konnte es tun"

ÜBUNG 26.1

١ – لقد بيعت تلك الأقمشة التى استوردت من ألمانيا قبل عدة أيام.
٢ – شروق الشمس فى الصحراء منظر لا يوصف. ٣ – من فضلك زن هذا
الطرد وقل لى وزنه. يجب أن تزنى الرسالة التى تريدين إرسالها بالبريد الجوى.
٤ – سعيد وطاهر ورثا من والدهما نقودا كثيرة. ٥ – يا سعد لا يجوز أن
توقف سيارتك هنا. إسمح لى أن أدلّك على موقف السيارات. ٦ – صفوا لى ما
رأيتم. ضعى التبغ فى الدرج. ثق بأصدقائك. ٧ – فى منتصف الليل أوقدت
النار فى أحد منازل القرية. من الذى أوقد النار فيه؟ ٨ – أخفيتُ الأوراق
فى الخزانة كى لا يجدها رجال الشرطة. ٩ – أنا أريته كل الأوراق التى توجد
عندى لكى يصدّقنى ويفهم القضية كلها. ١٠ – من الذى حيّاك ومن الذى
حيّيته؟ أنا أرسل لك أجمل تحياتى.

ÜBUNG 26.2

II[yuʒaġġiru] „vermieten", III[yuʒāziru] „unterstützen (Infinitiv:
[muʒāzara]), IV[yuʒsifu] „betrüben, kränken", V[yataʒassafu]

327

„traurig sein, sich kränken" (über = على) VI[yataʒāmaru] „sich
verschwören" (gegen = على), X[yastaʒǧiru] „mieten".
Übertragen Sie diese Formen in arabische Schrift und bilden Sie zu
jedem Verb in Umschrift und in arabischer Schrift das passive Imperfekt (Indikativ), das aktive und das passive Perfekt, den Imperativ, das aktive Partizip und den Infinitiv. Übersetzen Sie auch alle
diese Formen!

ÜBUNG 26.3

Bilden Sie in Umschrift und in arabischer Schrift vom Verb يهنّى
II [yuhanniʒu] „beglückwünschen" das aktive und das passive Partizip. Bilden Sie auch die feminine Form und setzen Sie maskuline und
feminine Form in den Dual und den gesunden Plural. (Zusammen
zwölf Formen.)

ÜBUNG 26.4

١ – محامى المحكوم عليه قدّم استئناف الحكم. ألحكم استؤنف. ٢ – أُريد
أن أُؤمّن بيتى ضدّ الحريق. أُريد أيضا أن أعقد تأمينا على حياتى. ٣ – أحد
معارفى مؤلّف الروايات البوليسية وصدر كتابه الأخير منذ شهر. وحاليا يكتب
رواية مسرحية. ٤ – هل يمكنكم أن تؤدّوا هذا العمل فى خلال الأسبوع
القادم؟ نحن متأسّفون لأن هذا ليس من الممكن. ٥ – إسمح لى أن أهنّئك
على نجاحك العظيم. وكل أصدقائك يريدون أن يهنّئوك عليه. ٦ – ماذا
يؤلمك؟ تؤلمنى يدى اليمنى وعيناى تؤلمانني أيضا. ٧ – ألقاضي برّأ المدّعى
عليهم .ألمدّعى عليهم برّئوا. ٨ – أخشى أنى أخطأت بعض المرات وأرجوك ألّا
تؤاخذنى على ذلك.

ABSCHNITT SIEBENUNDZWANZIG

1. Bedeutungen der Verbstämme: Grundstamm

In der arabischen Sprache zeigt sich ein bestimmter Grundbegriff im allgemeinen an drei Konsonanten in bestimmter Reihenfolge gebunden. Diese drei Konsonanten bilden eine *Wurzel*. Sie finden sich in allen Wörtern gemeinsamer Grundbedeutung und bilden die *Radikale* oder *Wurzelkonsonanten* dieser Wörter.

Betrachten wir als Beispiel die folgenden Wörter: يَحمِل [yaḥmilu] „er trägt", حَمل [ḥaml] „Tragen", حَمَل [ḥamala] „er trug", حِمل [ḥiml] „Last", مَحمول [maḥmūl] „getragen", حَمّال [ḥammāl] „Lastträger", أحمِل [ʒuḥammilu] „ich belade", حامِل [ḥāmil] „tragend", مُحمّل [muḥammal] „beladen (Part.)", حُمولة [ḥumūla] „Tragfähigkeit", إحمِل [ʒiḥmil] „trag!", تَحميل [taḥmīl] „Beladung", حُمِلَ [ḥumila] „er wurde getragen" usw. usw. Wir bemerken sofort die allen Wörtern gemeinsamen Radikale ḥ-m-l. Die aus diesen Radikalen gebildete Wurzel ḥ-m-l ist also das von der arabischen Sprache aufgebotene Mittel zur Bezeichnung des Grundbegriffs „tragen". Freilich ist „tragen" bereits ein fertiges deutsches Wort. Umständlicher, aber genauer müssen wir sagen: ḥ-m-l ist das Symbol der arabischen Sprache dafür, was wir im Deutschen als den Wörtern „trägt", „Tragen", „trug" usw. gemeinsam empfinden. Dies muß grundsätzlich klargemacht werden. Im weiteren verwendet man jedoch der Einfachheit halber meist deutsche Infinitive, um die Bedeutungen arabischer Wurzeln anzugeben.

Ersetzen wir die Radikale einer arabischen Verb- oder Nominalform durch Leerstellen—Symbole (z. B. L, M, N), dann ergibt sich die „reine" Form des betreffenden Wortes. Diese Form repräsentiert das, was allen Wörtern gleichen Baues gemeinsam ist. So ist z. B. m a L M a N die Form, die den Substantiven مسرح „Theater", متحف „Museum", مطعم „Restaurant", مصنع „Fabrik", مكتب „Büro", مطبخ „Küche" u. a. gemeinsam ist. Es ergibt sich die Frage, ob auch die Formen ebenso wie die Wurzeln bestimmte, angebbare Bedeutungen haben. In besonderen Fällen ist diese Bedeutung leicht anzugeben. So haben wir z. B. schon in Abschnitt 25 gesehen, daß die Form m a L M a N die Grundbedeutung eines Ortes hat, an dem eine Aktivität vor sich geht. Allgemein ist aber die Frage nach Bedeutungen der arabischen Formen viel schwieriger als die nach den Bedeutungen der Wurzeln und soll hier nicht weiter behandelt werden. Uns interessiert hier vielmehr nur die Frage nach den Grundbedeutungen der Verbstämme, d. h. nach der Art und Weise, wie ein Stamm die Grundbedeutung einer Wurzel faßt, warum etwa das Verb im Grundstamm zur Wurzel ḥ-m-l „tragen", im II. Stamm jedoch „beladen" bedeutet.

Beim *Grundstamm* lassen sich drei Bedeutungstypen unterscheiden, die durch den *Perfekt-Vokal* charakterisiert werden: Verben mit a-Perfekt (Form L a M a N a) wie [kataba] „er schrieb", Verben mit i-Perfekt (Form L a M i N a) wie [šariba] „er trank", Verben mit u-Perfekt (Form L a M u N a) wie [kabura] „er war od. wurde groß". Zu einem a-Perfekt kann *a, i* oder *u* als Imperfekt-Vokal gehören. Diese Gruppe, die umfangreichste der drei, enthält Verben, die einmalige Aktionen und Handlungen beschreiben. Die zweite Gruppe (Perfekt-Vokal i) enthält vorwiegend Verben, die andauernde Tätigkeiten, Zustände oder vorübergehende Eigenschaften. beschreiben. Der Imperfekt-Vokal ist *a,* sehr selten auch *i.* Die dritte Gruppe (Perfekt-Vokal u) besteht aus Verben, die dauernde, wesentliche Eigenschaften bezeichnen. Der Imperfekt-Vokal ist stets *u.* Während diese dritte Gruppe bzw. die PerfektForm L a M u N a eine klar gekennzeichnete Grundbedeutung hat („Annehmen oder Besitzen einer dauernden Eigenschaft"), ist dies bei den anderen beiden Gruppen (Perfekt-Formen L a M a N a und L a M i N a) nicht der Fall. Die Unterscheidung „Aktionen" und „Tätigkeiten, Zustände" ist nur grundsätzlich bedeutsam. Praktisch finden sich zu viele Ausnahmen und Verschiebungen.

Kombinieren wir Perfekt- und Imperfekt-Vokale, dann finden wir sechs Typen von Verben im Grundstamm:

Perfekt-Vokal	Imperfekt-Vokal			Beispiel		
a	a	سَأَل	[saʒala]/	يَسْأَل	[yasʒalu]	fragen
a	i	حمل	[ḥamala]/	يحمل	[yaḥmilu]	tragen
a	u	ترك	[taraka]/	يترك	[yatruku]	lassen
i	a	فهم	[fahima]/	يفهم	[yafhamu]	verstehen
i	i	ورث	[wariṭa]/	يرث	[yariṭu]	erben
u	u	صغر	[ṣaɣura]/	يصغر	[yaṣɣuru]	klein sein

Viele Verben des a-Perfekts können mit zwei oder sogar drei Imperfekt-Vokalen gebraucht werden. Z. B. lautet das Imperfekt zu نَسَجَ [nasaǧa] „er webte": يَنْسِجُ [yansiǧu] oder [yansuǧu], zu طَبَخَ [ṭabaḫa] „er kochte": يَطْبَخُ [yaṭbaḫu] oder [yaṭbuḫu]. Auch können zu einer Wurzel zwei (oder auch drei) durch ihren Perfekt-Vokal unterschiedene Verben gebildet werden, die von derselben oder auch von verschiedener Bedeutung sein können. Da sich praktisch anwendbare Regeln hierüber nicht aufstellen lassen, gehen wir auf Einzelheiten nicht ein.

Bevor wir auf die abgeleiteten Stämme übergehen, führen wir zwei wichtige Begriffe ein. Wir sprechen von einem reflexiven Verb, wenn die Verbbedeutung auf das Subjekt rückwirkt: „er wäscht sich", „er kauft sich". Hier besteht nun ein wesentlicher Unterschied, den wir bei der Bildung der ersten Person erkennen: „ich wasche *mich*", aber „ich kaufe *mir*". Im ersteren Falle sagen wir, es handle sich um ein *Akkusativ-Reflexiv*, bei dem die Verbhandlung am Subjekt selbst vollzogen wird („sich fragen", „sich ärgern"). Im zweiten Fall sprechen wir von einem *Dativ-Reflexiv*, bei dem die Handlung *für* das Subjekt vollzogen wird („sich (etwas) einbilden", „sich (etwas) aneignen").

2. Siebenter und achter Stamm

Die Grundbedeutung des VII. Stammes ist die eines *Akkusativ-Reflexivs* zur Bedeutung des Grundstamms. Daraus entwickelt sich meist eine rein *passive* Bedeutung.

I. Stamm	*VII. Stamm*
يَكْشِفُ [yakšifu] enthüllen	يَنْكَشِفُ [yankašifu] sich enthüllen, enthüllt werden
يَكْسِرُ [yaksiru] zerbrechen (etwas)	يَنْكَسِرُ [yankasiru] zerbrechen (selbst), zerbrochen werden
يَهْزِمُ [yahzimu] in die Flucht schlagen	يَنْهَزِمُ [yanhazimu] in die Flucht geschlagen werden, unterliegen
يَقُودُ [yaqūdu] leiten, führen	يَنْقَادُ [yanqādu] geleitet, geführt werden

Da vom Grundstamm auch eigene Passiv-Formen gebildet werden, wird der VII. Stamm viel seltener gebildet, als es seine Bedeutung erwarten ließe.

Auch der VIII. Stamm hat reflexive Bedeutung, kann aber sowohl das *Akkusativ-* wie das *Dativ-Reflexiv* zum Grundstamm bedeuten, bei einem bestimmten Verb freilich nur eines der beiden.

I. Stamm	*VIII. Stamm* (Akkusativ-Reflexiv)
يَشْغَل [yašġalu] beschäftigen	يَشْتَغِل [yaštaġilu] sich beschäftigen
يَجْمَع [yaġmaçu] sammeln	يَجْتَمِع [yaġtamiçu] sich sammeln, sich versammeln
يَغْسِل [yaġsilu] waschen	يَغْتَسِل [yaġtasilu] sich waschen
	(Dativ-Reflexiv:)
يَكْشِف [yakšifu] enthüllen	يَكْتَشِف [yaktašifu] für sich enthüllen, entdecken
يَشْرِى [yašrī] kaufen	يَشْتَرِى [yaštarī] für sich einkaufen
يَكْسِب [yaksibu] erwerben	يَكْتَسِب [yaktasibu] für sich erwerben

Die Beispiele zeigen, daß der VIII. Stamm als Dativ-Reflexiv die Grundbedeutung nur geringfügig ändert und dem I. Stamm in der Bedeutung sehr ähnlich ist. Allerdings entwickelt sich zuweilen aus der Bedeutung des Dativ-Reflexivs auch eine neue, unvorhersehbare Bedeutung, die mit dem Grundstamm nur mehr wenig gemein hat, wie bei:

يَنْظُر [yanẓuru] schauen	يَنْتَظِر [yantaẓiru] warten
يَعْقِد [yaçqidu] knüpfen	يَعْتَقِد [yaçtaqidu] glauben, meinen
يَسْلَم [yaslamu] (Pf.i) unversehrt sein	يَسْتَلِم [yastalimu] erhalten

3. Zweiter und fünfter Stamm

Die Grundbedeutung des II. Stammes ist die der *Intensivierung* der Bedeutung des Grundstammes:

I. Stamm	*II. Stamm*
يَكْسِر [yaksiru] zerbrechen	يُكَسِّر [yukassiru] zerschmettern
يَقْتُل [yaqtulu] töten	يُقَتِّل [yuqattilu] niedermetzeln

Diese Grundbedeutung liegt jedoch nicht häufig vor. Meist entwickelt
sich daraus eine *kausative* (verursachende) Bedeutung. Der II. Stamm
bedeutet dann: „dazu veranlassen, die Grundstamm-Bedeutung auszuführen"

يَصلَح [yaṣlaḥu] in Ordnung   يُصلِّح [yuṣalliḥu] in Ordnung bringen, repa-
sein   rieren

يَنظُف [yanẓufu] (Pf. u)   يُنظِّف [yunaẓẓifu] säubern
sauber sein

يَنام [yanāmu] schlafen   يُنوِّم [yunawwimu] einschläfern

يَدرُس [yadrusu] lernen   يُدرِّس [yudarrisu] lehren

يَشرَب [yašrabu] trinken   يُشرِّب [yušarribu] tränken

يَعلَم [yaʿlamu] wissen   يُعلِّم [yuʿallimu] lehren

يَذكُر [yaḏkuru] sich erinnern   يُذكِّر [yuḏakkiru] (jemanden) erinnern

Seltener ist der II. Stamm *deklarativ* oder *ästimativ*, d. h. er bedeutet:
„(jemanden) zu dem erklären oder als das ansehen, was das aktive
Partizip des Grundstamms bedeutet": يُكذِّب [yukaḏḏibu] „für einen
Lügner halten, zu einem Lügner erklären" von كاذب [kāḏib] „lügend,
Lügner" zu يَكذِب [yakḏibu] „lügen".
يُصدِّق [yuṣaddiqu] „für glaubwürdig halten, glauben (eine Sache, einer
Person)" von صادق [ṣādiq] „wahrhaftig" zu يَصدُق [yaṣduqu] „die
Wahrheit sprechen".
Der II. Stamm kann auch *denominativ* gebraucht werden, d. h. Ver-
ben von Nomen ableiten: يُصوِّر [yuṣawwiru] „abbilden, photographie-
ren" zu صورة [ṣūra] „Bild, Photo", يُجلِّد [yuǧallidu] „einbinden (Buch)"
von جلد [ǧild] „Haut, Leder".
Der V. Stamm hat die Bedeutung eines *Akkusativ-Reflexivs* zur Bedeutung des II. Stammes:

    II. Stamm   *V. Stamm*

يُغيِّر [yuġayyiru] verändern   يَتغيَّر [yataġayyaru] sich verändern

يُزوِّج [yuzawwiǧu] verheiraten   يَتزوَّج [yatazawwaǧu] sich verheiraten, hei-
                                                raten

يُعوِّد [yuʿawwidu] gewöhnen   يَتعوَّد [yataʿawwadu] sich gewöhnen
(an = على)

يُؤخِّر [yuʾaḫḫiru] verzögern   يَتأخَّر [yataʾaḫḫaru] sich verzögern, sich
                                                verspäten

4. Dritter und sechster Stamm

Der III. Stamm bezieht die Bedeutung des Grundstamms auf eine Person. Bedeutet dieser „so sein", dann der III.: „sich so (gegen jemanden) verhalten". Bedeutet der Grundstamm „etwas tun", dann der III.: „etwas in Bezug auf jemanden (für oder gegen diesen) tun". Die Person (oder Sache), auf die der III. Stamm die Grundstamm-Bedeutung bezieht, ist stets Akkusativ-Objekt des Verbs im III. Stamm.

I. Stamm	*III. Stamm*
يكتب [yaktubu] schreiben	يكاتب [yukātibu] schreiben (an jemanden), korrespondieren (mit jem.)
يعمل [yaçmalu] arbeiten, handeln	يعامل [yuçāmilu] behandeln, verfahren (mit jem.)
يجلس [yağlisu] sitzen	يجالس [yuğālisu] zusammensitzen (mit jem.), Gesellschaft leisten
يلين [yalīnu] weich, mild sein	يلاين [yulāyinu] mild, sanft behandeln
يخشن [yaḫšunu] (Pf. u) rauh, grob sein	يخاشن [yuḫāšinu] rauh, grob behandeln, grob sein (mit jem.)
يضيق [yaḍīqu] eng sein	يضايق [yuḍāyiqu] beengen, bedrücken, stören

Manchmal drückt der III. Stamm auch nur das Bestreben oder den Versuch aus, die Bedeutung des Grundstamms auf eine Person zu beziehen:

يقتل [yaqtulu] töten	يقاتل [yuqātilu] zu töten versuchen, bekämpfen
يسبق [yasbiqu] zuvorkommen	يسابق [yusābiqu] zuvorzukommen versuchen, wetteifern (mit jem.)

Der VI. Stamm hat die Bedeutung eines Akkusativ-Reflexivs zum III. Stamm. Daraus entwickelt sich meist die *reziproke* Bedeutung des „einander". Die Bedeutung des Grundstamms wird von mindestens zwei Personen aufeinander bezogen:

III. Stamm	*VI. Stamm*
يقاتل [yuqātilu] bekämpfen	يتقاتل [yataqātalu] einander bekämpfen
يعاون [yuçāwinu] unterstützen	يتعاون [yataçāwanu] einander unterstützen, zusammenarbeiten

334

In dieser reziproken Bedeutung muß das Subjekt eines Verbs im VI. Stamms natürlich ein Plural (oder Dual oder Singular kollektiver Bedeutung) sein. Häufig verblaßt aber die reziproke Bedeutung und der VI. Stamm wird dem III. bzw. I. Stamm in seiner Bedeutung sehr ähnlich. Dann kann das Subjekt natürlich auch ein Singular sein: يتعارف [yataçārafu] „einander kennenlernen" oder einfach: „kennenlernen", يتفاهم [yatafāhamu] „einander verstehen" oder einfach: „sich verständigen".

Zuweilen hat der VI. Stamm die Bedeutung „sich stellen als ob" zum Grundstamm:

I. Stamm	III. Stamm
يمرض [yamraḍu] (Pf.i) krank sein, erkranken	يتمارض [yatamāraḍu] sich krank stellen
ينام [yanāmu] schlafen	يتناوم [yatanāwamu] sich schlafend stellen

5. Vierter und zehnter Stamm

Die Bedeutung des IV. Stammes ist *kausativ* zur Grundstamm-Bedeutung. Kommen daher zu einem Grundstamm sowohl II. wie IV. Stamm vor, dann sind die beiden oft gleichbedeutend oder doch sehr ähnlich in ihrer Bedeutung.

I. Stamm	IV. Stamm
يجلس [yağlisu] sitzen	يجلس [yuğlisu] setzen
يقف [yaqifu] stehen	يوقف [yūqifu] stoppen
يحزن [yaḥzanu] (Pf. i) traurig sein	يحزن [yuḥzinu] betrüben, kränken
يعود [yaçūdu] zurückkehren	يعيد [yuçīdu] zurückbringen
يبكي [yabkī] weinen	يبكي [yubkī] zum Weinen bringen
يرى [yarā] sehen	يري [yurī] zeigen (= (jemanden etwas) sehen lassen)

Wie der II. ist auch der IV. Stamm zuweilen *denominativ:* يزهر [yuzhiru] „blühen" von زهر [zahr] „Blumen, Blüten", يثمر [yuṯmiru] „Früchte tragen" von ثمر [ṯamar] „Früchte".

Die Bedeutung des X. Stammes ist die eines *Akkusativ-* oder *Dativ-Reflexivs* zur Bedeutung des IV. Stammes. Häufig bedeutet aber der X. Stamm nur das Streben, den Versuch, die Bedeutung des IV. Stammes zu erreichen. Der X. Stamm hat dann *desiderative* (wünschende) Bedeutung.

I. Stamm	*X. Stamm*
يغفر [yaġfiru] verzeihen	يستغفر [yastaġfiru] um Verzeihung bitten (= anstreben, (jemanden) zum Verzeihen zu bitten)
يفهم [yafhamu] verstehen	يستفهم [yastafhimu] sich erkundigen
يعمل [yaçmalu] arbeiten	يستعمل [yastaçmilu] verwenden (= für sich arbeiten lassen)

IV. Stamm

يعين [yuçīnu] helfen	يستعين [yastaçīnu] um Hilfe bitten
يريح [yurīḥu] ausruhen lassen	يستريح [yastarīḥu] sich ausruhen, rasten

Aus der desiderativen Bedeutung entwickelt sich beim X. Stamm manchmal eine *deklarative* Bedeutung (wie beim II. Stamm): يستحسن [yastaḥsinu] „für schön, gut (= حسن [ḥasan]) halten, billigen", يستقبح [yastaqbiḥu] „für häßlich (= قبيح [qabīḥ]) halten, mißbilligen".

6. Zusammenfassung der Verbstämme

Mit den oben angegebenen Grundbedeutungen der Verbstämme haben wir nur sehr allgemeine Leitlinien angegeben, nicht etwa Regeln, nach denen man die Bedeutung eines abgeleiteten Stammes eindeutig bestimmen könnte, sofern die Bedeutung des Grundstamms bekannt ist. Derartige Regeln lassen sich nicht aufstellen. Was wir angegeben haben, soll aber helfen, nachträglich die Bedeutung eines abgeleiteten Stammes zu verstehen, sofern die Grundbedeutung seiner Radikale aus anderem Zusammenhang her bekannt ist. Damit ergeben sich willkommene Gedächtnisstützen. Dazu kommt auch, daß die geistige Arbeit, die aufgewendet werden muß, um die begrifflichen Zusammenhänge von Wörtern (insbes. Verben) mit denselben

Radikalen, aber verschiedener Form zu verstehen und „nachzuempfinden", Vertrautheit mit dem arabischen Sprachdenken und viele Einblicke in das Wesen der arabischen Sprache verschafft. In diesem Zusammenhang sei besonders nachdrücklich auf den großen Nutzen hingewiesen, den Sie aus einem Lesen in einem arabischen Wörterbuch gewinnen, wo die zu einer Wurzel vorkommenden Verbstämme hintereinander angeordnet sind und so die Bedeutungszusammenhänge vor Augen geführt werden.

Auf folgende Einzelheiten bei der Stammbildung soll noch besonders hingewiesen werden:

1) Der IX. Stamm fällt aus dem Zusammenhang der übrigen Stämme heraus. Ihn haben wir schon in Abschnitt 13, Punkt 1, besprochen.

2) Die Wurzel selbst liefert keine Anhaltspunkte dafür, in welchen Stämmen Verben dieser Wurzel gebildet werden. (Eine Regel ist allerdings, daß kein VII. Stamm von Wurzeln gebildet wird, deren erster Radikal ʒ, w, y, r, l, n ist.) Alle Stämme werden von keiner Wurzel gebildet, und von wenigen Wurzeln sind mehr als vier abgeleitete Stämme in häufigem Gebrauch.

3) Eine Wurzel kann mehrere, begrifflich nicht zusammenhängende Grundbedeutungen in sich vereinen. Diese können in ein und demselben Stamm nebeneinander vorkommen, wie z. B. in بَرَدَ I[yabrudu] „kalt sein, sich abkühlen" und „feilen". Sie können aber auch verursachen, daß verschiedene Stämme in ihren Bedeutungen völlig divergieren, wie z. B. ذَهَبَ I [yaḏhabu] „gehen" und ذَهَّبَ II [yuḏahhibu] „vergolden" oder ضَعُفَ I [yaḍçufu] (Pf. u.) „schwach sein" und ضَاعَفَ III[yuḍāçifu] „verdoppeln". (Man spricht hier von *homonymen Wurzeln*. Z. B. sind die Wurzeln ḏ-h-b „gehen" und ḏ-h-b „Gold" zueinander homonym.)

7. Nominalbildung: Nomen vicis

An die Infinitive der Verben kann die Endung ﺓ angefügt werden, um die Einmaligkeit der Ausführung der Verbbedeutung zu bezeichnen. (Dies bedeutet, daß der Infinitiv als Nomen kollektiver Bedeutung aufgefaßt und dazu das Nomen unitatis gebildet wird.) Beispiele:

Zu ضَرْب [ḍarb] Schlagen:

ضَرْبة [ḍarba] Schlag (= ein einmaliges Schlagen)

Zu دفع [dafˁ] Stoßen, Zahlen:

دفعة [dafˁa] Stoß, (einmalige) Zahlung

Zu مرّ [marr] Vorübergehen:

مرّة [marra] einmaliges Vorübergehen, Mal

Man bezeichnet dieses vom Infinitiv mit der Endung ة gebildete Nomen als das zugehörige *Nomen vicis* („Nomen des einen Males"). Es ist nicht so häufig, wie es seine Bedeutung vermuten ließe. Meist steht der Infinitiv auch dann, wenn Einmaligkeit vorliegt und das Nomen vicis am Platze wäre. Vergleichsweise häufig ist es vom Infinitiv des Grundstamms mit der Form L a M N (obige Beispiele).

8. Nominalbildung: Deminutiv

Zu dreiradikaligen Nomen kann ein Deminutiv (Verkleinerungsform) mit der Form L u M a y N gebildet werden: كلب [kulayb] „Hündchen" von كلب [kalb] „Hund", Pl. كلاب [kilāb], رجيل [ruğayl] „Männchen" von رجل [rağul] „Mann", حسين [ḥusayn] „kleiner Schöner" (männl. Name mit zärtlicher Verkleinerung) von حسن [ḥasan] „schön". Die Deminutive männlicher Personen haben den gesunden männlichen Plural, die übrigen Deminutive den gesunden weiblichen. Feminine Substantive (auch diejenigen ohne Endung ة) bilden ein Deminutiv mit der Form L u M a y N a t: شجيرة [šuğayra] „Bäumchen" von شجرة [šağara] „Baum". Auf verschiedene unregelmäßige Deminutive und die Deminutive vierradikaliger Nomen gehen wir nicht ein. Merken Sie aber die Form يابنيّ [yā bunay-ya] „mein lieber Sohn!" (genauer: „mein Söhnchen!"), die viel gebrauchte Anrede der Eltern an ihren Sohn.

WORTLISTE 27

entfällt. Dafür sind die Beispielverben in den Punkten 2—5 zu lernen, mit denen die Bedeutungen der Verbstämme eingeprägt werden.

ÜBUNG 27 +

Mit den Wurzeln ḫ-l-f, ḏ-k-r und ṣ-l-ḥ werden acht bzw. neun Verbstämme gebildet. Diskutieren Sie das Zustandekommen der nachfolgend angegebenen Bedeutungen und bilden Sie selbst Imperfekt und Perfekt der Stämme, soweit nicht im folgenden angegeben.

1) ḫ-l-f: يخلف I [yaḫlufu] „Nachfolger sein, hinten nachfolgen, zurückbleiben"

II „zum Nachfolger bestellen; hinter sich zurücklassen"
III „in Widerspruch stehen (zu jem., zu etw.)"
IV „hinterlassen (Kinder)"
V „zurückbleiben"
VI „untereinander verschiedener Meinung sein"
VIII „sich unterscheiden (von = عن)"
X „zum Nachfolger od. Stellvertreter bestimmen"

2) ḏ-k-r: يذكر I [yaḏkuru] „denken (an etw.), erwähnen, nennen"
II „erinnern"
III „verhandeln, beraten (mit jem.)"
IV „erinnern"
V „sich erinnern, denken (an etw.)"
VI „miteinander beraten"
VIII يذّكر [yaddakiru] (mit gegenseitiger Assimilation von ḏ und t) „sich erinnern, denken (an etw.)"
X „im Gedächtnis behalten, auswendig können"

3) ṣ-l-ḥ: يصلح I [yaṣlaḥu] „gut, richtig, in Ordnung sein"
II „verbessern, reparieren"
III „Frieden schließen, sich versöhnen (mit jem.)"
IV „in Ordnung bringen, reparieren"
V „repariert werden, in Ordnung sein"
VI „miteinander Frieden schließen"
VII „in Ordnung gebracht werden, verbessert werden"
VIII يصطلح [yaṣṭaliḥu] „sich versöhnen"
X „gut, in Ordnung finden, als passend ansehen"

(Die Stämme werden z.T. in noch anderen Bedeutungen gebraucht.)

ABSCHNITT ACHTUNDZWANZIG

1. Geminierte Verben: Imperfekt und Imperativ

Die geminierten Verben bilden den letzten Sonderfall des dreiradikaligen Verbs, der zu besprechen übrig bleibt. Wir nennen eine dreiradikalige Wurzel und dementsprechend ein mit dieser gebildetes Verb
geminiert, wenn derselbe Konsonant als zweiter und als dritter Radikal auftritt: M = N. Die drei Radikale einer geminierten Wurzel
bezeichnen wir im folgenden mit L, M, M (wobei sich auch einige nicht
sinnlose Wörter ergeben).

Die Besonderheit der geminierten Verben liegt in dem Abwechseln
von „regulären" Formen, die ganz wie die von einem regelmäßigen
starken Verb lauten, wie z. B. سررت [sarartu] „ich habe erfreut", und
„geminierten" Formen, in denen die beiden gleichen Radikale zusammenrücken und ohne trennenden Vokal aufeinander folgen, wie
z. B. سرّ [sarra] „er hat erfreut" statt des bei einem regelmäßigen
starken Verb zu erwartenden [sarara]. Bisher haben wir geminierte
Verben nur im Grundstamm kennengelernt. Mit geminierten Wurzeln
können jedoch Verben in allen Verbstämmen gebildet werden:

يسرّ‬ I [yasurru ← yasruru] „erfreuen, freuen"

يفرّ‬ I [yafirru ← yafriru] „fliehen"

يملّ‬ I [yamallu ← yamlalu] „verdrossen, gelangweilt, ärgerlich
sein"

يكرّر‬ II [yukarriru] „wiederholen"

يضادّ‬ III [yuḍāddu ← yuḍādidu] „sich widersetzen, widersprechen"

يحبّ‬ IV [yuḥibbu ← yuḥbibu] „lieben, gern haben"

يتكرّر‬ V [yatakarraru] „sich wiederholen, wiederholt werden"

يتضادّ‬ VI [yataḍāddu ← yataḍādadu] „einander entgegengesetzt sein"

ينصبّ‬ VII [yanṣabbu ← yanṣabibu] „ausgegossen werden, herausströmen"

يهتمّ‬ VIII [yahtammu ← yahtamimu] „sich kümmern (um = بـ),
sich interessieren (für = بـ)"

يستحقّ‬ X [yastaḥiqqu ← yastaḥqiqu] „verdienen (= einen Anspruch
haben)"

Am Ausgangspunkt des Pfeiles steht die Form, die sich bei einem
regelmäßigen starken Verb mit den gegebenen Radikalen ergeben

müßte. Das Bildungsgesetz, nach dem daraus die tatsächlichen geminierten Formen entstehen, besprechen wir erst im nächsten Abschnitt. Gehen wir die Verbstämme durch, dann sehen wir zunächst, daß der II. und V. Stamm sich nicht vom regelmäßigen starken Verb unterscheidet. In diesen beiden Stämmen sind alle Formen regulär. Wir können diese im folgenden übergehen. Desgleichen übergehen wir den VI. und VII. Stamm, die selten sind und deren Besonderheiten sich aus dem III. bzw. VIII. Stamm verstehen lassen. In den folgenden Übersichten berücksichtigen wir somit nur den I., III., IV., VIII. und X. Stamm.

In der Konjugation des Imperfekts und des Imperativs aller Stämme finden wir fast ausschließlich geminierte Formen. Regulär sind nur die femininen Plural-Formen mit Endung -na. Die endungslosen Formen von Jussiv und Imperativ können regulär gebildet werden: لم يَسرر [lam yasrur] „er hat nicht erfreut", doch ist dies in moderner Sprache ungebräuchlich. Werden sie geminiert, dann muß aber zur Verhinderung einer verbotenen Silbe (die sich z. B. in [yasurr] ergeben müßte] ein kurzer Vokal angehängt werden. Dieser kann a oder i, im Grundstamm mit Imperfekt-Vokal u auch u sein. Wir wählen durchwegs a: لم يَسُرّ [lam yasurra]. Damit fällt der Jussiv beim geminierten Verb in allen Formen mit dem Konjunktiv zusammen. Als Konjugationsbeispiele geben wir die Abwandlung des I. und des VIII. Stammes mit den Verben فَرَّ „fliehen" und يَهتَمّ „sich kümmern".

Die Imperative sind: فِرّ [firra], فِرّي [firrī], فِرّوا [firrū], إفرِرن [ʒifrirna], فِرّا [firrā]; إهتَمّ [ʒihtamma], إهتَمّي [ʒihtammī], إهتَمّوا [ʒihtammū], إهتَممن [ʒihtamimna], إهتَمّا [ʒihtammā].

Einige charakteristische Formen vom III., IV. und X. Stamm: Indikativ: يُضادّ [yuḍāddu], يُضادّون [yuḍāddūna], يُضادِدن [yuḍādidna]; يُحِبّ [yuḥibbu], يُحِبّون [yuḥibbūna], يُحبِبن [yuḥbibna]; يَستَحِقّ [yastaḥiqqu], يَستَحِقّون [yastaḥiqqūna], يَستَحقِقن [yastaḥqiqna].

Konjunktiv, Jussiv: يُضادّ [yuḍādda]; يُحِبّ [yuḥibba]; يَستَحِقّ [yastaḥiqqa].

Imperativ: ضادّ [dādda], ضاددن [dādidna]; أحِبّ [ʒaḥibba], أحبِبن [ʒaḥbibna]; إستَحِقّ [ʒistaḥiqqa], إستَحققن [ʒistaḥqiqna].

	Indikativ	Konjunktiv, Jussiv	Indikativ	Konjunktiv, Jussiv
Singular				
3.P. m.	[yafirru]	[yafirra]	[yahtammu]	[yahtamma]
3.P. f.	[tafirru]	[tafirra]	[tahtammu]	[tahtamma]
2.P. m.	[tafirru]	[tafirra]	[tahtammu]	[tahtamma]
2.P. f.	[tafirrīna]	[tafirrī]	[tahtammīna]	[tahtammī]
1.P.	[ʒafirru]	[ʒafirra]	[ʒahtammu]	[ʒahtamma]
Plural				
3.P. m.	[yafirrūna]	[yafirrū]	[yahtammūna]	[yahtammū]
3.P. f.	[yafirrna]	[yafirrna]	[yahtamimna]	[yahtamimna]
2.P. m.	[tafirrūna]	[tafirrū]	[tahtammūna]	[tahtammū]
2.P. f.	[tafirrna]	[tafirrna]	[tahtamimna]	[tahtamimna]
1.P.	[nafirru]	[nafirra]	[nahtammu]	[nahtamma]
Dual				
3.P. m.	[yafirrāni]	[yafirrā]	[yahtammāni]	[yahtammā]
3.P. f.	[tafirrāni]	[tafirrā]	[tahtammāni]	[tahtammā]
2.P.	[tafirrāni]	[tafirrā]	[tahtammāni]	[tahtammā]

Übung: Konjugieren Sie die Verben صَبَّ I [yaṣubbu] „eingießen",
صَرَّ IV [yuṣirru] „beharren, bestehen (auf = على)", يَحْتَجّ VIII [yaḥtaǧǧu]
„protestieren (gegen = على)", يَسْتَعِدّ X[yastaʿiddu] „sich bereit, fertig machen; bereit, fertig sein" in allen Formen von Imperfekt und
Imperativ.

2. Geminierte Verben: Perfekt

Im Perfekt finden wir folgende Formen der Beispielverben: سَرَّ [sarra]
„er erfreute", فَرَّ [farra] „er floh", مَلَّ [malla] „er langweilte sich",
ضَادَّ [dādda] „er widersetzte sich", أَحَبَّ [ʒaḥabba] „er liebte", إِهْتَمَّ
[ʒihtamma] „er kümmerte sich", إِسْتَحَقَّ [ʒistaḥaqqa] „er verdiente".
In der weiteren Konjugation finden wir geminierte Formen in der 3.
Person (mit Ausnahme der femininen Pluralform), reguläre Formen
in der 2. und 1. Person (und in der femininen Pluralform). Die vokalischen Formen sind somit geminiert, die konsonantischen regulär.
Als Beispiel folgt das Perfekt von فَرَّ „fliehen" und إِهْتَمَّ „sich kümmern":

Singular			
3.P.	m.	فَرَّ [farra]	إِهْتَمَّ [ʒihtamma]
	f.	فَرَّت [farrat]	إِهْتَمَّت [ʒihtammat]
2.P.	m.	فَرَرْت [fararta]	إِهْتَمَمْت [ʒihtamamta]
	f.	فَرَرْت [fararti]	إِهْتَمَمْت [ʒihtamamti]
1.P.		فَرَرْت [farartu]	إِهْتَمَمْت [ʒihtamamtu]
Plural			
3.P.	m.	فَرُّوا [farrū]	إِهْتَمُّوا [ʒihtammū]
	f.	فَرَرْن [fararna]	إِهْتَمَمْن [ʒihtamamna]
2.P.	m.	فَرَرْتُم [farartum]	إِهْتَمَمْتُم [ʒihtamamtum]
	f.	فَرَرْتُنَّ [farartunna]	إِهْتَمَمْتُنَّ [ʒihtamamtunna]
1.P.		فَرَرْنا [fararnā]	إِهْتَمَمْنا [ʒihtamamnā]
Dual			
3.P.	m.	فَرَّا [farrā]	إِهْتَمَّا [ʒihtammā]
	f.	فَرَّتا [farratā]	إِهْتَمَّتا [ʒihtammatā]
2.P.		فَرَرْتُما [farartumā]	إِهْتَمَمْتُما [ʒihtamamtumā]

Einige weitere Formen: von ضادَّ „sich widersetzen": ضادَّ [dādda], ضادَّت [dāddat], ضادَدتُ [dādadtu]; von بَحَ „lieben": أحَبَّ [ʒaḥabba], أحَبَّت [ʒaḥabbat], أحبَبتُ [ʒaḥbabtu]; von سَتحَقَّ „verdienen": إستحَقَّ [ʒis-taḥaqqa], إستحَقَّت [ʒistaḥaqqat], إستحقَقتُ [ʒistaḥqaqtu].
Beim Grundstamm kann zu einem Imperfekt-Vokal *a* der Perfekt-Vokal *i* gehören. Dieser scheint dann nur in den konsonantischen Formen auf: von مَلَّ „sich langweilen" lautet das Perfekt: مَلَّ [malla], مَلَّت [mallat], مَلِلتَ [malilta] usw.

3. Übersicht

Wir stellen die Formen des aktiven Imperfekts (Indikativ), des Imperativs und des aktiven Perfekts der geminierten Verben in allgemeiner Form zusammen. Der Vollständigkeit halber führen wir hier alle Stämme an. Beim Perfekt geben wir je eine vokalische und eine konsonantische Form.

GEMINIERTE VERBEN (1. TEIL)

	Imperfekt aktiv (Indikativ)	Imperativ		Perfekt aktiv
I. Stamm	yaLuMMu	LuMMa	LaMMa	LaMaMtu
	yaLiMMu	LiMMa	LaMMa	LaMaMtu
	yaLaMMu	LaMMa	LaMMa	LaMaMtu, LaMiMtu
II. Stamm	yuLaMMiMu	LaMMiM	LaMMaMa	LaMMaMtu
III. Stamm	yuLāMMu	LāMMa	LāMMa	LāMaMtu
IV. Stamm	yuLiMMu	ʒaLiMMa	ʒaLaMMa	ʒaLMaMtu
V. Stamm	yataLaMMaMu	taLaMMaM	taLaMMaMa	taLaMMaMtu
VI. Stamm	yataLāMMu	taLāMMa	taLāMMa	taLāMaMtu
VII. Stamm	yanLaMMu	ʒinLaMMa	ʒinLaMMa	ʒinLaMaMtu
VIII. Stamm	yaLtaMMu	ʒiLtaMMa	ʒiLtaMMa	ʒiLtaMaMtu
X. Stamm	yastaLiMMu	ʒistaLiMMa	ʒistaLaMMa	ʒistaLMaMtu

4. Temporalsätze

a) „WÄHREND"

Der Konjunktion „während" entspricht بَيْنَما [báynamā].

بَيْنَما أَقْرَأُ الجَرِيدَة أَشْرَب فِنْجانا مِن القَهْوة [finǧān] „während ich die Zeitung lese, trinke ich eine Tasse Kaffee" (NB.: arab. Verb im Indikativ!)
Dagegen ist „während" als Präposition im Arabischen أَثْناء [ʒatnāʒa], خِلال [ḫilāla] oder فِخِلال [fī ḫilāli]. Unterscheiden Sie genau:
بَيْنايَعمل „während er arbeitet", aber: أَثْناء عَمله „während seiner Arbeit"

b) „ALS", „WENN"

Die Konjunktion عِنْدَما [çíndamā] entspricht unserem „als" und „wenn, immer wenn". („wenn" in Bedingungssätzen besprechen wir erst im nächsten Abschnitt.)

عِنْدَما وَصَلت إِلى المَدِينة رَأَيْت الجُنود فِ جَمِيع المَيادِين „als ich in der Stadt ankam, sah ich (die) Soldaten auf allen Plätzen"

عِنْدَما أَقابِله أُحَيّه [ʒuqābilu-hū, ʒuḥayyī-hi] „wenn (immer wenn) ich ihn sehe, grüße ich ihn"
Statt عِنْدَما in der Bedeutung „als" kann auch لَمّا [lámmā] gebraucht werden:
لَمّا سَأَلَنى أَجَبته [ʒaǧabtu-hū] „als er mich fragte, antwortete ich ihm"

c) „NACHDEM"

„nachdem" entspricht بَعد أَن [baçda ʒan], worauf das Verb im Perfekt oder im Konjunktiv des Imperfekts folgt:

بَعد أَن أَنهى عَمله أَتى إِلَينا [ʒanhā, ʒatā] „nachdem er seine Arbeit beendet hatte, kam er zu uns"

بَعد أَن زُرنا مَحمودا ذَهَبنا إِلى أَحَد المَقاهى „nachdem wir Mahmud besucht hatten, gingen wir in ein Kaffeehaus"

بَعد أَن يَجِده مُحَمّد سَيَعطِينى إِياه [yaǧida-hū, sa-yuçṭi-nī] „nachdem Mohammed es gefunden haben wird (= wenn M. es gefunden hat), wird er es mir geben"

Die oben erwähnte Konjunktion لَّا kann auch unserem „nachdem"
entsprechen:

لَّا فهم طاهر الأمر شرحه لزميله „nachdem Tahir die Sache verstanden hatte,
erklärte er sie seinem Kollegen"

d) „BEVOR"

„bevor" ist قبل أن [qabla ʒan] mit folgendem Konjunktiv oder Perfekt:

قبل أن ابتدأ الفلم اشتريت السكاكر [ibtadaʒa, ištaraytu] „bevor der Film begann, kaufte ich Bonbons" (NB. سُكَّر [suk-
kar] „Zucker", Pl. سكاكر [sakākiru]
„Bonbons".)

إقطعوا التذاكر قبل أن تسافروا [ʒiqṭaçū, tusāfirū] „löst die Fahrkarten,
bevor ihr abfahrt".

Sehr häufig entspricht einem deutschen Temporalsatz mit den genannten Konjunktionen im Arabischen der Gebrauch eines Infinitivs
mit der entsprechenden Präposition:

قبل ابتداء الفلم [ibtidāʒ] „vor dem Beginn des Films", „bevor der Film
beginnt"

بعد حضور الضيوف [ḥuḍūr] „nach dem Erscheinen der Gäste", „nachdem
die Gäste erschienen waren"

أثناء إقامتنا فى مصر [ʒiqāmati-nā] „während unseres Aufenthalts in Ägypten", „während wir uns in Ä. aufhalten (oder: auf-
hielten)"

In diesen Beispielen läßt sich der arabische Ausdruck im Deutschen
nachbilden. Oft ist dies jedoch nicht möglich, wie z. B.

بعد شرب الضيوف القهوة [šurb] „nachdem die Gäste den Kaffee getrunken
hatten" (w.: „nach dem Trinken der Gäste den
Kaffee")

Anmerkung: لَّا kann auch „noch nicht" bedeuten. Das Verb folgt dann im
Jussiv: لَّا يصل (lammā yaṣil) „er ist noch nicht angekommen"

5. Generelle Verneinung

Die Negation ‏لا‏ wird auch (außer zur Verneinung von Verbformen) in der Bedeutung „es gibt nicht, es gibt kein" gebraucht. Das Nomen folgt darauf mit der (klassischen) Endung des determinierten Akkusativs -a (jedoch ohne Artikel!):

‏لا شك أنه مجنون‏ [lā šakk(a) ʒanna-hū maǧnūn] „es gibt keinen Zweifel (daran), daß er verrückt ist"

‏لا مفرّ من ذلك‏ [lā mafarr(a) min ḏālika] „es gibt keine Flucht davor, es ist unausweichlich"

‏لا بدّ من حضورك‏ [lā budd(a) min ḥuḍūri-ka] „es gibt keinen Ausweg aus deiner Anwesenheit" = „deine Anwesenheit ist unbedingt erforderlich"

‏لا معنى لهذه الجملة‏ [lā maʕnā] „dieser Satz ist sinnlos" (w.: „es gibt keinen Sinn für diesen Satz")

‏الجملة التى لا معنى لها‏ „der sinnlose Satz"

‏جملة لا معنى لها‏ „ein sinnloser Satz" (asyndetischer Relativsatz!)

‏لا بدّ‏ wird häufig als Entsprechung unseres Verbs „müssen" gebraucht:

‏لا بد أن تشتروا سيارة‏ [taštarū] „ihr müßt (unbedingt) ein Auto kaufen"

6. Nominalbildung: verschiedene Formen

a) FORM L a M M ā N

Nach dieser Form werden Nomen intensivierter Bedeutung gebildet, die meist adjektivisch gebraucht werden: ‏كذّاب‏ [kaḏḏāb] „lügnerisch, Lügner" zu ‏يكذب‏ I[yakḏibu] „lügen", ‏فعّال‏ [faʕʕāl] „wirksam" zu ‏يفعل‏ I[yafʕalu] „tun". Aus der Intensiv-Bedeutung entwickelt sich häufig die Bezeichnung der Person, die einen Beruf oder eine Tätigkeit ausübt: ‏فلّاح‏ [fallāḥ] „Bauer" zu ‏يفلح‏ I[yaflaḥu] „(den Boden) bebauen", ‏خبّاز‏ [ḫabbāz] „Bäcker" zu ‏يخبز‏ I[yaḫbizu] „backen", ‏حمّال‏ [ḥammāl] „Träger" zu ‏يحمل‏ I[yaḥmilu] „tragen", ‏بحّار‏ [baḥḥār] „Seemann" zu ‏بحر‏ [baḥr] „Meer", ‏طيّار‏ [ṭayyār] „Flieger" zu ‏يطير‏ I[yaṭīru] „fliegen", ‏خيّاط‏ [ḫayyāṭ] „Schneider" zu ‏يخيط‏ I[yaḫīṭu]

„nähen", فَرَّاء [farrāʒ ← farrāw] „Kürschner" zu فَرو [farw] „Pelz".
Der Plural dieser Form ist fast immer gesund männlich, doch findet
sich hier zuweilen auch die Pluralbildung mit Endung ة (s. Abschnitt
5, Punkt 3). Z. B. ist der Plural von بَحَّار : بَحَّارة [baḥḥāra] „Seeleute".
Alle diese Berufsbezeichnungen bilden – sofern es sinngemäß möglich
ist – eine feminine Form auf ة mit gesundem Plural: خَيَّاطة [ḫayyāṭa]
„Schneiderin" (Pl. ات). Daneben dient die Form L a M M ā N a t
zur Bezeichnung verschiedener Geräte und Vehikel: سَيَّارة [sayyāra]
„Auto" von سير I[yasīru] „fahren", دبّابة [dabbāba] „Panzerwagen,
Tank" von دبّ I[yadibbu] „kriechen", غوّاصة [ġawwāṣa] „Untersee-
boot" von يغوص I[yaġūṣu] „tauchen", فتّاحة [fattāḥa] „Öffner (für
Dosen usw.)" von يفتح I[yaftaḥu] „öffnen".

b) FORM L a M ī N

Nach dieser Form werden u.a. gebildet: a) Adjektive zur Beschreibung
dauernder, wesentlicher Eigenschaften. Der Plural wird häufig nach
der Form L i M ā N gebrochen: صغير [ṣaġīr] „klein, jung", Pl. صغار
[ṣiġār]. b) Substantive, die Personen in bestimmten Ämtern oder
Tätigkeiten bezeichnen. Der Plural wird häufig nach der Form L u-
M a N ā ʒ u gebrochen: وزير [wazīr] „Minister", Pl. وزراء [wuzarāʒu],
خبير [ḫabīr] „Experte", Pl. خبراء [ḫubarāʒu]. c) Adjektive passiver Bedeutung, denen im Deutschen oft das passive Partizip entspricht.
Der Plural wird zumeist nach der Form L a M N ā gebrochen: قتيل
[qatīl] „getötet", Pl. قتلى [qatlā], جريح [ġarīḥ] „verwundet", Pl. جرحى
[ġarḥā], أسير [ʒasīr] „kriegsgefangen", Pl. أسرى [ʒasrā]. Bemerkenswert ist, daß die Form L a M ī N die Endung ة nicht annimmt (wohl
aber auf feminine Substantive bezogen werden kann), wenn sie (unter c) passive Bedeutung hat:

رجل قتيل „ein getöteter Mann", und ebenso: إمرأة قتيل „eine getötete
Frau"

c) FORM L a M ū N

Nach dieser Form werden u.a. Adjektive aktivischer Bedeutung gebildet, die dadurch bemerkenswert sind, daß sie die Endung ة nicht

348

annehmen: فتاة لعوب [laçūb] „ein leichtfertiges Mädchen" zu يلعب I [yal-çabu] „spielen", إمرأة شكور [šakūr] „eine dankbare Frau" zu يشكر I [yaškuru] „danken".

Anmerkung: Außer von den Formen LaMīN in passiver und LaMūN in aktiver Bedeutung wird die Endung ة auch von denjenigen Adjektiven nicht angenommen, die ihrer Bedeutung nach nur auf weibliche Lebewesen bezogen sein können: حامل [ḥāmil] „schwanger (w.: tragend)", عاقر [çāqir] „unfruchtbar" u.a.

WORTLISTE 28

يعدّ IV [yuçiddu] vorbereiten

يهمّ IV [yuhimmu] angehen, interessieren

يتمّ IV [yutimmu] vollenden; durchführen

يملّ IV [yumillu] verdrießen, langweilen

سفير [safīr] Botschafter (diplom.)
Pl. سفراء [sufarāʒu]

يجري IV [yuǧrī] durchführen, erledigen

إجراء [ʒiǧrāʒ] Durchführung; Maßnahme (Pl. ات)

يتّخذ VIII [yattaḫiḏu] ergreifen

قرار [qarār] Beschluß (Pl. ات)

جيش [ǧayš] Heer, Armee
Pl. جيوش [ǧuyūš]

يحتلّ VIII [yaḥtallu] besetzen (insbes. ein Gebiet)

منطقة [minṭaqa] Gebiet, Provinz, Zone
Pl. مناطق [manāṭiqu]

مسألة [masʒala] Frage, Problem
Pl. مسائل [masāʒilu]

يستمرّ X [yastamirru] dauern
إستمرّ فى العمل [ʒistamarra fi-l-çamal] er setzte die Arbeit fort, fuhr mit der A. fort

يتطوّر V [yataṭawwaru] sich entwickeln

تطوّر [taṭawwur] Entwicklung (Pl. ات)

يضطرّ V [yaḍṭarru] zwingen, nötigen
إضطرّ نى إليه [ʒiḍṭarra-nī ʒilay-hi] er zwang mich dazu

كمبيالة [kumbiyāla] Wechsel (kaufm.) (Pl. ات)

يستحقّ الدفع [yastaḥiqqu ad-dafç] fällig sein od. werden (wörtl.: die Zahlung verdienen)

جائزة [ǧāʒiza] Belohnung, Prämie

Pl. جوائز [ǧawāziẓu]   Pl. زوّار [zuwwār]

فيِنّا (ف) [vīyánnā] Wien   فنجان [finǧān] Tasse

hier wie deutsches w   Pl. فناجين [fanāǧīnu]

ausgesprochen)   IV يطفئ [yuṭfiʒu] löschen

حقيبة [ḥaqība] Koffer   أرنب [ʒarnab] (fem.) Hase,

Pl. حقائب [ḥaqāʒibu]   Kaninchen

أقارب [ʒaqāribu] Verwandte   Pl. أرانب [ʒarānibu]

(Pl.)   مغطس [maǧṭis] Badewanne

الموصل [ʒal-mawṣil] Mosul   Pl. مغاطس [maǧāṭisu]

سفارة [sifāra] Botschaft (di-   إذ [ʒiḏ] (mit Verbalsatz)

plom.) (Pl. ات)   da

إجازة [ʒiǧāza] Erlaubnis; Ur-   I يخطر على باله [yaḫṭuru çalā bāli-hī]

laub (Pl. ات)   es fällt ihm ein, es

أثينا [ʒaṯīnā] Athen   kommt ihm in den Sinn

حيث [ḥayṯu] wo (relativ,   فكرة [fikra] Gedanke, Idee

nicht fragend)   Pl. أفكار [ʒafkār]

III يلاحظ [yulāḥiẓu] beobachten,   VIII يصطدم [yaṣṭadimu]zusammen-

bemerken   stoßen

صكّ [ṣakk] Scheck   إصطدم به [ʒiṣṭadama bi-hī] er

Pl. صكوك [ṣukūk]   stieß damit zusammen

سياحة [siyāḥa] Reise; Touris-   حادث اصطدام [ḥādiṯ iṣṭidām] Zu-

mus (Pl. ات)   sammenstoß (wörtl.:

صكّ سياحيّ [ṣakk siyāḥīy] Reise-   Unfall eines Zusam-

scheck   menstoßens)

زائر [zāʒir] Besucher   I يدلّ [yadullu] führen, leiten

ÜBUNG 28.1

١ – ألطلاب أعدّوا الدرسين الأول والثاني. أنا أعددت درسا واحدا فقط. يا
محمود أعدّ هذا الدرس. ٢ – أحببت أن أرى الموظّفة الجديدة. هل تحبّون
شرب القهوة؟ أنا أحبّ أن أجلس في الحديقة. ٣ – تلك القضية لا تهمّني.
زميلي سعيد أتمّ عمله وأنا أتممت عملي. ألمحاضرة الطويلة أملّتني كثيرا.
٤ – ألسفير احتجّ على الإجراءات التي اتّخذتها الحكومة. نحن احتججنا على

القرار. على ماذا يحتاجّ السيد؟ ٥ – ألجيش احتلّ المنطقة. ألجنود سيحتلّون هذه القرية. أرجوكم أن تهتمّوا بهذه المسألة. ٦ – جلسة اليوم ستستمرّ مدّة طويلة. الفلم استمرّ ساعتين. أنا أريد أن أستمرّ في دراستي. نحن استمررنا في العمل. ٧ – ألتطوّر اضطرّنا إلي هذه الإجراءات. ألكمبيالة استحقّت الدفع. ذلك الرجل يستحقّ جائزة ٨ – أنتم استحققتم ما أعطيتم. هل استعددت؟ يجب أن نستعدّ للرحلة إلى فيينا. أرجوك أن تعدّى الحقائب. ٩ – خطاب الرئيس أهمّنا كثيرا. ظننت أنّ أقاربك كلهم يعيشون في الموصل. مللت الإقامة هنا ١٠ – إستمرّ في عملك. إحتجّوا على ما قيل. أعدّوا الأرواق. دلّني إلى السفارة. إستعدّوا.

Anmerkung: Die Formen in Satz 10 sind als Imperative aufzufassen.

ÜBUNG 28.2

١ – بعد أن أمضيت الأيام العشرة الأولى من إجازتي في القاهرة سافرت بالطائرة إلى أثينا حيث بقيت أسبوعين. ٢ – عندما وصلت إلى المطار لاحظت أني نسيت الصكوك السياحية في درج طاولة الكتابة. ٣ – لمّا دخل الزائر سلّمعليّ فرحّبت به **وقدّمت** له فنجانا من القهوة. ٤ – يجب أن تطفئوا الضوء قبل أن تخرجوا من البيت. يجب أن تغلق الباب بعد أن تدخل إلى الغرفة. ٥ – عندما كنت في السوق صباح اليوم اشتريت زوجا من الأرانب ودزينة من الليمون. ٦ كنت جالسا في المغطس وإذ خطرت على بالي فكرة. كنت واقفا في الشارع وإذ حدث حادث اصطدام. ٧ – بعد أن أستلم الأشياء التي تحتاج اليها سأرسلها لك. حاول أن تجد النقود قبل أن يجدها شخص آخر.

ÜBUNG 28.3

1. Said muß ungefähr sechs Monate Deutsch lernen, bevor er in Deutschland zu studieren beginnt. 2. Lies diese beiden Artikel, die ich in einer deutschen Zeitschrift gefunden habe, bevor du dein Studium fortsetzt. 3. Ich möchte gegen das, was jener Herr gesagt hat, protestieren. Mir scheint, daß er sich um Dinge kümmert, die er nicht versteht. 4. Ich werde dir die Angelegenheit erklären, nachdem ich sie selbst verstanden habe. Ich kann sie dir nicht erklären, bevor ich sie genau verstehe. 5. Während die Frau in der Küche das Abendessen kocht, sitzt der Mann in der Badewanne und singt. 6. Als ich ihn sah, grüßte ich ihn. Wenn ich sie (Sg.) traf, grüßte ich sie. Grüße ihn, wenn du ihn triffst! 7. Lies die heutigen Zeitungen (= die Z. des Tages), bevor du jene Herren empfängst, die aus Jordanien kommen (= kamen). 8. Nachdem ich aufgewacht war, zog ich mich (= meine Kleider) an. Nachdem ich gefrühstückt (= mein Frühstück eingenommen) hatte, ging ich von zu Hause fort.

ABSCHNITT NEUNUNDZWANZIG

1. Geminierte Verben: Partizipien

Beim Grundstamm schwindet im aktiven Partizip (Form L ā M i N) das kurze i: سَارّ [sārr] „erfreuend, erfreulich", فَارّ [fārr] „fliehend, flüchtig". Das passive Partizip des Grundstamms wird regulär gebildet: مَسْرُور [masrūr] „erfreut, froh". In den abgeleiteten Stämmen bilden wir das aktive Partizip, indem wir das Präfix mu- vor den Imperfektstamm setzen: مُضَادّ [muḍādd] „sich widersetzend", مُحِبّ [muḥibb] „liebend", مُهْتَمّ [muhtamm] „sich interessierend, interessiert", مُسْتَحِقّ [mustaḥiqq] „verdienend". In den passiven Partizipien muß kurzes i (wo vorhanden) in a verwandelt werden: مُحَبّ [muḥabb] „geliebt", مُسْتَحَقّ [mustaḥaqq] „verdient". Im III. und VIII. Stamm, wo schon das aktive Partizip kurzes a hat, fällt das passive Partizip mit diesem zusammen: مُضَادّ [muḍādd] (auch:) „der, dem man sich widersetzt", مُهْتَمّ بِهِ [muhtamm bi-hī] „das, wofür man sich interessiert" (zu بِ erinnern Sie sich an Abschnitt 23, Punkt 6c). مُحْتَلّ [muḥtall]

ist – je nach Zusammenhang – sowohl „besetzend" wie „besetzt".
Beim aktiven Partizip des Grundstammes sowie bei vielen Formen
des III. und VI. Stammes ergeben sich ausnahmsweise überlange
Silben. Es ist dies eine der sehr wenigen Ausnahmen vom Silbenbau-
Prinzip, das langen Vokal mit Konsonant am Silbenschluß verbietet:
langes *ā* darf *vor geminiertem Konsonanten* stehen.

2. Geminierte Verben: Infinitive

Wird der Infinitiv des Grundstamms nach der Form L a M N gebildet, dann ist er von einem geminierten Verb unmittelbar geminiert
(ohne vom regelmäßigen starken Verb abzuweichen): عَدّ [çadd]
„Zählung" von عَدّ I [yaçuddu] „zählen". Andere Infinitive sind z.B.
سرور [surūr] „Freude", ملل [malal] „Verdruß, Langeweile", مفرّ [mafarr]
„Flucht". In den abgeleiteten Stämmen ist der Infinitiv regulär,
mit Ausnahme des III. Stammes (sofern das passive Partizip als
Infinitiv dient) sowie des VI. Stammes. Wir erhalten z.B. مُضادّة [muḍād-
da] „Gegensatz", إضرار [ʒiḍrār] „Schädigung" (zu ضرّ IV [yuḍirru]
„schädigen, schaden"), إهتمام [ʒihtimām] „Interesse", إستحقاق [ʒis-
tiḥqāq] „Verdienst, Fälligkeit (einer Schuld)".

3. Geminierte Verben: passive Formen

Das *passive Imperfekt* läßt sich sofort nach den Regeln in Abschnitt
24, Punkt 3 bilden: يُسرّ [yusarru] „er wird erfreut", يُضادّ [yuḍāddu]
„man widersetzt sich ihm", يُحبّ [yuḥabbu] „er wird geliebt", يهتمّ به
[yuhtammu bi-hī] „man befaßt sich mit ihm, kümmert sich um ihn,
interessiert sich für ihn", يُستحقّ [yustaḥaqqu] „er wird verdient (z.B.
der Betrag)".
Das *passive Perfekt* hat im Grundstamm kurzes *u*: سُرّ [surra ← surira]
„er wurde erfreut, freute sich", عُدّ [çudda] „er wurde gezählt". Im
III. Stamm ist das passive Perfekt regulär: ضودد [ḍūdida] „man widersetzte sich ihm" so wie غودر [ġūdira] „er wurde verlassen". In den
übrigen Stämmen finden wir: أُحبّ [ʒuḥibba] „er wurde geliebt",
أُهتمّ به [ʒuhtumma bi-hī] „man befaßte sich mit ihm", أُستحقّ [ʒustuḥiq-
qa] „er wurde verdient".

4. Zusammenfassung

GEMINIERTE VERBEN (2. TEIL)

	Partizip aktiv	Partizip passiv	Infinitiv	Imperfekt passiv	Perfekt passiv
I. Stamm	LāMM	maLMūM	LaMM (u.a.)	yuLaMMu	LuMMa
II. Stamm	muLaMMiM	muLaMMaM	taLMiM	yuLaMMaMu	LuMMiMa
III. Stamm	muLāMM	muLāMM	LiMāM, muLāMMat	yuLāMMu	LūMiMa
IV. Stamm	muLiMM	muLaMM	ʒiLMāM	yuLaMMu	ʒuLiMMa
V. Stamm	mutaLaMMiM	mutaLaMMaM	taLaMMuM	yutaLaMMaMu	tuLuMMiMa
VI. Stamm	mutaLāMM	mutaLāMM	taLāMM	yutaLāMMu	tuLūMiMa
VII. Stamm	munLaMM	(ungebräuch-lich)	ʒinLiMāM	(ungebräuchlich)	(ungebräuchlich)
VIII. Stamm	muLtaMM	muLtaMM	ʒiLtiMāM	yuLtaMMu	ʒuLtuMMa
X. Stamm	mustaLiMM	mustaLaMM	ʒistiLMāM	yustaLaMMu	ʒustuLiMMa

5. Geminationsgesetz

Wenn Sie einige repräsentative Formen der geminierten Verben mit
den entsprechenden Formen des regelmäßigen starken Verbs vergleichen, dann finden Sie die Wirkung des folgenden allgemeinen
Geminationsgesetzes:
Ein *kurzer* Vokal zwischen zwei gleichen Radikalen wird ausgestoßen,
wenn nach dem zweiten der beiden ein *Vokal* folgt. Der ausgestoßene
kurze Vokal wandert *vor* den ersten der beiden gleichen Radikale,
wenn dort nicht bereits ein Vokal steht.
Die Gemination muß jedoch unterbleiben, wenn vor dem ersten der
beiden gleichen Radikale langes *ī* oder langes *ū* steht. Nach langem *ā*
darf jedoch geminiert werden, wobei sich eine überlange Silbe ergibt.
Bei der Wirkung des Geminationsgesetzes können wir vier Hauptfälle unterscheiden:

I. [yasruru ← yasurru] Kurzes u wandert vor das erste der beiden r.

II. [sarara ← sarra] Kurzes a schwindet spurlos, da vor dem
ersten r bereits ein Vokal steht.

III. [sarartu] Keine Gemination, da nach dem zweiten
r ein Konsonant folgt.

IV. [masrūr] Keine Gemination, da zwischen den beiden
gleichen Radikalen ein langer Vokal steht.

Weitere Beispiele für I. und II.: [yuḥbibu → yuḥibbu], [ʒaḥbaba →
→ ʒaḥabba], [yuḥbabu → yuḥabbu], [ʒuḥbiba → ʒuḥibba], ʒistaḥ-
qaqa → ʒistaḥaqqa], [ʒustuḥqiqa → ʒustuḥiqqa]. – [yudādidu →
→ yudāddu], [dādada → dādda], [ʒihtamama → ʒihtamma], [ʒuh-
tumima → ʒuhtumma].
Als Ergebnis der Wirkung des Geminationsgesetzes verstehen wir
nun die *Konjugation des IX. Stammes.* Die Grundform يحمرّ IX [yaḥ-
marru] „er ist, wird rot" ist danach aus [yaḥmariru] entstanden.
Daher lautet die 3. Person feminin Plural: يحمررن [yaḥmarirna]. Der
Imperativ ist: إحمرر [ʒiḥmarir] oder إحمرّ [ʒiḥmarra], إحمرّى [ʒiḥmarrī]
usw. Im Perfekt finden wir: إحمرّ [ʒiḥmarra ← ʒiḥmarara], إحمرّت [ʒiḥ-
marrat], إحمررت [ʒiḥmararta] usw. Das aktive Partizip ist محمرّ [muḥ-
marr ← muḥmarir).

6. Geminierte Nominalformen

Das Geminationsgesetz gilt zunächst für Verbformen (dort ausnahmslos). Aber auch bei Nominalformen, die von einer geminierten Wurzel gebildet werden, übt es seine Wirkung aus, wofür die Partizipien und Infinitive schon Beispiele waren. Jedoch hängt es beim Nomen von der Form ab, ob darin geminiert wird. Die Form L a M a N z.B. wird nicht geminiert: wenn M = N wird, entsteht einfach L a M a M, nicht etwa L a M M : ملل [malal] „Langeweile", عدد [çadad] „Zahl, Anzahl". Wir verzichten auf eine vollständige Besprechung und geben nur einige wichtige Beispiele für Nominalformen an, die geminiert werden:

a) ELATIV

Die Form ʒ a L M a N $\underline{u}$ wird, falls M = N ist, zu ʒ a L a M M $\underline{u}$: أكبر [ʒakbar$\underline{u}$] „sehr groß", aber أقلّ [ʒaqall$\underline{u}$ ← ʒaqlal$\underline{u}$] „sehr wenig"

b) NOMEN LOCI

Die Form m a L M a N (a t) wird, falls M = N ist, zu m a L a M-M (a t) : مكتب [maktab] „Büro", مدرسة [madrasa] „Schule", aber محلّ [maḥall ← maḥlal] „Ort", محطّة [maḥaṭṭa ← maḥṭaṭa] „Station".

c) NOMEN INSTRUMENTI

Die Form m i L M a N (a t) wird, falls M = N ist, zu m i L a M-M (a t) : مبرد [mibrad] „Feile", aber مقصّ [miqaṣṣ ← miqṣaṣ] „Schere".

d) GEBROCHENE PLURALE

Die Formen ʒ a L M i N ā ʒ $\underline{u}$, ʒ a L M i N a t werden, falls M = = N ist, zu ʒ a L i M M ā ʒ $\underline{u}$, ʒ a L i M M a t : أصدقاء. [ʒaṣdiqāʒ$\underline{u}$] „Freunde", أقمشة [ʒaqmiša] „Stoffe", aber أطبّاء [ʒaṭibbāʒ$\underline{u}$ ← ʒaṭbibāʒ$\underline{u}$] „Ärzte", أزقّة [ʒaziqqa ← ʒazqiqa] „Gassen".

7. Reale Bedingungssätze

„wenn mein Freund mich fragt, (dann) antworte ich ihm" ist das Beispiel für einen *Bedingungs-* oder *Konditionalsatz*. Dieser besteht aus zwei Teilsätzen: der *Protasis* (dem Bedingungssatz im engeren

Sinne oder Vordersatz), die im Deutschen mit „wenn" eingeleitet wird, und der *Apodosis* (dem Nachsatz), die mit „dann" eingeleitet werden kann. Wir sprechen von einem realen Bedingungssatz, wenn der Inhalt der Protasis als möglich, realisierbar angesehen wird, wie im obigen Beispiel. (Irreale Bedingungssätze besprechen wir erst im nächsten Abschnitt.)

Im Arabischen stehen zur Einleitung realer Bedingungssätze die Konjunktionen إذا [ʒídā] oder (in moderner Sprache seltener) إن [ʒin]. Die arabischen Bedingungssätze sind nun durch die Wahl der Verbformen in den beiden Teilsätzen Protasis und Apodosis etwas kompliziert. Am häufigsten steht (nach beiden Konjunktionen) das Perfekt in beiden Teilsätzen, das in dieser Verwendung Gegenwartsbedeutung hat:

إذا سألنى أجبته [ʒaǧabtu-hū] oder إن سألنى أجبته wenn er mich fragt, (dann) antworte ich ihm.

إذا ذهب أخى ذهبت معه wenn mein Bruder geht, gehe ich mit ihm

إذا دعاك محمد وجب أن تلبّى دعوته [daʿā-ka, tulabbiya] wenn Mohammed dich einlädt, mußt du seiner Einladung folgen

إن مرضت زوجتى بقيت هنا. [mariḍat, baqītu] falls meine Frau krank wird, bleibe ich hier

Außer der Verwendung des Perfekt bestehen jedoch weitere Möglichkeiten. Zusammenfassend finden wir:

	In der Protasis	In der Apodosis
nach إذا	Perfekt	Perfekt oder Jussiv oder Indikativ
nach إن	Perfekt oder Jussiv	Perfekt oder Jussiv

Perfekt, Jussiv und Indikativ in Bedingungssätzen entsprechen der deutschen Gegenwart. Die Wahl der Verbform in dem einen Teilsatz ist grundsätzlich unabhängig von der in dem anderen. Weitere Beispiele:

إذا سألتنى أجيبك. [ʒuǧību-ka] wenn du mich fragst, antworte ich dir

إن تمرض زوجتي أبق هنا. [tamraḍ, ʒabqa] wenn meine Frau krank wird, bleibe ich hier

إذا قرأت رسالته تفهم الأمر المذكور [qaraʒta, tafham] wenn du seinen Brief liest, verstehst du die erwähnte Angelegenheit

Die Verneinung in der Protasis erfolgt (nach إذا und إن) am häufigsten mit لم und dem Jussiv (d.i. ein verneintes Perfekt), in der Apodosis steht ebenfalls لم mit dem Jussiv oder (nur nach إذا) لا mit dem Indikativ (weitere Möglichkeiten übergehen wir):

إذا لم تسألني لا أجيبك. [tasʒal-nī] wenn du mich nicht fragst, antworte ich dir nicht

إذا لم تقرأ رسالته لا تفهم الأمر. [taqraʒ, tafhamu] wenn du seinen Brief nicht liest, verstehst du die Angelegenheit nicht

Die Apodosis kann – außer mit einem Perfekt oder Jussiv in Gegenwartsbedeutung zu beginnen – noch verschiedene weitere Formen haben. Dann muß sie jedoch stets mit der Partikel ف (fa-) eingeleitet werden, die wir mit „dann" übersetzen oder unübersetzt lassen. Die wichtigsten Möglichkeiten sind:

a) Die Apodosis ist ein *Imperativ*.

إن سألك فأجبه. [fa-ʒaǧib-hu] wenn er dich fragt, dann antworte ihm!

إذا لم تفهم الأمر فاسألني. [tafham, fa_sʒal-ni] wenn du die Sache nicht verstehst, dann frag mich!

إن كنت عطشان فاشرب الماء [fa_šrab] wenn du durstig bist, dann trink (das) Wasser!

b) Die Apodosis ist eine *Aufforderung* an die 3. Person, die durch ل [li-] mit dem Jussiv ausgedrückt wird. Hier verschmilzt ف mit ل zu فل [fal-].

إذا لم يفهم الأمر فليسألني [yafham, fal-yasʒal-nī] wenn er die Sache nicht versteht, soll (möge) er mich fragen!

إن كان متعبا فليسترح. [fal-yastariḥ] wenn er müde ist, soll (möge) er sich ausruhen!

c) Die Apodosis enthält ein Verb im *Futur*, ausgedrückt durch سوف
oder سـ mit folgendem Indikativ, oder ein *verneintes Futur*, ausgedrückt durch لن mit dem Konjunktiv oder سوفـلا mit dem Indikativ
(s. Abschnitt 14, Punkt 1).

إذا وصلتني رسالتك فسأقرؤهاحالا [waṣalat-nī, fa-sa-ʒaqraʒu-hā] wenn mich dein
       Brief erreicht, werde ich ihn sofort lesen

إذا أمرتني به فسوف أفعله. [ʒamarta-nī] wenn du es mir befiehlst, werde
       ich es tun

إن وثقت بى فلن تندم. [waṯiqta, tandama] wenn du mir vertraust,
       wirst du es nicht bereuen (NB. يَندَم I [yanda-
       mu] „bereuen", Pf. نَدم [nadima].

d) Die Apodosis ist ein *Nominalsatz* (ohne Verb) oder beginnt mit
dem Verb ليس:

إن قال هذا فالحق معه [fa_l-ḥaqq] wenn er dies sagt, dann hat
       er recht (wörtl.: dann ist das Recht mit
       ihm)

إذا لم يكن فضوليا فليس مراسلا جيّدا [yakun fuḍūlīy] wenn er nicht neugierig
       ist, dann ist er (auch) kein guter Repor-
       ter

(Beachten Sie, daß ليس in der Protasis nicht gebraucht wird.)
Neben den besprochenen Möglichkeiten finden wir einige weitere
Formulierungen, mit denen Bedingungen ausgedrückt werden und
die insbesondere zum Übersetzen aus dem Arabischen genau zu
kennen sind:

a) *Protasis ist ein Imperativ*

Statt einer mit إذا oder إن eingeleiteten Protasis kann – ähnlich wie
im Deutschen – ein Imperativ stehen. Die Apodosis behält ihre oben
besprochene Form.

إسمع تفهم. [ʒismaʕ tafham] „höre (= wenn du hörst),
       (dann) verstehst du"

أطلبه مني أعطيتك إياه [ʒuṭlub-hu, ʒaʕṭaytu-ka] „verlange es von
       mir (= wenn du es von mir verlangst),
       (dann) gebe ich es dir"

حاول أن تحلّ المشكلة وجدتها صعبة~جداً [ḥāwil, taḥulla, waǧadta-hā] „versuche
(= wenn du versuchst) das Problem zu
lösen, (dann) findest du es sehr schwierig"

b) *Umkehrung der Reihenfolge*

Wie im Deutschen kann die Protasis auch hinter die Apodosis gestellt werden. Sie behält dann ihre besondere Form (mit Perfekt
oder Jussiv), die Apodosis wird jedoch zum unabhängigen Hauptsatz:

أنا أعطيك إياه إذا احتجت~إليه [ʒuʿṭī-ka, iḥtaǧta] „ich gebe es dir, wenn du es
brauchst"

c) *verkürzte Protasis*

„sonst" ist إلّا [ʒillā]. Dies ist aus إن لا „wenn nicht" entstanden,
wobei die Protasis nicht weitergeführt wird. Der auf إلّا folgende
Satz hat deshalb die Form einer Apodosis:

كرّر الكلمات وإلا تنسها [karrir, tansa-hā] „wiederhole die Wörter, sonst
(= wenn du es nicht tust) vergißt du sie"

إستعجلوا وإلا تتأخّروا [ʒistaʿǧilū, tataʒaḫḫarū] „beeilt euch, sonst kommt
ihr zu spät!"

d) *Vergangenheit im Bedingungssatz*

Die Perfektformen in den beiden Teilsätzen können auch Vergangenheitsbedeutung haben, was der Zusammenhang zeigt: إن درس „wenn er
lernt" oder auch „wenn er gelernt hat". Soll die Vergangenheit klar
ausgedrückt werden, dann gebraucht man das Plusquamperfekt
(s. Abschnitt 16, Punkt 4b):

إن كان محمود قد درس كفاية فسينجح فى امتحان اليوم [kifāyatan, imtiḥān] „wenn
Mahmud genügend studiert hat, dann wird er die heutige Prüfung
bestehen" (NB. يمتحن VIII [yamtaḥinu] „prüfen, examinieren")

8. Verallgemeinernde Relativsätze

Wie im Deutschen können auch im Arabischen Fragewörter zur
Einleitung von Relativsätzen dienen: مَن ist „wer?" und „wer (auch
immer) . . .", ما „was?" und „was (auch immer) . . ." usw. Im Ara-

bischen haben nun die solcherart gebrauchten Fragewörter dieselbe Wirkung wie اذا oder اِنْ: in Relativ- und Hauptsatz steht das Perfekt oder der Jussiv in Gegenwartsbedeutung.

مَنْ يَكْثُرْ كَلامُهُ يَكْثُرْ مَلامُهُ [yakṯur kalāmu-hū, yakṯur malāmu-hū] „wer viel spricht, blamiert sich viel" (wörtl.: „wessen Rede viel ist, dessen Tadel ist viel")

مَنْ لَمْ يَفْهَم هذا كانَ أَحْمَق [yafham] „wer dies nicht versteht, ist dumm"

ماحاوَلَ نَجَحَ فيهِ [mā ḥāwala naǧaḥa fī-hi] „was immer er versucht, das glückt ihm" (wörtl.: „darin hat er Erfolg")

Gleichbedeutend mit مَن und ما in dieser Funktion werden auch كُلَّمَن [kullu-man] und أَيَّمَن [ǧayyu-man] „wer (immer) . . . , jeder, der . . ." sowie مَهْما [mahmā] „was (immer) . . . , alles, was . . ." gebraucht.

كُلَّمَن قَرَأَ كَثيرًا عَلِمَ كَثيرًا „wer viel liest, erfährt viel"

Andere verallgemeinernde Relativpronomen, die ebenso wie اذا oder اِنْ wirken, sind كَيْفَ [kayfa] und كَيْفَما [kayfamā] „wie (auch immer)", أَيْنَ [ǧayna] und أَيْنَما [ǧaynamā] „wo (auch immer)", مَتى [matā] und مَتى ما „wann (auch immer)"

9. Verben der Bewunderung

ما أَجْمَلَ الفَتاة [ǧaǧmala] wie schön ist (doch) das Mädchen!

ما أَصْعَبَ عَمَلَنا [ǧaṣçaba] wie schwierig ist (doch) unsere Arbeit!

ما أَكْرَمَهُ [ǧakrama-hū] wie großzügig ist er (doch)!

ما أَحْلاها [ǧaḥlā-hā] wie süß (lieblich) ist sie (doch)!

Ausdrücke der Bewunderung und Verwunderung werden gebildet, indem aus den Radikalen des Adjektivs (in den Beispielen: جَميل „schön", صَعْب „schwierig", كَريم „großzügig", حُلْو [ḥulw] „süß") die 3. Person Singular maskulin Perfekt eines Verbs im IV. Stamm geformt wird. Zu Beginn steht das Fragewort „was?", und die bewunderte Person oder Sache wird Objekt der Verbform. Wörtlich ist ما أَجْمَلَ الفَتاة: „was hat das Mädchen schön gemacht?", ما أَصْعَبَ عَمَلَنا „was hat unsere Arbeit schwierig gemacht?". (Anmerkung: أَحْلى [ǧaḥlā ← ← ǧaḥlawa], vor Suffix wird geschrieben: أَحْلاها.)

10. Adverbien

Eigentliche Adverbien wie هنا „hier", إِذْ „da, dann" sind im Arabischen selten. Inbesondere fehlt – wie im Deutschen – eine besondere Form, nach der aus Adjektiven Adverbien gebildet werden könnten. (Vgl. aber englisch „slow" und „slowly") Adverbielle Ausdrücke werden hauptsächlich auf dreierlei Art gebildet:

a) Ein *Nomen* wird in den (meist indeterminierten, seltener auch mit dem Artikel determinierten) *Akkusativ* gesetzt: يوماً [yawman] „eines Tages", صباحاً [ṣabāḥan] „morgens", عَبَثاً [ҁabaṯan] „umsonst, vergeblich", جِدّاً [ǧiddan] „sehr", فَجْأةً [faǧ3atan] „plötzlich", أليوم [3al-yawm(a)] „heute", أَلْبَتَّةَ [3al-batta(ta)] „sicherlich, gewiß". (NB. عَبَث „Zeitvertreib, nutzlose Beschäftigung", جِدّ „Ernst, Eifer", فَجْأة „unvermutetes Auftreten", بَتّ „Entscheidung".)

b) Ein *Nomen* wird mit einer *Präposition* verbunden: بِسُرعة [bi-surҁa] „schnell (= mit Schnelligkeit)", بِطْء [bi-buṭ3] „langsam (= mit Langsamkeit)", بِسُرور [bi-surūr] „gern (= mit Freude)", فى الأَعلى [fi_l-3aҁlā] „oben", عن ظهر القلب [ҁan ẓahr al-qalb] „auswendig (= von der Oberfläche des Herzens"),

c) Einer Verbform folgt der *Infinitiv* (desselben Verbs) von einem attributiven *Adjektiv* gefolgt. Im Deutschen wird dieses zum Adverb, der Infinitiv bleibt unübersetzt.

> ضربه ضربا شديدا. [ḍaraba-hū ḍarban šadīdan] er schlug ihn heftig (wörtl.: er schlug ihn ein heftiges Schlagen)

> فرح فرحا عظيما. [fariḥa faraḥan ҁaẓīman] er freute sich sehr (wörtl.: er freute sich ein gewaltiges Freuen)

Der Infinitiv kann auch entfallen und nur das Adjektiv mit Endung -an des indeterminierten Akkusativs als Adverb nach dem Verb gebraucht werden: ركض سريعا [rakaḍa sarīҁan] „er lief schnell', قرأ جيدا [qara3a ǧayyidan] „er las gut".

WORTLISTE 29

هَمَّ I [yahummu] angehen, interessieren

حَرَّ I [yaḥurru] heiß sein

مِلْح [milḥ] Salz

لَفَّ I [yaluffu] um-, einwickeln, einhüllen

ثُعْبان [ṯuʿbān] Schlange
Pl. ثَعابين [ṯaʿābīnu]

سَمَّ I [yasummu] vergiften

سِنَّ IV [yusinnu] bejahrt sein

تَقَدَّم V [yataqaddamu] fortschreiten, vorrücken

تَقَدُّم [taqaddum] Fortschritt

إِقْتِصاد [ʒiqtiṣād] Wirtschaft

إِقْتِصادِيّ [ʒiqtiṣādīy] wirtschaftlich, ökonomisch

إِسْتَقَلّ X [yastaqillu] unabhängig sein od. werden

حَم [ḥam] Schwiegervater (s. Anm.)
Pl. أَحْماء [ʒaḥmāʒ]

حَماة [ḥamāt] Schwiegermutter
Pl. حَمَوات [ḥamawāt]

تَتَبَّع V [yatatabbacu] verfolgen

يَوْمِيًّا [yawmīyan] täglich, jeden Tag

يُحَدِّد [yuḥaddidu] begrenzen; festlegen

مُحَدَّد [muḥaddad] festge-

legt, -gesetzt,

جَبان [ǧabān] Feigling, feig
Pl. جُبَناء [ǧubanāʒu]

شُجاع [šuǧāʿ] mutig, tapfer
Pl. شُجْعان [šuǧʿān]

يَسْرِق I [yasriqu] stehlen

سَرِقة [sariqa] Diebstahl (Pl. ات)

نَشّال [naššāl] Taschendieb (Pl. ون)

تَرَدَّد V [yataraddadu] zögern

تَرَدَّد فيه [taraddada fī-hi] er zögerte dabei

يُبْلِغ IV [yubliġu] informieren

أَبْلَغ الشُّرْطة به [ʒablaġa aš-šurṭa bi-hī] er zeigte es bei der Polizei an

بَقْشيش [baqšīš] Trinkgeld
Pl. بَقاشيش [baqāšīšu]

بِالتَّأْكيد [bi-t-taʒkīd] bestimmt, sicher (wörtl.: mit der Zusicherung)

يُفْشي IV [yufšī] preisgeben

سِرّ [sirr] Geheimnis
Pl. أَسْرار [ʒasrār]

أَلْحَقّ عليه [ʒal-ḥaqq ʿalay-hi] er hat unrecht (wörtl.: das Recht ist auf ihm)

يَعْتَرِف VIII [yaʿtarifu] gestehen, zugeben

إِعْتَرَف به VIII [ʒiʿtarafa bi-hī] er gestand es, gab es zu

Anmerkung: حَم „Schwiegervater" hat – so wie أَب und أَخ – vor Possessivsuffixen und vor Genitiv langvokalische Endungen: حَموك [ḥamū-ka] „dein Schwiegervater", إِسأَل حَماه [ḥamī] „mit dem S. meines Freundes", مع حمى صديقى [ḥamā-hu] „frag seinen S.!"

363

ÜBUNG 29.1

١ – ألمسألة هامّة. ألجوّ حارّ. ألملح محلول بالماء. ألعلبة ملفوفة بالورق. ألثعبان سامّ. ألطعــام مسموم. ٢ – ألمحاضرة مملّة. ألتدخين مضرّ. هذه الأخبار مهمّة. ألسيد مسنّ. ٣ – ألجيش المحتلّ. ألمنطقة المحتلّة. إحتلال البلد. ألكمبيالة المستحقّة الدفع. ألجائزة المستحقّة. ٤ – تقدّم الاقتصاد مستمرّ. أنا أنصحك بالاستمرار فى دراستك. إعداد الدرس. إستعداد الطالب. ٥ – بلدنا مستقلّ سياسيا واقتصاديا. ألشعب طلب استقلال البلد. نحن مضطرّون إلى اتّخاذ هذه الإجراءات.

ÜBUNG 29.2

١ – إذا أردت أن تتعرّف على البلد فتعال معنا فى الرحلةالتى نقوم بها لزيارة حمى وحماتى. ٢ – إذا أردتم أن تتتبّعوا تطوّر السياسة الداخلية وجب عليكم أن تقرؤوا يوميا جميع الجرائد. ٣ – إذا لم نذهب الآن فليس من الممكن أن نصل فى الوقت المحدّد. ٤ – إن حيّاك أحد بتحيّة فحيّة بأحسن منها. أنت إن كذبت جبان وإن قلت الحق شجاع. ٥ – إذا سرق نشال نقودك فلا تتردد فى إبلاغ الشرطة بهذه السرقة. ٦ – إذا قدّمت له البقشيش فسوف لا يرفضه بالتأكيد. إن لم يحتج محمود إلى القاموس فليعطنى إياه. ٧ – من أفشى هذا السر فسيندم. من لم يصدّق أقوالى فالحق عليه ومن صدّقها فالحق معه. ٨ – أدرس كفاية تنجح فى الامتحان. إقرأ الجريدة علمت الأخبار كلها. عش تر.

ÜBUNG 29.3

1. Wenn du nicht mit mir gehen willst, muß ich ohne dich gehen. 2. Wenn jemand meine Hilfe benötigt, werde ich mich nicht weigern, ihm zu helfen. 3. Wenn dein Bruder krank ist, dann soll er zu Hause bleiben. 4. Wenn dich der Vortrag nicht interessiert, dann geh nach Hause. 5. Wenn du dieses Geheimnis verrätst, dann bist du nicht mein Freund. 6. Verlaß diese Stadt, sonst wirst du es bereuen. 7. Ver-

langt es von ihm, dann wird er es euch geben. 8. Wer hungrig ist, soll essen, und wer durstig ist, soll trinken. 9. Wer immer mir hilft, der ist mein Freund. Wer unrecht hat, der soll es zugeben. 10. Was ich auch immer sage, das bezweifelt er. Was ich von ihm auch verlange, lehnt er ab zu tun.

ABSCHNITT DREISSIG

1. Vierradikalige Verben

Neben der überwiegenden Mehrheit der dreiradikaligen Verben steht eine vergleichsweise kleine Gruppe von Verben, deren Stamm vier Konsonanten enthält. Diese vierradikaligen Verben kommen in einem I. Stamm oder Grundstamm und in drei abgeleiteten Stämmen (von denen wir nur den II. Stamm besprechen) vor. Im Grundstamm steht z.B. das Verb يترجم [yutarğimu] „übersétzen". Die vier Radikale sind t-r-ğ-m. Wir sehen, daß die Grundform der des II. Stammes des dreiradikaligen Verbs gleicht, nur daß bei diesem ein verdoppelter Konsonant, hier (beim vierradikaligen Verb) jedoch zwei verschiedene Konsonanten inmitten des Stammes stehen. Mit Ausnahme des Infinitivs gleichen auch die weiteren Formen denen des II. Stammes:

Imperfekt (Indikativ), aktiv: يترجم [yutarğimu], passiv: يترجم [yutarğamu].

Perfekt, aktiv: ترجم [tarğama], passiv: ترجم [turğima]. *Imperativ:* ترجم [tarğim].

Partizip, aktiv: مترجم [mutarğim], passiv: مترجم [mutarğam]. *Infinitiv:* ترجمة [tarğama].

Nach ihrer Entstehung lassen sich die vierradikaligen Verben in drei Gruppen einteilen: 1) in Verben, die ursprünglich vierradikalig (und nicht entlehnt) sind, wie يدحرج [yudaḥriğu] „rollen, wälzen", 2) in Verben, deren Stamm durch Wiederholung eines zweiradikaligen Stammes (oft mit lautmalender Wirkung) gebildet ist, wie يتكتك [yutaktiku] „ticken", يتمتم [yutamtimu] „stammeln, murmeln",

يرفرف [yurafrifu] „flattern", 3) in Verben, die von (arabischen oder entlehnten) Nomen abgeleitet sind, wie يتلفن [yutalfinu] „telephonieren".
Der II. Stamm des vierradikaligen Verbs folgt in allen Formen dem V. Stamm des dreiradikaligen Verbs: يتدحرج II [yatadaḥraǧu] „sich rollen, sich wälzen", يتزلزل II [yatazalzalu] „erbeben (insbes. die Erde)", يتأمرك II [yataჳamraku] „amerikanisiert werden".

2. Irreale Bedingungssätze

Wird die Bedingung, unter der etwas eintreten soll, als unwirklich, unmöglich oder doch unwahrscheinlich angesehen, dann ergibt sich ein irrealer Bedingungssatz: „wenn er reich wäre, würde er dir helfen". Im Deutschen dient der Konjunktiv („wäre", „würde") zum Ausdruck der Unwirklichkeit, im Arabischen wird diese durch eine besondere Konjunktion لو [law] „wenn" bezeichnet. إذا und إن leiten also nur *reale* Bedingungssätze ein, لو die *irrealen*. Nach لو steht in Protasis und Apodosis das *Perfekt* sowohl zur Bezeichnung der Irrealität in der Gegenwart (im Deutschen: Konjunktiv Imperfekt) als auch zur Bezeichnung der Irrealität in der Vergangenheit (im Deutschen: Konjunktiv Plusquamperfekt).
Der obige Satz lautet dann arabisch: لو كان غنيا لساعدك [la-sāçada-ka]. Dies kann jedoch ebenso bedeuten: „wenn er reich gewesen wäre, hätte er dir geholfen". Die Übersetzung entscheidet nur der Zusammenhang. Die Apodosis nach لو wird mit einer „Bekräftigungspartikel" لـ [la-] eingeleitet, die unübersetzt bleibt. (Die Verwendung von لـ ist nicht obligatorisch, jedoch sehr gebräuchlich.) Weitere Beispiele:

لو سألته لأجابنى. [la-ჳaǧāba-nī] „wenn ich ihn fragte, würde er mir antworten" oder „wenn ich ihn gefragt hätte, hätte er mir geantwortet"

لو كانت النقود معى لأعطيتك إياها [la-ჳaçṭaytu-ka] „wenn ich das Geld bei mir hätte, würde ich es dir geben" oder „wenn ich ... gehabt hätte, hätte ich es dir gegeben"

لو قرأ سعيد هذا الكتاب لنجح فى الامتحان „wenn Said dieses Buch läse, würde er die Prüfung bestehen" oder :„wenn ... gelesen hätte, hätte ... bestanden"

Zur Verneinung wird in der Protasis لم mit dem Jussiv gebraucht. In der Apodosis nach der Partikel ل steht jedoch ما mit dem Perfekt:

لو لم يكن غنيا لما ساعدك [yakun, la-mā] „wenn er nicht reich wäre, würde er dir nicht helfen" oder „wenn ... gewesen wäre, hätte ... geholfen"

لو لم يأمره به والده لما فعله [yaʒmur-hu] „wenn es ihm nicht sein Vater befähle, würde er es nicht tun" oder „wenn .. befohlen hätte, hätte ... getan"

„wenn es nicht gäbe (gegeben hätte)" wird mit لولا und folgendem Nomen (oder Pronomen) ohne Verb in der Protasis wiedergegeben:

لولا البنسلين لمات المريض [bansīlīn] „wenn es das Penicillin nicht gäbe, würde der Patient sterben" oder „wenn ... gegeben hätte, wäre der P. gestorben"

لو لا أنت لقتلونى „wenn du nicht gewesen wärest, hätten sie mich getötet"

ولو [wa-law] wird in der Bedeutung „wenn auch, selbst wenn" gebraucht:

لن يفهم الأمر ولو شرحته له ألف مرة [yafhama] „er wird die Sache nie verstehen, selbst wenn ich sie ihm tausendmal erklärte"

3. Irreale Wunsch- und Vergleichssätze

لو wird auch zum Ausdruck von *Wünschen* gebraucht, deren Erfüllung als unmöglich oder unwahrscheinlich angesehen wird. Wieder kann das Verb im Perfekt Gegenwarts- oder Vergangenheitsbedeutung haben:

لو كان أحمد حاضرا. wenn Ahmed doch anwesend wäre (oder: gewesen wäre) !

لو زارنى طاهر. wenn Tahir mich doch besuchte (oder: besucht hätte) !

لو لم يأت [yaȝti] wenn er doch nicht käme (oder: gekommen wäre)!

Statt لو wird häufig eine besondere *Wunschpartikel* لَيتَ [layta] gebraucht. لَيتَ wirkt wie إنَّ und أنَّ: das Subjekt folgt im Akkusativ oder als Personalsuffix. Der Verb steht im Perfekt:

ليت أخاك أتى. wenn dein Bruder doch käme (oder: gekommen wäre)!
ليتني كنت عندكم. wenn ich doch bei euch wäre (oder: gewesen wäre)!

Irreale Vergleichssätze werden mit كما لو [kamā law] oder وكأنَّ [wa-ka-ȝanna] „als ob" eingeleitet. Der folgende Satz wird wie nach لو bzw. أنَّ konstruiert:

هذا الطالب يتكلـم كما لوكان الأستاذ. dieser Student spricht (so), als ob er der Professor wäre

سعيد يبكي وكأنـه طفل صغير. Said weint, als wäre er ein kleines Kind

Anmerkung: *Reale Wünsche* werden (wie in Abschnitt 15, Punkt 1, besprochen) mit ل li- und dem Jussiv gebildet: لينجح (li-yanǧaḥ) „er möge Erfolg haben!". Auch das Perfekt kann reale Wünsche ausdrücken, was sich in moderner Sprache jedoch nur mehr in einigen festen Ausdrücken findet: رحمه اللّه (raḥima-hu-llāh) „möge Gott sich seiner erbarmen!" (nach dem Namen eines Verstorbenen).

4. Die Schwestern von [kāna]

Schon in Abschnitt 16, Punkt 3 haben wir gesehen, daß das *Prädikatsnomen* des Verbs يكون „sein, werden" *im Akkusativ* steht: الفلاحون كانوا متعبين „die Bauern waren müde" Mit dieser merkwürdigen Eigenschaft steht das Verb يكون nicht allein: sie wird von einer kleinen Gruppe weiterer Verben geteilt, die als أخوات كان „die Schwestern von [kāna]" bezeichnet werden. („Schwestern" deshalb, weil substantivierte Verbformen und Partikel im Arabischen als feminin gelten.) Die wichtigsten Vertreterinnen dieser Gruppe sind: ليس [laysa] „nicht sein", يصير I [yaṣīru] „werden", يصبح IV [yuṣbiḥu] „werden", يبقى I [yabqā] „bleiben", يدوم I [yadūmu] „dauern", يزال I [yazālu] „aufhören". Einige Beispiele:

أبناء محمّد صاروا محامين [ʒaṣbaḥa wāḍiḥ(an)] „es wurde klar", أصبح واضحا
„die Söhne von Mohammed wurden Anwälte", طاهر بقي عاملا „Tahir
blieb Arbeiter", نحن بقينا جالسين „wir blieben sitzen (= Sitzende)".
Merken Sie den folgenden Gebrauch von يدوم:
ما دام حاضرا „solange er anwesend ist", ما دمت حيّا [dumtu ḥayy(an)]
„solange ich lebe (wörtl.: lebendig bin)"

5. Entsprechungen von „noch"

Das oben in Punkt 4 erwähnte Verb يزال „aufhören" wird nur negiert gebraucht und entspricht unserem „noch" nach Verbformen.
Dazu wird يزال in die verneinte Vergangenheit gesetzt, die hier außer
mit لم und dem Jussiv auch häufig mit ما und dem Perfekt gebildet
wird. Danach folgt das „Hauptverb" im Indikativ oder im aktiven
Partizip (im indeterminierten Akkusativ). „er schreibt noch" ist somit:

لم يزل يكتب [lam yazal yaktubu] oder ما زال يكتب [mā zāla yaktubu]
oder

لم يزل كاتبا [lam yazal kātiban] oder ما زال كاتبا [mā zāla kātiban].

Alle diese Formulierungen können auch „er schrieb noch" bedeuten.
Wörtlich übersetzt sind sie: „er hörte nicht auf er schreibt bzw. als
ein Schreibender". Beide Verben müssen mit dem Subjekt übereinstimmen: „wir schreiben noch" ist ما زلنا نكتب [zilnā] oder لم نزل نكتب
oder ما زلنا كاتبين oder لم نزل كاتبين.

„noch nicht" wird anders formuliert: hiezu dient die Partikel بعد
[baҁdu] nach der verneinten Vergangenheit. لم يأت بعد [lam yaҁti
baҁdu] „er ist noch nicht gekommen". (Siehe auch Anmerkung zu
Abschnitt 28, Punkt 4.)

„noch" vor Substantiven wird arabisch mit آخر „ein anderer" wiedergegeben:

أعطني كتابا آخر وجريدة أخرى. [ʒaҁṭi-nī] „gib mir noch ein Buch und noch
eine Zeitung!" oder „gib mir ein anderes
Buch und eine andere Zeitung!"

6. Die Schwestern von [ȝinna]

Als أَخَوَاتُ إِنَّ „die Schwestern von [ȝinna]" wird die Gruppe der Konjunktionen bezeichnet, die nach sich das *Subjekt im Akkusativ oder als Personalsuffix* haben, jedenfalls also einen *Nominalsatz* einleiten. Ein etwaiges *Prädikatsnomen* steht dagegen im *Nominativ:* إِنَّ الفَلاَّحِينَ مُتْعَبُون „die Bauern sind müde". (Nicht zu verwechseln mit den Schwestern von [kāna], deren Subjekt im Nominativ und Prädikatsnomen im Akkusativ steht!) Die Schwestern von [ȝinna] sind: أَنَّ [ȝanna] „daß", لَكِنَّ [lākinna] „aber", لَيْتَ [layta] „wenn doch ...!" sowie die Zusammensetzungen von أَنَّ mit Präpositionen wie لِأَنَّ [li-ȝanna] „weil", كَأَنَّ [ka-ȝanna] „wie wenn, als ob". Schließlich zählt hierher لَعَلَّ [laçalla] „vielleicht (ist es so, daß)":

لَعَلَّ أَخَاكَ مَرِيض „vielleicht ist dein Bruder krank"

Anmerkung: Wird kein Verdopplungszeichen gesetzt, dann fallen [ȝinna] und [ȝin] „wenn" in arabischer Schrift zusammen: إِن. Eine Verwechslung ist jedoch ausgeschlossen, da nach إِن [ȝin] stets eine Verbform (Perfekt oder Jussiv) folgt, nach إِنَّ [ȝinna] jedoch nie. (Entsprechend unterscheidet man auch أَن [ȝan] und أَنَّ [ȝanna].)

7. Ergänzungen zur Genitiv-Verbindung

Einem Adjektiv kann ein Substantiv im Genitiv angefügt werden, um die Adjektiv-Bedeutung zu erläutern oder einzuschränken: قَلِيلُ العَقْل „wenig an Verstand (= des Verstandes), dumm", كَثِيرُ المَال „viel an Vermögen (= des Vermögens), reich". Solche Verbindungen heißen *uneigentliche Genitiv-Verbindungen*, weil das Adjektiv zwar formal determiniert wird (mit klassischen Endungen haben wir dementsprechend: (qalīlu_l-çaqli), (katīru_l-māli]), sinngemäß aber unbestimmt bleibt. Es kann daher attributiv auf ein indeterminiertes Substantiv bezogen werden:

رَجُلٌ قَلِيلُ العَقْل „ein dummer Mann", سَيِّدَةٌ كَثِيرَةُ المَال „eine begüterte Dame" Bezogen auf ein determiniertes Substantiv erhält nun das Adjektiv den Artikel:

الرَّجُلُ القَلِيلُ المَال „der arme Mann"

السَّيِّدَةُ الكَثِيرَةُ المَال „die begüterte Dame"

Das Adjektiv in dieser Verbindung kann also den Artikel erhalten, obwohl es (formal) bereits durch den folgenden Genitiv determiniert ist. Es ist dies die einzige Ausnahme von der Regel, die die mehr als einfache Determinierung eines Nomens streng verbietet.

Eine besondere Genitiv-Verbindung wird mit dem *Substantiv* ذو „Besitzer" gebildet, welches nur mit folgendem Genitiv gebraucht wird: ذو مال [ḏū māl(in)] „reich (Besitzer von Vermögen)", ذو حسن [ḏū ḥusn(in)] „schön (Besitzer von Schönheit)". ذو hat (wie أب, أخ und حم) langvokalische Endungen:

بيت رجل ذى مال das Haus eines reichen Mannes,

قتلوا رجلا ذا مال man hat (sie haben) einen reichen Mann ermordet

Der Plural von ذو ist ذوو [ḏawū] im Nominativ, ذوى [ḏawī] im Genitiv/Akkusativ. Die feminine Form zu ذو ist ذات [ḏāt], Pl. ذوات [ḏawāt]. In moderner Sprache wird häufiger als ذو das gleichbedeutende صاحب [ṣāḥib], Pl. أصحاب [ʒaṣḥāb] „Besitzer" gebraucht.

Dem Gebrauch deutscher Vorsilben miß-, un-, nicht- u. a. entspricht im Arabischen häufig der Gebrauch einer *negativen Genitiv-Verbindung*, bei der Nomen im Genitiv an die Nomen غير [ġayr] „Anderes", سوء [sūʒ] „Böses", عدم [çadam] „Nichtsein" angefügt werden. غير dient vor allem zur Negation von Adjektiven:

غير ممكن [ġayr(u) mumkin(in)] unmöglich,

غير جميل unschön, häßlich

Mit عدم werden vor allem Substantive (meist Infinitive) negiert:

عدم وجود [çadam(u) wuğūd(in)] Nichtvorhandensein,

عدم الاهتمام „Gleichgültigkeit (= Nicht-Interessiertheit)"

سوء entspricht häufig unserem „miß-":

سوء تفاهم [sūʒ(u) tafāhum(in)] „Mißverständnis",

سوء حظ „Mißgeschick, Unglück" (zu حظ [ḥazz] „Glück")

Determiniert werden derartige Verbindungen stets durch Determinierung des Genitivs:

غير الممكن „das Unmögliche", عدم الوجود „das Nichtvorhandensein", سوء الحظ „das Mißgeschick" usw.

8. Ergänzungen zur Pluralbildung

a) GESUNDE PLURALE

Das Vorkommen des gesunden männlichen Plurals ist hauptsächlich auf folgende drei Gruppen von Nomen beschränkt: 1. aktive und passive Partizipien aller Verbstämme, 2. Nomina relationis (Endung -īy) (s. Abschnitt 24, Punkt 5), 3. Nomen der Form L a M M ā N (s. Abschnitt 28, Punkt 6). Bei diesen drei Gruppen (und nur bei diesen) findet sich auch die Pluralbildung mit Endung ة (s. Abschnitt 5, Punkt 3 c). Auch finden sich bei den erwähnten drei Gruppen gebrochene Plurale, allerdings — mit Ausnahme der Partizipien des Grundstamms (dazu genauer in Abschnitt 18, Punkt 3) — sehr selten. Zum Vorkommen des gesunden weiblichen Plurals erwähnen wir, daß er von allen Fremdwörtern gebildet wird, die nicht die Form eines arabischen Nomens haben: كيلومترات von كيلومتر „Kilometer“. Hat das Fremdwort jedoch die Form, nach der auch arabische Nomen gebildet werden, dann wird meist ein gebrochener Plural gebildet: so ist z. B. قنصل [qunṣul] „Konsul“ von der arabischen Nominalform L u - M N u S wie خنفس [ḫunfus] „Skarabäuskäfer“, فلم [film] „Film“ von der Form L i M N wie سرّ [sirr] „Geheimnis“, und die Plurale sind entsprechend: قناصل [qanāṣilu] wie خنافس [ḫanāfisu], أفلام [ʒaflām] wie أسرار [ʒasrār].

b) GEBROCHENE PLURALE

Schon in Abschnitt 8, Punkt 6, haben wir die häufigsten Typen des gebrochenen Plurals zusammengestellt. Weitere, nicht zu selten vorkommende Typen sind:

L i M a N zu Singularen der Form L i M N a t, seltener L a M N a t: حرف [ḥiraf] zu حرفة [ḥirfa] „Gewerbe“, خيم [ḫiyam] zu خيمة [ḫayma] „Zelt“.

L a M a N a t zu Singularen der Form L ā M i N : طلبة [ṭalaba] von طالب [ṭālib] „Student“, باعة [bāʕa ⟵ bayaʕa] von بائع [bāʒiʕ ⟵ bāyiʕ] „Verkäufer“.

ʒ a L M u N: أشهر [ʒašhur] von شهر [šahr] „Monat“, أرجل [ʒarǧul] von رجل [riǧl] „Fuß“.

L u M N ā n: رهبان [ruhbān] zu راهب [rāhib] „Mönch", فرسان [fursān] zu فارس [fāris] „Ritter, Kavalier".

L a M ā N i S a t zu Personenbezeichnungen mit vier Radikalen: أساتذة [ʒasātiḏa] zu أستاذ [ʒustāḏ] „Professor", برابرة [barābira] zu بربري [barbarīy] „Berber", دكاترة [dakātira] von دكتور [duktūr] „Doktor".

L a M N ā zu Singularen der Form L a M ī N mit passiver Bedeutung:
جرحى [ǧarḥā] zu جريح [ǧarīḥ] „verwundet", مرضى [marḍā] zu مريض [marīḍ] „krank"

L a M ā N ā zu Singularen der Form L a M ī N a t mit N = w oder y: هدايا [hadāyā] zu هدية [hadīya] „Geschenk", عطايا [ʿaṭāyā] zu عطية [ʿaṭīya] „Gabe".

Alle diese Formen mit Ausnahme der beiden letzten sind triptotisch. (NB. „gehört zu ... " schließt das Vorkommen bei anderen Singularen nicht aus.)

Wird von einem Nomen, das mehr als vier Konsonanten enthält, ein gebrochener Plural gebildet, dann wird bei der Brechung ein Konsonant (oder mehr) unterdrückt: عناكب [ʿanākibu] von عنكبوت [ʿankabūt] „Spinne", عنادل [ʿanādilu] von عندليب [ʿandalīb] „Nachtigall", أباطرة [ʒabāṭira] von إمبراطور [ʒimbarāṭūr] „Kaiser". Andrerseits kann im gebrochenen Plural auch ein Konsonant hinzugefügt werden: خوارنة [ḫawārina] von خوري [ḫūrīy) „Pfarrer".

c) PLURALIS PAUCITATIS

Steht bei einem Substantiv ein gebrochener Plural der Form ʒ a- L M u N neben einem weiteren der Form L u M ū N, dann soll der erstere nur für eine kleine Anzahl (3–10 Exemplare), der letztere für eine größere benutzt werden. Man nennt die erstere Form dann *Pluralis paucitatis* („Plural der Wenigkeit") des betreffenden Wortes. Z. B. finden wir von شهر „Monat" die Plurale أشهر [ʒašhur] „(3–10) Monate" und شهور [šuhūr] „(mehr als 10) Monate", von حرف [ḥarf] „Buchstabe": أحرف und حروف. (Allgemein wird dieser Pluralis paucitatis, für den noch weitere Möglichkeiten vorhanden sind, nicht genau beachtet und oft werden beide Pluralformen gleichbedeutend gebraucht.)

d) WIEDERHOLTE PLURALBILDUNG

Die Pluralform kann ihrerseits einer Pluralbildung unterzogen werden. Dabei wird ein gebrochener Plural entweder mit der Endung -āt versehen oder (gleichsam als Singular aufgefaßt) nochmals gebrochen. Dieser Plural des Plurals (abgekürzt: Plpl.) ist meist mit dem einfachen Plural gleichbedeutend, doch lassen sich über die Einzelheiten des Gebrauchs keine Regeln aufstellen. Beispiele:

ظفر [ẓufur] „Fingernagel", Pl. أظفار [ʒaẓfār] und Plpl. أظافير [ʒaẓāfīru]. بلد [balad] „Land", Pl. بلاد [bilād] und Plpl. بلدان [buldān]. رسم [rasm] „Zeichnung", Pl. رسوم [rusūm] und Plpl. رسومات [rusūmāt].

9. Formen der höflichen Anrede

Im allgemeinen entspricht unserer Anrede mit „Sie" einfach der Gebrauch der Pronomen und Verbformen der zweiten Person, deren Zahl die der angesprochenen Personen ist. Will man besonderen Repekt ausdrücken, dann gebraucht man durchwegs die Formen der zweiten Person maskulin Plural:

هل أنتم من بيروت؟ sind Sie (ein Herr, eine Dame, mehrere Personen) aus Beirut?

ماذا قلتم؟ was haben Sie gesagt?

إسمحوا لى أن أساعدكم darf ich Ihnen helfen?

Häufig ersetzt man in der Anrede die Personalpronomen durch die Substantive حضرة [ḥaḍra] „Gegenwart" und سيادة [siyāda] „Herrschaft" (wobei سيادة als respektvoller als حضرة gilt):

حضرتك [ḥaḍratu-ka] und   سيادتك [siyādatu-ka] Sie (ein Herr)
حضرتك [ḥaḍratu-ki] und   سيادتك [siyādatu-ki] Sie (eine Dame)
حضرتكم [ḥaḍratu-kum] und   سيادتكم [siyādatu-kum] Sie (mehrere Personen)

Die Formen mit Suffix كَ werden auch an nur eine Person gerichtet. Im Satz richtet sich das Verb nach dem Suffix, steht also in der zweiten Person:

متى وصلتَ حضرتَك „wann sind Sie (m.) angekommen?"
من أين أتيتِ حضرتك „woher kommen (= kamen) Sie (f.)?"
ماذا قلتم سيادتكم؟ „was haben Sie gesagt?"

حَضْرَة und سِيادَة mit Suffix können auch im Genitiv und Akkusativ stehen und ersetzen so die Personalsuffixe:

[li-siyādati-kum, fulān] „erlau-
اِسْمَحُوا لِى أَنْ أُقَدِّم لِسِياد تَكُم السِّيد فُلانا
ben Sie mir, Ihnen Herrn Sound-
so vorzustellen"

Die mit حَضْرَة und سِيادَة gebildeten Ausdrücke brauchen keineswegs durchgehend wie deutsches „Sie" verwendet zu werden. Meist werden sie nur zu Beginn gebraucht und dann nur ab und zu eingestreut. (Vor zu häufiger Verwendung muß sogar gewarnt werden, da diese lächerlich wirken kann.) Grundsätzlich genügt die Verwendung der zweiten Person Plural bei Verbformen und Pronomen in jedem Zusammenhang. Auf die Einzelheiten, in denen sich auch die arabischen Länder untereinander unterscheiden, gehen wir nicht ein.

WORTLISTE 30

يُتِيح IV [yutīḥu] bieten, ge-
währen

يُتِيح فُرْصَة [yutīḥu furṣa] eine
Chance geben

يُضِيع IV [yuḍīʿu] verlieren, versäumen

حالة [ḥāla) Lage, Zustand
(Pl. ات)

مُتَقَلِّب [mutaqallib] unbeständig, labil

اِتِّفاقِيّة [ʒittifāqīya] Vertrag,
Abkommen (Pl. ات)

يَكْفِى I [yakfī] genügen

كافٍ [kāfin, -ī] genügend

حُبّ [ḥubb] Liebe

وَقَع فى حُبِّها [waqaʿa fī ḥubbi-hā]
er hat sich in sie ver-
liebt (wörtl.: er ist in
ihre Liebe gefallen)

طائِرَة نَفّاثة [ṭāʒira naffāṯa] Düsenflugzeug (wörtl.:
speiendes Flugzeug)

يَطُول I [yaṭūlu] lange sein, lange dauern

السُّعودِيّة [ʒas-saʿūdīya] Saudi-
Arabien

يُقْرِض IV [yuqriḍu] leihen

أَقْرَضَنى [ʒaqraḍa-nī] er lieh
لِيرة mir 1000 Pfund

يَخْسَر I [yaḫsaru] verlieren (s.
Anm.) (Pf. i)

قِمار [qimār] Glück-, Ha-
sardspiel

وَصِيّة [waṣīya] Testament
Pl. وصايا [waṣāyā]

يُحَقِّق II [yuḥaqqiqu] verwirk-
lichen

رَغْبة [raġba] Wunsch
Pl. رَغَبات [raġabāt]

375

ألفلم يعرض [yuçraḍu] der Film
läuft (wörtl.: der Film
wird vorgeführt)

ينتقل VIII [yantaqilu] umziehen,
übersiedeln (u.a.)

يوصي II [yuwaṣṣī] empfehlen

وصّاني به [waṣṣā-nī bi-hī] er
empfahl es mir

X يستخدم [yastaḫdimu] anstellen, engagieren

حادّ [ḥādd] scharf

ذكاء [dakāӡ] Intelligenz

فاطمة [fāṭima] Fatima (weibl.
Name)

ضروريّ [ḍarūrīy] notwendig,
nötig

Anmerkung: يخسر ist „verlieren" im Sinne von „einbüßen, unwiederbringlich
auf Grund eines Risikos verlieren". Hingegen ist يفقد I (yafqidu) „verlieren
durch Verlegen usw. mit der Hoffnung, wiederzufinden".

ÜBUNG 30.1

۱ – إذا تعرّفت على أخت محمود فستعجبك. لو تعرّفت على أخي محمود عند
زيارته الأخيرة لأعجبك كثيرا. ۲ – لو أتيحت لى فرصة أخرى لما أضعتها.
لو قال ذلك صديقى لصدّقته. ۳ – لو لم أعرف أن ألحالة السياسية متقلّبة جدا
لما ترددت فى توقيع الاتّفاقية. ٤ – لو كان لديّ وقت كاف لذهبت كل مساء
إلى أحد المسارح أو إلى إحدى دور السينما. ٥ – لو لم يقع حسين فى حب
إحدى السكرتيرات لما استمرّ فى عمله فى المكتب. ٦ – لو لا النيل لكانت
مصر صحراء. لو لا الطائرة النفّاثة لطالت السفرة إلى السعودية. ۷ – لو أقرضت
أخا علىّ مبلغا من النقود لخسره حالا فى القمار. ۸ – ليت خالى لم يتوفّ
قبل أن كتب وصيته. ليت أخى عاد. ليت رغبتى حقّقت ۹ – ألفلم المذكور
ما زال يعرض. هل شاهدتموه؟ لا. لم نشاهده بعد. ۱۰ – مازلت ساكنا فى
الشقة التى انتقلت إليها قبل عشر سنوات. لن تجد بيتا أجمل من بيتى ولو
بحثت فى المدينة كلها. ۱۱ – سوف نستمرّ فى إجراء الضرورى ما دام هذا
ممكنا. ۱۲ – ذلك الشاب الذى وصّيتك باستخدامه حادّ الذكاء وحسن السلوك.
۱۳ – ما زال محمود وزوجته فاطمة يزوراننى أسبوعيا.

ÜBUNG 30.2

1. Wenn ich ihn gesehen hätte, hätte ich ihn gegrüßt. 2. Wenn Ali nicht genügend studiert hätte, hätte er die Prüfung nicht bestanden. 3. Wenn ich den Betrag nicht bräuchte, würde ich ihn nicht von dir verlangen. 4. Wenn ich es sehen wollte, würde er es mir zeigen. 5. Wenn du den Artikel gelesen hättest, verstündest du die Politik der Regierung. 6. Fatima sucht noch immer die Uhr, die sie vor einem Monat verloren hat. 7. Wenn du ihn gestern angerufen (= ihm telephoniert) hättest, hätte er dir dasselbe gesagt wie ich (= was ich gesagt habe). 8. Wenn Aische diesen Brief aus dem Arabischen ins Englische hätte übersetzen können, dann hätte der Direktor sie bestimmt angestellt. 9. Wenn der Präsident doch nicht gezögert hätte, die notwendigen Maßnahmen zu ergreifen! 10. Wenn ich doch eine Million Dollar hätte!

ANHANG I:

DIE ISLAMISCHE ZEITRECHNUNG

Die Rechnungseinheit der islamischen Zeitrechnung bildet das Mondjahr von 354 Tagen (das schon in vorislamischer Zeit bei den Arabern in Gebrauch war), so daß ungefähr 33 Sonnenjahre von 365 Tagen gleich 34 Mondjahren sind. Die Zählung der Mondjahre beginnt mit dem Jahr, in dem die هجرة [hiǧra] „Auswanderung" des Propheten Mohammed von Mekka nach Medina erfolgte: das Mondjahr 1 a.H. (= anno Hegirae) begann am 16. Juli des Sonnenjahres 622 n.Chr. (Die Auswanderung selbst fand im September 622 statt.) Damit ergeben sich folgende (annähernde) Umrechnungsformeln von Hidschra-Jahreszahlen (H) in gregorianische (G) und umgekehrt:

$$G = H - H/33 + 622 \qquad H = G + (G-622)/32 - 622$$

Die Namen der zwölf Monate des Mondjahres lauten:

1. أَلْمُحَرَّم [ʒal-muḥarram]
2. صَفَر [ṣafar]
3. رَبِيع الأَول [rabīç al-ʒawwal]
4. رَبِيع الثَانِي [rabīç aṭ-ṭānī]
5. جُمَادَى الأُولَى [ǧumāda_l-ʒūlā]
6. جُمَادَى الآخِرَة [ǧumāda_l-ʒāḫira]
7. رجب [raǧab]
8. شعبان [šaçbānu]
9. رمضان [ramaḍānu]
10. شَوّال [šawwāl]
11. ذو القعدة [ḏu_l-qaçda]
12. ذو الحجّة [ḏu_l-ḥiǧǧa]

Der erste Bestandteil der beiden letzten Namen ist in Abschnitt 30, Punkt 7 besprochen. (قعدة und حجة bedeuten „Sitzen" und „Pilgerfahrt".) Es ist wohl zu beachten, daß keine Zuordnung der Mondjahrmonate zu unseren Sonnenjahrmonaten möglich ist, da Mond- und Sonnenjahr nicht gleich lang sind. Ein Datum ohne Jahresangabe wie z. B. „am 10. Safar" läßt sich somit nicht „umrechnen": je nach dem Mondjahr kann es den verschiedensten Sonnenjahrdaten entsprechen. Beispielsweise entspricht dem 1. Muharram 1351 a. H. der 7. Mai 1932 n. Chr., dem 1. Muharram 1361 a. H. der 19. Januar 1942. Die Angabe des Hidschra-Datums erfolgt entsprechend der des gregorianischen Datums (s. Abschnitt 22, Punkt 3). „Hidschra-Jahr" ist سنة هجرية, „gregorianisches Jahr" ist سنة ميلادية. „nach der Hidschra" entspricht der Ausdruck هجرية [hiǧrīya(tan)] nach der Jahreszahl,

abgekürzt: ٨. Zur Umrechnung der beiden Datenangaben ineinander
sind besondere Tabellenwerke angelegt worden, doch kommt gemäß
dem zu Beginn von Punkt 2 des Abschnitt 22 Gesagten solchen Um-
rechnungen heute nur wenig praktische Bedeutung zu.

Die beiden Hauptfeste der Muslime sind العيد الصغير [ʒal-çīd aṣ-ṣaġīr]
„das kleine Fest", auch عيد الفطر [çīd al-fiṭr] „Fest des Fastenbrechens"
genannt, am 1. des شوال, also unmittelbar auf das Ende des Fasten-
monats رمضان folgend, und العيد الكبير „das große Fest", auch عيد الأضحى
[çīd al-ʒadḥā] „Fest des Schlachtopfers" genannt, am 10. des ذو الحجة,
des Monats der Pilgerfahrt nach Mekka.

ANHANG II:

GRUNDRECHNUNGSARTEN

Die Namen der *Addition, Subtraktion, Multiplikation* und *Division* lauten im Arabischen: الجمع [ʒal-ǧamç] „das Sammeln", الطرح [ʒat-ṭarḥ] „das Wegstoßen", الضرب [ʒaḍ-ḍarb] „das Schlagen" und التقسيم [ʒat-taqsīm] „das Zerteilen". Die Resultate werden als مجموع [maǧmūç] „Summe" (Pl. ات), فرق [farq] „Differenz", Pl. فروق [furūq], حاصل [ḥāṣil] „Produkt", Pl. حواصل [ḥawāṣilu], كسر [kasr] „Bruch", Pl. كسور [kusūr], bezeichnet. (Im folgenden legen wir für die Ausdrucksweise, die im Mathematikunterricht üblicherweise gebraucht wird und die den Einfluß der Umgangssprache bzw. Dialekte zeigt, zugrunde. Hier finden sich auch Formen, die sich aus der Schriftsprache nicht rechtfertigen lassen.)

Man schreibt und spricht:

3 + 4 = 7	٧ = ٤ + ٣	ثلاثة زائد أربعة يساوى سبعة
7 − 3 = 4	٤ = ٣ − ٧	سبعة ناقص ثلاثة يساوى أربعة
4 × 2 = 8	٨ = ٢ × ٤	أربعة فى اثنين يساوى ثمانية
8 : 4 = 2	٢ = ٤ ÷ ٨	ثمانية على أربعة يساوى اثنين

Wir finden: زائد [zāʒid] „plus", ناقص [nāqiṣ] „minus", ف [fī] „mal", على [çalā] „durch". „mal" wird häufig auch ضرب [ḍarb] gesprochen, „durch" auch تقسيم [taqsīm]. „ist gleich" ist يساوى [yusāwī] oder تساوى [tusāwī] zum Verb يساوى III „gleich sein". Beachten Sie, daß Gleichungen in arabischer Schreibung das Spiegelbild unserer Anordnung zeigen, was besonders bei den nicht-kommutativen Operationen (Subtraktion, Division) von Wichtigkeit ist.

Als Division werden auch Brüche mit Nenner größer als 10 gelesen:

$$\frac{3}{20} \qquad \frac{٣}{٢٠} \qquad \text{ثلاثة على عشرين}$$

$$\frac{1}{48} \qquad \frac{١}{٤٨} \qquad \text{واحد على ثمانية وأربعين}$$

Dezimalbrüche werden mit einem Komma: فاصلة [fāṣila] „Beistrich", Pl. فواصل [fawāṣilu], nicht einem Dezimalpunkt geschrieben (der Punkt ist ja das Zahlzeichen für „Null") und am einfachsten wie folgt gelesen:

$$\text{صفر فاصلة مائة وثلاثة وستون ٠ر١٦٣} \qquad 0{,}163$$

Zur *Potenzierung* gebraucht man die Wörter قوّة [qūwa] „Kraft, Macht, Potenz" und أسّ [ʒuss] „Exponent". Man schreibt und spricht:

$$\text{عشرة قوة (أس) خمسة ١٠ ٥} \qquad 10^5$$

Für die 2. und 3. Potenz gebraucht man häufig Infinitiv oder passives Partizip der Verben يربّع II [yurabbiʕu] „quadrieren" und يكعّب II [yukaʕʕibu] „kubieren":

$$\text{ثلاثة للتربيع/مربّع الثلاثة ٢٣} \qquad 3^2$$
$$\text{ستة للتكعيب/مكعّب الستة ٢٦} \qquad 6^3$$

Zur *Radizierung* gebraucht man das Wort جذر [ǧiḏr] „Wurzel", Pl. جذور [ǧuḏūr]:

$$\text{أربعة جذر اثنتين } \sqrt[2]{4} \quad \sqrt[٢]{٤}$$

$$\text{عشرون جذر خمسة } \sqrt[5]{20} \quad \sqrt[٥]{٢٠}$$

$$\text{ناقص واحد جذر اثنتين يساوى الوحدة التخيّلية } \sqrt[٢]{-١} = ت = i = \sqrt{-1}$$

ت ist Abkürzung für الوحدة التخيّلية [ʒal-waḥda at-taḫayyulīya] „die imaginäre Einheit".

„Logarithmus" ist لوغاريتم [lūġārītim] oder لوغارثما [lūġāriṯmā]. Man schreibt: log 1.000 = 3 لغ ١٠٠٠ = ٣

ANHANG III:

HINWEISE ZUM WEITEREN STUDIUM

In diesem Anhang finden Sie einige Hinweise, die Ihnen nützlich sein werden, wenn Sie nach der Durchnahme dieses Buches andere Werke zu Ihrem weiteren Studium des Arabischen heranziehen.

1. Umschrift

Die in diesem Buch gebrauchte Umschrift unterscheidet sich von der in der deutschen Arabistik gebrauchten bei der Schreibung von zwei der Konsonanten: wo wir die Zeichen ʒ und ç gebrauchen, werden dort zwei kleine Halbkreise über der Zeile (geöffnet nach links bzw. rechts) verwendet. Beispielsweise die Wörter عائلة [çāʒila] „Familie", عداء [çadāʒ] „Feindschaft" werden dann umgeschrieben: [ˁāʾila], [ˁadāʾ]. Am Wortbeginn wird der Hamz in Umschrift verbreitet fortgelassen, da er dort selbstverständlich ist (vor jedem anlautenden Vokal stehen muß) und sich nach der Artikulationsgewohnheit des Deutschsprechenden an dieser Stelle von selbst ergibt: أعمال [ʒaçmāl] „Arbeiten", إعادة [ʒiçāda] „Rückgabe" werden dann mit [aˁmāl], [iˁāda] umgeschrieben.

In vielen Werken wird auch in Umschrift ai, au geschrieben, wo wir ay, aw schreiben. Dies aber nur am Silbenende (wenn mit w oder y eine Silbe schließt): سيف [sayf] „Schwert", خوف [ḫawf] „Furcht" werden [saif], [ḫauf] geschrieben. (Dagegen nur: حيوان [ḥayawān] „Tier" – nicht etwa [ḥaiawān] oder [ḥayauān] – da die Silbengrenzen vor y, w liegen: [ḥa/ya/wān].) Diese Einführung von Diphthongen (Zwielauten aus zwei Vokalen) ai und au entspricht zwar der arabischen Aussprache, beeinträchtigt aber die Übersichtlichkeit der Formenbildung an vielen Stellen. (So etwa, wenn zum Singular قول [qaul] (statt [qawl]) „Ausspruch" der Plural أقوال [ʒaqwāl] gehört.)

Die verschiedenen — insbesondere in der fremdsprachigen Literatur verwendeten — Umschriftsysteme brauchen wir nicht anzuführen. Nur das häufige Verfahren (besonders der englischen Literatur), statt diakritischer Zeichen einen stummen Buchstaben h zu schreiben, sei erwähnt: sh, kh, gh, th, dh statt š, ḫ, ġ, ṯ, ḏ. (Statt ǧ schreibt man dann j.) Statt ḫ finden Sie auch x, statt q zuweilen ḳ.

Zur arabischen Schreibung merken wir an, daß der Hamz vor Verbindungsvokalen (am Satzbeginn) in manchen Werken nicht durch ein Hamza-Zeichen bezeichnet wird. Man schreibt dort (mit Vokalzeichen) z. B. اِسْمٌ „ein Name" oder اُنْتُخِبَ „er wurde gewählt".

2. Bezeichnung der Radikale

Die Araber selbst bezeichnen die Radikale dreiradikaliger Wörter, die in unserem Buch mit L, M, N symbolisiert werden, mit ف, ع und ل, den Radikalen des Verbs فعل I[yafçalu] „tun". Dieser Bezeichnungsweise folgen viele europäische Werke. (Sie hat den Nachteil, daß die sich so ergebenden Bildungen für uns schwieriger aussprechbar sind und schlechter im Gedächtnis haften, und daß so neben sinnlosen auch viele sinnvolle Wörter entstehen.) Andere, in der europäischen Literatur gebrauchte Radikal-Bezeichnungen sind: q, t, l; C_1, C_2, C_3; C, C, C. Die Form des Plurals بيوت [buyūt] „Häuser", die wir mit L u M ū N angeben, kann demnach auch فُعُول, fuçūl, قُتُول, qutūl, $C_1uC_2\bar{u}C_3$, CuCūC (u. a.) angegeben werden. Für vierradikalige Wörter (wo wir L, M, N, S verwenden) gebraucht man dann: f, c, l, l; q, t, l, l; C_1, C_2, C_3, C_4; C, C, C, C. Die Form des Substantivs عقرب [çaqrab] „Skorpion; Uhrzeiger", die wir mit L a M N a S angeben, kann auch geschrieben werden: فَعْلَل, façlal, قَتْلَل, qatlal, $C_1aC_2C_3aC_4$, CaCCaC.

3. Grammatiken

Als ausführliche systematische Darstellungen der (klassischen) arabischen Grammatik – einschließlich der Syntax (Satzlehre) und umfangreicher Tabellen zur Formenlehre des Verbs – empfehlen sich vor allem die „Grammatik des Klassischen Arabisch" von Wolfdietrich Fischer (Wiesbaden, 1972) und „A Grammar of the Arabic Language" von William Wright (zwei Bände; Cambridge, 1896–98, wiederholt nachgedruckt). Beide Werke sind jedoch für Studenten der Orientalistik bestimmt und stellen somit etwas höhere Anforderungen an den Leser.

Präzise Abrisse der arabischen Sprachstruktur, die sich für eine zusammenfassende und ergänzende Wiederholung gut eignen, sind z. B. „Arabic Language Handbook" von Mary C. Bateson (Washington, 1967), „Grammaire de l'arabe" von Gérard Lecomte (Paris, 1968), „L'arabe classique" von Henri Fleisch (Beirut, 1968).

Zur Darstellung der Grammatik sei angemerkt, daß die Araber selbst und ihnen folgend die meisten europäischen Werke als Grundform, in der ein Verb angeführt wird, die 3. Person maskulin Singular des *Perfekts* gebrauchen (während wir die entsprechende Form im Indikativ des Imperfekts verwenden): كَتَبَ (statt يَكْتُبُ) „schreiben". Dies hat den Nachteil, daß die Fälle, wo dann der Imperfekt-Vokal besonders zu merken ist, die Fälle weit überwiegen, in denen neben dem zunächst gelernten Imperfekt der Perfekt-Vokal hinzugelernt werden muß.

4. Wörterbücher

Die Benutzung eines *arabisch—deutschen Wörterbuchs* erfordert einige Übung und setzt solide Kenntnisse der arabischen Formenlehre voraus. Der Grund dafür ist, daß nicht die einzelnen Wörter, sondern die drei- bzw. vierradikaligen Wurzeln in der alphabetischen Reihenfolge (des arabischen Alphabets) angeordnet sind. Die Wurzel ist zunächst durch ein Verb im Grundstamm (sofern vorhanden) repräsentiert. Darauf folgen die Verben in abgeleiteten Stämmen, dann die Nomen (in einer Reihenfolge, die der Wörterbuch-Autor bestimmt). Die Schwierigkeit beim Nachschlagen eines unbekannten Wortes besteht daher darin, die drei bzw. vier Radikale zu erkennen, unter denen nachgesehen werden muß. Stoßen Sie etwa beim Lesen auf die Form افتتاح dann müssen Sie diese als Infinitiv des VIII. Stammes eines starken Verbs erkennen und demnach als die Radikale ف ت ح „herausschälen". Sie müssen danach unter ف, nicht unter ا nachschlagen. Ebenso müssen Sie مفتاح als Nomen instrumenti erkennen und wieder unter ف, nicht unter م nachschlagen usw. Geht dieses Auffinden der Radikale bei starken Wurzeln noch einigermaßen leicht vonstatten, so häufen sich die Schwierigkeiten, wenn die Wurzel schwach ist und einer (u. U. auch zwei) der Radikale in der Form, auf die Sie gestoßen sind, nicht aufscheint. Hier hilft nur die völlig sichere Beherrschung der schwachen Verb- und Nominalformen und der darin geltenden Lautgesetze, mit denen sich vertraut zu machen Sie in dieser Sprachlehre reichlich Gelegenheit gehabt haben. Für die einzelnen Schritte des Aufsuchens einer Wurzel zu einem beliebigen im Text angetroffenen Wort lassen sich keine kurz faßbaren Regeln angeben: wir müßten dazu einen Großteil der gesamten Formenlehre nochmals wiederholen. In gewissem Sinn läßt sich jede arabische Grammatik als Gebrauchsanweisung des arabischen Wörterbuchs ansehen. Auch sonstige Einzelheiten zur Anlage der Wörterbücher können wir nicht angeben, da die verschiedenen Werke darin zu stark voneinander abweichen.

Wenn Sie nun ein Wörterbuch erworben haben, machen Sie sich keinesfalls damit sofort an die Lektüre eines neuen Textes. Sie würden nur verwirrt und entmutigt werden. Wir empfehlen vielmehr folgenden Weg einzuschlagen:

1) Studieren Sie sorgfältig die einleitenden Bemerkungen, das. Vorwort, Gebrauchshinweise, Listen von Abkürzungen usw., die vorangestellt sind. (Dies soll man natürlich vor der In-Gebrauch-Nahme jedes Wörterbuchs tun. Gerade bei einem arabischen Wörterbuch ist bei dieser Vorarbeit aber ganz besondere Aufmerksamkeit geboten!)

2) Machen Sie sich mit der Anordnung der Wurzeln und Wörter vertraut, indem Sie mindestens zehn (aber lieber mehr!) aufeinanderfolgende Seiten aufmerksam durchlesen. Dabei prägen Sie sich auch das unter 1) Erwähnte genau ein.

3) Schlagen Sie nicht weniger als fünfzig Wörter Ihres Wortschatzes (z. B. die Wörter von zwei oder drei Wortlisten unseres Buches) nach, darunter auch einige Fremdwörter.

Veranschlagen Sie für diese Vorarbeit nicht weniger als zehn Tage Zeit, bevor Sie sich an einem unbekannten Text versuchen. Auch im weiteren ist es überaus nützlich, im Wörterbuch (wie unter 2.)) zu lesen, ohne dabei etwas Bestimmtes behalten zu wollen. Darauf sei besonders eindringlich hingewiesen.

Das einzige deutsche für moderne Texte brauchbare Wörterbuch ist „Arabisches Wörterbuch für die Schriftsprache der Gegenwart" von Hans Wehr (Wiesbaden, 1958), das auch in einer revidierten englischen Bearbeitung von J. Milton Cowan vorliegt („A Dictionary of Modern Written Arabic", Wiesbaden, 1961).

Die Benutzung eines *deutsch—arabischen Wörterbuchs* ist natürlich wesentlich einfacher. Auch hier erinnern wir aber daran, wie wichtig es ist, die Hinweise für dessen Benutzung genau zu studieren! Hier lassen sich zwei Werke besonders empfehlen: ein kürzer gefaßtes „Deutsch-Arabisches Wörterbuch" von Günther Krahl (Leipzig, 1964) und ein ausführliches „Deutsch-Arabisches Wörterbuch" von Götz Schregle (Wiesbaden, 1971).

Schlüssel zu den Übungen

ÜBUNGEN ZUR SCHRIFTLEHRE

ÜBUNG 1

Leseübung:

ḥi ḫu ḥa fu fa fi ǫi ġa ǧu ḫu na ti ṭa za ḏi du tu ṭi zi ẓa si šu yu ha ḥi mi
la ṣa qi ku ḍi ḍa di ta ṭu ṭu ça li ma ġu

Schreibübung:

ﻣ ﺣ ﺧ ﺛ ﻃ ﻇ ﻃ ﻟ ﻛ ﻗ ﻯ ﻣ ﻣ ﺛ ﺷ ﺷ ﺷ ﺗ ﺗ ﺗ

ﻗ ﻗ ﺧ ﺛ ﻃ ﻃ ﺿ ﺻ ﻋ ﻯ ﺭ ﺭ ﻏ ﺟ ﻏ

ÜBUNG 2

Leseübung:

ḥī ḫū ḥā fū fā fī ǫī ġā ǧū ḫū nā tī ṭā zā ḏī dū tū ṭi zī ẓā sī šū yū hā ḥī
mī lā ṣā qī kū ḍī ḍā dī tā ṭū ṭū çā lī mā ġū

Schreibübung:

ﺗﺎ ﺗﻰ ﺗﻮ ﺷﻰ ﺷﻮ ﺷﺎ ﺗﺎ ﺿﻰ ﻣﻮﻫﻰ ﻳﺎ ﻗﺎ ﻛﻮ ﻟﻮ ﻃﻰ ﻇﻰ ﺗﻮ ﻏﺎ ﺣﻮ ﻫﻰ

ﻏﻮ ﺟﻰ ﻏﺎ ﺯﻯ ﺫﻭ ﻳﻰ ﻋﺎﺻﺎ ﺿﻰ ﻃﺎ ﺫﺍ ﺗﻰ ﺧﻮ ﻓﻰ ﻛﺎ

ÜBUNG 3

Leseübung:

[nār] Feuer, [nūr] Licht, [waran] Waran (Eidechsenart), [dīn] Religion, [dayn]
Geldschuld, [dayr] Kloster, [dūd] Würmer, [yūd] Jod, [bāb] Tür, Tor, [fās]
Fes (in Marokko), [bint] Tochter, [sayf] Schwert, [safar] Reise, [rabb] Herr,
[ǧabal] Berg, [naǧd] Nedschd (Gebiet in Arabien), [karaz] Kirschen, [malik]
König, [mitr] Meter, [film] Film, [mīl] Meile, [bank] Bank (Geldinstitut),
[sukkar] Zucker, [ḥasan] schön; Hasan (männl. Name), [ḥalab] Aleppo, [šāl]
Schal, [sūq] Markt, [ḫān] Wirtshaus, [šayḫ] Greis, Scheich, [ṣifr] Null, [ḥimṣ]
Homs (in Syrien), [nafṭ] Naphtha, Erdöl, [ḍayf] Gast, [çadan] Aden, [çammān]
Amman, [çumar] Omar (männl. Name), [haram] Pyramide, [tīh] Labyrinth,
[ṭawr] Stier, [ġāz] Gas.

Schreibübung:

طَلَق طُنْ رِيح بُرْج يِبْغ شَاه عَبْد بَيْض بَاس لَادَن قَنْد زِنْك جَمَل نَسْر نَای

ÜBUNG 4

Leseübung:

[dīwān] Diwan (Gedichtsammlung), [dīnār] Dinar, [sarāy] Schloß, Serail,
[rādiyū] Radio, [nīsān] April, [sunūnū] Schwalbe, [bayrūt] Beirut, [bārīs]
Paris, [lubnān] Libanon, [lundun] London, [tūnis] Tunis, [tīfūs] Typhus,
[lībiyā] Libyen, [daǧāǧ] Hühner, [zaytūn] Oliven, [bāzār] Bazar, [rūmā] Rom,
[samūm] Samum, [nimsā] Österreich, [wazīr] Minister, [fazzān] Fezzan (Gebiet
in Libyen), [kuḥūl] Alkohol, [fallāḥ] Bauer, [ḥašīš] Gras, Kraut, Haschisch
(Rauschgift aus Hanf), [qālib] Gußform, [qanāl] Kanal, [ṣafīr] Saphir, [ṣāḥib]
Freund, [ṭanṭā] Tanta (Stadt im Nildelta), [baṭāṭis] Kartoffeln, [ǧāmiç] (große)
Moschee (in der das Freitagsgebet abgehalten wird), [hilāl] Halbmond, Mondsichel, [ġazāl] Gazelle.

Schreibübung:

سُورِيَا بَرْلِين كَرِيت كُوبَا سِينَمَا حُسَيْن شَرِيف بَاشَا سَلَام سِيلَان غِرَّام بُور سَعِيد

ÜBUNG 5

Leseübung:

[bustān] Ziergarten, [faransā] Frankreich, [faylasūf] Philosoph, [finlandā]
Finnland, [batrūl] Erdöl, [fustān] Kleid, [tilīfizyūn] Fernsehen, [kirkūk] Kirkuk
(im Irak), [mamlūk] Mameluk, [ǧiyūlūǧiyā] Geologie, [firank] Franc, Franken,
[maḥmūd] gelobt; Mahmud (männl. Name), [muḥammad] gepriesen; Mohammed (männl. Name), [mišmiš] Marillen, [dimašq] Damaskus, [darwīš] Der-
wisch, [lāzuward] Lazurstein, Lapislazuli, [baqšīš] Trinkgeld, [burtuqāl]
Orangen, [ṭarābulus] Tripolis, [filasṭīn] Palästina, [sulṭān] Sultan, [ṭarbūš]
Tarbusch, Fez, [qubṭān] Kapitän, [ramaḍān] Ramadan (Fastenmonat der
Muslime), [wahrān] Oran (in Algerien), [ḥaḍramawt] Hadramaut (Land in
Südarabien), [çanbar] Ambra, [bāṭūlūǧiyā] Pathologie, [çutmān] Osman
(männl. Name), [ḥāfiẓ] Bewahrer (Beiname dessen, der den gesamten Koran-
text auswendig beherrscht), [baġdād] Bagdad, [ǧūrīlā] Gorilla.

389

Schreibübung:

طَمَاطِم سِمْسِم مَسْجِد تُرْكِيَا زُمُرُّد زَنْجَبَار مَرْاكِش مَنْصُور شَيْطَان بَعْلَبَك
زَعْفَرَان دِرْهَم جَهَنَّم ظَهْرَان جُغْرَافِيَا مَنْغُولِيَا هِيدْرُوجِين

ÜBUNG 6

Leseübung:

[badawīy] Beduine, [barbarīy] Berber, [nūbīy] Nubier, [ṣirbīy] Serbe, [çalīy]
hoch; Ali (männl. Name), [hindīy] Inder, [dīmuqirāṭīy] Demokrat, [ḥalwā]
Halwa (eine Süßigkeit), [laylā] Laila (weibl. Name), [mūsā] Musa, Moses.

Schreibübung:

بَيْرُوتِي خَاكِي عَرَبِي عَسْكَرِي نِمْسَاوِي رُوسِي يُونَانِي

ÜBUNG 7

Leseübung:

[ʒamrīkā] Amerika, [ʒalmāniyā] Deutschland, [ʒaruzz] Reis, [ʒaḥmad] sehr
löblich; Ahmed (männl. Name), [ʒaḫ] Bruder, [ʒuḫt] Schwester, [ʒisṭanbūl]
Konstantinopel, [ʒaṭlas] Atlas, [ʒimbarāṭūr] Imperator, Kaiser, [ʒīṭāliyā]
Italien, [ʒal-qāḍī] der Richter, [ʒaṭīnā] Athen, [ʒaḏān] Ruf zum Gebet, [ʒur-
ṭūḏuksīy] orthodox, [ʒisbāniyā] Spanien, [ʒūbarā] Oper, [ʒamīr] Emir (Fürst,
Befehlshaber), [ʒādam] Adam, [ʒās] As (Spielkarte), [ʒal-furāt] der Euphrat,
[ʒal-ʒislām] der Islaṁ, [ʒal-balqān] der Balkan, [ʒal-qawqāz] der Kaukasus,
[ʒal-ğabr] Algebra, [ʒal-ʒaqṣur] Luxor, [ʒal-ḥarṭūm] Khartum, [ʒal-yūnān]
Griechenland (Ionien), [ʒal-çuzzā] Al-Uzza (Göttin der Araber in vorislamischer
Zeit.

Schreibübung:

أُسْتُرَالِيَا أُورُغْوَاي إِمَام إِزْمِير أُوِحَا الْبَحْرَيْن السَّكْسِيك الْمَوْصِيل الْأَزْهَر إِبْرَاهِيم
الْمَغْرِب إِرْلَنْدَا آسِيَا أَسْوَان إِيون

ÜBUNG 8

[raʒs] Kopf, Kap, [ṭaʒr] Blutrache, [ḏiʒb] Wolf, [biʒr] Brunnen, [raʒīs] Präsident, Chef, [ʒal-ğazāʒir] Algier, [fuʒād] Herz; Fuad (männl. Name), [suʒāl]
Frage, [muʒaḏḏin] Muezzin (Rufer zum Gebet), [luʒluʒ] Perlen, [ʒal-qurʒān]

390

der Koran, [karbalāʒ] Kerbela (im Irak), [ṣaḥrāʒ] Wüste, [ʒal-fīziyāʒ] die Physik, [ʒal-kīmiyāʒ] die Chemie, [ṣançāʒ] Sanaa (Hauptstadt des Jemen), [sūʒ] Böses, [barīʒ] schuldlos.

ÜBUNG 9

دِيوَان إِيرَان دِينَار سُورِيَا سَرَاى آسِيَا رَادِيُو بَيْرُوت تُونِس بَتْرُول قَرَنْسَا
تِلِيفِزْيُون أمْرِيكَا بَازَار الْمَانِيَا زَنْجَبَار مُحَمَّد مَرَّاكِش دِمَشْق الْفُرَات
الْبَلْقَان أنْمَكْسِيك طَمَاطِم إِسْطَنْبُول سُلْطَان قُبْطَان فِلَسْطِين أَطْلَس إِيطَالِيَا
الْقَاضِى الْعِرَان إِبْرَاهِيم دِرْهَم الْهِنْد أِينَا عُثْمَان غُورِيلّا بَغْدَاد مُوسِيقَى
إِسْبَانِيَا إِيرْلَنْدَا الْجَزَائِر الْفِيزِيَاء عَمَّان قَلَّاح قَزَّان أُورُبَّا

ÜBUNGEN ZUR SPRACHLEHRE

ÜBUNG 1.1

1. Ich bin ein Ausländer. Du bist ein Deutscher. Du bist eine Österreicherin. Er ist ein Ägypter. Sie ist eine Schweizerin. 2. Ich bin ein Kaufmann und sie ist eine Touristin. Du bist ein Angestellter und du bist eine Ärztin. Sie ist eine Deutsche und er ist ein Österreicher. 3. Wer bist du? Ich bin ein Deutscher. Ich bin ein Tourist. Und wer ist sie? Sie ist eine Schweizerin. Sie ist eine Studentin. 4. Wer ist er? Er ist ein Ägypter. Er ist ein Arbeiter. Und wer ist sie? Sie ist eine Ägypterin. Sie ist eine Angestellte. 5. Was ist das? Das ist ein Heft. Das ist eine Feder. Das ist eine Tasche. Das ist ein Brief. Das ist ein Restaurant und das ist ein Theater. 6. Wo ist ein Heft und eine Feder? Wo ist ein Auto? Wo ist ein Hotel? Wo ist ein Arzt? Wo ist ein Stuhl? Wo ist ein Tisch? 7. Wo ist eine Tasche? Hier ist eine Tasche. Wo ist ein Restaurant? Dort ist ein Restaurant. Wo ist eine Zeitschrift? Hier ist eine Zeitschrift und ein Buch.

ÜBUNG 1.2

١ — أنا موظّفة. أنا سائحة. أنا سائح. ٢ — أنا تاجر. أنا نساوىّ. أنا سائح. ٣ — هو عامل. هى طيبة. هو مصرىّ وهى نساويّة. ٤ — أنت تاجر. أنت طالب وأنت طالبة. ٥ — ما هذا؟ هذا كرسىّ وهذه طاولة. هذه جريدة وهذه مجلّة. ٦ — هذه رسالة. هذا دفتر وهذا قلم. ٧ — من أنت؟ أنا أجنبىّ. من هو؟ هو طيب. ٨ — أين فندق؟ أين جريدة؟ أين أنت؟ أين أنا؟ هنا رسالة وهنا كتاب. ١٠ — هناك مسرح. هنا طاولة وكرسىّ.

ÜBUNG 2.1

1. Wir sind Deutsche. Ihr seid Kaufleute. Sie sind Ausländer. Ihr seid Studentinnen. Sie sind Touristinnen. 2. Wer seid ihr? Wir sind Bauern. Und wer seid ihr? Wir sind Bäuerinnen. 3. Wer sind sie? Sie sind Soldaten. Und wer sind sie? Sie sind Ausländerinnen. 4. Wer ist das (sind diese)? Das sind Polizisten, das sind Arbeiter und das sind Angestellte. 5. Das sind Zeitungen und das sind Hefte. Das sind Bücher und das sind Zeitschriften. Das sind Photos und das sind Zeichnungen. 6. Was hast du (m.)? Ich habe ein Heft und ein Wörterbuch. Und was hast du (f.)? Ich habe eine Landkarte. 7. Wir haben ein Auto. Sie (m.) haben Wörterbücher. Ihr (m.) habt Fahrräder. Sie hat einen Brief. 8. Ihr (f.) habt Taschen. Sie (f.) haben Landkarten. Sie hat Federn und Hefte.

ÜBUNG 2.2

‏١ — نحن عراقيّون. أنتم فلّاحون. أنتنّ نساويّات. ٢ — هم مصريّون. هنّ سويسريّات.
‏٣ — هؤلاء سوريّون وهؤلاء عراقيّون. هؤلاء موظّفون وهؤلاء عمّال. ٤ — هؤلاء تجّار.
‏هذه صور. هؤلاء سوّاح. هذه سيّارات. ٥ — عنده درّاجة. عندى سيّارة. عندنا طائرات
‏وكراسيّ. ٦ — عندها قاموس. عندهم خرائط. عندهنّ أقلام. ٧ — ما عندكَ؟ عندى صورة.
‏وما عندكِ؟ عندى كتاب. ٨ — عندكم سيّارات. عندكنّ مجلّات وكتب.

ÜBUNG 3.1

1. Die Zeichnungen und die Photos. Die Tische und die Stühle. Die Zeitungen und die Zeitschriften. Die Touristen und die Kaufleute. Die Autos und die Fahrräder. 2. Das Heft und das Wörterbuch. Die Federn und die Bücher. Die Studenten und die Studentinnen. Die Ägypter und die Iraker. Der Kaufmann und der Polizist. 3. Er hat die Landkarte. Ich habe das Geld. Du hast den Brief. Du hast die Papiere. Sie hat das Wörterbuch. Sie (m.) haben die Karten. 4. Wer ist der Herr ? Er ist der Lehrer. Und wer ist die Dame ? Sie ist die Lehrerin. Und wer sind die Herren ? Sie sind die Beamten (Angestellten). 5. Ich bin der Dolmetsch. Ich bin die Ärztin. Du bist der Führer. Du bist die Lehrerin. Sie sind die Ärzte. Sie sind die Ausländerinnen. 6. Der Führer ist Ägypter und der Dolmetsch ist Syrer. Die Ärztin ist Österreicherin. Die Touristen sind Deutsche. 7. Ich höre. Ich lerne. Ich gehe fort. Ich frage. Ich verstehe. Ich danke. 8. Sie lernt. Sie hört. Sie lügt. Sie erklärt. Sie geht fort. Er erklärt und sie versteht. 9. Der Führer erklärt. Der Lehrer erklärt. Der Mann lügt. Der Arbeiter trinkt. Die Touristin fragt. Die Dame schreibt. 10. Der Herr geht fort. Das Fräulein fragt. Die Dame versteht. Der Beamte geht fort.

ÜBUNG 3.2

‏١ — العمّال عراقيّون. الأطبّاء سوريّون. الجنود مصريّون. ٢ — المعلّمون الانيّون
‏والطّلاب سويسريّون. الأدلّاء نساويّون. ٣ — أين الرّسائل وأين الورق؟ أين الخرائط
‏والدّفاتر؟ ٤ — عندنا النّقود. عندى الجرائد والكتب. عندها الشّنطة. ٥ — أنا أدرس. أنا أسأل.
‏أنا أخرج. أنا أسمع. أنا أشكر. أنا أشرح. ٦ — الطّالبة تدرس. الفلّاح يشكر. الآنسة تكذب.
‏المعلّمة تشرح. الطّبيب يخرج. التّاجر يسأل. السّيّدة تكتب.

ÜBUNG 4.1

1. Sie (m.) fragen. Sie (f.) essen. Ihr (m.) hört. Ihr (f.) versteht. Wir gehen fort.
2. Ich lese den Brief. Er liest das Telegramm. Wir lesen die Geschichte. Sie liest

einen Brief. Sie (m.) lesen eine Zeitung. Wir lesen eine Zeitschrift. 3. Er nimmt die Tasche. Wir nehmen den Schlüssel. Sie (m.) nehmen das Wörterbuch. Du (f.) nimmst die Landkarte. 4. Wir öffnen die Tür. Ich öffne das Fenster. Ich ziehe einen Anzug an (oder: ich trage einen Anzug). Sie zieht einen Mantel an (oder: trägt einen M.). Du (m.) ziehst den Mantel an (oder: trägst den M.). 5. Sie trägt ein Kleid (oder: zieht ein K. an). Ich reite das Pferd (auf dem Pferd). Er reitet ein Kamel (auf einem Kamel). Wir betreten ein Haus. Ich betrete das Haus. 6. Die Damen sind anwesend (oder: treffen ein, erscheinen). Die Studentinnen lesen. Die Ausländerinnen fragen. Die Bäuerin lacht. Die Kollegin ist anwesend (oder: trifft ein, erscheint). 7. Die Gäste essen und trinken. Die Kollegen lachen. Die Bauern lügen. 8. Der Ausländer versteht die Frage. Die Soldaten betreten ein Haus. Der Polizist betritt das Zimmer. Die Kollegin trinkt den Kaffee. 9. Die Freunde trinken den Kaffee. Die Polizisten fragen einen Arbeiter. Die Studentinnen verstehen das Wort. 10. Die Touristinnen fragen einen Polizisten. Das Fräulein liest das Telegramm. Der Mann öffnet das Fenster.

ÜBUNG 4.2

١ — أنا أقرأ كتابا. أنا ألبس بدلة. أنا أفهم الكلمة. ٢ — نحن نأخذ المفتاح. نحن نكتب رسالة. نحن نضحك. ٣ — أنت تفهم السؤال. أنت تعرفين الزميلة. ٤ — هو يلبس بدلة وهي تلبس فستانا. ٥ — أنتم تدخلون الغرفة. أنتنّ تعرفن الفندق. ٦ — أنا أسأل المعلّم وأنت تسألين المعلّمة. نحن نسأل فلّاحا. ٧ — الطّبيب يركب حصانا. السّيّدة تلبس معطفا. ٨ — الضّيوف يدخلون المطعم. الزّميلات يشربن القهوة. ٩ — يخرج عامل. يكتب المعلّم كتابا. يضحك الطّلّاب. ١٠ — تشكر السّيّدات الدّليل. يشكر الزّملاء الموظّف.

ÜBUNG 5.1

1. Der Direktor liest die Telegramme. Die Mechaniker reparieren die Motoren. Die Firma exportiert die Erzeugnisse. 2. Der Professor lehrt Arabisch. Ich nehme das Geld. Er schließt die Fenster. Sie (m.) schicken Pakete. 3. Heute reinigt die Putzfrau die Zimmer. Die Zeichnung gefällt den Kindern. Die Pyramiden gefallen den Touristen. 4. Ich treffe einen Freund. Wir sehen einen Film (sehen uns einen F. an). Ich helfe einem Kollegen. Wir verlassen die Stadt. 5. Sie schickt ein Telegramm. Du (m.) schließt die Tür. Sie benachrichtigt (verständigt) den Direktor. Die Nachricht überrascht die Herren. 6. Die Nachrichten betrüben (kränken) die Freunde. Die Stadt gefällt den Ausländern.

Die Putzfrau reinigt die Anzüge. 7. Ich wiederhole die Frage. Ich benachrichtige die Direktoren. Ich repariere die Uhr. Er reinigt die Mäntel. Wir photographieren das Theater.

ÜBUNG 5.2

1. Er versteht mich. Er lehrt (unterrichtet) mich. Er hilft uns. Er (es) gefällt uns. Er (es) betrübt (kränkt) mich. Er (es) überrascht (verblüfft) mich. Er photographiert uns. Sie benachrichtigen mich. Sie fragen uns. 2. Ich photographiere dich. Ich danke dir. Ich treffe dich. Wir verstehen dich. Wir benachrichtigen euch (m.). Wir helfen euch (f.). Wir danken euch (m.). 3. Das ist Tee. Ich trinke ihn. (Arabisches و bleibt hier besser unübersetzt.) Das ist Obst. Wir essen es. Das sind Zeitungen. Wir lesen sie. Das ist ein Buch. Ich nehme es. 4. Das ist eine Wohnung. Wir betreten sie. Das sind Fragen. Ich verstehe sie. Das sind Uhren. Er repariert sie. 5. Das sind Polizisten. Wir fragen sie. Das sind Kinder. Sie photographiert sie. Das sind Ägypterinnen. Sie kennt sie. 6. Ich schreibe Briefe und der Direktor liest sie. Ich bringe die Pakete und der Beamte nimmt sie. Sie bringt die Mäntel und wir ziehen sie an.

ÜBUNG 5.3

١ — الزُّملاء يُساعدونني وأنا أشكرهم. الأجنبيّ يفهم الأسئلة وهذا يدهشني. الميكانيكيّ يُصلِح سيّارة وأنا أساعده. ٢ — المعلّم يقرأ قصّة ونحن نفهمها. أنا أدخل الشَّقّة وأجلب الطَّرود والأوراق. ٣ — هم يرسلون رسائل وبرقيّات ونحن نقرؤها. ٤ — الشّقّة تعجبنا. الفساتين تعجبهنّ. الأجوبة تدهشني. الأخبار تحزنه. ٥ — هذه خرائط وأنا آخذها. هؤلاء أجاب وأنا أسألهم. ٦ — أنا أشكرها. هو يشكرني. هي تشكرنا. نحن نشكره. ٧ — أنا أعرفك وأنت تعرفني. هم يعرفونك وأنت تعرفهم. ٨ — هو يعجبها وهي تعجبها وهذا يعجبنا.

ÜBUNG 6.1

1. Unter dem Stuhl. Auf dem Markt. Vom Bahnhof. Für die Kollegin. Mit den Schlüsseln. Für die Beamten. In den Städten. 2. Mit (oder: in) einem Flugzeug. Vor einem Büro. Nach einem Tag. Vor Jahren. Für ein Mädchen (Fräulein). In Zeitschriften. In ein Museum. 3. In Theatern. In Hotels. In den Hotels. In die Theater. Von (aus) Banken. Von (aus) den Banken. 4. Ich gehe mit einem Kollegen in eine Bank. Wir gehen mit den Freunden ins Theater. Nach der Vorstellung verlassen wir das Theater. 5. Ich esse mit dem Messer, der Gabel und dem Löffel. Heute essen wir im Restaurant. Sie gibt das Geld für Speisen

und Getränke aus. 6. Der Direktor reist mit dem Auto ins Ausland. Die Dame
fliegt (reist mit dem Flugzeug) in den Irak. Der Gast setzt sich an den Tisch.

ÜBUNG 6.2

1. Mit euch (m.). Für ihn. In ihr. Von ihnen (m.). Auf mir. Für mich. In ihm.
Für uns. Auf uns. Mit dir (f.). Hinter uns. Über mir. Zu mir. Von uns. Von ihr.
2. Vor mir. Zu uns. Unter ihm. Mit ihnen (f.). Von ihm. Vor dir (m.). Zu ihm.
Auf ihnen (m.). Bei dir (f.). In ihm. Von mir. Bei euch (m.). Hinter dir (m.).
3. Ich habe Geld bei mir. Die Studenten haben Bücher und Hefte bei sich. Hast
du die Karte bei dir? Ja, ich habe sie bei mir. 4. Die Moschee hat ein Minarett.
Die Touristen haben einen Führer aus Kairo. Ich habe einen Freund in Alexandrien. Habt ihr (m.) Freunde in Algier? 5. Hast du Zeit? Ja, ich habe Zeit.
Hat der Kollege ein Auto? Ja, er hat ein Auto.

ÜBUNG 6.3

1. Die Herren freuen sich nicht über die Angelegenheit. Der Mann trägt keinen
Fez, sondern einen Hut. Heute fahre ich nicht nach Kairo. 2. Kennt ihr (m.)
den Offizier? Nein, wir kennen ihn nicht. Kennst du (f.) das Museum? Fliegst
du (m.)? 3. Geht der Polizist mit euch (m.)? Nein, er geht nicht mit uns. Kennst
du nicht das Museum und das Theater? 4. Sind die Offiziere Libanesen? Ja,
sie sind Libanesen. Ist die Dame Libanesin? Ja, sie ist Libanesin.

ÜBUNG 6.4

١ — ٱلآنسة لا تقرأ جريدة بل مجلّة. ٱلآنسة ٱلمانيّة والمجلّة بالعربيّة. ٢ — ٱلجنود لا يركبون
ٱلأحصنة بل الجمال. ٣ — هل لك أخت؟ نعم. لى أخت. ٤ — هل تذهبين معنا إلى المسرح؟
هل عندك وقت؟ ٥ — ٱلمعلّم يسأل الطّالب. من يسأل الطّالب؟ ألا يسأله المعلّم؟ من يسأل
ٱلمعلّم؟ ألا يسأل الطّالب؟ هل يسأل (أيسأل) الطّالب المعلّم؟ ٦ — للطّائرة محرّك. للمدينة
محطّة. لنا أصدقاء. ٧ — مساء لا نأكل فى البيت بل فى المطعم. ٨ — هل الصّورة معك؟
نعم. هى معى. هل معك قاموس أيضًا؟ ٩ — ماذا تجلب له؟ من يجلبه لها؟ لمن يجلبه؟
١٠ — ٱلرّجل يرسل برقيّة للصّديق. ماذا يرسل له؟ لمن يرسلها؟ من يرسلها له؟ هل
يرسلها له؟ ألا يرسل له طردًا أيضًا؟

ÜBUNG 7.1

1. Der Preis des Brotes. Die Arbeiter der Fabrik. Der Eingang des Bahnhofs.
Die Beamten der Regierung. Der Park der Stadt. Das Ergebnis der Arbeit.
2. Das Haus eines Freundes. Die Adresse eines Arztes. Der Hut eines Herrn.

Der Motor eines Autos. Das Photo eines Kindes. Die Arbeit eines Mannes.
3. Der Brief des Freundes. Der Brief eines Freundes. Die Briefe der Freunde.
4. Ich kenne den Direktor der Fabrik. Sie liest das Telegramm des Chefs (Präsidenten). Er schließt die Fenster des Zimmers. Kennt ihr (m.) die Ergebnisse
der Arbeiten? 5. In den Zimmern der Wohnung. Beim Eingang der Bank.
Vor der Ankunft des Chefs. Nach der Abreise des Ministers. Das Datum der
Ankunft. 6. Zum Markt der Stadt. Nach dem Studium der Sprache. Für die
Beamten der Regierung. Mit den Mechanikern der Firma. 7. Das ist eine Feder
der Studentin und das ist ein Heft des Studenten. Das ist ein Wörterbuch eines
Studenten und das sind Bücher einer Studentin. 8. Ein Arbeiter (= ein A. von
den Arbeitern) der Fabrik. Ein Student der Schule. An einem Tage der Woche.

ÜBUNG 7.2

1. Ich lege die Briefe auf den Tisch. Er steckt die Papiere in die Tasche. Wohin
legst du den Schlüssel? Legst du ihn dorthin? 2. Der Zug kommt in der Hauptstadt an. Wir kommen im Zug am Bahnhof der Stadt an. Die Männer bleiben
vor dem Eingang der Bank stehen. 3. Warum hält der Zug? Warum bleibst
du (f.) hier stehen? Der Arzt verschreibt ihm ein Medikament. Wir finden den
Weg zum Haus des Direktors nicht. 4. Ich sage dir die Adresse des Arztes. Was
sagst du ihm? Ich sage ihm die Nachricht. Wer lenkt den Wagen? Ein Neger
lenkt ihn. 5. Wann besuchst du mich? Ich besuche dich heute. Heute besuchen
wir den Sohn des Professors. Der Kaufmann verkauft die Produkte. Verkaufst
du das Auto? 6. Ich lebe in der Hauptstadt. Wo lebt ihr (m.)? Leben die Herren
hier? Die Angestellte fürchtet sich vor dem Chef. Warum fürchtet sie sich vor
ihm? Fürchten sich die Kinder vor der Frau?

ÜBUNG 7.3

1. Der Mann ist kein Bauer. Die Frau ist keine Dienerin. Ist nicht der Lehrer
Araber? Sind nicht die Studentinnen Deutsche? 2. Die Ausländer sind keine
Touristen. Die Frauen sind keine Bäuerinnen. Ich bin nicht der Professor. Bist
du nicht Student? Bist du nicht Studentin? 3. Ich habe kein Haus. Wir haben
kein Büro in der Hauptstadt. Sie (m.) haben keine Freunde. Die Studenten
haben keine Wörterbücher. 4. Hast du keine Zeit für die Arbeit? Habt ihr (m.)
kein Geld? Hast du keine Karte bei dir? Hat der Kollege nicht den Stadtplan
bei sich?

ÜBUNG 7.4

١ – هم يرسلون صور الأوراق إلى مدير الشركة. ٢ – هل تعرف عاصمة العراق؟ نعم. أعرفها. ٣ – ما اسم ابنة الرّئيس؟ متى تصل إلى هنا؟ البست طبية؟ ٤ – أنا أكتب لهم تاريخ الوصول. هو يكتب لى عنوان التّرجمان. ٥ – لماذا لا تخبرينه؟ لماذا لا ترسلين له رسالة أو برقيّة؟ ٦ – متى يجلب لى مفاتيح الشّقّة؟ لماذا لا يجلبها لى اليوم؟ ٧ – ما عنوان الوزير؟ الا تعرفه؟ ٨ – جواب الطّالب. جواب طالب. جواب للطّالب. جواب لطالب. ٩ – لست ميكانيكيّا. لسنا مصريّين. ألست ابن الطّبيب؟ ألستم أبناء الأستاذ؟ ١٠ – ليس عندى وقت. ألس معك ساعة؟ لا يوجد عندنا سيّارات؟ ١١ – أنا لا أخاف منه. الآنسات يخفن منه. ١٣ – أين تعشن وأين تعيش هى؟ نحن نعيش فى القاهرة وهى تعيش فى الجزائر.

ÜBUNG 8.1

1. Meine Adresse. Meine Ankunft. Unser Staat. Unsere Arbeit. Meine Schwester. Unser Studium. Unsere Firma. Mein Weg. Unsere Gäste. 2. Deine Hefte. Deine (f.)Tasche. Euer (m.) Auto. Deine Antwort. Dein (f.) Brief. Eure (m.) Ankunft. Eure (f.) Mäntel. Eure (f.) Zimmer. Wie heißt du? 3. Sein Freund. Ihr Büro. Sein Bett. Ihre (Pl. m.) Adresse. Ihre (Pl.m.) Pakete. Ihre Abreise. Sein Fahrrad. Ihre (Pl. f.) Fragen. 4. Der Polizist wiederholt seine Frage. Das Mädchen (Fräulein) zieht seinen Mantel an. Die Touristen geben ihr Geld aus. Ich schreibe deine Adresse auf. 5. Zu seiner Mutter. Von seinem Freund. Mit seinem Sohn. In seinem Zimmer. Vor ihrem (Pl. m.) Haus. Mit ihren (Pl. f.) Schwestern. Mit (in) ihrem (Pl. m.) Auto. 6. Sie sind unsere Freunde. Wir gehen mit unseren Freunden. Wir helfen stets unseren Freunden.

ÜBUNG 8.2

1. Freut dich das? Ja, das freut mich. Was zählt ihr (m.)? Wir zählen unser Geld. Die Studentinnen zählen ihre Photographien. 2. Ich schlafe im Bett. Schläfst du nachmittags? Ja, ich schlafe eine Stunde. Die Verkäufer verkaufen Fleisch, Gemüse und Obst. (Der arabische Artikel wird hier besser nicht übersetzt.) 3. Der Zug fährt durch das Land. Meine Freunde leben in Basra. Die Frauen leben nicht hier. 4. Ich trete in den Laden ein und verlange das Fleisch. Nach dem Kauf verlasse ich den Laden und gehe nach Haus. 5. Ich sage zu meinem Freund: »Ziehst du die Fahrt mit dem Auto an die See dem Besuch deines Onkels vor?« 6. Heute besuche ich meinen Onkel. Er lebt mit seiner Frau am Platz der Republik im Stadtzentrum. 7. Ich gehe auf den Bahnhof und löse die Fahrkarte. Dann setze ich mich in einen der Waggons des Zuges nach Kairo. 8. Vor dem Tor der Moschee ziehen wir unsere Schuhe aus und lassen sie beim Pförtner. Ich ziehe meine Schuhe aus, dann trete ich in die Moschee ein.

ÜBUNG 8.3

١ — من يسوق سيّارة المدير؟ هل يسوقها زميلك؟ ٢ — أنا آخذ نقودى وأذهب إلى مصرف من مصارف المدينة. أين يوجد المصرف؟ هل هو فى وسط المدينة؟ ٣ — أين ساعتى؟ ألا توجد فى جيب معطفك؟ ٤ — قبل سفرنا أذهب إلى المحطّة وأقطع تذاكر السّفر. ٥ — ماذا تبيع الخضر؟ نعم. أنا أبيع الخضر والفواكه أيضا. هل لك دكّان؟لا. ليس لى دكّان. ٦ — أنا أجلس على كرسىّ ثمّ آخذ جريدة وأقرؤها. ٧ — اليوم يذهب عمّى (خالى) مع أبنائه وبناته إلى السّوق. ٨ — هل تعرفين الطّريق من بيتك إلى ميدان الجمهوريّة؟ هل تذهب أختك معك بعد الظّهر؟ ٩ — ما أسماؤكم؟ هل أنتم من البصرة؟ أين توجد سيّارتكم؟ ١٠ — هل تسرّك زيارة ابن عمّك (خالك) وابنته؟

ÜBUNG 9.1

(Von dieser Übung an werden grundsätzlich nur noch feminine Formen in der deutschen Übersetzung durch den Zusatz (f.) gekennzeichnet. Ein Zusatz (m.) unterbleibt stets.)

1. Geh! Tritt ein! Tu das! Gedulde dich! Laß mich! Öffne die Tür und tritt ein! Setz dich hierher und schreib den Brief! 2. Laßt eure Arbeit und geht nach Haus! Geht zu ihm und fragt ihn! Lest das Telegramm! Zieht eure Mäntel (oder: euch die Mäntel) an! 3. Nimm (f.) deine Medizin ein (wörtl.: trink)! Geh (f.) in den Laden und verlange das Fleisch! Gedulde (f.) dich (hab Geduld)! Frag (f.) sie! Zieh (f.) deinen Mantel (oder: dir den M.) aus und setz dich! 4. Nimm das Brot und iß es! Nehmt die Papiere! Iß (f.) das Obst! Eßt das Gemüse! Nimm (f.) das Brot und iß es! 5. Repariert mein Auto! Reinige (f.) den Anzug! Wiederhole deine Frage! Reinigt (f.) die Zimmer! Unterrichte mich! Repariere es sofort! 6. Fahr nach Basra! Reist (f.) im Auto! Hilf mir! Hilf (f.) ihm! Helft uns! Helft (f.) ihnen! Fahrt sofort (ab)! 7. Schick mir einen Brief! Schließt die Türen! Benachrichtige (f.) deinen Bruder! Schick (f.) es deinem (= an deinen) Bruder! Benachrichtigt uns! Benachrichtige ihn jetzt! 8. Schenk mir ein wenig Kaffee ein! Gießt das Wasser ein! Schenk (f.) deinem Vater den Tee ein! Zählt euer Geld! Zähl deine Papiere! 9. Besuche mich! Besuche (f.) uns! Besucht ihn! Sag mir! Sag (f.) uns! Lenk das Auto! Verkauft das Obst jetzt! 10. Bleib stehen! Beschreibe mir das Bild (Photo)! Verschreibe (f.) ihm ein Medikament! Leg das Buch auf den Tisch! Leg (f.) das Heft hierher!.

ÜBUNG 9.2

1. Der Bahnhof ist weit. Die Schule ist nah. Das Theater ist neu. Der Mantel ist sehr schwer (oder: warm). Das Kleid ist leicht. 2. Die Arbeit ist sehr schwer (schwierig). Die Straße ist breit und die Gasse ist eng. Der Teller ist sauber. Das Mädchen ist hübsch. Der Student ist sehr intelligent. 3. Sein Vater ist groß. Sein Bruder ist klein. Der Weg zum Hotel ist weit (lang). Meine Arbeit ist leicht. Ist das Zimmer sauber? 4. Die Studenten und die Studentinnen sind intelligent. Seid ihr müde? Ist dein Bruder müde? Ist das Wörterbuch schwer? 5. Das Geld ist nicht viel, sondern es ist wenig. Das Restaurant ist nicht weit. Die Speisen sind nicht gut. Die Arbeiten sind nicht leicht. 6. Ist dein Bruder nicht müde? Sind die Teller nicht sauber? Sind die Mädchen nicht hübsch? Ist das Haus nicht groß?

ÜBUNG 9.3

1. Jeder Staat. Jeder Verkäufer. In jedem Land. Nach jedem Einkauf. In jedem Laden. Für jeden Gast. 2. Die ganze Stadt. Der ganze Garten (Park). Das ganze Geld. Die ganze (gesamte) Schule. Das ganze Land. 3. Alle Teller sind sauber. Alle Getränke sind gut. Alle Fragen sind schwierig. Alle Bilder (Photos) sind schön. 4. Er gibt sein ganzes (gesamtes) Geld aus. Ich kenne alle Lehrer der Schule. Wir schicken ihm alle (die gesamten) Papiere.

ÜBUNG 9.4

١ — يبقى قريب من هنا. هل بيتك بعيد؟ لا. يبقى قريب جدّا. ٢ — أخبر كلّ زملائك. أرسل لهم كلّ الرّسائل وكلّ الطّرود. ٣ — أغلقي الباب وافتحي كلّ النّوافذ. إجلسي على الكرسيّ واقرئي البرقيّة. ٤ — هل اللّحم طيّب؟ أليست الخضر طيّبة أيضا؟ ٥ — أليست دراستك صعبة؟ كلّا. هي سهلة جدّا. ٦ — إفعل هذا حالا. أكتب الجواب الآن وأرسله له. ٧ — أكتبوا أسماءكم وعناوينكم على الورقة وأرسلوها إلى الوزارة. ٨ — هل يعرف كلّ منكم كلّ الكلمات (الكلمات كلّها)؟ نعم. كلّ منّا يعرفها. نحن نفهم كلّ القصّة (القصّة كلّها). ٩ — هذا لحم وهذه خضر. كل الكلّ. ١٠ — كلّ موظّفي الوزارة (موظّفو الوزارة كلّهم) متعبون جدّا اليوم والوزير متعب أيضا.

ÜBUNG 10.3

1. Er erklärte. Er log. Er ging hinaus. Er nahm. Er war anwesend (oder: er erschien, traf ein). Er forderte. Er saß (oder: setzte sich). Er ging. Er trug (ein Kleidungsstück, oder: zog an). 2. Sie saß (oder: setzte sich). Sie aß. Sie las.

Sie brachte. Sie lachte. Sie trank. Sie forderte. Sie hörte. 3. Sie gingen. Sie gingen hinaus. Sie aßen. Sie hörten. Sie waren anwesend (oder: erschienen, trafen ein). Sie forderten. Sie freuten sich. Sie trugen. 4. Du öffnetest. Du (f.) nahmst. Du (f.) tratst ein. Du gingst. Du gingst hinaus. Du (f.) fordertest. Du trankst. Du (f.) hast verstanden. Du begannst. 5. Ihr saßt. Ihr gabt aus. Ihr brachtet. Ihr (f.) trankt. Ihr last. Ihr (f.) erklärtet. Ihr logt. Ihr (f.) habt verstanden. 6. Ich ging. Wir trugen. Ich trat ein. Wir lasen. Ich verlangte. Wir saßen (oder: setzten uns). Ich aß. Wir tranken. Sie (f.) tranken. Sie (f.) gingen hinaus.

ÜBUNG 11.1

1. Hast du bei deiner schwierigen Arbeit Erfolg gehabt? Ja, ich habe Erfolg gehabt, Gott sei Dank. 2. Bist du nach Kuweit gefahren? Ja, ich bin gefahren. Sind deine Freunde auch gefahren? Ja, sie alle sind gefahren. 3. Ich stieg aus dem Auto aus. Ich korrigierte alle Fehler. Habt ihr die nötigen Sachen mitgebracht? Ja, wir haben sie mitgebracht. Da sind sie. 4. Hast du erfahren, was geschehen ist? Ja, ich habe es vor einer Minute erfahren. Und hast du dich über das, was geschehen ist, gefreut? Ja, ich habe mich sehr darüber gefreut. 5. Gestern rauchte ich eine ägyptische Zigarette. Die Sekretärin hat die deutschen Briefe bereits geschrieben. Gestern traf ich den Direktor vor seinem neuen Haus. 6. Der letzte Film gefiel mir. Die letzten Nachrichten überraschten mich (verblüfften, erstaunten mich) sehr. Der Vorfall kränkte (betrübte) uns. 7. Die Söhne dankten ihrem Vater, dann überreichten sie ihm ein schönes Geschenk. 8. Habt ihr den Brief geschrieben? Und habt ihr ihn an das Ministerium abgesandt? Habt ihr die wichtigen Nachrichten erfahren? 9. Wohin hast du die Uhr gelegt? Ich habe sie auf den Tisch gelegt. Habt ihr die Papiere gefunden? Ja, wir haben sie gefunden. 10. Der Arzt verschrieb mir ein neues Medikament. Der Zug ist schon vor einer Stunde eingetroffen. Das Telegramm erreichte mich gestern. 11. Ich schenkte dem Gast den Kaffee ein. Hast du das Geld gezählt? Hat die Sekretärin die Briefe gezählt? 12. Wer lenkte das Auto? Meine Schwester lenkte es. Hat dich der Professor besucht? Die Freunde besuchten uns gestern. Was hat der Führer gesagt? 13. Ich besuchte meinen Onkel. Ich verkaufte meine Bücher. Ich schlief lange. Ich sagte es ihm. Warum hast du die Sachen verkauft? Was hast du ihr gesagt?

ÜBUNG 11.2

1. Der Besitzer des neuen Autos. Der neue Besitzer des Autos. Der neue Besitzer des großen Autos. 2. Die Besitzer der neuen Autos. Die neuen Besitzer der Autos. Der Besitzer eines neuen Autos. 3. Das Ende des schwierigen Studiums. Die Zeitungen der arabischen Länder (oder weniger sinnvoll: die arabischen Zeitungen der Länder). Das schöne Haus meines Freundes (oder auch: das Haus meines schönen Freundes). Der lange Brief meines Vaters. 4. Die vielen Fragen der neugierigen Reporter. Das letzte Telegramm meines Onkels. Der Bahnhof der nahen Stadt (oder: der nahe Bahnhof der Stadt). 5. Das Minarett der schönen Moschee. Die Minarette der schönen Moscheen (oder: die schönen Minarette der Moscheen).

ÜBUNG 11.3

١ – إلى أين ذهبت؟ ذهبت إلى السّوق. وهناك قابلت أخي. ثمّ زرنا صديقا. ٢ – هل جلبت المفاتيح؟ نعم. لقد وضعتها في غرفتك. ٣ – هل علمت اسم الرّئيس الجديد؟ ما اسمه؟ أليس من الكويت؟ ألست زوجته طيبة؟ ٤ – إبنه الصّغير دخّن سجارة مصريّة جيّدة وهذا أدهشنا. ٥ – هل ساعدك أخوك في العمل الصّعب؟ هل شكرته؟ ٦ – هل أعجبتكم القصّة؟ نعم. اعجبتنا كثيرا. هل قرأتها أنت أيضا؟ وهل فهمتها؟ ٧ – شوارع المدينة العريضة. فساتين السّيّدة الجميلة (الفساتين الجميلة للسّيّدة). أزقّة المدينة القديمة الضّيّقة (الأزقّة الضّيّقة للمدينة القديمة). جواب الطّالبة الذّكيّة. ٨ – ماذا قدّم لك؟ قدّم لى ساعة سويسريّة ودرّاجة ألمانيّة لابني. هل قبلتها؟ ٩ – أخوه صلّح سيّارتى القديمة. هل هو صاحب سيّارة؟ نعم. عنده سيّارة. ١٠ – متى وصلتم إلى القاهرة؟ ماذا فعلتم هناك؟ من قابلتم؟ هل بعتم شيئا؟

ÜBUNG 12.1

1. Die Karawane passierte eine Oase. Die Touristen kamen an einem alten Schloß vorüber. Heute morgen kam ich an einer Apotheke vorbei. Wir gingen über den Markt. 2. Wohin hast du die Zündhölzer gelegt? Ich habe sie in meine Tasche gesteckt. Nimm die Zündhölzer und leg sie auf den Schreibtisch. 3. Ich habe meinem Freund Ibrahim vor (seit) einer Woche versprochen, zu der Party heute abend in seinem Hause (oder: bei ihm zu Hause) zu kommen. (Wörtl.: Ich habe versprochen ... mein Erscheinen ...) 4. Wir versäumten den Zug. Wir versäumten die Gelegenheit. Meine Brüder (Geschwister) sind schon vom Besuch ihrer Freunde zurückgekommen. 5. Wann bist du aus Jordanien zurückgekehrt? Ich bin gestern abend zurückgekehrt. Und wann sind deine Kollegen zurückgekehrt? Sie sind gestern mittag zurückgekehrt und der Direktor mit

ihnen. 6. Der Kranke schlief lange. Der Vater von Omar hat sein Haus verkauft. Die Frau erschrak (oder: fürchtete sich). Der Zug nach Kairo ist schon vor einer Stunde abgefahren.

ÜBUNG 12.2

1. Mit wem hast du gesprochen? Ich habe mit einem Beamten (von den Beamten) des Ministeriums gesprochen. Was hat er dir gesagt? 2. Wo hast du Arabisch gelernt? Ich habe es während meines Aufenthalts im Irak gelernt. Dort habe ich viele Leute kennengelernt. 3. Lieber Freund, erinnerst du dich an unsere Tage in Libyen? Ja, ich erinnere mich (oder: ich denke) stets daran. 4. Meine Tochter hat einen Beamten im (oder: des) Innenministerium(s) geheiratet und mein Sohn hat die Tochter eines Ingenieurs geheiratet. 5. Heute wählt das Volk den Präsidenten der Republik. 6. Der Chauffeur des Autobusses sagte zu uns: »Wir nähern uns jetzt der Grenze.« Dann holten wir die Reisepässe heraus. 7. Während meines Aufenthalts in Syrien habe ich mir alle schönen Burgen angesehen. 8. Der Minister hat heute morgen die Reporter empfangen. Jetzt empfängt er eine Delegation aus Syrien. 9. Ich sagte zu dem Ausländer: »Ich weiß die Adresse des Konsulats nicht.«

ÜBUNG 12.3

1. Auf dem Markt verkauft man (verkaufen sie) Äpfel, Wassermelonen, Pflaumen und Zitronen. Die Äpfel sind rot, die Wassermelonen sind grün, die Pflaumen sind blau, die Zitronen sind gelb. 2. Rote Äpfel sind süß, grüne Äpfel sind sauer. Das ist ein roter Apfel. Er ist süß. Und das ist ein saurer grüner Apfel. 3. Heute essen wir grüne Bohnen (Fisolen) zum Mittagessen und ein fettes Huhn zum Abendessen. Der Geschmack der Hühner ist (oder: Hühner schmecken) äußerst köstlich. 4. Gestern besuchte ich meine Freunde Mohammed, Mahmud und Suleiman. Wir haben einen hungrigen und durstigen Gast mitgebracht. 5. Seine Mutter ist taubstumm und sein Vater ist blind. Wer ist die blinde Dame? Wer ist das blonde Fräulein?

ÜBUNG 12.5

١ — هل تعرّفت على موظّف من موظّفي وزارة الدّاخليّة أثناء إقامتك في العاصمة ؟ لا. فاتتني الفرصة. ٢ — هل عاد أخوك من رحلته إلى الأردنّ ؟ هل أعجبه البلد؟ هل جلب لك هديّة؟ ٣ — أين وضعت السّكرتيرة أوراقي؟ أنا وجدتها هناك على طاولة الكتابة. ٤ — هل تتكلّم

بالعربيّة؟ نعم. أنا أتكلّم بالعربيّة قليلا. صديقي يتكلّم بالألمانيّة فقط. ٥ – ذهبت إلى السّوق وتفرّجت عليها ثم عدت إلى البيت. وفى الطّريق قابلت صديقى إبراهيم. ٦ – هل تذكّرين اسم وعنوان الفندق فى تونس؟ ٧ – هل استقبلك الرّئيس؟ نعم. هو استقبلنى صباح اليوم وأنا تكلّمت معه ساعة. ٨ – هل انتظرتنى طويلا؟ نعم. قد انتظرت ساعة. ٩ – هل وصلتك برقيتى من القاهرة؟ متى استلمتها؟ قد استلمتها ظهر الأمس. ١٠ – كلّ بناته تزوّجن من ضبّاط وكلّ أبناؤه تزوّجوا من بنات ضبّاط. ١١ – الليمون حامض والبرقوق حلو. خذ موزة وتفّاحة. هل التّفّاحة طيّبة؟ ١٢ – الأطرش لا يسمع والاخرس لا يتكلّم والأخرس والأطرش لا يسمع ولا يتكلّم. نعم. أنا أعلم هذا.

ÜBUNG 13.1

1. Ich möchte in die Hauptstadt fahren, um sie mir anzusehen. Ich habe mir bereits alle Provinzen des Landes angesehen. 2. Ich habe vor, im nächsten Monat nach Beirut zu fahren. Möchtest du mit mir fahren? 3. Ich habe bereits vor einem Monat einmal mit dem Direktor gesprochen, und jetzt möchte ich noch einmal (ein anderes Mal) mit ihm sprechen. 4. Ich sagte zu meinem Freund: »Warte auf mich vor dem Eingang des Kinos, damit wir uns den neuen Film zusammen ansehen«. 5. Wir möchten uns bei dir nach der Adresse des öster-reichischen Arztes erkundigen. Weißt du seinen Namen? 6. Die Sekretärin möchte sich für die vielen Fehler entschuldigen und sie sofort korrigieren. 7. Mein Cousin (der Sohn meines Onkels) möchte ein Zimmer mit Bad mieten. Kannst du ihm helfen? 8. Meine Freunde wollten dich besuchen. Meine Schwester wollte mich begleiten. Ich wollte ein wenig Kaffee (oder: etwas Kaffee) trinken. 9. Meine Cousine (die Tochter meines Onkels) lehnte es ab, den armen Laden-besitzer zu heiraten. Sie möchte einen reichen, intelligenten, netten (braven, anständigen) jungen Mann heiraten. 10. Ich kann den letzten Brief des Direktors nicht lesen. Kann die Sekretärin ihn lesen? 11. Der junge Mann konnte sein Auto ohne fremde Hilfe (wörtl.: ohne die Hilfe einer anderen Person) reparieren. 12. Könnt ihr die arabischen Zeitungen (oder: arabische Zeitungen) ohne das arabisch—deutsche Wörterbuch (oder: ohne arabisch—deutsches W.) lesen? 13. Ich habe in einer Stunde eine Verabredung und muß mich beeilen. Ihr braucht mich nicht zu begleiten. 14. Wir müssen uns entschuldigen. Mein Vater mußte gestern abend nach Bagdad reisen. 15. Du mußt mir ein paar Zigaretten mitbringen. Ihr müßt einige Minuten warten. 16. Die Herren kennen einander. Nach einigen Minuten wollte ich fortgehen. 17. Dürfen wir nach Hause gehen? Darf ich ihm das sagen? 18. Darf ich dich begleiten? Darf ich euch etwas sagen? Darf ich dir (f.) helfen?

ÜBUNG 13.2

١ – هل أنت جوعي؟ ماذا تريدين أن تأكلي؟ هل تريدين أن تأكلي سمكة؟ ٢ – أريد أن
أستأجر شقّة صغيرة أو غرفة مع حمّام في بيت حديث قريب من وسط المدينة. هل يستطيع
صديقك أن يساعدني؟ ٣ – أقصد أن أسافر إلى سوريا في السنة القادمة لأزور صديقا في
دمشق. ٤ – يا محمود يجب علينا أن نستعجل لئلا يفوتنا القطار. هو يقوم بعد ساعة والمحطّة
بعيدة. ٥ – لماذا رفض إبراهيم أن يسوق السيّارة؟ هل هو مريض؟ ماذا قال لكم؟ ٦ – ليلى
مريضة ويجب أن نذهب بدونها إلى دار السينما. هذا يحزنني. ٧ – الشابّ الأشقر الألماني.
هو يريد أن يدرس في بيروت ليتعرّف على لبنان. ٨ – ألا يجب على كلّ رجل غنيّ أن
يساعد الفقراء؟ ٩ – هل استطعت أن تفهم رسالة المهندس؟ نعم. أنا فهمت الكلّ. ١٠ – أنا
وجدت بعض الأخطاء ويجب أن تصحّحها.

ÜBUNG 14.1

1. Ich werde versuchen, das Problem zu lösen, da ich glaube, daß die anderen
es nicht lösen können. Sie haben (es) schon mehrmals versucht. 2. Kommst du
(f.) zu der Party heute abend? Leider kann ich nicht kommen. Und warum?
Weil ich am Nachmittag abreisen werde. 3. Ihr werdet nicht lange Zeit warten
müssen. Die Soldaten werden niemals wiederkehren. Ich werde mein Vaterland
nicht verlassen. 4. Der Zug wird bald ankommen. Wir werden in den Orient
reisen. Die Touristen werden das Schloß besichtigen. Wir werden in einer
Stunde zurückkommen. 5. Ich glaube, daß dein Bruder ein sehr kluger junger
Mann ist. Deshalb glaube ich auch, daß er bei seinem schwierigen Studium
Erfolg haben wird, so Gott will. 6. Ich denke, daß ich die Geschichte nicht lesen
kann, weil ich nicht genug Englisch kann (wörtl.: Englisch nicht genügend
kenne). 7. Glaubst du, daß der Konsul dir wird helfen können? Möchtest du
mit ihm sprechen? 8. Mohammed spricht sehr gut Deutsch, aber die anderen
sprechen nur Englisch. 9. Müssen wir die Arbeit fortsetzen oder nicht? Haben
die anderen genug gearbeitet? Müssen wir am Nachmittag arbeiten? 10. Mein
Freund streitet niemals mit seiner Frau. Übermorgen werden wir uns mit dem
Handelsattaché treffen. Wann triffst du dich mit ihnen? 11. (Das) Gold ist ein
wertvolles Metall. Die Atombombe ist eine furchtbare Waffe. Die elektrische
Energie ist nützlich. 12. In der Zeitung stand (oder: steht), daß alle Preise im
kommenden Jahr fallen werden. Ist dies wahrscheinlich oder nicht? Lieber
Freund, das ist unwahrscheinlich (wörtl.: ist nicht von dem Wahrscheinlichen).
13. Möchtest du die braune oder die blaue Krawatte? Ich wünsche mir (möchte)
die blaue, aber Mahmud sucht eine graue Krawatte. 14. Wessen Zimmer ist
das? Ist es dein Zimmer oder das Zimmer deines Bruders? In wessen Zimmer
soll ich die Sachen legen?

١ ــ هل تظنّ أنّ أسعار السّيّارات ستنخفض قريبًا؟ هل هذا من المحتمل؟ كلّا. لا أظنّ
أنّها ستنخفض. ٢ ــ هل ستلبس البدلة الرّماديّة أم السّوداء؟ سألبس البدلة الرّماديّة وكرافتّة
حمراء. ٣ ــ أظنّ أنّ أخا محمّد سوف لا ينجح في دراسته لأنّه لا يدرس كفاية.
٤ ــ قلت له الحقيقة فاصفرّ وغادر الغرفة (خرج من الغرفة). أعتقد أنّه قد فهمني. وماذا سيفعل
الآن؟ ٥ ــ قال: إنّي لا أستطيع أن أحلّ المشكلة. فقدّمت له مساعدتي ولكنّه رفضها.
٦ ــ هل تريدين أن ترافقنا إلى دار السّينما مساء اليوم؟ أعتقد أنّ الفلم سيعجبك. وبعد
الحفلة سنتناول عشاءنا في المطعم. ٧ ــ جلبت لك بعض الجرائد الجديدة لأنّ تعلم بما حدث
في وطنك. ٨ ــ هل تظنّ أنّ محمودا يريد أن يتزوّج من ابنة الأستاذ؟ ٩ ــ قرأت اليوم في
الجريدة أنّ الرّئيس سيعود غدا إلى العاصمة. ١٠ ــ أنا أعلم أنّ لأبى محمّد بيتا في القاهرة.

ÜBUNG 15.1

1. Unterhalten wir uns mit ihnen! Fahren wir heute! Korrigieren wir die
Fehler! Warten wir ein wenig! Verkaufen wir das Haus! Setzen wir unsere
Arbeit fort! 2. Er möge (es) versuchen! Er möge erscheinen! Sie mögen es
suchen! Sie mögen sich beeilen! Sie mögen eintreten! Sie möge sich gedulden!
Sie möge gehen! Sie möge Erfolg haben! Er möge hören! 3. Lach nicht! Lach
(f.) nicht! Lacht nicht! Lacht (f.) nicht! Verkaufe nicht! Verkauft nicht! Sag
das nicht! Sagt das nicht! 4. Iß nicht die Birnen (oder: keine Birnen)! Eßt
nicht das Fleisch (oder: kein Fleisch)! Trink (f.) nicht den Alkohol (oder:
keinen Alkohol)! Trinkt (f.) nicht den Kaffee (oder: keinen Kaffee)! 5. Tritt
nicht ein! Geht nicht zu ihm! Nimm (f.) sein Geschenk nicht an! Verlange
das nicht! Fürchte dich nicht! Fürchte (f.) dich nicht! 6. Streitet nicht! Begleitet ihn nicht! Reist nicht heute! Wartet nicht! Unterhaltet euch nicht mit
ihnen! Benachrichtigt ihn nicht! 7. Bleib nicht stehen! Leg es nicht hierher!
Besuche ihn nicht! Sprich nicht mit ihr! Hilf (f.) ihm nicht! Rauch (f.) nicht
(so) viel! Warte (f.) nicht auf ihn!

ÜBUNG 15.2

1. Ich ging nicht zu ihm. Ich habe deine Stimme nicht gehört. Ich habe die
Frage nicht verstanden. Ich fand die Uhr nicht. Ich besuchte sie nicht.
Ich sagte nichts (nicht . . . eine Sache). 2. Er erschien nicht. Er aß das Brot
nicht. Er nahm das Geld nicht. Sie kämmte ihr Haar nicht. Sie las die Geschichte nicht. 3. Der Student grüßte den Professor nicht. Der Kaufmann zahlte

die Zollgebühren nicht. Der Tourist verzollte die Waren nicht. 4. Die Firma führte die Ware nicht ein. Die Freunde gratulierten ihm nicht. Die Mechaniker reparierten das Auto nicht. 5. Die Sekretärin schrieb die Briefe nicht. Mahmud wollte nicht mit uns gehen. Der Kranke konnte nicht arbeiten. 6. Hast du meine Frage nicht verstanden? Hast du (f.) die Papiere nicht gebracht? Habt ihr das Museum nicht besucht? Habt ihr (f.) den Film nicht angesehen?

ÜBUNG 15.4

1. Ihr seid zwei intelligente Studenten (oder: ihr beide seid int. S.). Die beiden sind hübsche Mädchen (oder: sie sind zwei h. M.). Seid ihr beide müde? Ja, wir sind sehr müde. 2. Gestern habe ich zwei lange Briefe an zwei Personen geschrieben. Die zwei Briefe sind sehr lang. 3. Seid ihr die (beiden) Lenker der zwei Autos? (»beiden« ist im Deutschen entbehrlich!) Wo sind die anderen zwei Chauffeure? Haben sie die zwei Schlüssel bei sich? 4. Wo sind deine Eltern? Mein Vater und meine Mutter sind auf dem Land. Und wo sind deine zwei Brüder und deine zwei Schwestern? Meine zwei Brüder und meine zwei Schwestern sind bei meinen Eltern, aber meine beiden Onkel sind hier. 5. Wie heißen die zwei Herren (wörtl.: was sind die zwei Namen der zwei Herren)? Wer weiß ihre Namen (= die zwei Namen der zwei)? Woher sind die beiden? Wer kennt sie (die beiden)? 6. Ich habe zwei Augen und zwei Ohren. Ich sehe (schaue) mit meinen beiden Augen und höre mit meinen beiden Ohren. Ich gehe auf meinen beiden Füßen. Jeder Mensch hat zwei Füße. Gehen wir zu Fuß! 7. Die zwei Tore meines Hauses. In den zwei Apotheken der Stadt. In die zwei Kinos. Die zwei Autos meiner zwei Brüder. Die zwei Sätze sind richtig. Wer hat sie (die zwei) geschrieben? 8. Mohammed las meine zwei Briefe. Heute erreichten mich seine beiden Briefe. Hast du meinen Brief gelesen? Hast du die zwei Briefe meines Freundes gelesen? 9. Ich gratulierte Mohammed und Mahmud zu ihrem Erfolg. Ich begrüßte meine beiden Gäste. Ich begrüßte die zwei Gäste meiner Eltern. 10. Ich habe einen Gast mitgebracht. Die beiden Gäste meines Freundes sind hier. Habt ihr die zwei Bauern (oder: die Bauern) gefragt? Frag die zwei Ingenieure (oder: die Ingenieure)!

ÜBUNG 15.5

١ — ألبارحة تعرّفت على تاجرين أجنبيّين. وتحدّثت إليهما ساعتين. أعتقد أنّ بلدنا قد أعجبهما.

٢ — هو لم يسلّم على. نحن لم نشاهد الفلم. هي لم تفهم سؤالك. ٣ — نحن لم نذهب على

الأقدام بل ركبنا الأتوبيس. قد مررنا بجامعين ومتحفين. ٤ – هل استلمت برقيتي؟ نعم.
إستلمتها قبل يومين. ولماذا لم ترسل جوابا؟ لأني لم أستطع أن أجد عنوانك. ٥ – لا تذهبى
إلى السوق الآن. لا تستعجلي. إنتظرى ساعة أو ساعتين. ٦ – بعد أسبوعين سأسافر مع
صديقي إلى البحر. عندهما سيارة جديدة. ٧ – هل الجملتان صحيحتان؟ هل يجب أن
أصححها؟ إقرأهما مرة أخرى. ٨ – أنا لم آكل التفاحتين لأنهما حامضتان. ٩ – لكل
إنسان والدان. هل يعيش والداك هنا؟ ١٠ – لنذهب إلى دار السينما. لنأكل فى المطعم.
لنسافر إلى الريف.

ÜBUNG 16.1

1. Das ist Papier. Dieses Papier ist weiß. Das ist das Papier und das sind die
Federn. Diese Federn sind gut. 2. Das sind Schauspieler. Diese Schauspieler
sind berühmt. Das sind die Schauspieler und das sind die Schauspielerinnen.
3. Diese zwei Geschenke sind wertvoll. Wer hat diese zwei wertvollen Geschenke
gebracht? Diese zwei Häuser sind sehr alt. 4. Diese Getränke sind kalt und
dieser Kaffee ist heiß. Das sind kalte Getränke und das ist heißer Kaffee.
5. Ich habe diese zwei Telegramme vor zwei Minuten erhalten. Lies sie (die
beiden) und sag mir deine Meinung! Kennst du die beiden Absender der zwei
Telegramme? 6. Jener Tag war schön. Jene Dame war sehr schön. Jene Speisen
waren gut. 7. Jene Personen waren Bauern. Kennt ihr jene zwei Männer und
jene zwei Frauen?

ÜBUNG 16.2

1. Einer meiner Freunde (oder: ein Freund von mir) war krank und deshalb
ging ich zu ihm. In seinem Haus (oder: bei ihm zu Hause) traf ich den Arzt.
Er sagte mir: »Er wird, so Gott will, in einem Tag oder zwei Tagen (wieder)
gesund sein.« Und da war ich sehr froh. 2. Mein Onkel nahm sein Mittagessen
in einem Restaurant (wörtl.: einem der Restaurants) ein. Mein Cousin besuchte
mich am Sonntag. 3. Wir trafen auf der Universität ein, und (da) hatte der
Professor bereits mit seiner Vorlesung begonnen. Trotzdem verstanden wir den
Inhalt der Vorlesung völlig. 4. Ich verlangte von ihm (oder: bestellte bei ihm)
nur eine Flasche und zwei Schachteln, aber er brachte mir drei Flaschen und
fünf Schachteln sowie vier Kisten. 5. Die Kinder spielten im Park. Der Professor
trank Rotwein zum Abendessen. 6. Hast du einen der Beamten kennengelernt?
Leider habe ich keinen kennengelernt und mit keinem gesprochen. 7. Ich habe
jenen Mann am Montag einmal getroffen, aber ich habe nicht mit ihm gesprochen.
8. Die Eltern von Mohammed sind schon abgereist. Die zwei Schwestern von

Mahmud haben mir sehr gefallen. Habt ihr beide die zwei Schallplatten mitgebracht? 9. Fragt (ihr zwei) eure Eltern! Geht (ihr zwei) nicht jetzt! Öffnet (ihr zwei) den Kühlschrank nicht! Eßt (ihr zwei) die Bananen und die Pflaumen! Nehmt (ihr zwei) die zwei Papiere! 10. Könnt ihr beide diesen Satz verstehen? Habt ihr zwei Zeit, mit uns zu gehen?

ÜBUNG 16.4

١ – ثلاثة رسوم وثلاث صور. خمسة فساتين وخمس قبّعات. أربع مدارس وأربعة مسارح. ثلاثة متاحف ودارا سينما. ٢ – أريد تفّاحة واحدة وإجّاصة واحدة فقط. ولماذا جلب أربع تفّاحات وخمس إجّاصات؟ من سيأكلها؟ ٣ – كانت أختي تمشط شعرها. كان الضّيوف يتناولون غداءهم. كنت أقرأ كلّ صباح إحدى جرائد العاصمة. كان زملائي يزورونني مرارا. كنت أذهب إلى هناك على قدميّ دائما. كان الطّلاب يكتبون بالأقلام. ٤ – هل كانت رحلتك طويلة؟ كلّا. رحلتي لم تكن طويلة وكانت إقامتي في بيروت قصيرة جدّا. ولذلك لم أستطع أن أزور والديك للأسف. ٥ – هذه بيوت قديمة. هذه البيوت القديمة تعجبني (أعجبتني) كثيرا. هل هتان سيّارتاك؟ نعم. هتان سيّارتاي. ٦ – هذه الأشياء رخيصة. هذه أشياء رخيصة. هذه هي السّاعات الرّخيصة. هتان البرّادتان كانتا رخيصتين جدّا ولكنّهما ليستا جيّدتين. ٧ – هتان صورتا المثّلتين. هتان المثّلتان مشهورتان جدّا. ما اسماهما؟ ٨ – ذلك مصنع. ذلك المصنع كبير جدّا. أولائك الرّجال (هم) عمّال ذلك المصنع. تلك السّيّدة (هي) زوجة المدير. ٩ – ذانك الشّخصان مريضان. هل تانك السّيّدتان زوجتا المريضين؟ هل تكلّمت مع تينك السّيّدتين؟ ١٠ – الميكانيكيّان لم يستطيعا أن يصلّحا محرّكي السّيّارتين. ١١ – هل تريدان أن تذهبا معنا إلى السّوق؟ هل ذهبتما إلى هناك في يوم الاثنين؟ هل وجدتما الدّكّان؟ ١٢ – يجب على والديك أن يستعجلا لئلّا يفوتهما القطار.

ÜBUNG 17.1

1. Die zwei Anwälte trafen sich in einem Klub der Hauptstadt. Wo befindet sich jener Klub? 2. Einige Leute beförderten den jungen Mann in einem Personenwagen in das nahe Krankenhaus. In dieser Stadt gibt es fünf Krankenhäuser. 3. Im Zentrum der Hauptstadt gibt es viele Unterhaltungslokale. Gehen wir heute abend in eines der Unterhaltungslokale, um eine von den berühmten Sängerinnen zu hören! 4. Was ißt du zum Frühstück? Ich esse stets Brot mit Butter und Marmelade, aber manche Leute essen am Morgen nichts. 5. Am Dienstag unternahmen meine beiden Freunde Abdallah und Ali einen Ausflug in die Vororte der Stadt und in ein benachbartes Dorf (wörtl.: in eines der benachbarten Dörfer) und brachten diese hübschen Kupfergefäße mit sich. 6. Ist diese Krankheit nicht ansteckend? Ist diese ansteckende Krankheit sehr gefährlich? Der Arzt warnt die Dorfbewohner (die Bewohner der Dörfer) vor

jeder ansteckenden Krankheit. 7. Ist dieser Tisch frei oder reserviert? Er ist reserviert, aber dort gibt es einen freien Tisch. 8. Acht volle Flaschen. Zehn wertvolle Teppiche. Sechs Sängerinnen aus dem Libanon. Neun Schallplatten. Sieben Sekunden. 9. Neun Kaffeehäuser. Sieben hohe Gebäude. Acht Diplomaten. Sechs neue (moderne) Unterhaltungslokale. Zehn Tage.

ÜBUNG 17.2

1. Ich hörte ein Lied, das mir sehr gefiel. Alle Lieder, die wir in jenem Lokal gehört haben, waren sehr schön. 2. Heute besuchte mich der Herr, den ich am vergangenen Mittwoch kennengelernt habe. 3. Das sind Gefäße, die wir aus dem Dorf mitgebracht haben. Diese Gefäße, die wir mitgebracht haben, sind sehr alt. 4. Wo befindet sich das Kaffeehaus, in dem wir uns heute abend treffen werden? 5. Dort kommt der Mann, nach dem du dich am vergangenen Sonntag bei mir erkundigt hast. Ich glaube, daß er jene Sachen bringt, die er mir früher versprochen hat. 6. Das ist ein Brief, der mich heute morgen erreicht hat. Bis jetzt habe ich die zwei Briefe, die ich am vergangenen Dienstag erhalten habe, nicht gelesen. 7. Wer sind die Damen, denen dich der Professor vorgestellt hat? Sie sind die Frauen der Beamten, die uns am Montag besucht haben. 8. Wer sind die zwei Männer, die du gegrüßt hast? Es sind ein Richter und ein Anwalt, mit denen ich an der juridischen Fakultät studiert habe.

ÜBUNG 17.3

١ ــ ٱلبضائع ٱلّتى استوردناها لم تكن غالية. القاموس ٱلّذى طلبه على غال جدّا. ٢ ــ أين توجد الأشياء ٱلّتى جلبتها معك من القرية؟ ٣ ــ أنا سألت قاضيا ومحاميا ولكنّهما لم يستطيعا أن يشرحا لى الأمر ٱلّذى لاأفهمه. ٤ ــ فى يوم ٱلثّلاثاء الماضى قابلت مرّة أخرى ذلك ٱلرّجل ٱلّذى تحدّثت إليك عنه. ٥ ــ مساء يوم الأربعاء سأقدّمك إلى ٱلسّيّدين ٱللّذين يستطيعان أن يساعداك. أحدهما محام مشهور والآخر ضابط. ٦ ــ طعم هذا المرتّبى لا يعجبنى. هل توجد مربّيات أخرى؟ ٧ ــ هل استطعت أن تقرأ بدون مساعدة القاموس تلك الجريدة ٱلّتى أرسلتها لك؟ نعم. فهمت المضمون ولكن توجد هناك كلمات كثيرة لا أفهمها. ٨ ــ المائدة ٱلّتى أردنا أن نجلس إليها كانت محجوزة للأسف ولذلك غادرنا المطعم. ٩ ــ تلك الآنسة ٱلّتى سلّمت عليها إحدى السّكرتيرات فى مكتب الشّركة ٱلّتى رئيسها عمّى (خالى). ١٠ ــ عشرة طلاب وعشر طالبات. ثمانية أبناء وثمانى بنات. ستّة كتب وستّ مجلّات. تسعة إخوة وتسع أخوات. سبعة أيّام وسبع ثوان.

ÜBUNG 18.1

1. Wieviel Stück habt ihr verkauft? Und um wieviel habt ihr jedes Stück verkauft? Wir haben 15 Stück verkauft, und jedes Stück um acht Pfund. 2. Wie viele Palmen gibt es im Garten? Dort sind (= es gibt dort) 12 Palmen. 3. Wie alt ist der König? Er ist erst 19 Jahre alt. Und wie alt ist seine Gemahlin? Sie ist 18 Jahre alt. 4. Wieviel Geld willst du an den genannten Herrn überweisen? Ich möchte an ihn 14 Pfund überweisen. 5. Wie viele Male (wie oft) hat dir jener Verrückte geschrieben? Er hat mir elfmal geschrieben. Sein letzter Brief hat mich am vergangenen Donnerstag erreicht. 6. Wie viele Monate wart ihr in Ägypten? Vier Monate und zwei Wochen. Und ihr, wie lange (wörtl.: wieviel von Zeitspanne)? Wir waren dort zwei Monate in diesem Jahr und sechs Wochen im vergangenen Jahr. 7. Der Direktor wird am nächsten Freitag jenen Vertrag unterzeichnen, zu dem ihm sein Anwalt geraten hat. 8. Am vergangenen Samstag unternahmen wir eine Fahrt zur Messe.

ÜBUNG 18.3

1. Wer ist dieser verletzte Mann? Sein Name ist nicht bekannt. Habt ihr die erforderlichen Sachen mitgebracht? 2. Die Papiere, nach denen ich suchte, lagen (wörtl.: waren gelegt) unter einem Buch auf dem Schreibtisch. Die in Kairo befindlichen (wörtl.: gefundenen) Museen sind sehr berühmt. 3. Der Sekretär registrierte (notierte, schrieb auf) die Namen der Anwesenden. Jener verfluchte Mörder hat meinen geliebten Freund getötet. 4. Ich hörte die Lieder in einem der Unterhaltungslokale sitzend (= während ich in einem der U. saß). Warum eßt ihr stehend (= im Stehen)? Warum arbeitet die Angestellte stehend? 5. Wir lasen die Zeitungen in einem Kaffeehaus sitzend (= während wir . . . saßen). Die beiden Herren unterhielten sich stehend. Der Verrückte ging lachend hinaus.

ÜBUNG 18.4

1. Der Vater meines Freundes ist Photograph. Alle photographierten Papiere sind wichtig. Dieser Vertrag ist nicht unterschrieben. Wer sind die Unterzeichner jenes Vertrags? 2. Abdallah ist der Assistent (Helfer) des Direktors der Zweigstelle. Der Mann, dem geholfen wurde, dankte den Personen, die ihm geholfen haben (hatten). 3. Dieser in Italien gedrehte Film hat mir sehr gefallen. Der Regisseur dieses Films ist sehr berühmt. 4. Der Gast kam verspätet an.

Wir kamen verspätet. Diese Leute sind Demonstranten gegen die Politik der Regierung. 5. Diese Wohnung ist vermietet. Wer ist der Mieter dieser Wohnung? Einer der Assistenten des Chefs ist heute morgen gestorben. 6. Einer der vor dem Eingang des Ministeriums wartenden Reporter (= einer der R., die ... warten bzw. warteten) photographierte die Demonstranten. Der erwartete Minister (oder: der M., auf den man wartete) erschien nicht.

ÜBUNG 18.5

١ – النّقود المحوّلة إليّ. أسماء الأجانب المسجّلة. ألبدلات المنظّفة. ألساعتان المصلّحتان.
٢ – ألمساعدة المرفوضة. ألشّابّ المجروح الموصّل إلي المستشفى. مرافقته. مرسل الرّسالة.
٣ – ألبرقيّات المرسلة إليّ. ألباب المغلق. ألوصول المتأخّر. ألرّجل المتزوّج. إمرأة متزوّجة.
٤ – ألضّيوف المتحدّثون. ألجنود المنهزمون. أليت المستأجر. ألمنسوجات المستوردة.
٥ – ألزّميلان المتشاجران. ألجمل المصحّحة. ألآنسة المنتظرة أمام دار السّينما. ألطّلّاب
النّاجحون ٦ – أحد أصدقاء ابني يريد أن يسافر إلي الخارج بدون والديه بالرّغم من أنّ
عمره إحدى عشرة سنة فقط. ٧ – لم أوقّع العقد بالرّغم من أنّ أولائك النّاس (الأشخاص)
طلبوا منّى بعض المرّات أن أوقّعه. ٨ – هو قدّم لى بعض الهدايا الثّمينة بالرّغم من أنّ
اديه نقودا قليلة فقط. ٩ – ليس علىّ رجلا غنيّا. وبالرّغم من ذلك (مع ذلك) ساعد كلّ فقير
يجيئه. ١٠ – فى يوم السّبت الماضى كان الجوّ حارّا جدّا. وبالرّغم من ذلك قمنا بنزهة إلى
السّوق. ١١ – لماذا تأكل بالرّغم من أنّك لست جوعان؟ لماذا تشربون بالرّغم من أنّكم
لستم عطاشا؟ ١٢ – ألأغنيّة الّتى سمعتها البارحة (أمس) قد أعجبتنى كثيرا بالرّغم من أنّ
صوت المطربة لم يكن جميلا جدّا.

ÜBUNG 19.2

Bei dieser Übung geben wir mehrere Verbformen auch in Umschrift.

1. Er bringt zurück. Er brachte zurück. Wir brachten zurück. Bringt zurück!
Sie brachten zurück. Ich bringe zurück. Er kehrt zurück. Er kehrte zurück.
Ich kehrte zurück. Ich kehrte nicht zurück (ȝaçud), oder: ich brachte nicht
zurück (ȝuçid), oder: ich versprach nicht (ȝaçid). Ihr kehrtet nicht zurück.
2. Kehre zurück! (çud) oder: Versprich! (çid). Kehre (f.) zurück! Versprich (f.)!
Wir kehren zurück. Wir bringen zurück. Wir versprechen. Wir zählen. Die
beiden kehrten zurück. Die beiden (f.) brachten zurück. Kehrt zurück (ihr
beide)! 3. Er antwortet mir. Er antwortete ihm. Ich antworte ihm. Antwortet
uns! Sie antworteten uns. Antworte ihr! Antworte uns! (ȝağib-nā) oder: wir
antworteten (ȝağabnā). Er antwortete uns. Die beiden antworteten uns. Er
antwortete nicht (yuğib), oder: es war nicht notwendig (yağib). Ich antwortete
nicht. 4. Ich brauche es. Er brauchte es. Sie jagten, oder: jagt! Sie jagten nicht.

Du jagst (sie jagt) nicht. Jage nicht ! 5. Ich ruhe mich aus. Sie ruhten sich aus.
Ruht euch aus ! Ruhe dich nicht aus ! Du ruhst dich (sie ruht sich) nicht aus.
6. Wer sind die Personen, die in dieser Wohnung wohnen (wörtl.: die in dieser
W. wohnenden P.)? Setz dich auf den bequemen Stuhl! Ein gemütliches
Zimmer. Eine furchtbare Gefahr. 7. Der antwortende Lehrer. Der Student,
dem geantwortet wird. Die mir zurückgebrachten Bücher. Der Kollege,
der meine Hilfe benötigt (wörtl.: der meine Hilfe benötigende K.). 8. Jener
Mann ist ein Betrüger. Das ist mein Lieblingsbuch. Die Form des Papiers ist
rechteckig. Die gerade Linie. Ist dies möglich ?

ÜBUNG 19.3

1. Gestern habe ich mit einem Beamten im Kulturministerium Kontakt aufgenommen. Wir müssen uns mit dem Konsul der Vereinigten Staaten in Verbindung setzen. 2. Ich fragte meinen Freund Abdarrahman: »Fühlst du dich
wohl ?« Er antwortete mir: »Ja, ich fühle mich wohl, Gott sei Dank !« 3. Der
Direktor ist abwesend, aber sein Assistent ist anwesend. Du mußt dich mit ihm
einigen. 4. Was ist in meiner Abwesenheit geschehen ? Jener dumme Mann hat
versucht, dich zu betrügen. 5. Abdallah kehrte nicht in seine Heimat zurück,
obwohl er sich sehr nach seiner Familie sehnte. 6. Ich habe aus dem Vortrag,
den ich gehört habe, großen Nutzen gezogen (oder: ich habe viel von dem V.
gehabt). Deine Feinde haben deine Abwesenheit ausgenutzt.

ÜBUNG 19.4

١ – هل تستطيع أن تكتب لي أسماء الأشخاص الّذين يجب أن أتّصل بهم بعد وصولى إلى
بيروت؟ ٢ – أعتقد أنّ ذلك الطّالب الأجنبيّ الّذى تعرّفنا عليه في يوم السّبت الماضى يشتاق
كثيرا إلى وطنه. ٣ – بعد العمل استرحت خمسا وعشرين دقيقة. ثمّ ذهبت إلي المطعم لأتناول
عشائى. ٤ – أنا أجبته لأنّه سألنى. هو سألنا فأجبناه. هي لم تجبنى بالرّغم من أنّى سألتهـا مرّتين.
٥ – هل تحتاج إلي الأشياء الّتى يبدها إليك عبد الرّحمن اليوم؟ هل يجوز (هل تسمح) لى
أن أستعملها بعض الأيّام ؟ ٦ – هل اتّفقت معهم على تاريخ السّفر؟ نعم. قد اتّفقنا. ٦ – ليس
من المستطاع أن يستفيد الطّلاب من محاضرة لا يفهمون مضمونها. ليذهبوا إلى البيت ويستريحوا.
٨ – هؤلاء النّاس (الأشخاص) حاولوا أن يحتالوا علىّ. ٩ – هل المدير حاضر؟ وهل أستطيع أن
أتكلّم معه؟ كلّا. إنّه غائب ويجب عليك أن تنتظر عشرين دقيقة. ١٠ – لماذا لم تحذّرونى
من هذا الخطر المخيف؟ ألا تعلمون أنّ أعدائى ينتظرونى هناك؟

ÜBUNG 20.2

1. Ich werde ungefähr zwei Wochen hier bleiben. Heute bleiben wir zu Hause.
Warum bleibt ihr nicht ? Wie lange bleibst du (f.) im Büro ? 2. Wann wirst du

kommen? Ich werde in zwei Stunden kommen. Kommt dein Kollege mit dir? Kommt ihr nachmittags? 3. Ich lade dich zum Mittagessen ein. Sie werden dich zu der Feier (Party, Veranstaltung) einladen. Werdet ihr Mahmud einladen? Wirst du (f.) deine Schwester einladen? 4. Beabsichtigt dein Vater, jenen genannten Facharzt zu konsultieren? Er ist ein sehr berühmter Arzt, den viele Leute aus allen Ländern der Erde aufsuchen. 5. Wann beendest du diese Arbeit, mit der du im vergangenen Monat begonnen hast? Ich werde sie bald beenden, so Gott will. 6. Der Präsident wird eine bedeutsame Rede halten, die der Rundfunk und das Fernsehen übertragen. Bitte, stell (f.) das Radio an, damit wir diese Rede nicht versäumen! 7. Ich glaube, daß die Kunden diese schlechte Ware nicht kaufen werden. Jener dumme Mann kauft immer Dinge, die er nicht benötigt. 8. Ich habe gehört, daß einige Beamte des Innenministeriums jene merkwürdige Angelegenheit untersuchen. Mir scheint, daß die erwähnte Angelegenheit sehr sonderbar ist. 9. Siehst du das Licht? Ja, ich sehe es. Seht ihr die Mondsichel? Ja, wir sehen sie. Was siehst du (f.)? 10. Ich bitte dich, mir bei meiner Arbeit zu helfen. Wir bitten euch, uns zu begleiten. Ich hoffe (wünsche mir), daß du (f.) bald zurückkommst.

ÜBUNG 20.3

1. Silber ist schwerer als Eisen. Seide ist leichter als Wolle. Gibt es etwas Schöneres als die Rosen? 2. Das Auto ist schneller als der Zug, aber es ist langsamer als das Flugzeug. Die Gasse ist enger als die Straße. Das ist die engste Gasse der Stadt. 3. Die Straßen in den Außenbezirken der Stadt sind breiter als (die)in ihrem alten Zentrum. Jener blinde Greis ist der älteste Greis des Dorfes. 4. Ich möchte für die Miete des Zimmers nicht mehr als zwanzig Prozent meines Gehalts ausgeben. 5. Das Eisen ist das nützlichste Metall. Der Nil ist der längste Strom Afrikas. Mekka und Medina sind die edelsten (erhabensten) Städte. Die Pest ist die gefährlichste Krankheit. 6. Ich nahm weniger als mein Freund (wörtl.: als was mein F. nahm). Der Zustand des Patienten ist heute besser als gestern (als was er gestern war), Gott zum Lob.

ÜBUNG 20.4

١ – بعض الأجانب المقيمين (الّذين يقيمون) بهذه المدينة يجب عليهم أن يدفعوا لإيجار البيت أكثر من مائة دولار فى الشّهر. ٢ – هذان أحبّ أصدقائى. ٣ – هل هذه سيّارة سريعة؟ ألا توجد سيّارة أسرع من هذه؟ أنا أحتاج الى أسرع السيّارات الموجودة. ٤ – من سبقى الخطاب؟ هل ستذيعه الإذاعة؟ هل خطاب اليوم أهمّ من الخطاب الّذى سمعناه البارحة؟

٥ – ٱلمنزل ٱلّذى ننبه سيكون أكبر من المنازل الأخرى فى هذا الشّارع. إنّه سيكون أكبر
منازل الشّارع. ٦ – أنا أدعو كلّ أصدقائى إلى الحفلة. وهل تأتى أنت أيضا؟ نعم سآتى بكلّ
سرور. ٧ – ماذا ترى هناك؟ أرى قافلة تقترب منّا. أرى مائتى جمل تقريبا. هذه (هى) أكبر
قوافل هذه السّنة. ٨ – يبدو لى أنّ عملك أسهل من عملى بكثير. هذا ليس صحيحا بل على
أصعب من عملك. ٩ – هل تعجبك الأغانى ٱلّتى تغنّيها المطربة؟ يبدو لى أنّ صوتها أجمل
من صوت تلك المطربة الأخرى ٱلّتى كانت تغنّى هنا سابقا. ١٠ – دائما تنسين كلّ ما
أقول لك.

ÜBUNG 21.2

1. Das Wasser kocht. Das Wasser kochte nicht. Das Mädchen weint. Das
Mädchen weinte nicht. Mein Freund bleibt hier. Mein Freund blieb nicht hier.
2. Er lädt mich ein. Er lud mich nicht ein. Wir werden das Haus kaufen. Wir
kauften das Auto nicht. Ich werde seiner Einladung nachkommen. Ich folgte
ihrer Einladung nicht. 3. Der Kunde möchte mindestens 200 kg Äpfel kaufen.
Wir möchten höchstens 100 kg kaufen. 4. Ich bitte dich, meiner Einladung
zu folgen. Ich bitte euch, der Einladung meines Freundes zu folgen. Wir bitten
dich (f.), unserer Einladung zu folgen. 5. Sein Vater wird ihm eine goldene Uhr
schenken. Ich habe ihr nichts geschenkt. Sie haben uns kein Geld ·geschenkt.
Ich möchte dir ein Wörterbuch schenken. 6. Der Polizist sah uns nicht. Ich sah
ihn nicht. Habt ihr das Licht nicht gesehen? Mohammed ist nicht gekommen.
Ich bitte dich zu kommen. 7. Ich habe sie nicht geklagt (angeklagt, beschuldigt).
Sie haben dich nicht geklagt. Ich möchte mich auf das Sofa legen. Wir werden
mit dieser Arbeit bald fertigwerden.

ÜBUNG 21.3

1. Lade Mahmud ein! Lade (f.) Laila ein! Ladet eure Freunde ein! Ladet (f.)
eure Schwester ein! Ladet (ihr beide) eure Eltern ein! 2. Bleib hier! Bleib (f.)
ein wenig! Bleibt bei uns! Bleibt (ihr beide) zu Hause! Vergiß das Vergangene
(die Vergangenheit)! Vergiß (f.) jenen Tag! 3. Beende diese Arbeit! Schenk ihr
ein Armband aus Silber! Schenk (f.) ihm einen Ring! Schenkt ihnen Geld!
4. Ruf den Polizisten! Ruf (f.) einen der Arbeiter! Ruft den Offizier! Folge
seiner Einladung! Sing (f.) ein Lied! 5. Untersuche jene sonderbare Angelegenheit! Komm sofort! Kommt mit uns! Komm (f.)! Leg dich auf das Bett!
6. Kauf den Ring! Kauf (f.) das Armband! Kauft das Haus! Kauft (f.) das
Obst! Kauft (ihr beide) das Auto!

ÜBUNG 21.5

1. Das erwähnte Geschäft befindet sich auf der rechten Seite. Ich glaube, daß ich die Schere in die obere (oberste) Schublade gelegt habe. 2. Das Wörterbuch stand (lag) im unteren (untersten) Regal. Mexiko ist das größte Land von Mittelamerika. Seid ihr in den Mittleren Osten gereist? 3. Die Kaufleute sind die reichsten Männer. Der Elefant ist das stärkste Tier. Abdallah ist der intelligenteste Student der Schule. Gold ist teurer als Silber. 4. Ich habe bei mir ein Notizbuch in meiner linken Tasche und eine Brieftasche in meiner rechten Tasche. Ich trage den Schirm in meiner linken Hand und die Aktenmappe in der rechten. 5. Das Fleisch ist nicht so billig wie das Gemüse. Fische sind nicht so teuer wie Krebse. Ich bin nicht so geizig wie er. Alle Leute schätzen einen so freigebigen (vornehmen, noblen) Mann. Ich werde keine so teure Ware (oder: eine so teure Ware nicht) kaufen.

ÜBUNG 21.6

١ – كيف يجب أن أكتب العنوان؟ أكتبه مثلما تكتبه السكرتيرة دائما. لن أنسى أبدا اسما غريبا كهذا (مثل هذا الاسم الغريب). ٢ – لا تشتر خاتما غاليا كهذا (مثل هذا الخاتم الغالي). إشتر هذا الخاتم. إنه أرخص بكثير بالرغم من أنه جميل مثل الخاتم الآخر الغالي. ٣ – نحن نذهب إلى السوق لنشتري. هل تريد أن تأتي معنا؟ ٤ – تعال الآن. لقد انتظرنا أكثر من ساعة ويجب أن نكون عنده بعد عشرين دقيقة. ٥ –لماذا تبكي البنت؟ لأن والدها لا يريد أن يشتري لها فستانا جديدا. ٦ – نحن نحتاج إلى مائتي قطعة على الأقل ولكنه يستطيع أن يبيعنا مائة وخمسين قطعة على الأكثر. للأسف لا أستطيع أن أحلّ مثل هذه المشكلة (مشكلة كهذه). ٧ – أثناء رحلتنا سنبقى في الشرق الأقصى أربعة أسابيع تقريبا. ٨ – من فضلك ابق جالسا. من فضلكم ابقوا جالسين. من فضلك لا تبقى هنا. أرجوكم أن تبقوا هنا. ٩ – لا تنس اسمه. أدع بعض الزملاء. لا تهدى لها نقودا. لا تلبّوا دعوته. لا تشتروا سيارة قديمة مثل هذه ١٠ – لا أستطيع أن أهديه لك. لا نستطيع أن نلبي دعوتهم. يجب عليك أن تأتي حالا. يجب عليكم أن تنادوه. إسمح لي أن أبقى. (هل يجوز أن أبقى؟)

ÜBUNG 22.2

1. Er lud einen Freund ein. Er baute ein Haus. Er blieb eine Stunde. Er folgte meiner Einladung. Er rief einen Polizisten. Er beendete seine Arbeit. Er hielt eine Rede. 2. Er kaufte ein Auto. Er wurde mit seiner Arbeit fertig. Er legte sich auf das Bett. Er kam zu uns. Er sah die Leute. Er vergaß die Wörter. 3. Das Mädchen lud ihre Schwester ein. Die Frau kochte den Kaffee. Das (kleine) Mädchen weinte. Die Sekretärin blieb hier. Meine Mutter kam zu mir.

4. Die Köchin briet die Ente und röstete die Gans. Das Dienstmädchen bügelte die Hosen und die Hemden. Meine Tante sang mit lauter Stimme. 5. Die Gäste blieben zwei Stunden. Meine Freunde luden mich ein. Die Männer sahen das Licht. Die Touristen verbrachten zwei Nächte im Hotel. 6. Ich lud Mahmud ein. Ich blieb eine Nacht. Ich zog die Jacke an. Ich kaufte neue Kleider. Ich komme (kam) aus der Schule. 7. Hast du die Soldaten gesehen? Hast du das Hemd gebügelt? Hast du meinen Namen vergessen? Bist du mit deiner Arbeit fertig (geworden)? Hast du das Armband gekauft? 8. Wir zogen unsere Kleider an. Wir kommen aus Kairo. Wir haben ein Flugzeug gesehen. Wir haben den Tee gekocht. Wir haben das Fleisch gegrillt. Wir haben die Kollegen eingeladen. 9. Ihr habt mir einen großen (wörtl.: schönen) Dienst erwiesen. Seid ihr lange Zeit dort geblieben? Habt ihr den Polizisten gesehen? Habt ihr dort mehr als drei Nächte zugebracht? 10. Mein Vater gab mir eine Uhr. Das ist die Uhr, die er mir gab. Wo ist das Buch, das ich dir gegeben habe? 11. Wo sind die Papiere, die wir dir gegeben haben? Wer ist der Herr, dem du das Geld gegeben hast? Warum hast du es ihm gegeben? 12. Hat dir das Photo (Bild), das ich dir gezeigt habe, gefallen? Der Ring, den er mir zeigte, ist sehr wertvoll.

ÜBUNG 22.3

1. Wann hast du jenen Mann zum ersten Mal gesehen? Gestern. Und vor ein paar Minuten habe ich ihn wiederum gesehen. 2. Zu welcher Zeit und in welches Land fährst du? Welche Koffer nimmst du mit dir? Mit welchem Zug fährst du nach Damaskus? 3. Ich habe nichts gesehen. Ich habe zu keiner Zeit (niemals) mit ihm gesprochen. Ich habe jenem Betrüger keinerlei Geld bezahlt. Ich möchte keinerlei Waren. 4. Darf ich dir (f.) diese zwei Perlen vorlegen? Ich bitte dich, mir zu sagen, welche der beiden dir besser (mehr) gefällt. 5. Ich möchte denselben Arzt konsultieren wie mein Vater (wörtl.: denselben A., den mein V. konsultiert hat). Ich habe gehört, daß du denselben Arzt aufgesucht hast. 6. Die Oberschüler (Studenten der Oberschule) lernen viele Gegenstände, wie (etwa) Physik, Chemie und Mathematik. Lernst du dieselben Gegenstände? 7. Ich habe denselben Unfall (Vorfall) beobachtet wie ihr. Ich habe beobachtet, wie (wörtl.: daß) der Wahnsinnige sich selbst mit dem Messer verwundete. Ich habe jenes selbst beobachtet. 8. Hast du (f.) diesen Teppich selbst hergestellt? Verstehen sich deine Schwestern auf das Teppichmachen ebenso gut wie du?

ÜBUNG 22.5

١ – أى فلم شاهدتم؟ نفس الفلم الذى شاهدته فى يوم الجمعة الماضى. ٢ – أنا ذهبت إلى نفس المكتب الذى ذهبت إليه أنت ولكنهم لم يقولوا لى نفس ما قالوه لك. هل تكلّمت بنفسك مع الموظّف؟ ٣ – أنا كويت ملابسى بنفسى حتى قمصانى. لا ترتد (تلبس) نفس الملابس التى ارتديتها (لبستها) أمس. ٤ – أنت أسديت لى خدمة لن أنساها أبدا. ٥ – فى أى يوم لبّيتم دعوته؟ أية هدايا قدّم لكم؟ كم من مدة بقيتم عنده؟ ٦ – هو أهدانى (أهدى لى) خاتما من الذهب كان قد اشتراه لنفسه. ٧ – من أين أتيت؟ أتيت من الجامعة. هل قابلت محمودا فى الطريق؟ لا. لم أقابل أى شخص. ٨ – السائحان صوّرا نفسيهما. السائحان صوّرا بعضهما بعضا. ٩ – ألبارحة أتى إلىّ (جاء نى) صديق من العراق ورجانى أن أرافقه إلى طبيب أخصائى يريد أن يستشيره فى مدينتنا. وهو احتاج إلى مساعدتى لأنه يتكلّم بالعربية فقط ولا يعرف أية لغة أخرى. ١٠ – قلت للطباخة: إقلى البطة واشوى الدجاجة. ولكنها قلت الدجاجة وشوت البطة.

ÜBUNG 23.2

Übersetzung der Sätze:

1. Der Arzt warnte die Leute vor der ansteckenden Krankheit. 2. Die Sekretärin sandte den Brief an den Minister. 3. Der Vater erlaubt seinem Sohn die Fahrt. 4. Die Räuber überfielen die Tankstelle. 5. Die Frau klagte ihren Mann. 6. Die Lehrerin zeigte auf die Landkarte. 7. Der Gastgeber hieß die beiden Gäste willkommen. 8. Ich beschwerte mich bei dem Direktor über das Betragen eines der Angestellten. 9. Der Professor zweifelte an dem Ergebnis. 10. Die Köchin grillte das Huhn und briet die Gans. 11. Die Polizisten ergriffen die Räuber. 12. Der Kollege benötigte Geld.

Bildung der Partizipialausdrücke:

١ – ألناس المحذّرون. ألمرض المحذّر منه. ٢ – ألرسالة المرسلة. ألوزير المرسل إليه. ٣ – ألولد المسموح له· ألرحلة المسموح بها. ٤ – محطة البنزين المسطوّ عليها. ٥ – ألزوج المدّعى عليه. ٦ – ألخريطة المشار إليها. ٧ – ألضيفان المرحّب بهما. ٨ – ألمدير المشتكى له. ألسلوك المشتكى منه. ٩ – ألنتيجة المشكوك فيها. ١٠ – ألدجاجة المشويّة. ألاوزة المقليّة. ١١ – أللصوص المقبوض عليهم· ١٢ – ألنقود المحتاج إليها.

ÜBUNG 23.3

1. Der Kranke schläft (wörtl.: ist schlafend). Die Kranken schlafen. Die beiden Kranken (f.) schlafen. Der Kranke schlief. Die Kranken schliefen. 2. Ich sitze (wörtl.: bin sitzend) auf einem bequemen Stuhl. Ich (f.) sitze in meinem Zim-

mer. Wir saßen um den Tisch. 3. Das Mädchen fuhr auf einem Fahrrad. Die
beiden Knaben ritten auf dem Pferd. Die Soldaten reiten auf (den) Kamelen.
4. Der Herr trägt einen schwarzen Anzug. Die Dame trägt ein rosa Kleid.
Das Mädchen trug einen karierten Mantel. 5. Griechenland liegt in Südeuropa.
England liegt in Westeuropa. China liegt in Ostasien. 6. Die Vereinigten Staaten
liegen in Nordamerika. Ägypten liegt in Nordafrika. Deutschland und Österreich
liegen in Mitteleuropa.

ÜBUNG 24.1

In der deutschen Übersetzung steht der substantivierte (großgeschriebene)
deutsche Infinitiv nur dort, wo keine andere Übersetzung des arabischen Infinitivs leicht anzugeben ist.

Erster Stamm: قطع [qaṭç] Zerschneiden, غسل [ġasl] Waschung, حمل [ḥaml]
Tragen, خوف [ḫawf] Furcht, سطو [saṭw] Überfall.

Zweiter Stamm: تحقيق [taḥqīq] Verwirklichung, تمديد [tamdīd] Ausdehnung
(als Aktion, nicht als Zustand!), توزيع [tawzīç] Verteilung, تصفية [táṣfiya]
Filtrierung.

Dritter Stamm: مرافقة [murāfaqa] Begleitung, مراسلة [murāsala] Korrespondenz,
مضاعفة [muḍāçafa] Verdoppelung, مناقشة [munāqaša] Diskussion, مراجعة [murā-
ğaça] Nachsehen, Nachschlagen, مقاومة [muqāwama] Widerstand.

Vierter Stamm: إغضاب [ʒiġḍāb] Verärgerung, Erzürnen, إدهاش [ʒidhāš] Ver-
blüffung (إغضاب und إدهاش bedeuten Aktionen, nicht Zustände!), إلغاء [ʒilġāʒ]
Annullierung, إمضاء [ʒimḍāʒ] Unterschrift, إهانة [ʒihāna] Beleidigung, Demü-
tigung.

ÜBUNG 24.2

Zum ersten Stamm: ‏الورقة تقطم.‏ [tuqṭaçu] das Blatt wird zerschnitten

‏يداه تغسلان.‏ [yadā-hu tuġsalān] seine Hände werden ge-
waschen

‏الطرد يحمل.‏ [yuḥmalu] das Paket wird getragen

‏يخاف من الخطر‏ [yuḫāfu] man fürchtet sich vor der Gefahr

‏يسطى على المصرف.‏ [yusṭā] die Bank wird überfallen

Zum zweiten Stamm: ‏رغبتى تحقّق.‏ [tuḥaqqaqu] mein Wunsch wird verwirklicht

‏إقامته تمدّد.‏ [tumaddadu] sein Aufenthalt wird ausgedehnt

419

الرسائل توزّع. [tuwazzaçu] die Briefe werden verteilt

الماء يصفّى. [yuṣaffā] das Wasser wird filtriert

Zum dritten Stamm: زوجته ترافق. [turāfaqu] seine Frau wird begleitet

هم يراسلون. [yurāsalūn] mit ihnen wird korrespondiert

البلغ يضاعف. [yuḍāçafu] der Betrag wird verdoppelt

الصديق يناقش. [yunāqašu] mit dem Freund wird diskutiert

الدليل يراجع. [yurāǧaçu] im Führer wird nachgesehen

الأعداء يقاومون. [yuqāwamūn] den Feinden wird Widerstand
geleistet

Zum vierten Stamm: الأستاذ يغضب. [yuǧḍabu] der Professor wird geärgert

الزملاء يدهشون. [yudhašūn] die Kollegen werden verblüfft

العقد يلغى. [yulǧā] der Vertrag wird annulliert

الرسالة تمضى. [tumḍā] der Brief wird unterschrieben

محمود يهان. [yuhānu] Mahmud wird beleidigt

ÜBUNG 24.3

1. Die Sekretärin klebt die Briefmarke auf den Briefumschlag. Der Kunde beschwert sich über das Betragen des Angestellten. Der Verkäufer verkauft das Obst. 2. Der Direktor zweifelt an der Echtheit der Unterschrift. Der Lehrer diktiert den Schülern die Sätze. Die Knaben lachen über den Verrückten. 3 Ich kann diese Beleidigung nicht verzeihen. Ich kann dieses Argument nicht widerlegen. Ich kann die Fragen des Professors nicht verstehen.

Verwandlung ins Passiv:

١ — الطابع البريدى يلصق على ظرف الرسالة. يشتكى من سلوك الموظف. الفواكه تباع.
٢ — يشكّ فى صحة الإمضاء. الجمل تملى على التلاميذ. يضحك على المجنون. ٣ — هذه
الإهانة لا تغتفر. هذه الحجة لا تدحض. أسئلة الاستاذ لا تفهم.

Umschrift der passiven Formen: 1. [yulṣaqu], [yuštakā], [tubāçu]. 2. [yušakku],
[tumlā], [yuḍḥaku]. 3. [tuǧtafaru], [tudḥaḍu], [tufhamu].

ÜBUNG 24.4

١ — أية ساعة أعطاك؟ اعطانى هذه الساعة. هذه هى الساعة التى أعطانى إياها. ٢ — أين
السجادتان اللتان باعك إياهما؟ من فضلك أرنى إياهما. ٣ — الشرطى أرانى نفس الصور التى أراك
إياها. ٤ — أنا أريت التاجر كل ما كان معى فرجانى أن أبيعه إياه. ٥ — أظنّ أن ذلك الأجنبى لا

يفهم أن أقواله إهانة لا تُغتفر. ٦ – في هذه الجريدة توجد بعض الأخبار التي لا تُصدَّق.
٧ – مضمون هذه الرسالة لا يُفهم. هذه الكلمات لا تُقرأ. على هذه الورقة يوجد إمضاء لا يُقرأ.
٨ – هذه الحجة لا تُدحض. هذه حجة لا تُدحض. لا تنسَ هذه الحجة التي لا تُدحض.

ÜBUNG 25.1

Fünfter Stamm: تحسُّن [taḥassun] Besserung, تعوّد [taçawwud] Gewöhnung,
تعرّف [taçarruf] Kennenlernen, تمنٍّ [tamannin, -ī] Wunsch.

Sechster Stamm: تفاؤل [tafāʒul] Optimismus, تشاؤم [tašāʒum] Pessimismus,
تقابل [taqābul] Treffen.

Siebenter Stamm: إنقطاع [ʒinqiṭāç] Unterbrechung, إنكسار [ʒinkisār] Bruch.

Achter Stamm: إشتراك [ʒištirāk] Teilnahme, إتّصال [ʒittiṣāl] Kontakt, Verbindung (die man aufnimmt bzw. hat), إنتحار [ʒintiḥār] Selbstmord, إجتياز
[ʒiğtiyāz] Überquerung, إشتياق [ʒištiyāq] Sehnen, إعتداء [ʒiçtidāʒ] Überfall,
Attentat, إكتفاء [ʒiktifāʒ] Begnügung.

Neunter Stamm: إصفرار [ʒiṣfirār] Erbleichen.

Zehnter Stamm: إستنطاق [ʒistinṭāq] Verhör, Einvernahme, إستعجال [ʒistiçğāl]
Eile, إستشارة [ʒistišāra] Konsultation, إستفادة [ʒistifāda] Ausnutzung, إستثناء
[ʒistiṯnāʒ] Ausnahme.

ÜBUNG 25.2

1. Der Sekretär brachte die Papiere. Der Gast dankte dem Gastgeber. Der
Lehrer tadelte (schalt) den Schüler. Mahmud lud den Professor ein. 2. Das
Mädchen rauchte eine Zigarette. Der Student korrigierte die Fehler. Ahmed
folgte meiner Einladung. Der Polizist wiederholte die Frage. 3. Der Chef unterschrieb den Brief. Der Film gefiel dem Buben. Mohammed's Frau benachrichtigte den Anwalt. Der Kaufmann zeigte auf die Unterschrift. 4. Der Student
antwortete dem Lehrer. Mein Bruder sah den Unfall. Meine Schwester half dem
Fräulein. Der Student sah in seinen Büchern nach. 5. Der Ladenbesitzer betrog
die Kunden. Der Herr zog den Mantel an. Das Volk wählte den Präsidenten.
6. Der Kranke konsultierte einen Facharzt. Die Sekretärin benutzte die Schreibmaschine. Der Minister empfing den Reporter.

Übertragung ins Passiv:

١ – الأوراق جُلبت. الضيف شُكر. التلميذ لِيم. الأستاذ دُعي. ٢ – السيجارة دُخِّنت. الأخطاء
صُحّحت. دعوتي لُبّيت. السؤال كُرّر. ٣ – الرسالة أُمضيت. الولد أُعجب. المحامي أُخبر

أشِرْ إلى الإمضاء. ٤ ٱلْمُعَلِّم أجب. الحادث شوهد. ٱلْآنِسَة سوعِدَت. ٱلْكُتُب روجعت. ٥ ــ أحتِل
على الزبائن. ٱلْمِعْطَف ارتدى. ٱلرئيس انتخب. ٦ ــ استشير طبيب أخصائى. ٱلْآلَة الكاتبة استعملت.
ٱلْمَراسِل استقبل.

Umschrift der passiven Verbformen:

1. [ğulibat], [šukira], [līma], [duçiya]. 2. [duḫḫinat], [ṣuḫḫiḫat], [lubbiyat],
[kurrira]. 3. [ʒumḍiyat], [ʒuçğiba], [ʒuḫbira], [ʒušīra]. 4. [ʒuğība], [šūhida],
[sūçidat], [rūğiçat]. 5. [ʒuḫtīla], [urtudiya], [untuḫiba]. 6. [ʒustušīra], [ustuç-
milat], [ustuqbila].

ÜBUNG 25.3

1. Wann ist dein Großvater gestorben? Mein Großvater ist im vergangenen
Jahr gestorben. Und was war der Beruf deines verstorbenen Großvaters? Mein
Großvater war Rechtsanwalt. 2. Ein Freund von mir nannte seinen ersten
Sohn Mohammed und er nannte seinen zweiten Sohn Abdallah. Und seine
Tochter wurde Aische genannt. 3. Der Angeklagte wurde des Verbrechens überführt. Der Richter verurteilte den jungen Mann, der des Verbrechens überführt
worden war. 4. Wer ist der Mann, der verurteilt worden ist? Wo ist der Anwalt
des Verurteilten? Wer ist der letzte Zeuge, der während der Gerichtsverhand-
lung (wörtl.: Sitzung des Gerichts) vernommen wurde? 5. Dieser Führerschein
wurde von der Direktion der Verkehrspolizei ausgestellt. Er ist gültig bis zum
31. 12. 1977.

Umschrift der passiven Verbformen:

1. [tuwuffiya]. 2. [summiyat]. 3. [ʒuṭbita]. 4. [ḥukima]. [ustunṭiqa]. 5. [ʒuṣdirat].

ÜBUNG 26.1

1. Jene Stoffe, die vor mehreren Tagen aus Deutschland eingeführt worden
sind (waren), wurden bereits verkauft. [bīçat], [ustūridat]. 2. Der Aufgang
der Sonne in der Wüste ist ein unbeschreiblicher Anblick (= ein A., der nicht
beschrieben werden kann). [yūṣafu]. 3. Bitte, wäge dieses Paket und sag mir
sein Gewicht. Du (f.) mußt den Brief wägen, den du mit Luftpost senden willst.
4. Said und Tahir erbten von ihrem Vater viel Geld. 5. Sa'd (häufig auch »Saad«
umgeschrieben), du darfst dein Auto hier nicht parken. Darf ich dir den Park-

platz zeigen (dich zum P. führen)? 6. Beschreibt mir, was ihr gesehen habt!
Leg (f.) den Tabak in die Lade! Vertraue auf deine Freunde! 7. Um Mitternacht
wurde ein Haus des Dorfes angezündet (wörtl.: . . . wurde das Feuer in einem
H. des D. entzündet). [ʒūqidat]. Wer hat es angezündet? [ʒawqada]. 8. Ich
versteckte die Papiere im Schrank, damit die Polizisten sie nicht finden. (Ohne
Ḍamma-Zeichen könnte statt [ʒaḫfaytu] »ich versteckte« auch: [ʒuḫfiyat]
»sie (die Papiere) wurden versteckt« gelesen werden.) 9. Ich zeige ihm alle
Papiere, die ich habe, damit er mir glaube und die gesamte Angelegenheit
verstehe. 10. Wer (ist es), der dich gegrüßt hat und wer (ist es), den du gegrüßt
hast? Ich sende dir meine besten (schönsten) Grüße.

ÜBUNG 26.2

أَجَّر [ʒuǧǧira]. أَجَّر [ʒuǧǧara], أَجَّر [ʒaǧǧara]. يُؤَجِّر [yuʒaǧǧaru]. يُؤَجِّر II [yuʒaǧǧiru]: يُؤَجِّر
[taʒǧīr]. تَأْجِير [muʒaǧǧir]. مُؤَجِّر [ʒaǧǧir]

آزَر [ʒāzir] آزَر [ʒūzira]. أوزِر [ʒāzara], آزَر [yuʒāzaru]. يُؤَازِر III [yuʒāziru]: يُؤَازِر
[muʒāzara]. مُؤَازَرة [muʒāzir]. مُؤَازِر

آسَف [ʒāsif]. آسَف [ʒūsifa], أوسِف [ʒāsafa]. آسَف [yuʒsafu]. يُؤْسَف IV [yuʒsifu]: يُؤْسِف
[ʒīsāf]. إِسَاف [muʒsif]. مُؤْسِف

تَؤُسَّف [taʒassufa], عليه تَأَسَّف [yutaʒassafu]. يَتَأَسَّف عليه V [yataʒassafu]:
[taʒassuf]. تَأَسُّف [mutaʒassif]. مُتَأَسِّف [taʒassaf]. تَأَسَّف [tuʒussifa].

تَؤُمَّر [taʒāmara], عليه يَتَآمَر [yutaʒāmaru]. تَآمَر VI [yataʒāmaru]: يَتَآمَر
[taʒāmur]. تَآمُر [mutaʒāmir]. مُتَآمِر [taʒāmar]. تَآمَر [tuʒūmira].

[ʒustuʒ- أَسْتُؤْجِر [ʒistaʒara], إِسْتَأْجِر [yustaʒaru], يُسْتَأْجَر X [yastaʒiru]: يَسْتَأْجِر
ǧira] إِسْتِئْجَار [ʒistiʒǧār], مُسْتَأْجِر [mustaʒǧir], إِسْتَأْجِر [ʒistaʒǧir],

ÜBUNG 26.3

Aktive Partizipien: مُهَنِّئ [muhanniʒ], مُهَنِّئَان [muhanniʒān], مُهَنِّئُون [muhanni-
ʒūn]. مُهَنِّئَة [muhanniʒa], مُهَنِّئَتَان [muhanniʒatān], مُهَنِّئَات [muhanniʒāt].

Passive Partizipien: مُهَنَّأ [muhannaʒ], مُهَنَّأَان [muhannaʒān], مُهَنَّؤُون oder
مُهَنَّأُون [muhannaʒūn], مُهَنَّأَة [muhannaʒa]. مُهَنَّأَتَان [muhannaʒatān], مُهَنَّأَت
[muhannaʒāt].

ÜBUNG 26.4

1. Der Anwalt des Verurteilten legte gegen das Urteil Berufung ein. Gegen das
Urteil wurde berufen. 2. Ich möchte mein Haus gegen Feuer versichern. Ich

möchte auch eine Lebensversicherung für mich (wörtl.: eine V. auf mein Leben) abschließen. 3. Einer von meinen Bekannten ist Kriminalromanautor. Sein letztes Buch ist vor einem Monat herausgekommen (erschienen). Derzeit schreibt er ein Theaterstück. 4. Könnt ihr diese Arbeit binnen einer Woche (während der nächsten Woche) erledigen? Es tut uns leid (wir sind betrübt), aber (im Arabischen steht hier »denn«!) das ist nicht möglich. 5. Darf ich dir zu deinem großartigen Erfolg gratulieren? Alle deine Freunde möchten dir dazu gratulieren. 6. Was tut dir weh? Meine rechte Hand tut mir weh (schmerzt mich), und meine Augen schmerzen mich ebenfalls. 7. Der Richter sprach die Angeklagten frei. Die Angeklagten wurden freigesprochen. 8. Ich fürchte, daß ich mich einige Male geirrt habe, und ich bitte dich, daß du mir dies nicht übelnimmst (oder: ... dich, mir deshalb nicht böse zu sein).

ÜBUNG 28.1

1. Die Studenten haben die erste und die zweite Lektion (arabisch im Dual!) vorbereitet. Ich habe nur eine Lektion vorbereitet. Mahmud, bereite diese Lektion vor! 2. Ich wollte die neue Angestellte gern sehen. Trinkt ihr gern Kaffee (wörtl.: liebt ihr das Trinken des K.)? Ich liebe es, im Garten (Park) zu sitzen (oder: ich sitze gern im P.). 3. Jene Angelegenheit (jener Prozeß) interessiert mich nicht (betrifft mich nicht, geht mich nichts an). Mein Kollege Said hat seine Arbeit fertiggemacht und ich die meine. Der lange Vortrag langweilte mich sehr. 4. Der Botschafter protestierte gegen die Maßnahmen, die die Regierung ergriffen hat (hatte). Wir protestierten gegen den Beschluß. Wogegen protestiert der Herr? 5. Das Heer besetzte das Gebiet. Die Soldaten werden dieses Dorf besetzen. Ich bitte euch, euch mit dieser Frage zu befassen (euch um diese F. zu kümmern). 6. Die heutige Sitzung wird lange Zeit dauern. Der Film dauerte zwei Stunden. Ich möchte mein Studium fortsetzen. Wir setzten die Arbeit fort. 7. Die Entwicklung zwang uns zu diesen Maßnahmen. Der Wechsel war (wurde) fällig. Jener Mann verdient eine Belohnung. 8. Ihr habt verdient, was euch gegeben wurde. [ʒuçţītumı]. Hast du dich vorbereitet (bist du bereit)? Wir müssen uns für die Reise nach Wien bereitmachen. Ich bitte dich (f.), die Koffer vorzubereiten (zu packen). 9. Die Rede des Präsidenten interessierte uns sehr. Ich dachte, daß alle deine Verwandten in Mosul leben. Ich bin des Aufenthalts hier überdrüssig (geworden). 10. Mach mit deiner Arbeit weiter! Protestiert gegen das, was gesagt wurde! Bereitet die Papiere vor! Führ mich zur Botschaft! Macht euch bereit!

ÜBUNG 28.2

1. Nachdem ich die ersten zehn Tage meines Urlaubs in Kairo verbracht hatte, flog ich nach Athen, wo ich zwei Wochen blieb. 2. Als ich am Flughafen ankam, bemerkte ich, daß ich die Reiseschecks in der Schublade des Schreibtisches vergessen hatte. 3. Als der Besucher eintrat, grüßte er mich. Ich hieß ihn willkommen und bot ihm eine Tasse Kaffee an. 4. Ihr müßt das Licht abdrehen (ausmachen, löschen), bevor ihr das Haus verlaßt. Du mußt die Tür schließen, nachdem du in das Zimmer eingetreten bist. 5. Als ich heute morgen auf dem Markt war, kaufte ich zwei Hasen (ein Paar Hasen) und ein Dutzend Zitronen. 6. Ich saß in der Badewanne, da kam mir ein Einfall (Gedanke, Idee). Ich stand auf der Straße, da ereignete sich ein Zusammenstoß. 7. Nachdem ich die Sachen, die du brauchst, erhalten habe, werde ich sie dir schicken. Versuche, das Geld zu finden, bevor es jemand anderer findet!

ÜBUNG 28.3

١ – يجب على سعيد أن يدرس الألمانية ستة أشهر تقريبا قبل أن يبدأ دراسته فى ألمانيا.
٢ – إقرأ هتين المقالتين اللتين وجدتهما فى مجلة ألمانية قبل أن تتابع (تستمر فى) دراستك.
٣ – أريد أن أحتجّ على ما قال (قاله) ذلك السيد. يبدو لى أنه يهتمّ بأشياء لا يفهمها.
٤ – سأشرح لك الأمر بعد أن أفهمه أنا بنفسى. لا أستطيع أن أشرحه لك قبل أن أفهمه تماما.
٥ – بينما تطبخ الزوجة العشاء فى المطبخ يجلس الزوج فى الغطس يغنّى. ٦ – عندما (لما) رأيته سلّمت عليه. عندما رأيتها سلّمت عليها. سلّم عليه عند ما تقابله. ٧ – إقرأ جرائد اليوم قبل أن تستقبل أولئك السادة الذين أتوا من الأردن. ٨ – بعد أن استيقظت ارتديت (لبست) ملابسى. بعد أن تناولت فطورى خرجت من البيت (غادرت البيت).

ÜBUNG 29.1

1. Die Frage ist wichtig. Die Luft (das Wetter) ist heiß. Das Salz ist im Wasser gelöst. Die Schachtel ist mit Papier umwickelt (in Papier eingewickelt). Die Schlange ist giftig (wörtl.: vergiftend). Die Speise ist vergiftet. 2. Der Vortrag ist langweilig. Rauchen ist schädlich. Diese Nachrichten sind wichtig. Der Herr ist bejahrt. 3. Die Besatzungsarmee. Das besetzte Gebiet. Die Besetzung des Landes. Der fällige Wechsel. Die verdiente Belohnung. 4. Die Fortentwicklung (der Fortschritt) der Wirtschaft ist andauernd. Ich rate dir, dein Studium fortzusetzen (oder: rate dir zur Fortsetzung deines S.). Die Vorbereitung der Lektion. Die Vorbereitung des Studenten. 5. Unser Land ist politisch und wirtschaftlich unabhängig (selbständig). Das Volk forderte die Unabhängigkeit des Landes. Wir sind gezwungen (genötigt), diese Maßnahmen zu ergreifen.

ÜBUNG 29.2

1. Wenn du das Land kennenlernen willst, dann komm mit uns auf die Reise, die wir unternehmen, um meinen Schwiegervater und meine Schwiegermutter zu besuchen. 2. Wenn ihr die Entwicklung der Innenpolitik verfolgen wollt, dann müßt ihr täglich sämtliche Zeitungen lesen. 3. Wenn wir jetzt nicht gehen, dann ist es nicht möglich, daß wir zur festgesetzten Zeit eintreffen. 4. Wenn dir jemand einen Gruß entbietet (wörtl.: ... dich jemand mit einem Gruß grüßt), dann grüße ihn noch freundlicher zurück (wörtl.: ... mit einem schöneren als jener)! Wenn du lügst, bist du ein Feigling, wenn du die Wahrheit sagst, mutig. 5. Wenn ein Taschendieb dein Geld stiehlt, zögere nicht, diesen Diebstahl bei der Polizei anzuzeigen! 6. Wenn du ihm ein Trinkgeld anbietest, wird er es bestimmt nicht zurückweisen. Wenn Mahmud das Wörterbuch nicht benötigt, dann soll er es mir geben. 7. Wer dieses Geheimnis verrät, der wird (es) bereuen. Wer meinen Worten nicht glaubt, der hat unrecht, und wer sie glaubt, der hat recht. 8. Lerne genügend (wenn du genügend lernst), dann bestehst du die Prüfung. Lies die Zeitung (wenn du die Z. liest), erfährst du alle Neuigkeiten. Lebe (nur), dann siehst du! (Sprichwort, [çiš] von يعيش, [tara] von يرى)

ÜBUNG 29.3

١ — إذا لم ترد أن تنهب معى وجب أن أذهب بدونك. ٢ — إذا احتاج أحد إلى مساعدتى فسوف لا أرفض أن أساعده. ٣ — إذا كان أخوك مريضا فليق فى البيت. ٤ — إذا لم تهمّك المحاضرة فاذهب إلى البيت. ٥ — إن (إذا) أفشيت هذا السر فلست صديقى. ٦ — غادر هذه المدينة وإلا فسوف تندم. ٧ — أطلبوه منه أعطاكم (فسيعطيكم) إياه. ٨ — من كان جوعان فليأكل ومن كان عطشان فليشرب. ٩ — من (كلمن/أيمن) ساعدنى كان صديقى. من كان الحق عليه فليعترف بذلك. ١٠ — مهما قلت شكّ فيه. مهما طلبت منه رفض أن يفعله.

ÜBUNG 30.1

1. Wenn du Mahmud's Schwester kennenlernst, wird sie dir gefallen. Wenn du Mahmud's Bruder (oder: meinen Bruder M.) bei seinem letzten Besuch kennengelernt hättest, hätte er dir sehr (gut) gefallen. 2. Wenn ich eine zweite Chance hätte (wörtl.: wenn eine zweite Chance mir verliehen würde), würde ich sie nicht versäumen. Oder: Wenn ich ... gehabt hätte, hätte ... nicht versäumt. Wenn mein Freund jenes sagte, würde ich es glauben. Oder: Wenn ... gesagt hätte, hätte ... geglaubt. 3. Wenn ich nicht erkennen würde, daß die poli-

tische Lage sehr unbeständig ist, würde ich nicht zögern, das Abkommen zu unterzeichnen. Oder: Wenn ich nicht erkannt hätte, ..., hätte ich nicht gezögert ... 4. Wenn ich genügend Zeit hätte, ginge ich jeden Abend in ein Theater oder ein Kino. Oder: Wenn ich ... gehabt hätte, wäre ich ... gegangen. 5. Wenn sich Husein nicht in eine der Sekretärinnen verliebt hätte, dann hätte er seine Arbeit im Büro nicht fortgesetzt (oder: würde er ... nicht fortsetzen). 6. Wenn es den Nil nicht gäbe, dann wäre Ägypten eine Wüste. Wenn es das Düsenflugzeug nicht gäbe, dann würde die Reise nach Saudi-Arabien lange dauern. 7. Wenn ich dem Bruder von Ali einen Geldbetrag liehe, würde er ihn sofort verspielen (im Glückspiel verlieren). Oder: Wenn ich ... geliehen hätte, hätte er ... verspielt. 8. Wenn mein Onkel doch nicht gestorben wäre, bevor er sein Testament gemacht hat! Wenn mein Bruder doch zurückkäme! Wenn mein Wunsch doch verwirklicht würde! [yutawaffa], [ḥuqqiqat]. 9. Der erwähnte Film läuft noch. Habt ihr ihn gesehen? Nein, wir haben ihn noch nicht gesehen. 10. Ich wohne noch immer in der Wohnung, in die ich vor zehn Jahren eingezogen bin. Du wirst kein hübscheres Haus als meines finden, auch wenn du in der ganzen Stadt suchst. 11. Wir werden mit der Durchführung des Erforderlichen fortfahren, solange dies möglich ist. 12. Jener junge Mann, den ich dir zur Anstellung empfohlen habe (oder: den anzustellen ich dir empfohlen habe), hat einen scharfen Verstand und gutes Betragen (wörtl.: ist scharf des Verstandes und gut des Betragens). 13. Mahmud und seine Frau Fatime besuchen mich noch immer jede Woche (wöchentlich).

ÜBUNG 30.2

١ — لو رأيته لسلّمت عليه (لحيّيته). ٢ — لو لم يدرس علىّ كفاية لما نجح في الامتحان.
٣ — لو لم احتج إلى البلغ لما طلبته منك. ٤ — لو أردت (أحببت) أن أراه لأراني إياه.
٥ — لو قرأت المقالة لفهمت سياسة الحكومة. ٦ — ما زالت فاطمة تبحث (باحثة) عن الساعة
التى فقدتها قبل (منذ) شهر. ٧ — لو تلفنت له (إليه) البارحة لقال لك نفس ما قلته أنا.
٨ — لو استطاعت عائشة أن تترجم هذه الرسالة عن العربية إلى الإنكليزية لاستخدمها المدير
بالتأكيد. ٩ — ليت الرئيس لم يتردّد في اتّخاذ الإجراءات الضرورية. ١٠ — ليت لدىّ
مليون دولار.

Günther Krahl

Deutsch-Arabisches Wörterbuch

Etwa 12000 Stichwörter, XXIII, 508 Seiten, Plastik, Hueber-Nr. 6220

Die Auswahl des Wortgutes dieses modernen Wörterbuches erfolgte unter dem Gesichtspunkt des praktischen Bedarfs. Bei allen mehrsilbigen Stichwörtern ist die Tonsilbe gekennzeichnet; Wörter, deren Aussprache von den Grundregeln abweicht, erhielten die Aussprachebezeichnung nach den Regeln der "Association Phonétique Internationale". Umfassende grammatische Angaben gehen über die in Wörterbüchern ähnlichen Umfangs sonst gebotenen Hilfen weit hinaus und ermöglichen so dem Benutzer eine sichere Auswertung des Vokabulars.

Carl Brockelmann

Arabische Grammatik

Paradigmen, Literatur, Übungsstücke und Glossar XV, 375 Seiten, 1 Karte, Leinen, Hueber-Nr. 5017

Für den fortgeschrittenen Studierenden der arabischen Sprache bietet dieses Buch vielfältige Möglichkeiten zur Erweiterung und Vertiefung seiner Kenntnisse nicht nur auf dem Gebiet der Grammatik, sondern auch im literarischen Sektor. Der 2. Teil des Buches enthält Übungen zur Grammatik sowie eine Sammlung von Lesestücken und ein Glossar.

MAX HUEBER VERLAG ISMANING BEI MÜNCHEN